KB248493

대천덕 절기 설교

교회력에 따른 **대천덕 절기 설교**

글쓴이 대천덕
펴낸이 이재철
만든이 정애주

편집 이현주 한미영 한수경 김혜수 최강미 김기민
미술 권진숙 서재은 조은애
제작 홍순홍 윤태웅
미디어 백경호
영업 오민택 백창석 이재원
쿰회원관리 국효숙 김경아
관리 이남진 박승기
총무 정희자 김은오

펴낸날 2006. 7. 21. 초판 1쇄 인쇄
　　　　2006. 7. 31. 초판 1쇄 발행

펴낸곳 주식회사 홍성사
1977. 8. 1. 등록 / 제 1-499호
121-885 서울시 마포구 합정동 377-9
TEL. 02) 333-5161 FAX. 02) 333-5165
http://www.hsbooks.com　E-mail: hsbooks@hsbooks.com

ⓒ 현재인, 2006

ISBN 89-365-0729-X
값 24,000원　　※잘못된 책은 바꿔 드립니다.

대천덕 절기 설교

대천덕 지음

홍성사

차례

일러두기

· 이 책 《교회력에 따른 대천덕 절기 설교》는 1998년 도서출판 쉴터에서 발간한 《하나님의 배를 젓는 사람들》 1, 2권을 저작자와 협의하여 개정 출간한 것입니다.
· 각 설교 본문의 성경구절은 '예전적 교회'의 전통에 따라 구약-시편-신약(서신)-복음 말씀 순서로 기록했습니다.

남편 아처 토리는 젊었을 때, 매우 개혁적인 사람이라는 말을 주변 사람들에게 들었습니다. 그는 장로교 목사가 되려고 프린스턴 신학교에서 공부하면서 부근 성공회 교회에서 청소년 사역을 시작했습니다.

당시 사제는 아처에게 청소년 사역을 하려면 '견진성사'를 받아야 한다고 말했습니다. 아처도 주님께 이 특별한 축복을 받는 것이 좋겠다고 생각하여 성령을 받으려고 어느 감독님께 안수를 받았습니다. 그때 아처는 성공회 기도서와 성서정과표를 알고 있었습니다. 그는 성서정과표에 따라 성경을 읽기 시작했는데, 주 중에는 세 종류의 성경 본문(구약, 시편, 신약에서 1장씩)을, 주일에는 네 종류의 성경 본문(구약, 시편, 신약–주로 서신서, 복음서)을 읽으면서 성서정과표가 신앙생활과 영적 성장에 매우 유익하다고 생각했습니다. 성공회 기도서가 신학 공부를 더욱 풍성하게 해 주었기 때문에 그는 성공회 사제가 되기로 결심했습니다. 그래서 테네시 주 스와니에 있는 '남부 대학'(University of the South)에 들어갔습니다. 그때부터 더욱 성실하게, 세 종류의 본문을 매일 아침 기도시간에 혼자 혹은 여럿이 함께 읽었습니다.

성공회 기도서와 성서정과표는 단순히 성탄일과 부활절만이 아니라 전체 교회력의 절기를 지킵니다. 절기가 매우 많고 각 절기 사이에는 여러 성인(대부분 순교자들이거나 복음 전파에 크게 기여한 분들)의 기념일들이 있습니다. 아처는 각 절기가 한 발 한 발 영적 성장으로 나아가는 계기가 될 수 있음을 발견했습니다. 그러자 이것을 체계적으로 그리고 열정적으로 가르치기 시작했습니다.

첫 번째 절기는 '대림절'로서 왕이신 예수의 다시 오심(과 심판)을 기리는 날입니다. 우리는 자신이 심판의 위기에 처해 있음을 느끼고 소리쳐 울며 도움을 구합니다. 그 다음은 '성탄절'로서 거룩한 아기가 우리의 구주가 되기 위해 오시는 날입니다. 그리고 '공현절'(주현절)이 옵니다. 이때는 마치 동방박사라도 된 양 밖으로 나가 우리 구주에 대한 좋은 소식을 세상에 전하고 싶어집니다.

그 다음 절기는 '사순절'로서 자신이 예수님처럼 사탄에게 시험받는 것을 느낍니다. 그러면 자신을 점검하게 되고 주님께 더 가까이 다가가게 됩니다. 그 후 '구주수난일'이 오면 우리는 '십자가에 못박힘'을 경험하게 됩니다. 그리고 '부활절'이 오면 우리의 문제는 해결되고, 예수님의 부활을 더 잘 이해하게 되어 좋은 소식을 한 번 더 더욱 깊은 수준으로 나누고 싶어집니다.

다음은 '구주승천일'입니다. 우리에게 오셔서 너무도 중요한 분

이 되신 예수님이 어디 계시는 걸까 의문이 들 수도 있는, 텅 빈 것
처럼 느껴지는 기간입니다. 그분은 하늘로 승천하셔서 아버지의
우편에 앉아 계시죠. 그 다음이 '오순절'입니다. 예수님은 제자들
에게 예루살렘을 떠나지 말고 성령을 기다리라고 말씀하셨습니다.
이 절기에는 예수님이 보내신 성령의 세례를 기대하게 됩니다. 마
침내 우리는 '말할 수 없는 기쁨'으로 이전보다 높은 수준으로 올
라가게 됩니다.

우리는 또 다른 위기를 만나 다시 성장을 위한 절기를 순회할 수
도 있습니다. 그러나 이번에는 성령이 우리와 함께하셔서 더욱 굳
건한 그리스도인으로 서는 것을 도우시기 때문에 좀더 높은 수준
에서 순회할 것입니다.

우리는 여러 해 동안 예수원에서 이 성장의 주기를 겪었습니다.
위기도 있었고, 그럴 때마다 마음을 많이 점검했고, 승리도 여러
번 경험했습니다. 우리의 리더인 아처는 이 기간들을 지켜보면서
오직 예수님만이 우리 리더라고 상기시키곤 했지요. 이제 아처는
그의 상을 받으러 가고 없습니다. 최근 새로 들어온 수련생 한 명이
누가 예수원의 리더인지 모르겠다고 말한 적이 있습니다. 순간 아
처의 소원이 실현되었음을 깨달았습니다. 이제 예수님이 정말 확
실하게 우리의 리더가 되셔야 합니다.

2006년 6월 1일 예수원에서

현재인 Jane Torrey

이 책은 여러 해에 걸쳐 전한 말씀들을 일 년치 설교로 편집하여 펴낸 것입니다. 예수원에는 저 외에도 말씀을 전할 수 있는 형제들이 있어서, 주일 설교나 수요일 설교까지 제가 다 하지 않아도 됩니다.

성경 시대에는 당시 종교법 상 서기관 같은 사람들만 설교할 수 있었습니다. 예수님은 이들을 공박하셨지요. 성경에 등장하는 어떤 선지자들은 선지자 학교나 다른 교육 제도 아래서 정식 신학 교육을 받았습니다. 그러나 많은 선지자들이 일반 교육조차 받지 못했습니다. 아모스 선지자는 이런 자신의 결격 사항을 밝히면서, 그래도 하나님의 메시지를 들으려는 사람이 있는 한 자신은 말할 수밖에 없노라고 강조하였습니다. 만일 사람들이 듣기 싫어하면 그것은 그 사람들 문제이지 아모스에게 문제가 있는 건 아니지요. 예수님은 교육받지 못한 노동자들을 제자로 삼으셨고, 예수님 자신도 그러한 분이셨습니다.

하지만 예수원에서는 기존 제도를 해치지 않는다는 입장에서 현 제도에서 안수받은 신학 학위자들에 국한해 말씀을 전하도록 합니다. 그러나 하나님으로부터 메시지를 받은 사람이라면 누구에게나 설교할 수 있도록 종종 강단을 내어주기도 합니다. 신학 훈련이나 목사 안수 혹은 여타 자격을 갖추는 것도 중요하지만, 성령을 의지해서 설교하는 것도 중요하기 때문입니다.

설교자는 아무리 열심히 설교 준비를 하고, 또 아무리 훌륭한 메시지를 가졌다 해도 결국 성령님께서 우리를 사용하시고 우리를 통해 말씀하시도록 기도해야 합니다. 성령께서 우리가 준비한 설교와는 전혀 다른 메시지를 주신다고 해도 순종해야 합니다.

또한 성령께서 말씀을 듣는 사람들에게 하나님의 뜻을 행할 마음을 주시도록 기도해야 합니다. 예수님이 가르치신 원리에 비추어서 과연 이 말씀이 하나님으로부터 온 것인지 듣는 사람들이 스스로 분별하게 해 달라고 구해야 합니다. 요한복음 7장 17절에 이런 이야기가 있습니다. 당시 신학 교육을 받은 비평가들이 예수님의 말씀을 두고 말들이 많았습니다. 과연 그 말씀이 하나님으로부터 온 것인지, 아니면 예수님 임의로 한 말인지 모르겠다는 것이었지요. 그때 예수님이 이렇게 대답하십니다.

"사람이 하나님의 뜻을 행하려 하면 이 교훈이 하나님께로서 왔는지, 내가 스스로 말함인지 알리라."

하나님께서 특정 장소, 특정 시간에 모인 사람들에게만 따로 특별한 말씀을 주신다는 것은 충분히 가능한 일입니다. 한번은 어떤 성도가 내 설교를 녹음하려고 교회로 녹음기를 가져왔습니다. 그런데 하나님께서 그 녹음기를 고장 나게 하셨습니다. 아무래도 하나님께서 그때 그 설교를 다른 사람들이 듣지 않기를 바라셨던 모양입니다. 이와는 달리 이 책은 여러 편집자들이 성령의 인도를 구하면서 당시 회중만이 아니라, 다른 많은 사람들에게도 도움이 되겠다고 생각하는 설교들을 모아서 만든 것입니다.

여러 독자들이 하나님의 뜻을 행하고자 하는 마음을 갖게 되기를 기도합니다. 그래서 이 말씀들이 하나님께로서 온 말씀인지, 설교자 임의로 한 말인지 깨달을 수 있기를 바랍니다. 이 설교들이 여러분에게 축복이 되기를 바랍니다.

1998년 12월 대천덕

교회력에 대하여

성공회와 루터교, 로마 가톨릭, 동방정교회 그리고 몇몇 장로교 교단과 감리교에서 사용하는 교회력에 친숙하지 않은 사람들을 위해 교회력을 따로 설명하고자 합니다.

모든 그리스도인이 부활절과 성탄절을 특별한 절기로 지킵니다. 하지만 그 밖에 다른 모든 주일에도 특별한 의미가 있습니다.

성공회의 교회력은 '대림절'이라는 절기로 시작합니다. 성탄절 4주 전 주일부터 지키며, 대림절에는 '강림'의 뜻이 담겨 있습니다. 예수 그리스도의 초림과 마찬가지로 재림의 의미가 있습니다. 따라서 교회력은 실제로 한 해에 한정되지 않습니다. 그래서 첫 해 대림절은 성탄절을 대망하며, 그 이듬해 대림절은 예수님의 재림과 최후 심판을 대망하는 절기로 지킵니다.

성탄절에 이어 '나타남' 혹은 '현현'(顯現)의 뜻을 지닌 절기 '공현절'이 있습니다. 1월 6일은 동방박사 축일로 지키는데 '이방인에게 보이신 그리스도'로 알려진 절기입니다. 동방의 많은 교회에서는 고대 전승에 따라 1월 6일을 성탄절로 지킵니다. 최근 연구 결과에 따르면 예수님은 12월 25일 혹은 1월 6일에 탄생한 것이 아니라, 승천일과 동일한 날짜에 태어나셨다고 합니다. 교회가 12월 25일이나 1월 6일을 성탄절로 지키는 것은, 이 순서를 따라서 교리를 가르치기가 더 좋기 때문입니다.

이제 그리스도인의 영적인 여정에 맞추어 절기들이 어떻게 알맞은 순서로 구성되어 있는지 설명하겠습니다.

공현절 다음에는 부활절을 맞이하기까지 40일 간의 사순절과 또 사순절이 시작되기 전에 칠순주일과 육순주일, 오순주일을 지킵니다. 그리고 부활절 직전 한 주간은 '성(聖) 주간'으로 지킵니다. 이 주간에는 금식과 회개로 부활절을 준비합니다.

그런 후에 부활절을 맞이하는데, 부활절은 그날 하루만이 아니라 이후 40일을 내내 부활절로 지킵니다. 부활절 40일 뒤는 승천절로, 예수님이 하늘로 올라가신 일을 기념하는 절기입니다. 승천일 10일 뒤에는 '오순절'이 이어집니다. 성령께서 바람과 불로 제자들에게 임하신 날이지요.

'오순절'의 의미는 숫자 '50'을 일컫습니다. 구약에서 유월절이 지나고 50일 후에는 봄 수확(보리와 밀)과 함께 하나님으로부터 율법 받은 것을 기념하기 때문입니다. 예수님이 죽은 자 가운데서 부활하시고, 50일 후에 하나님이 성령을 보내셔서 씨를 뿌리고 심어서 이전에 자라난 모든 것을 수확하셨습니다. 더불어 우리 마음속에 하나님의 법을 새기셨으며, 온 세상에 좋은 소식을 전할 수 있는 새 능력을 주셨습니다.

오순절 이후 주일을 '성삼 주일 : 삼위일체 주일'이라고 부릅니다. 하나님은 구약 시대에는 '성부' 하나님으로서, 복음 시대에는 '성자' 하나님으로서, 그리고 지금은 '성령' 하나님으로서 삼위일체가 되신 분입니다. 이것이 바로 삼위일체의 뜻입니다.

그리고 다음 대림절까지 한 해의 남은 주일에는 구약 혹은 신약 말씀을 나눕니다. 그래서 한 해 전체 설교에서 창조주이신 성삼위 하나님을 다루게 됩니다(창세기 1장 1-2절에서 성삼위 하나님께서 간접적으로 소개되는데 그 구절에서 "하나님께서 가라사대"는 제2위이신 '말씀' 되신 성자 하나님을 가리킵니다). 여름과 가을의 설교는 구약 말씀을 가지고 나누는데, 그 주제는 창조로부터 시작해서 그리스도의 탄생까지 이어집니다. 그리고 그리스도의 생애와 승천, 성령 강림으로 연결됩니다. 그리고 이듬해 여름과 가을에는 교회생활을 설교 주제로 삼아 서신서의 말씀을 나눕니다. 그해에 맞이하는 두 번째 대림절에는 예수님의 재림과 마지막 심판을 강조합니다. 따라서 사실상 전체 '교회력'은 18개월이 됩니다.

소위 '예전적 교회'(성공회, 루터교, 로마 가톨릭, 동방정교회 등)들은 주일 설교를 위한 본문이 미리 정해져 있습니다. 이것은 종교개혁 훨씬 이전부터 교회가 수세기 동안 지켜 온 전통으로, 설교자 각자의 취향에 따라 특정 주제와 본문에 치우쳐 설교하는 것을 방지하기 위해서 시작되었습니다. 매일 또는 매 주일에 읽을 성경 본문을 '정과'라고 하며, '정과'는 교회력에 따라 '정과작성위원회'(Lectionary Commission)가 만듭니다.

오늘날 대부분의 설교자들은 자기 자신이 설교 제목을 택하고, 성경 본문을 고르는 줄 압니다. 그러나 예전적 교회들의 주일 정과는 서신에서 한두 단락, 복음서에서 한두 단락을 택해서 읽도록 작성되어 왔습니다. 그러나 이것이 매년 똑같이 단조롭게 반복되므로, 3년 주기로 정과를 작성함으로써 그 단조로움을 다소 고쳐 놓았습니다. 그리고 주일을 위해 본문을 선택할 때 서신과 복음서 두 가지만이 아니고, 구약에서 한두 단락, 시편에서 한두 단락을 읽도록 확대하여, 주일 예배에서 본문 네 가지를 읽게 만들었습니다. 그러므로 설교자들은 이 네 본문들을 읽으면서 그 본문들 사이의 연관성을 살펴보고 교회력과의 관계도 생각해 보아야 설교 방향을 정할 수 있기 때문에 여간 힘든 것이 아닙니다. 같은 본문으로 하는 설교라고 할지라도, 지난해의 설교를 재탕할 수도 없는 노릇입니다.

네 가지 주일 본문들은, 아무리 읽어 봐도 그 본문들 사이의 연관성을 찾기가 힘든 때도 있습니다. 더구나 어떤 본문은 지난 주일 본문의 바로 다음 단락을 읽게 되는 경우도 있기 때문에, 마치 전 주일의 설교 주제가 반복되는 듯이 느껴질 때가 있습니다.

어떤 목사님들은 예전적 교회의 설교자들을 부러워하기도 합니다. 자기들은 매번 설교 본문을 택하느라 꽤 많은 시간이 소요되는데, '정과'를 가진 예전적 교회 설교자들은 이미 정해진 본문으로 설교 준비를 하니 얼마나 행복하냐는 겁니다. 그러나 '정과'를 사용하는 설교자들도 설교 준비가 힘들기는 마찬가지입니다. 피하려야 피할 수 없는, 정해진 '정과' 네 가지를 읽으면서, 각 본문의 메시지를 탐구하고, 그 메시지를 단일한 주제를 지닌 메시지로 통합하는 과정을 매번 설교자 혼자 해야 하기 때문입니다. 그 네 가지 본문들 간의 연관을 파악하기 위해서는 성령께서 깨우쳐 주셔야 합니다. 자신의 청중들을 향하여 그 네 가지 본문들이 주일에 선포하려고 하는 메시지를 붙잡을 때까지, 모든 설교자는 얍복 강가에서 천사와 씨름하던 야곱처럼 말씀을 붙잡고 사투를 벌여야 합니다. 같은 본문을 가지고도 매번 완전히 새로운 설교를 할 수만 있다면, 예전적 교회의 '정과'는 설교자나 청중에게 더 발전적이고 영적 성장을 촉진시킬 수 있다고 봅니다.

이번에는 교회력이 갖는 심리적인 측면에 대해 설명드리겠습니다. 대부분 그리스도인은 영적으로 거의 비슷한 단계를 거쳐 발달합니다. 제일 처음은 하나님께서 개인 문제를 해결해 주시기를 간절히 바라는 단계입니다. 예를 들면 자신의 죄를 깊이 깨닫거나 다가오는 심판에 대한 두려움 등과 같은 것이지요. 또 자신의 힘으로는 삶의 문제를 처리할 수 없다고 인식하는 데서 비롯되기도 합니다. 그래서 '구세주'(savior)의 도움이 필요합니다. 이것이 '대림절'입니다.

두 번째는 기쁨의 단계입니다. 예수님이 바로 구세주이시며, 그분이 우리의 모든 문제를 해결하시고, 아무리 죄질이 나쁠지라도 용서하신다는 사실을 알게 되는 것이지요. 이것이 '성탄절', 곧 예수님을 만나는 것입니다.

세 번째 단계는 '공현절'로, 예수님께 선물을 바치고, 예수님을 세상에 알림으로써 우리의 감사와 열정을 나타냅니다.

그러나 이와 같은 첫 열정은 대개 오래가지 못합니다. 그래서 네 번째 단계에 이르게 됩니다. 말하자면 우리가 얼마나 무력하며, 최선을 다한다고는 하지만 우리의 노력이 얼마나 부질없고, 자신의 이기심 때문에 실망스러울 때가 얼마나 많은지 깨닫는 것입니다. 결국 '그리스도를 영접한다'는 것과 '하나님을 믿는다'는 것도 따지고 보면 자신의 문제를 해결하기 위한 이기적인 방책이었음을 깨닫습니다. 이것이 네 번째 단계인 '사순절'의 체험입니다.

다섯 번째 단계는 '성 주간'입니다. 성 주간 동안 우리 자신은 죽고 전적으로 하나님을 위해 살 수 있도록 하나님의 은혜를 청합니다. 그래서 사람들은 3일 동안 영적으로 자신에 대해 죽는 경험과 부활을 맛보게 됩니다. 즉 우리가 자신에 대해 죽었다면 그 즉시 부활을 체험할 수 있습니다. 따라서 그때부터는 자신의 경험에 비추어 "주님께서 부활하셨다"고 말할 수 있습니다. 이것이 여섯 번째 단계인 '부활절'입니다.

일곱 번째 단계는 '승천일'에 해당합니다. 앞서 부활절의 충만한 기쁨을 경험했습니다. 그렇지만 일순간 모든 것이 공허해지는 것 같습니다. 예수님이 사라지셨기 때문입니다. 제자들도 10일 동안 그런 느낌 속에서 지냈습니다. 그런데 어떤 그리스도인은 가르침이 충분하지 못해서 이런 상태가 지루하게 계속되기도 합니다. 하나님의 일은 하고 싶지만 정작 필요로 하는 초자연적인 능력이 없기 때문입니다. 이런 공허한 느낌은 10일 정도면 충분합니다. 그런 다음에 성령의 열매를 맺는 내적 변화와 능력을 주시는 외적인 기름 부음이라는 두 가지 역사를 모두 받는 성령 충만에 이릅니다. 성령의 내적 역사는 우리가 죽고 다시 생명을 얻었을 때, 곧 부활절 체험의 일부로 '거듭났을 때' 생긴다고 할 수 있습니다.

영적 생활의 여덟 번째 단계는 성령 안의 세례라고 하는 성령의 외적 역사 혹은 기름 부음입니다. 부활절 후 50일째, 그리고 구주 승천일 후 10일째 되는 날이 '오순절'입니다. 하지만 어떤 신자들은 가르침이 부족해 여러 해가 지나도 이와 같은 삶을 누리지 못합니다. 성령의 기름 부음이 없이는 그리스도인의 삶은 여전히 구약 시대에 머물러 있을 수밖에 없고, 자기 힘으로 힘겨운 걸음을 걷게 될 것입니다.

초자연적인 능력이 있을 때, 그리스도인의 삶은 기쁨이 가득 찰 것입니다. 그리고 아홉 번째 단계인 두 번째 '대림절'을 맞이할 때에는, 하나님께서 받아 주지 않으실지도 모른다는 두려움으로 마지막 심판을 바라보는 것이 아니라, 그리스도께서 다시 오셔서 우리에게 약속된 면류관을 주시며, "잘하였도다. 착하고 충성된 종아, 어서 와 주인의 기쁨에 참여하라"는 말씀을 듣게 되리라는 즐거운 기대를 품게 될 것입니다.

1998년 가을
강원도 하사미 예수원에서
대천덕

1   보라, 우리 왕이 오신다

보라, 우리 왕이 오신다!

성경말씀 스가랴 9:9-10; 요한복음 12:12-19

기도 전능하신 하나님, 독생 성자 예수 그리스도께서 자기를 크게 낮추사, 이 세상에 강생하시고, 우리 가운데 거하셨나이다. 비옵나니 우리에게 은혜를 베푸사, 이 세상에서 어두운 행실을 버리고, 광명한 갑옷을 입어서, 성자께서 말세에 큰 위엄과 영광으로 산 이와 죽은 이를 심판하러 다시 오실 때에, 우리가 부활하여 영생을 누리게 하소서. 성부와 성령과 함께 지금과 영원히 사시며 다스리시는 한 하나님 우리 주 예수 그리스도를 통하여 기도하나이다. 아멘.

"보라, 우리 왕이 오신다!"라는 이 말씀이 우리에게 주는 의미는 무엇일까요? 여러분은 정말 주님이 다시 오셔서 이 땅을 통치하시리라 기대합니까? 대림절은 바로 그날을 기념하는 날입니다. 그렇다고 그리스도인 전부 하늘만 쳐다보며 예수님이 언제 오실지 궁금해하며 지낼 수만은 없습니다.

예수님의 초림을 바탕으로 그분의 재림을 이해해야 합니다. 그래서 예수님이 처음 왕으로 선포되셨을 때 어떤 일이 일어났으며, 권능으로 다시 오실 것을 기다리는 우리에게 이것이 무엇을 의미하는지 검토해 보기로 하겠습니다.

사도 요한은 예수님의 공생애 사역 가운데 마지막 7일을 신중하게 다루었습니다. 먼저 베다니에서 마리아가 예수께 기름 부은 사건은 무엇을 의미할까요? 당시에 왕은 백성들 앞에 왕으로서 선포되기 전에 기름 부음을 받아야 했습니다. 아버지로부터 왕위를 계승한 왕들은 대제사장에 의해 기름 부음을 받았고, 왕위 계승권이 명확하지 않았던 왕들은 하나님의 음성을 들은 선지자들에 의해 기름 부음을 받았습니다.

그러나 예수님의 경우를 살펴보면, 그 당시 대제사장에게 예수님은 정치적으로나 개인적으로나 신학적으로 가장 힘든 적이셨습니다. 게다가 세례 요한이 죽은 이후 그 나라의 선지자라고는 유일하게 예수님 한 분뿐이셨습니다. 예수님이 왕이 되시기를 기대했던 제자들조차도 예수님의 기름 부음에 대한 하나님의 음성을 듣지 못했습니다. 하나님께서 메시아, 즉 그리스도에게 기름을 부으라고 말씀하시는 것을 깨달은 사람은 나사로의 누이, 베다니의 조용한 여인 마리아뿐이었습니다.

어쩌면 그녀는 이 사실을 알고 여러 해 동안 깊이 생각하고 기다렸는지도 모릅니다. 그러다가 그의 오빠 나사로가 죽음에서 부활하자 마침내 확증을 얻었던 것입니다. 마르다와 제자들, 그리고 다른 친구들에게는 나사로의 부활이 그저 예수님의 능력을 확인하는 사건이었을 뿐입니다. 그렇지만 마리아에게 이 사건은 남자들도 감히 하지 못한, 예수님을 공적인 이스라엘의 왕이요, 그리스도로서 기름 붓도록 결심하게 하는 사건이었습니다. 그녀는 아주 조심스럽게 이 엄청난 일을 실행했습니다. 그래서 이 일을 행할 때 가룟 유다만이 무엇인가 잘못되었다고 느꼈던 것입니다. 예수님은 물론 그것이 어떤 의미인지 이미 알고 계셨으며, 다음날 아침 예루살렘에 입성할 때는 왕으로서 공적으로 입성해야 한다는 사실도 알았습니다.

예루살렘에 입성할 때 사용한 나뭇가지에서 흥미로운 사실을 발견할 수 있습니다. 특별히 요한복음에서는 종려나무라고 이름을 구체적으로 밝히는데, 이것은 이 사건이 사전에 준비된 사건임을 알려 주는 중요한 단서입니다. 사람들은 이날을 위해 여리고(종려나무 성이라고 불렸음)까지 가서 종려나무 가지를 가져왔습니다. 예루살렘과 여리고는 25킬로미터 이상 떨어져 있습니다. 그렇다면 종려나무 가지를 구해 오는 일은 한순간에 생각해 낸 것이 아니라는 말입니다. 그러므로 이 사건은 우연히 발생한 것이 아니라, 누군가 미리 계획했던 것입니다. 이로 미루어 보아 예수님이 나귀 새끼를 타시도록 주도면밀하게 준비한 것도(나귀 새끼가 지쳤을 땐 어미 나귀에게로 옮겨 타셨는지도 모르지요) 예수님을 왕으로 추대하려던 추종자들의 계획이었을지 모릅니다. 그렇지만 다른 어떤 사람도 이해하지 못한 방법으로 스스로 왕권을 행사하도록 했던 것은 다름 아닌 예수님 그분의 생각에서 나온 것이었습니다.

예수님은 오직 순종만 알고 계셨습니다. 예수님은 아버지께서 생각하시는 모든 것을 알려 달라고 요구하지 않으셨습니다. 그래서 겟세마네에서 기도하시던 예수님은 어떻게 하면 당신이 처한 상황에서 벗어날 수 있을지 의문을 품고 있었습니다. 그분이 얼마만큼 그 상황을 이해하고 계셨는지, 그리고 한 번에 한 단계씩 어떻게 행동으로 옮기셨는지는 알 수 없습니다. 하지만 지금 우리가 알고 있는 것은 그 상황 이외에는 어떤 다른 방법도 없었다는 사실입니다.

죄를 사함 받는 데 희생 제물이 되기 위해서 예수님은 속죄물로서 자신의 피를 가지고 하나님의 성전에 들어갈 권리를 가지셔야 했습니다. 멜기세덱의 반차를 따라 대제사장이 되셔야 했으며, 이것을 이루기 위해 예루살렘의 합법적인 왕이 되셔야 했습니다. 마침내 예수님은 환호 속에 왕이 되셨고, 로마 총독인 빌라도까지도 '유대인의 왕 나사렛 예수'라는 푯말을 붙여 놓을 정도로 그분의 왕권은 합법적으로 인정되었습니다.

교회는 예수님을 멜기세덱의 반차를 좇아 우리 죄를 대속하기 위해 제물이 되신 대제사장으로서 강조하는 경향이 있습니다. 그런데 왕 되신 그분께 복종해야 한다는 사실은 거의 전하지 않습니다. 그분과 함께 다스리는 것만 생각하고, 그것만 좋아합니다. 여기에서 아주 중요한 질문을 하나 하겠습니다. 예수님 재림 때까지 그분을 왕으로 영접하지 않는 사람을 어떻게 그와 함께 다스리도록 허락할 수 있을까요? 그리고 만일 지금 예수님이 나의 왕이시라면 어떻게 자기 자신의 일만 그렇게 열심히 할 수 있을까요?

그분이 지금 왕이시라면 그분은 지금도 명령을 내릴 수 있고, 우리의 유일한 의무는 그분께 온전히 복종하는 것뿐입니다. 많은 그리스도인은 왕께서 무슨 말씀을 하시는지 잘 모르겠다고 변명만 합니다. 그러나 하나님께서 우리가 그분의 뜻을 알 수 있도록 성령을 친히 보내 주셨습니다. 문제는 우리가 하나님의 뜻을 알려고 하지 않고 행하려 하지 않는 것입니다. 하나님은 우리가 그분의 뜻을 알고자 하기만 한다면, 알려 주시겠다고 약속하셨습니다.

그리스도인이라면서 예수님이 내게 무엇을 행하기를 원하시는지 왜 여쭙지 않습니까? 왜 고민만 합니까? 그 이유는 어디에 있을까요? 주님이 겪으신 위험이나 심지어 죽음까지도 무릅쓰도록 요청하시지나 않을까 하는 두려움 때문인 것 같습니다. 예수님은 아버지께서 당신을 보내신 것처럼 우리 또한 파송한다고 말씀하십니다. 그분은 날마다 우리의 십자가를 지라고 명령하십니다. 하지만 왕이 되신 지 불과 며칠 만에 십자가에 못박힌 왕을 생각하면 마음이 불편하기만 합니다. 더욱이 그 왕께서 우리에게도 똑같은 길을 가라고 명하시니 더욱 그러할 수밖에 없습니다.

내가 복받기를 원하는 것처럼 다른 사람들도 복받기를 원합니까? 그 일에 얼마나 관심이 있습니까? 다음과 같은 스가랴의 대예언이 이루어지기를 기대합니까?

"보라 네 왕이 네게 임하나니 …… 나귀를 타나니 … 그가 이방 사람에게 화평을 전할 것이요 그의 정권은 …… 땅 끝까지 이르리라"(슥 9:9-10).

우리는 왜 평화와 번영을 원할까요? 자신을 위해서입니까, 아니면 다른 사람들을 위해서입니까? 자기 자신에게 하듯 이웃에게도 관심을 기울이고 있습니까? 그렇다면 왜 이웃과 더불어 나누지 않습니까? 자신이 가진 전 재산에 훨씬 못 미치는 십일조를 내면서도 왜 불평하는 것일까요?

"나를 위한 평화와 번영은 좋습니다. 전 세계를 위한 평화와 번영 역시 좋습니다. 단, 그것을 위해 나는 어떤 책임도, 희생도 치르지 않는 경우에 한해서만 말입니다."

뭔가 잘못되었다는 생각이 들지 않으십니까?

이 세상의 왕이나 독재자 주위에는 총애를 기대하며 세력을 구하는 사람들이 많이 있습니다. 세력과 총애는 정치가 다루는 전부라고 볼 수 있습니다. 그런데 그리스도인 가운데 왕 되신 주님의 능력(세력)과 은혜(총애)만을 바라는 사람들이 많습니다. 세상 사람들과 마찬가지로 선물과 뇌물로 그분의 환심을 사려고 합니다. 그들은 큰소리로 찬양합니다. 십일조와 헌금을 들고 옵니다. 교회와 병원, 학교를 짓습니다. 그러면서 은근히 보상받기를 기대합니다. 그것은 세상의 방법입니다.

우리 왕은 이렇게 말씀하십니다.

"너의 생명을 내려놓아라."

"아버지께서 나를 보내신 것처럼 나도 너희를 보내노라."

"날마다 네 십자가를 지고 나를 따르라."

도대체 그분은 어떤 왕이신가요? 미치지 않고서야 어떻게 그런 말씀을 하실 수 있을까요? 예수님은 무리들에게 자신을 세상의 왕으로 만들도록 허락하신 이후에, 본인을 위해서는 자신의 능력을 사용하시는 것을 거부하셨습니다. 그들이 자신을 십자가에 못박는데도 그저 묵묵히 참아 내셨습니다. 사람의 생각으로 보자면 정말 미친 것이나 다름없었습니다. 십자가에서 내려오기를 거부하신 것도 마찬가지입니다.

예수님이 우리에게도 그와 동일한 논리를 따르도록 기대하신다면 그것 또한 미친 것이나 다름없습니다. 그분의 말씀을 그토록 진지하게 받아들이는 우리 역시 미친 사람이나 다름없습니다. 예, 사실 그렇습니다. 여기 베다니의 마리아가 기름 부었던 그리스도를 진지하게 받아들인 나머지 결국 자신의 목숨을 그분을 위해 버릴 만큼 온전히 미쳤던 또 한 사람의 말을 다시 한 번 주목해 봅시다.

"아무도 자기를 속이지 말라 너희 중에 누구든지 이 세상에서 지혜 있는 줄로 생각하거든 미련한 자가 되어라 그리하여야 지혜로운 자가 되리라 이 세상 지혜는 하나님께 미련한 것이니"(고전 3:18-19상).

예수님을 우리의 그리스도시요 왕으로 모신다는 사실은 세상적인 시각으로 볼 때는 지각없는 선택입니다.

만일 그리스도께서 천사장의 나팔 소리와 함께 구름을 타고 돌아오실 때, 그분을 맞이할 소망이 있는 사람이라면, 순간순간마다 주님의 명령에 따라 사십시오. 그리고 그분을 하나님의 전권대사인 성령에 의해 우리에게 계시된 그리스도시요, 기름 부은 왕으로 모셔야 합니다. 주께서 다시 오실 때 부끄러움 없이 고개를 들고 그분을 환영할 수 있도록 주저함이 없는 순종의 삶을 살도록 합시다!

"보라 우리 왕이 오신다! 그분을 맞이할 준비를 하라! 마라나타!"

소망과 심판

성경말씀 이사야 7:10-17: 시편 24:1-7: 로마서 15:4-13: 마태복음 1:18-25

기도　자비하신 하나님, 예언자들을 당신의 사신으로 보내시어 회개하라 가르치시고, 우리 구원의 길을 열어 주셨나이다. 비오니, 우리에게 은혜를 베푸사, 저들의 경고에 귀 기울여 죄에서 벗어나게 하시고, 우리 구세주 예수 그리스도의 모심을 기쁨으로 맞이하게 하소서. 성부와 성령과 함께 지금과 영원히 사시며 다스리시는 한 하나님 우리 주 예수 그리스도를 통하여 기도하나이다. 아멘.

먼저 오늘 읽은 성경말씀이 서로 무슨 관계가 있는지 생각하고, 한 말씀씩 생각해 보도록 하겠습니다.

맨 먼저 구약 말씀(사 7:10-17)을 보면, 처녀가 아기를 낳는데 '임마누엘'이라 부르겠다는 예언이 나옵니다. 그런데 이 예언 말씀을 자세히 살펴보면 예수님에 대한 예언이 아닌 듯 보입니다. 아하스 시대에 아기가 태어나는데 채 자라기도 전에, 다시 말하면 그 아기가 악을 버리고 선을 택할 줄 알기도 전에 아하스가 두려워하는 두 왕이 없어지겠다고 합니다. 아하스 시대에 북이스라엘과 시리아가 연맹을 맺고 유다를 침공해서 아하스 왕을 죽이려고 했기 때문에 아하스 왕은 두려움에 떨고 있었습니다. 그런데 하나님께서 이사야를 보내시고 위로의 말씀을 주시면서 이 아기가 채 자라기도 전에 그 두 나라 왕이 없어지겠다고 하셨습니다. 아시리아(앗수르) 왕이 들어와서 처리하겠다는 것입니다. 실제로 아시리아 왕이 들어온 때는 아하스 왕이 죽고 5년 뒤였고, 그 두 나라 왕이 없어졌습니다. 이사야의 예언 말씀은 그렇게 다 이루어졌습니다.

그런데 그 아기를 나은 여자에 대해 더 이상 설명이 없습니다. 또 그 여자가 어째서 아기에게 '임마누엘'이라는 이름을 붙였는지도 알 수 없습니다. 분명한 것은 나라가 위기에 빠졌을 때 자기 믿음을 나타내기 위하여, 원수 나라들이 침범하려 할 때 하나님께서 우리와 함께하신다는 강한 믿음을 보여 주려고 자기 아들 이름을 '임마누엘'로 지었다는 것입니다.

구약에서 '처녀'라는 말은 두 가지로 해석할 수 있습니다. 그냥 젊은 여자라는 의미일 뿐 반드시 동정녀라는 뜻은 아닙니다. 아하스 시대에는 결혼한 보통 여자 가운데에서도 젊은 여자는 처녀라 일컬었습니다. 그런데 그 여자가 자기 아들에게 임마누엘이라고 이름을 붙일 때, 자기도 깨닫지 못하는 사이에 예수님에 대한 예언 말씀을 한 것입니다.

종종 그런 일이 있습니다. 하나님께서 성령을 통하여 생각나게 하신 것이지만, 본인은 왜 그런 생각이 났는지 알지 못합니다. 스스로 생각한 줄 알지만, 나중에야 하나님께서 주신 생각이었고 특별한 이유가 있었음을 깨닫습니다.

예수님이 바로 임마누엘이 되셨습니다. 물론 예수님의 실제 이름은 임마누엘이 아니었습니다. 그렇지만 하나님께서 우리와 함께 계시니까 예수님께 임마누엘이라는 이름을 붙이는 것입니다.

예수님은 무엇 때문에 이 세상에 오셨습니까? 마태복음에 보면 자기 백성을 죄에서 구원하러 오셨다고 합니다. 그러면 '구원'은 무슨 뜻일까요? 아하스 시대에 구원이란 것은, 이스라엘과 시리아가 침범하지 못하게 아시리아 왕이 와서 그들을 살려 주는 것이었습니다. 하지만 이때 아시리아 왕은 하나님의 도구일 뿐이고 사실 구원하시는 분은 하나님이십니다.

시편에 좀더 자세한 이야기가 나옵니다. 로마서 서신에도 온 세계에 하나님의 복음을 전파해야 한다는 말씀이 있습니다. 유대인뿐만 아니라 이방인에게도 복음을 전해야 합니다. 시편 24편 말씀을 보면 온 세계가 하나님 것이요, 땅에 거하는 사람들이 다 하나님의 것이라고 합니다. 그래서 그 말씀을 이루기 위해 복음이 온 세계에 퍼지게 되었습니다. 사실 바울 시대에도 온 세계까지는 퍼지지 않았습니다. 그런데 당시 최대 도시 로마까지 갔으니 로마를 통하여 온 세상에 퍼졌던 것입니다.

오늘 시편 말씀에서는 누가 하나님의 거룩한 곳에 들어갈 수 있느냐고 묻습니다. 손이 깨끗하고, 마음이 청결하고, 우상에 관심이 없고, 약속을 지키는 사람이 거룩한 곳에 들어갈 수 있습니다. 그

 교회력에 따른 대천덕 절기 설교

런 사람은 하나님한테 무엇을 받습니까? 복을 받고 의를 받는다고 합니다.

'의'(義)라는 말은 아주 넓은 뜻을 지닌 단어입니다. 구약에서 '체데크'(ṣāḏaq)라는 말의 뜻은 '공의'입니다. 하나님께서 우리 문제를 해결하겠다고 하십니다. 불의를 당하더라도 하나님께서 공의로 행하시겠다는 것입니다. 우리 대신 원수를 친히 심판하시고, 긍휼을 베풀어 주겠다고 하십니다.

신약에 나오는 '의'라는 말에는 두 가지 뜻이 있습니다. 첫 번째는 우리가 본래 죄인이지만 예수님의 피로 말미암아 깨끗하게 되어 '의인'(義人)이라 여김을 받는 것입니다. '의인으로 여김을 받는다'는 말의 의미는 성령을 통하여 변화받아서 의인이 되는 힘을 얻는다는 것입니다. 따라서 '의'(義)라는 말에는 우리가 성령을 통해 의인이 된다는 뜻과 함께 하나님께서 우리에게 의를 행하신다는 뜻이 담겨 있습니다.

우리가 의를 받으면 원수는 재판을 받습니다. 천사들의 군대와 함께 만군의 하나님께서 다시 오셔서 모든 불의를 재판하시고 없애실 것입니다. 바로 예수님의 재림을 말씀하시는 것입니다. 예수님이 재림하셔서 의를 행하실 것입니다.

그 다음, 서신 말씀(롬 15:4-13)을 보면 예수 그리스도께서 누구신지 밝히고 있습니다. 육체로는 자연적으로 다윗의 자손이고, 초자연적으로는 거룩한 성령을 통하여 하나님의 아들이 되신 분입니다. 하나님의 아들이심은 어떻게 나타났습니까? 능력으로 나타났습니다. 무슨 능력이었습니까? 부활의 능력입니다. 죽었다가 부활하심으로 하나님의 아들이심을 확실히 알게 되었습니다.

바울은 자기 자신에 대해 말할 때, 자기는 은혜를 받았다고 합니다. 자기가 사도가 된 것을 은혜라고 말하는 것입니다. 바울은 사도가 될 자격이 없는 사람이었습니다. 그런데 오직 은혜로 사도의 자격을 받았습니다. 대체 무슨 목적이 있으셔서 그리하셨을까요? 하나님께서 사도를 보내실 때에는 반드시 목적이 있으십니다. 사도는 보냄을 받은 사람이라는 뜻이니까요. 하나님의 목적은 바로 온 세계를 믿음으로 복종케 하는 것입니다. 유대인이든 이방인이든 온 땅에 속한 모든 나라가 믿음으로 복종하기를 바라셨습니다. 그리고 바울이 사도로서 온 세상을 믿음으로 복종케 하였습니다.

믿음으로 복종한다는 말, 참 재미있는 말씀입니다. 흔히들 아주 쉽게, 믿는다고 이야기하지만, 믿음에는 복종이라는 말도 같이 나옵니다. 왜 그렇습니까? 믿는다는 말에는 복종한다는 의미도 담겨 있기 때문입니다. 충성하는 사람은 복종하는 사람입니다. 온 세계가 그냥 머리로만 믿는 것이 아니고, 마음이 변화되어 복종하는 것입니다.

더불어 바울은 "여러분에게 가서 복음을 통하여 믿음을 굳게 하려 한다"고 말합니다. 교회를 좀더 굳게 하기 위해서입니다. 로마서를 보면 그때 이미 교회가 세워졌습니다. 그 교회 사람들이 그제야 비로소 복음을 들은 것은 아닙니다. 죄사함을 얻을 수 있다는 좋은 소식은 교회가 세워지기 이전에 벌써 다 들었습니다. 다만 바울은 교회를 굳건히 하려는 목적으로 좋은 소식을 전하고 싶다고 말한 것입니다.

그렇다면 그 좋은 소식은 무엇입니까? 단순히 죄사함을 얻었다는 것보다 더 넓은 뜻을 가진 좋은 소식이었습니다. 그리스도의 좋은 소식은 부끄럽지 않습니다. 하나님의 능력이기 때문입니다. 이 좋은 소식이 무슨 능력이 있습니까? 구원을 주기 때문입니다. 무슨 구원입니까? 로마서 1장 17절 말씀은 "하나님의 의가 나타나서 믿음으로 믿음에 이르게 하나니"라고 합니다. "믿음으로 믿음에"에서 말하는 믿음에는 두 가지 의미가 있습니다.

첫 번째 믿음은 시작하는 믿음입니다. '아! 그렇구나' 하고 깨달은 다음 받아들입니다.

'아! 예수님이 나를 위해 죽으셨구나. 예수님이 하나님의 아들이시구나. 세상 사람의 죄를 사하시기 위하여 세상에 오셨구나. 부활하셔서 하나님의 아들로 확인받으셨구나.'

이렇게 깨닫고 받아들이는 것이 첫 번째 믿음입니다.

두 번째 믿음은 주를 의지하고 의지하며 끝까지 충성하는 믿음입니다. 깨닫고 믿는 것부터 시작해서 충성하는 믿음까지 가는 것입니다. 이 믿음은 깨달음에 그치지 않고 나타납니다. 듣기만 하고 아무 확인도 할 수 없는 것이 아닙니다. 믿음을 확인할 수 있습니다. 나타나기 때문입니다. 예수님이 부활하심으로 하나님의 능력이 나타났습니다. 그리고 성령님을 보내셨습니다. 하나님께서 역사하시는 방법이 다 알려진 것입니다. 그것이 우리 안에도 나타나서 우리가 능력을 받고 의로운 행동을 할 수 있는 힘을 받은 것입니다.

처음에는 믿자마자 의로운 사람이라 칭함을 받습니다. 그렇지만 더 나아가 나중에는 성령을 통하여 성장해서, 갈수록 더 의로운 사람이 됩니다. 처음에는 이론적인 의로서, 의인이 아니지만 의인으로 여김을 받는 것입니다. 그리고 점차 충성스러운 사람, 믿을 만한 사람, 복종하는 사람이 되는데, 이것이 실제적인 의입니다. 실제로 의인이 되는 것입니다.

신약에 나오는 '의'의 두 번째 의미는 예수님이 재림하실 때 이루어지는 하나님의 공의입니다. 모든 불의를 없애시고 공평한 사회를 이룩하실 것입니다. 개인에게 공의를 이루실 뿐만 아니라 온 세계를 공평케 하실 것입니다.

하나님께서 친히 우리 생활 안에 들어오셔서 의를 행하십니다. 또 우리가 불의를 당할 때 하나님께서 불쌍히 여기셔서 여러모로 도와주십니다. 그렇지만 모든 문제가 해결되는 것은 지금이 아니고 예수님이 재림하실 때입니다.

'의'라는 말의 뜻이 얼마나 넓은지요. 그 모든 의미를 깨닫되 한 가지 뜻만 믿어서는 안 됩니다. 일부 교회와 신학자들 사이에서 '의'란 이것이다, 저것이다 다툼이 많습니다. 어떤 신학자들은 공의를 강조하고, 어떤 신학자들은 의로 여김을 받았다는 것을 강조합니다. 그래서 한쪽에서는 사회 정의 문제에 골몰하는 한편, 다른 쪽에서는 죄사함 얻는 문제만 강조합니다. 하지만 아닙니다. 둘 다 있어야 합니다. 여러 가지 뜻을 모두 받아들여야 합니다. '하나님의 의가 나타나다'라는 말씀은 이론적인 것이 아니고, 성령을 통하여 의롭게 살 수 있는 능력이 생겼다는 말씀입니다. 의롭게 여김을 받을 뿐 아니라 실제로 의로운 생활을 할 수 있는 능력을 받는다는 것입니다.

복음 말씀(마 1:18-25)에서 요셉은 계시를 받았습니다. 성령으로 아기가 태어날 것인데, 이름을 '예수'라 지으라고 했습니다. '예수', 무슨 뜻입니까? '여호수아' 곧 '여호와 우리의 구원자' 혹은 '여호와께서 우리를 구원하시겠다', '여호와께서 모든 문제를 해결하시겠다'는 뜻입니다.

특별히 강조하고 싶은 것은 죄의 문제를 해결하시겠다는 것입니다. 여기에는 여러 가지 의미가 있습니다. 첫째는 의인으로 여김을 받는 것입니다. 하나님 보시기에 우리는 의인입니다. 둘째는 마음 속에 있는 죄 문제를 고침 받고, 또 능력을 받아서 의로운 생활을 하는 것입니다. 셋째는 예수님이 재림하실 때 완전한 공의가 이루어져 모든 죄 문제가 없어지는 것입니다.

사실 우리는 죄 때문에 의를 받을 자격이 없습니다. 그런데도 우리는 "주여, 내가 불의를 당했사오니 구원하소서" 하며 구합니다. 아하스 왕이 그렇게 이야기하지 않았습니까?

"우리나라가 위험합니다. 주여, 우리를 위해 공의를 베푸소서."

객관적으로 보자면 하나님께서는 아마 아하스에게 "넌 자격이 없다"고 하실 것입니다. 그런데 그렇게 하지 않으시고 불쌍히 여기셔서 문제를 해결해 주겠다고 하셨습니다. 실제로 유다 나라는 잘 회개하지 않았고, 약 150년 후에는 완전히 멸망했습니다. 불의가 너무 많았기 때문입니다. 하나님께서 '넌 공의를 받을 자격이 없다. 내가 공의대로 행한다면 널 죽일 수밖에 없다'고 판단하셔서 예루살렘이 멸망했습니다. 참으로 공평한 판단이었습니다.

죄 때문에 우리는 멸망당할 수밖에 없었습니다. 그런데 예수님이 성령을 보내 주셔서 깨끗한 생활을 할 수 있게 되었고, 공의를 행할 수 있게 되었습니다. 그렇게 우리 죄 문제를 해결해 주셨습니다. 복종할 수 있는 사람이 되도록 힘을 주신 것입니다.

그래서 모든 문제로부터 구원을 얻어, 지금 우리 하나님의 긍휼하심을 받고, 나중에 모든 천사와 함께 하나님께서 오실 때 하나님의 공의가 완전히 나타나 우리가 상을 받을 뿐만 아니라, 세계 모든 나라가 공의의 생활을 할 것입니다. 그때 천년 동안 이 세상을 다스리시면서 하나님의 의가 분명히 나타날 것입니다. 이것이 우리의 소망입니다. 그렇게 태어날 어린 아기가 누구이십니까? 바로 큰 능력과 위엄으로 오실 만군의 하나님이십니다. 성부와 성자와 성령의 이름으로 하나이다. 아멘.

하나님의 배를 젓는 사람들

성경말씀 고린도전서 4:1-5; 마태복음 11:2-10

기도　주 예수 그리스도여, 처음 오실 때에 미리 사자를 보내사 주의 앞길을 예비케 하셨나이다. 구하노니, 주의 오묘하신 것을 맡은 성직자들로 하여금 모든 패역한 자를 돌이키게 하여 의로운 백성의 지혜를 얻게 함으로 주의 길을 예비케 하사, 주께서 세상 사람들을 심판하러 다시 오실 때에 우리로 주의 기뻐하는 백성이 되게 하소서. 주는 성부와 성령과 한 하나님으로 영원히 사시고 다스리시나이다. 아멘.

먼저, 사도 바울이 고린도전서 4장 말씀을 쓰게 된 배경을 살펴보겠습니다. 바울이 고린도 교회를 설립한 이후, 긴 여행을 하는 동안 알렉산드리아 출신 철학자 '아볼로'가 에베소에 왔습니다. 그는 지금의 부흥 강사처럼 설교를 아주 잘했습니다. 아볼로는 에베소에서 세례 요한의 이야기와 복음에 대해 들었지만, 그것을 깊이 이해하지 못한 채 자신이 아는 대로만 열심히 전도했습니다. 그러다 아굴라와 브리스길라가 은밀히 그를 데리고 가서 예수님과 십자가의 의미, 부활과 승천, 그리고 성령을 보내 주신 까닭 등을 자세히 설명해 주었습니다. 그제야 아볼로는 그 모든 것을 인정하고 이후로는 성령의 능력으로 더욱 효과적인 전도를 시작했습니다.

아볼로가 성경을 어찌나 잘 알고, 설교도 얼마나 잘하는지 예수님의 부활과 승천을 믿지 않는 유대인들이 한마디 반문조차 못할 정도였습니다. 고린도 교회 설립 소식을 듣고 그곳에 방문하여 설교했을 때는 너무 많은 사람의 각광을 받아 도리어 문제가 생기기도 했습니다. 어떤 이들이 "아, 이 사람은 바울보다 설교도 잘하고 훌륭한 사람이다. 성령의 능력이 충만하다!"고 주장하는 통에 또 다른 한 당이 생겼던 것입니다. 물론 아볼로는 파당을 조직할 마음이 전혀 없었습니다.

바울이 고린도전서를 쓴 이유가 바로 여기 나옵니다. 그가 에베소에 갔을 때 고린도 교회에 파쟁이 생겼다는 소식을 들었던 것이지요. 그래서 '파쟁 문제'를 해결하기 위해 고린도전서를 썼습니다. 바울은 그들에게 이렇게 전했습니다.

"각 사람의 하는 일에 대하여는 하나님께서 친히 판단하실 것이다. 각 사람의 할 일은 각각 다르다. 한 사람은 터를 닦고, 한 사람은 터 위에 건축하기도 하는데 나는 터를 닦고 아볼로는 그 위에 건축하는 일을 한다. 그러나 두 사람은 모두 다 하나님의 일을 하는 것이다."

고린도전서 4장 1절에서는 "사람이 마땅히 우리를 그리스도의 일꾼이요 하나님의 비밀을 맡은 자로 여길지어다"라고 하면서 '일꾼'이라는 말을 사용했습니다. 당시 배를 탈 때는 많은 사람들이 힘을 모아 노를 저어야 강을 건널 수 있었습니다. 그때 노를 젓는 방향이 일정하지 않으면 노끼리 서로 부딪쳐 앞으로 나아가지 못합니다. 그래서 어느 한 사람이 종소리를 내든지 해서 규칙적인 신호를 들려주면, 그 소리에 맞춰 노를 저었습니다. 그런가 하면 전쟁 중에는 전함 앞쪽의 칼처럼 뾰족한 부분을 상대편 배에 부딪쳐 파선시켜 버리곤 했습니다. 배 안에 노를 젓는 사람이 아주 많아서 한 방향으로 잘 저으면 배가 얼마나 빨리 나가는지 모릅니다. 노를 젓는 사람들은 그 배 선장의 하속들이었습니다. 그들은 선장의 명령대로 순종해야지 자기 마음대로 일할 수 없습니다. 절대 복종해야 하고, 자유는 없습니다.

또 죄인 가운데 일생 동안 노 젓는 일을 하는 사람도 있었는데, 이렇게 종으로 매여 노를 젓는 사람을 헬라어로 '휘페레테스'(ὑπηρέτης:뱃사람, 노예, 종)라고 합니다. 좀더 넓게는 어느 상사 밑에 소속된 하인이나 부하를 지칭할 때 사용했습니다. 예수님을 잡은 자들도 장로 밑의 '하속'들인데, 이 또한 같은 말입니다. 무조건 복종하고 일하는 사람들이지요. 바울은 아볼로와 자신이 예수님의 하속일 뿐이므로, 예수님이 명령하신 대로 하는 것이니 판단치 말라고 하였습니다.

이 서신 말씀은 주의 길을 예비하기 위하여 하나님께서 세례 요한을 보내 주셨다는 말씀과 관련이 있습니다. 일부 무리가 세례 요한의 파당을 만들려고 했지만, 세례 요한이 "내 뒤에 오시는 이는 나보다 능력이 많으시니 나는 그의 신을 들기도 감당치 못하겠노라"(마 3:11)고 말했습니다. 그분은 크게 되셔야 하며, 자신은 작게 되어야 한다고 주장한 것이지요. 무리들 대부분은 이후에 예수님에 대한 말을 듣고 '아! 세례 요한은 단지 나중에 오실 예수님의 길을 준비하기 위하여 보냄 받은 사자로구나!'라고 깨달았습니다. 세례 요한의 제자는 많았습니다. 하지만 일시적이었을 뿐입니다. 그리고 요한이 죽자 그의 제자들은 모두 예수님의 제자가 되었습니다. 아볼로도 그들 가운데 한 사람입니다.

자, 그럼 오늘날은 누가 다시 오실 예수님의 길을 준비해야 할까요? 어떤 이들은 그러한 사람이 여기 있다, 저기 있다 혹은 엘리야가 다시 온다는 등 사람들을 미혹시키는 말을 자주 합니다. 우리는 그래서는 안 됩니다. "누가 그의 길을 예비해야 하느냐"라고 물으시면 이렇게 외쳐야 합니다.

"아닙니다. 이 말씀은 엘리야나 어느 한 사람을 말하는 것이 아니라 우리 모두가 하나님의 일꾼으로서 주님의 길을 예비하는 사람이며, 세례 요한이 했던 것처럼 예수님의 재림을 만방에 알리고 모든 사람에게 재림을 맞이할 마음의 준비를 하게 해야 한다는 뜻입니다."

앞의 기도문은 제가 만든 것이 아니라, 약 천년 전부터 교회 안에서 전통적으로 전해져 내려오는 것입니다. 그리스도의 일꾼들은 옛날부터 주님의 길을 예비하고 다시 오실 때 부끄럼 없이 영접할 수 있도록 준비된 백성이 되기를 원하는 기도를 드렸습니다. 기도문에 "성직자들로 하여금 모든 패역한 자를 돌이키게 하여"라는 말이 있는데, 성경에는 ‘성직’이라는 말은 나오지 않고 ‘직분’이라고 나옵니다. 단지 그리스도인 가운데 특별히 귀한 직분을 가졌다고 생각하는 사람을 ‘성직자’라고 불렀습니다.

누구든지 그리스도인으로서 하나님께부터 직분을 받았다면, 그 직분은 무엇을 위한 직분이겠습니까? 바로 패역한 자들을 돌이키게 하여 의로운 백성의 지혜를 얻게 하는 직분입니다. 하나님은 의인을 원하십니다. 우리는 하나님 나라의 시민으로서, 하나님의 민족으로서 의로운 사람이 되어야 합니다. 의로운 백성이 되어야 합니다. 그리고 의로운 백성이라면 주의 뜻이 무엇이며, 그 뜻을 어떻게 실행할 수 있는지 아는 지혜가 필요합니다. 더욱이 직분을 받은 사람(성직자)은 어느 누구보다 그러한 지혜를 얻어야 하는 책임이 있습니다. 또 “주의 길을 예비하사”라고 한 것처럼 예수님이 다시 오실 길을 닦아야 합니다. 세례 요한이 예수님이 처음 오신(초림절) 길을 닦은 것같이 우리도 그분께서 다시 오신다는 사실을 온 세상에 전해야 합니다.

세례 요한은 작은 지방에서 적은 무리에게 홀로 복음을 전했지만, 나중에 그들이 예수님의 영향을 받으면서 그들을 통하여 많은 사람들이 예수님을 믿었습니다. 그렇게 복음이 온 세상에 퍼져 나갔습니다. 오늘날도 마찬가지입니다. 예수께서 다시 오실(재림) 때를 위하여 온 세상에서 길을 닦을 사람이 필요합니다. 아주 많은 일꾼이 필요합니다. 그리고 마음을 모아 기도해야 합니다.

“주께서 세상 사람들을 심판하러 다시 오실 때에 우리로 주의 기뻐하는 백성이 되게 하소서.”

예수님이 다시 오실 때는 심판하러 오십니다. 바울은 아테네(아덴)나 루스드라나 그 어디를 가든지, 과거에는 하나님께서 모든 나라 사람들을 제 나름대로 하도록 허락했지만 지금은 하나님께서 앞으로 보내실 분을 통하여 심판할 때가 오고 있으므로 모든 사람들에게 회개하라고 말했습니다. 때가 되면 예수님이 심판하러 오실 것이기 때문입니다.

심판이라는 말에는 세 가지 뜻이 있습니다. '다스린다', '상을 주신다', '재앙을 주신다'. 회개하지 않으면 재앙을 받을 수밖에 없습니다. 그러나 회개하는 사람은 용서받을 뿐만 아니라, 주의 일꾼으로서 상도 받을 것입니다. 또한 천년 왕국 동안에 예수님이 온 세상의 심판자로서 다스리실 것입니다.

베드로전서 4장 6절에도 심판에 대한 이야기가 나옵니다.

"육체로는 사람처럼 심판을 받으나 영으로는 하나님처럼 살게 하려 함이니라."

오늘날 주를 모르고 사는 사람들 가운데 육체는 살아 있지만 뜻 없는 생활을 하는 이들이 있습니다. 의미 없고 불안정하며, 슬프고, 살고 싶지 않은 상태에 처해 있는 것이지요. 어쩌면 그런 모습이 바로 심판을 받는 모습이 아닐까 싶습니다.

이러한 뜻을 그들이 이해할 수 있도록 우리가 세상에 다니면서 설명해야 합니다.

"아닙니다. 누구에게나 삶은 의미가 있습니다. 모든 삶에는 목적이 있습니다. 주님을 알기만 하면 모든 일을 뜻있고 기쁘게 할 수 있습니다."

삶의 의미를 모르는 그들에게 전해야 합니다. 우리는 모두 주의 길을 닦는 책임을 맡았습니다. 하나님의 일꾼이요 하속이며 부하로서 '하나님의 배를 젓는 사람들'입니다.

옛날에는 교회에서 '배'라는 말을 많이 사용했습니다. 바로 교회를 건축할 때 사람들이 앉는 곳을 '배'라고 불렀습니다. 왜냐하면 옛날 배는 노를 젓기 위해 앉아야 했는데, 교회 역시 노를 저어서 나아가는 배와 같이 사람들에게 기쁘게 살 수 있도록 구원을 주는 곳이라고 생각했기 때문입니다. 배를 잘 저으면 앞으로 순탄하게 나아갈 수 있는 것처럼, 교인들이 한 마음, 한 뜻이 될 때 주의 일을 잘할 수 있습니다. 마음과 뜻을 모으면 주를 위하여 마귀를 대적할 수 있는 힘이 강해져서 많은 사람들이 방주와 같이 튼튼한 교회 안으로 들어올 것입니다.

그래서 바울은 아볼로뿐만 아니라 우리 모두 직분을 받은 자라고 했습니다. 또 우리는 특별히 신부, 목사, 전도사와 같은 성직자들을 위하여 기도해야 하는 중요한 직분을 받았습니다. 예수님이 다시 오시기를 기다리는 대림 주간에는 특별히 모든 교회가 성직자들을 위하여 기도합니다. 모든 성직자가 세례 요한과 같이 자기 역할에 충실하고, 하나님의 의로운 백성을 준비하는 일을 잘 감당할 수 있도록 기도해 주어야 합니다.

현대 교회에는 성직자들을 비판하는 소리가 많습니다. 그러나 바울은 "내가 나 자신을 판단치 않고 너도 나를 판단하지 말라 때가 오면 예수께서 친히 판단하실 것이다"라고 했습니다. 만약 성직자들이 잘못되었다고 생각하면, 판단할 것이 아니라 그를 위하여 울면서 기도해야 하는 것이 원칙입니다. 판단자는 오직 예수님 한 분뿐입니다. 우리는 상대방의 입장을 온전히 알 수 없습니다. 속임을 당했는지, 아니면 우리가 전혀 상상할 수 없는 유혹을 받았는지 모를 일입니다. 다만 성직자가 잘못한다면 우리는 울면서 열심히 기도할 뿐입니다. 아마 평신도들이 성직자들을 비판하는 대신 열심히 기도했다면 오늘날 모든 교회가 의롭게 되었을 것입니다.

저는 이러한 일을 직접 지켜본 적이 있습니다. 저에게는 가까운 친구 셋이 있습니다. 그 가운데 두 명은 성공회 신부이고, 한 명은 장로교 목사입니다. 한 사람은 너무 무뚝뚝했고, 또 한 명은 성령의 능력을 부인했으며, 나머지 한 사람은 알코올 중독자였습니다. 그런데 교인들은 모일 때마다 그들을 비판한 것이 아니라, 그들을 위하여 기도했습니다. 그들의 신부님과 목사님을 위하여 통곡하면서 기도했고, 마침내 세 명이 다 회개했습니다. 하나님께 능력도 받아 훌륭한 일꾼이 되었습니다. 특별히 알코올 중독자였던 신부님은 12년 동안이나 교인들이 눈물을 흘리면서 열심히 기도한 덕분에 마침내 승리를 얻었습니다. 하나님은 이렇게 아름다운 일들이 일어나기를 기대하십니다. 대림 주간에 우리가 해야 할 일은, 성직자들을 위하여 기도하는 것입니다. 성부와 성자와 성령의 이름으로 하나이다. 아멘.

완전한 평강

성경말씀 빌립보서 4:4-7; 요한복음 1:19-28

기도   주여, 비오니 크신 권능으로 우리 가운데 임하시고, 크신 능력으로 우리를 구원하소서. 우리가 죄악에 걸리어 주의 정하신 길을 달음질하기 어렵사오니, 주의 은혜와 인자하심으로 우리를 속히 도와 구원하소서. 우리 주 예수 그리스도를 통하여 구하오며 성부와 성령과 함께 영예와 영광을 세세 무궁토록 돌리나이다. 아멘.

예수님은 기도하실 때 모든 신자들이 하나 되어 온 세상이 하나님을 믿게 해 달라고 아버지께 구하셨습니다. 지금은 비록 신자들이 하나 되지 않아서 복음 전도가 어렵지만, 이제라도 속히 신자들이 서로 사랑함으로써 주 안에서 하나가 되어 모든 사람을 믿음으로 인도해야 합니다. 바로 이것이 대림절의 의미이자, 강조하고 싶은 말씀입니다.

대림절은 예수님의 재림을 준비하는 절기입니다. 어떻게 예수님의 재림을 준비해야 할까요? 또 그날에 심판받지 않으려면 어떻게 해야 할까요? 해답은 온 세상에 복음을 전하여 모든 사람이 예수님을 영접하도록 하며, 온 교회가 하나 되는 것입니다. 그런데 교회끼리 서로 싸우기만 하고, 서로 거짓말쟁이요 이단이라고 말한다면 누가 우리 말에 귀를 기울이겠습니까? 요한은 한 목소리로 광야에서 외치면서 예수님의 길을 닦았습니다. 그런데 광야 같은 이 사회에서는 주님의 길을 예비하는 하나 된 목소리가 들리지 않습니다. 여러 목소리로 서로 다투고 비판하기 때문에 안 믿는 사람들이 우리를 비웃고, 심지어 예수 믿는 사람들은 미친 것 같다고 합니다. 하나 되지 못했기 때문에 힘이 빠지고, 능력도 없으며, 행동으로 증거하지 못합니다.

그래서 우리는 특별한 제목으로 기도해야 합니다. 오늘 읽은 요한복음 말씀을 보면, 요한은 주의 길을 곧게 하라는 소리를 받았습니다. 우리에게도 재림하실 구주 예수님의 길을 곧게 해야 할 책임이 있습니다.

또한 빌립보서 4장 5절 말씀에 우리가 어떻게 행동해야 하는지 기록돼 있습니다. "너희 관용을 모든 사람에게 알게 하라"는 말씀입니다. 관용이란 넓다는 말이며, 남을 용납할 수 있는 마음이라는 뜻입니다. 한 가지만 생각하지 말고, 누구든지 예수님을 인정하기만 하면 형제로 용납하라는 말씀입니다. 이처럼 서로 용납하는 것을 관용이라고 하는데, 이러한 마음이 없으면 전도에 큰 지장이 있습니다. 그런데 요즈음 교회에서는 관용을 찾아보기가 힘듭니다.

바울 사도께서는 관용을 모든 사람에게 알리라고 부탁하셨습니다. 그리고 "주께서 가까우시니라"고 말씀하셨습니다. 그것이 우리가 관용해야 하는 이유입니다. 바울 시대에 주님의 재림이 가깝다고 한다면 그로부터 2천 년이 지난 우리 시대에는 더 가깝지 않겠습니까? 사실 지금 일어나는 여러 징조를 보면 주께서 다시 오실 날이 아주 가깝다는 걸 알 수 있습니다. 아무리 생각해 보아도 시간이 얼마 남지 않은 것 같습니다. 예수님이 곧 오실 것입니다. 그러니 지금 세상이 아무리 복잡하고, 무섭고, 전쟁이 많고, 갈수록 사회가 부패하여도 우리는 염려할 것이 없습니다. 이 세상이 견딜 수 없을 만큼 악화되면 주께서 재림하셔서 우리를 데려가실 것이기 때문입니다. 우리에게는 예수님이 오실 때까지 견디면 된다는 소망이 있습니다.

'가까웠다'는 말에는 또 한 가지 뜻이 있습니다. 두 사람이나 세 사람이 예수님의 이름으로 모이면 예수님도 함께하신다고 하셨기 때문에, 우리가 모이기만 하면 예수님이 그만큼 가까이 계심을 느낄 수 있습니다. 혼자 있을 때 예수님이 멀게 느껴진다면, 또 예수님이 어디로 가셨는지 모르겠다면, 다른 신자들과 함께 모여서 기도하십시오. 기도하기만 하면 예수님이 가까이 계신지 알 수 있습니다.

예수님은 항상 우리 가까이 계십니다. 특별히 성찬을 통해 우리에게 가까이 계십니다. 그러므로 염려할 필요가 없습니다. 가까이 계시는 예수님이 해결하지 못할 문제는 하나도 없습니다. 로마서 8장 28절에 "모든 것이 합력하여 선을 이루느니라"는 말씀이 있습니다. 아무것도 그분의 사랑에서 우리를 멀어지게 할 수 없습니다. 멀어지게 할 수 없다는 것은 무슨 뜻입니까? 바로 가깝다는 뜻입니다. 그 다음 8장 35절부터 39절 말씀에는 예수님의 사랑에서 끊을 수 없다고 함으로써 예수님이 가깝다는 것을, 그래서 나중에 환난을 당한다 해도 상관이 없음을 말하고 있습니다. 어려움을 당하고 불의를 당해도 예수님이 가까이 계십니다. 땅에 있는 어떤 일이라도, 또 공중 권세를 잡은 귀신이라도 우리를 예수님에게서 끊을 수 없습니다. 왜냐하면 예수님이 가까이 계시기 때문입니다. 염려할 필요가 전혀 없습니다.

'염려하지 말라'(빌 4:6)는 말씀은, 각양각색으로 생각하지 말고 한 가지로 생각하라는 뜻입니다. 사람이 어떤 일을 할 때는 정신을 바짝 차려야 합니다. 이 사람은 이렇게 이야기하고, 저 사람은 저렇게 이야기해서 의견이 많으면 헷갈려서 일에 몰두할 수 없습니다. 생각이 복잡하면 일을 할 수 없습니다. 따라서 염려하지 말고 한 가지만 생각하라는 것입니다. 이런저런 쓸데없는 생각은 하지 말고 예수님이 곧 오시니까 그때까지 예수님의 일만 하기로 마음 먹으면 됩니다. 예수님이 모든 문제를 다 해결하실 것이므로 우리는 염려하지 않아도 됩니다. 이와 같이 '염려하지 말라'는 말에는 걱정할 것이 없다는 뜻과 또한 여러 가지로 생각할 필요가 없이 주께서 모든 문제를 해결하시니까 우리 할 일만 하면 된다는 두 가지 뜻이 있습니다.

"오직 모든 일에 기도와 간구로 너희 구할 것을 감사함으로 하나님께 아뢰라"(빌 4:6)는 말씀처럼 우리는 필요한 것은 무엇이든지 구하기만 하면 됩니다. 하나님은 우리에게 주기를 원하십니다. 또 달라고 하면 주시되, 우리가 구하는 것보다 더 좋은 것으로 주실 줄을 알기 때문에 미리 감사를 드립니다. 받기 전에 감사를 드리는 것입니다. 그러므로 모든 것을 감사함으로 기도하라는 말은 대단히 중요한 말입니다.

어떤 사람들의 기도를 들어 보면 하나님께서 주무시는 줄로 생각하거나, 구해도 주시지 않는다고 생각해서 별로 받을 기대도 하지 않는 것 같습니다. 그런 기도 태도는 좋지 않습니다. 기도할 때에는 감사함으로 기쁘게 기도해야 합니다. 하나님은 우리를 사랑하셔서 우리가 구하는 것을 기꺼이 주시기 때문입니다.

이어서 빌립보서 4장 7절 말씀을 보면, "그리하면 모든 지각에 뛰어난 하나님의 평강이 그리스도 예수 안에서 너희 마음과 생각을 지키시리라"고 합니다. 하나님의 평강이 나의 마음과 생각을 지켜 주십니다. 아무리 걱정이 많고, 생각이 많아도 하나님의 평강이 우리 마음을 지켜 주십니다.

하나님의 평강은 어떤 평강입니까? 그것은 성령께서 주시는 화평으로서 하나님과의 화평, 형제자매와의 화평, 일 속에서의 화평, 마음속에 있는 화평, 나 자신과의 화평, 건강한 정신, 건강한 자존심 등을 모두 포함하는 완전한 평강입니다. 얼마나 놀라운 평강인지 모릅니다. 그 크고 깊고 넓은 평강을 이루 다 헤아릴 수 없습니다. 모든 지각에 뛰어난 평강입니다. 그래서 우리 생각과 상상을 뛰어넘는 완전한 평강이 우리에게 있을 수 있는 것입니다. 예수님이 우리 마음을 지켜 주셔서 염려할 거리가 하나도 없고, 예수님이 가까우시기 때문에 곧 오시리라는 기대 속에 모든 것을 그분께 맡기면 우리는 기쁘고 감사한 마음으로 살 수 있습니다.

그러므로 우리는 무엇이 필요하든지, 그것이 돈이든, 도움이든, 힘이든, 치유든, 그 어떤 것이라도 하나님께 구하고 주의 손에 맡기기만 하면 다 해결될 것입니다. 평강 가운데 안심할 수 있습니다. 오직 예수님만 바라보고 예수님만 생각하며 그분이 곧 오실 것을 믿고 감사드릴 수 있습니다.

2 자기를 비우신 **예수님**

가난한 사람이 되셨던 예수님

성경말씀 히브리서 1:1-12; 요한복음 1:1-4

기도 전능하신 하나님, 독생 성자를 보내사 우리의 성품을 취하시고 당시에 동정녀께 탄생케 하셨나이다. 빌건대 우리가 거듭나 은혜로써 주의 정하신 자녀가 되었사오니 성령의 인도하심을 받아 날로 새롭게 하소서. 우리 주 예수 그리스도의 이름으로 구하옵나이다. 아멘.

오늘날은 성탄절을 올바르게 지키기가 어려운 시대입니다. 상인들은 성탄절을 그저 물건을 많이 파는 시기로만 생각해 성탄 음악과 성탄절 분위기를 이용합니다. 예수께 영광을 돌리려는 뜻은 전혀 찾아볼 수 없습니다. 우리 또한 성탄절의 진정한 의미를 자꾸 망각해 버리는 듯합니다.

성탄절은 먼 옛날 한 아기가 태어난 것에 불과한 것이 아닙니다.

물론 그런 뜻도 있지만 그보다 훨씬 놀라운 것은 "말씀이 육신이 되는" 역사상 유례없는 사실이 시작된 날입니다.

오늘 읽은 히브리서 1장 말씀 가운데 "하나님의 영광"(1절)이라는 이야기가 나옵니다. 만물이 그로 말미암아 창조되었고 천사보다 훨씬 더 뛰어나다고 합니다. 하나님은 이 세상을 창조하실 때 말씀으로 하셨습니다. "빛이 있으라"고 명하시매 빛이 있었고, "땅이 있으라" 명하시매 땅이 조성되었습니다. 말씀이 하나님과 함께 영원부터 계셨습니다. 하나님은 또한 사람에게도 친히 말씀하기를 원하셨고, 실제로 여러 방법을 동원해 말씀하셨습니다. 그런데 사람들이 하나님의 말씀을 듣지 않았습니다. 여러 모양으로 자신의 뜻을 계시하셨지만 그분의 뜻을 거스르고 불순종하였습니다. 그래서 마침내 말씀이 육신이 되었던 것입니다. 이것이 의미하는 바가 무엇인지 깊이 생각해 보아야 합니다.

하나님께서 이 세상을 지으실 때 흙과 같이 생명이 없는 것도 창조하셨고 동물과 천사들도 창조하셨습니다. 하나님은 자신의 사자가 될 천사들도 많이 만드셨는데 천사는 순수하게 '영'(靈)입니다. 물질적인 부분은 전혀 없습니다. 또 다른 피조물들은 '물질'은 가지고 있는데 '영'이 없습니다. 이 모든 피조물을 만드신 뒤 한 가지 피조물을 더 만드셨습니다. 바로 인간입니다. 인간은 영적인 존재이면서도 물질적인 존재이고, 물질적인 존재이면서도 영적인 존재입니다.

사람은 물질적인 부분과 영적인 부분을 함께 지닌 유일한 존재입니다. 하나님께서 우리 인간을 만드신 이유는 다른 모든 피조물을 다스리게 하기 위함이었습니다. 이 두 가지 요소, 즉 물질적인 피조물과 영적인 피조물이 하나 되게 하시려고 인간을 만드신 것입니다. 그럼에도 불구하고 인간은 주님의 뜻을 거역하고 불순종하였습니다. 하나님께서 우리에게 자유 의지를 주셨기 때문입니다. 자유가 없으면 뜻이 없습니다. 자유가 없으면 진정한 사랑도 있을 수 없습니다.

'삶'이라는 말은, '사는 것'이라는 의미입니다. 그리고 '사람'이란 '사는 것'이요, 또한 '사랑'이란 말과도 비슷한 모양입니다. '사랑이 없는 사람'은 참된 '삶'이라고 볼 수 없고, '사랑이 없는 삶'은 '살 만한 삶'이 아니며, '사랑이 없는 사람'은 또한 온전한 '사람'도 아닙니다. 하나님은 우리를 그렇게 창조하셨습니다. 그런데 우리가 그 사랑을 잊어버리고, 대신 탐욕의 노예가 되어 하나님의 사랑을 배반하고 버렸습니다. 하나님의 모든 아름다운 피조물이 바로 불순종 때문에 무질서한 상태에 빠지고 말았습니다.

우리를 변함없이 사랑하시는 하나님은 우리를 그대로 버려둘 수 없으셨습니다. 여러 선지자들을 통하여 당신의 말과 당신의 사랑을 인간들에게 전하라고 명하셨습니다. 어떻게 살아야 하는지 가르쳐 주라고 말씀하셨습니다. 그럼에도 불구하고 사람들은 너무나 타락한 나머지 하나님의 말씀을 받아들일 수가 없었습니다. 사람들이 하나님의 말씀에 거듭거듭 불순종하기 때문에 세상은 더욱더 무질서해지고 타락하고 말았습니다. 그리고 마침내 때가 되었고, 말씀이 육신이 되기로 결정하셨습니다. 말씀이 육신이 되면 모든 육신이 회복할 수 있습니다. 피조물을 창조하신 창조주께서 그 피조물 가운데 한 부분이 되셨습니다. 그런데 거기서 끝난 것이 아닙니다.

세상에는 여러 종류의 사람이 있습니다. 그러므로 말씀이 육신이 되실 때 '왕'으로 오실 수도 있고, '높은 권세'를 가진 자로서 오실 수도 있고, '큰 부자'로서 오실 수도 있었습니다. 그리고 그분이 원하시기만 하면 금방 그런 사람이 될 수도 있었습니다. 그런데 하나님은 그런 길을 택하지 않으시고 지극히 작고, 약하고, 초라한 사람으로 오셨습니다. 사실 이 세상에 가난한 사람이 많긴 하지만 마구간에 들어가서 말과 소들이 있는 가운데서 똥을 치워 내고, 돈 주고 볏짚을 사서 따로 자리를 깐 뒤에 아이를 낳는 가족이 몇이나 되겠습니까? 그분은 갓난아기 때부터 인간의 모든 괴로움에 친히 동참하셨습니다.

세상의 왕들로부터 경배를 받고, 황금과 유향과 몰약을 선물로 받으신 것은 한순간이었습니다. 바로 동방박사들이 경배할 때였지요. 그 일이 일어난 것은 그들이 마구간을 떠나 조그만 방을 얻어서 노동자 생활을 할 때였습니다. 동방박사들이 찾아온 것은, 성탄 카드의 그림처럼 마구간에 있을 때 일어난 일이 아닙니다. 동방박사들에게 선물을 받는 순간 요셉은 이제 고생은 다 끝났구나, 이제부터는 편히 살 수 있겠구나 생각했을 것입니다. 그런데 그날 밤 꿈에 천사가 나타나 말씀하십니다.

"요셉아, 일어나 아이와 마리아를 데리고 애굽으로 떠나라. 헤롯왕이 아이들을 죽이려고 한다."

요셉은 말씀대로 애굽으로 떠났고, 동방박사들에게 받은 값진 선물들을 피난 생활을 하는 동안 모두 써 버렸습니다. 다시 노동자로 돌아가 계속 그렇게 힘들게 일하며 살아야 했습니다.

'교회'란 무엇입니까? '그리스도의 몸'이라고 일컫지 않습니까? 이것은 단순히 비유에 불과한 것이 아니라 사실입니다. 왜냐하면 예수님은 성령으로 태어나신 분인데, 우리가 성령으로 거듭난 사람이 되고 성령께서 우리 마음속에 거하심으로써 우리도 예수님의 몸에 속하게 되었기 때문입니다. 우리가 그리스도의 몸에 속하였다면 하늘의 모든 영광이 다 우리 것이요, 하나님의 모든 권세가 모두 우리 것입니다. 그리고 우리도 육신 안에 거하면서 고통당하는 사람들과 하나가 되어야 합니다. 그리스도의 자리가 마구간에 있었다면 우리 자리도 가난하고 고통당하고 거절당한 사람들 가운데 있어야 합니다.

물론 예수님은 죽으셨다가 부활하셨고, 또한 승천하셨다가 다시 오실 줄 우리가 알고 있습니다. 그분이 다시 오실 때 우리의 영광 또한 다 나타날 것입니다. 그날을 기대하며 값싼 세상의 영광을 추구하며 살지 맙시다. 참된 영광이 무엇인지 우리는 압니다. 그리고 날마다 날마다 예수님과 사귀면서 그분의 사랑을 맛보고, 그분의 영광을 맛보면서 살 수 있습니다. 예수님도 하나님의 아들로서 가난한 사람들과 함께 사시면서 하나님과 사귀는 생활을 하셨습니다. 단 한 번 그 영광이 잠시 나타나셨는데 '변화산'에서였습니다. 그 영광이 평상시에 나타나지는 않았지만, 주님 마음속에는 항상 있었습니다. 가슴에 영광을 안고 계셨기에 모든 환난과 고통을 능히 견딜 수 있었습니다.

요한일서에도 아주 놀라운 말씀이 나옵니다.

"보라, 아버지께서 어떠한 사랑을 우리에게 주사 하나님의 자녀라 일컬음을 얻게 하셨는고 우리가 그러하도다 그러므로 세상이 우리를 알지 못함은 그를 알지 못함이니라 사랑하는 자들아 우리가 지금은 하나님의 자녀라 장래에 어떻게 될 것은 아직 나타나지 아니하였으나 그가 나타나심이 되면 우리가 그와 같을 줄을 아는 것은 그의 계신 그대로 볼 것을 인함이니"(3:1-2).

하나님의 아들, 하나님의 자녀가 되는 것보다 더 나은 것이 있겠습니까? 하나님과 같이 된다는 아주 놀라운 말이 아닙니까? 사실이 그렇습니다. 그러한 소망, 그러한 사실을 아는 것이 거듭난 신자의 생활입니다.

지금부터라도 우리 삶 속에서 그리스도의 영광을 나타낼 수 있습니다. 성령의 능력만 있으면 됩니다. 세상 사람들이 우리 안에 거하시는 예수님을 볼 때에는 그들도 주님의 자녀가 될 수 있습니다. 그것이 우리의 사명이고, 온전한 신자의 삶이며 또한 사랑입니다.

계속 되는 예수님의 일

Reubert
Archer
Torrey

성탄절 중심 주제는 요한복음 1장 14절에 잘 나타납니다.

"말씀이 육신이 되어 우리 가운데 거하시매 우리가 그 영광을 보니 아버지의 독생자의 영광이요 은혜와 진리가 충만하더라."

하나님은 모든 시대, 전 세계 어디에서나 자연 안에서 자신을 나타내 보이셨고, 대홍수 등과 같은 사건과 그리고 구약 선지자들을 통해 자연을 계시하셨습니다. 짧은 기간 동안(약 600년 역사 가운데 40년도 채 안 되는) 그분은 지구 위를 걸으셨고, 한 인간으로서 사람들에게 나타나셨습니다. 성삼위일체 가운데 한 분이 인성(人性)을 취하셔서 사람이 되셨고, 그로 인해 사람들은 실제로 하나님을 보았습니다.

이런 말씀을 듣고 나면 다음과 같은 반응을 보입니다.

"왜 그토록 기간이 짧았을까? 너무 불공평하다! 아주 소수의 사람들만 그분을 뵈었고 다른 누구도 그분을 본 적이 없지 않은가!"

그런데 예수님이 우리에게 무엇이라고 말씀하셨습니까?

"내가 떠나가는 것이 너희에게 유익이라 내가 떠나가지 아니하면 보혜사(성령)가 너희에게로 오시지 아니할 것이요"(요 16:7상).

대림절에 우리는 세례 요한이 예수님을 위해 길을 예비하던 것을 묵상합니다. 그러나 한편으로 예수님이 성령을 위해 길을 예비하셨다는 사실도 잊어서는 안 됩니다. 성령님이 예수님보다 더 중요하단 말입니까? 어떤 의미에서는 그렇습니다. 예수님은 "나를 믿는 자는 나의 하는 일을 저도 할 것이요, 또한 이보다 더 큰 것도 하리니 이는 내가 아버지께로 감이니라"(요 14:12)고 말씀하셨습니다. 다른 말로 표현하자면, 예수께서 성령을 보내신 뒤에야 비로소 모든 신자들이 하나님을 세상에 계시할 수 있는 능력을 갖게 되었습니다. 교회는 그리스도의 몸입니다.

세상 어느 곳이든 교회가 가는 곳이면 예수님도 가십니다. 인간으로 오신 예수님은 그저 한 육체로서 한 사람의 일생을 살았습니다. 그분은 많은 지역을 다 돌아다닐 수 없었고, 그렇게 하려고 하지도 않으셨습니다. 그렇지만 그분이 떠나신 후 불과 몇 년 만에 지구상의 엄청나게 넓은 지역이 그분의 불멸의(영원한) 몸인 교회로 뒤덮였습니다. 그분은 소아시아, 지중해 연안의 섬들, 유럽, 이탈리아, 스페인, 북아프리카 – 카르타고와 이집트까지 가셨고, 그리고 그분의 제자들이 생존해 있는 기간 동안 아마도 중동 전 지역과 실론 및 인도까지 가셨습니다.

예수께서 떠나시고 얼마 지나지 않아 예수님의 몸 된 교회가 많은 지역으로 퍼지자 사탄은 안절부절못해 왔습니다. 그런데 만일 예수께서 어느 지역에 가셨다면 어떻게 해서든지 그 지역에 있는 그분의 몸 된 교회를 소멸하려고 사탄은 애를 쓸 것입니다. 사탄은 항상 교회를 파괴하고, 눈멀게 하고, 절름발이가 되게 하려고 갖은 방법을 다 동원할 것입니다.

핍박만이 그의 도구가 아닙니다. 핍박은 오히려 교회를 강하게 만들었을 뿐입니다. 중국 본토 교회를 보십시오. 실로 강하고 엄청난 속도로 성장하고 있지 않습니까? 이것은 핍박에도 '불구하고'가 아니라 핍박 '때문에' 일어나는 현상이라고 합니다. 그러자 사탄은 교회를 약화시키고 파괴하기 위해 또 다른 기술을 동원했습니다. 바로 중국의 초대 교회로 하여금 이단적인 교리를 받아들이게 해 파괴시켜 가고 있습니다.

그들이 말하는 대표적인 이단 교리는, 예수께서 성육신하신 유일한 분이 아니라는 말입니다. 석가나 공자 및 다른 성인들도 말씀이 육신이 되어 나타난 자들이라고 주장했습니다. 결론을 말하자면, 결국 한 종교는 다른 종교와 궁극적으로 다를 바 없다는 것이고, 예수님은 유일한 존재가 아니라는 것입니다. 이러한 가르침으로 인해 중국 신자들은 대부분 열심을 잃고 있습니다.

그 후 사탄이 세운 또 다른 계략은, 선교사들 스스로 다른 중국인 신자보다 자신이 우월하다고 느끼게 하여 중국 교회를 다스려야 한다고 생각하게 만들었습니다. 그 결과 수백 년이 지나도록 그들은 교회를 통제했습니다. 마침내 중국인들은 심한 혐오감을 갖게 되었고, 한 종교가 궁극적으로 다른 종교와 다를 바 없는 것이라면 그들은 동양의 여러 종교 가운데 하나를 고수해야 한다고 결정했습니다. 결국 한때 기독교는 중국과 중앙 아시아에서 완전히 사라져 버리고 말았습니다.

특히 우리 시대에 사탄이 사용하는 또 다른 계략은 예수께서 하신 일을 우리는 할 수 없고, 기적은 우리 시대를 위한 것이 아니며, 혹시 있다고 하더라도 보통 신자들을 위한 것은 아니라고 믿게 만드는 것입니다.

성탄절이 우리에게 주는 메시지는 우리 가운데 누구라도 예수님서 행하신 일뿐 아니라 그보다 큰 일도 할 수 있다는 것입니다. 우리는 지상에 있는 그리스도의 몸이며, 비록 개개인에게 모든 다양한 은사와 능력들이 주어지지 않았더라도 한 팀으로서 그 모든 것을 가질 수 있습니다. 하나님은 우리가 예수님의 일을 하기를 기대하십니다. 그 일을 계속합시다!

그리스도 예수의 마음

성탄절의 본래 의미는 무엇일까요? 초대 교회 시대 모든 교회 행사는 부활절과 오순절을 중심으로 이루어졌습니다. 그리스도께서 죽음에서 부활하시고 성령을 보내 주신 사건은 교회가 증거해야 하는 가장 중요한 요소였습니다. 교회가 시작될 무렵에는 사실 그리스도의 탄생을 목격한 증인이 단 한 사람밖에 남지 않았습니다. 교회 안에서도 그것에 대해 관심이 적은 편이었습니다. 사도 바울은 빌립보서 2장 5-8절에서 이 사실을 간접적으로 언급합니다. 그분의 권면 말씀은 오늘날까지 성탄절 기본 메시지로 마음에 와 닿습니다.

"너희 안에 이 마음을 품으라 곧 그리스도 예수의 마음이니 그는 근본 하나님의 본체시나 하나님과 동등됨을 취할 것으로 여기지 아니하시고 오히려 자기를 비워 종의 형체를 가져 사람들과 같이 되었고 사람의 모양으로 나타나셨으매⋯⋯."

여러 해 뒤에 사도 요한은 이것과 동일한 진리의 말씀을 좀더 신학적으로 표현했습니다.

"말씀이 육신이 되어 우리 가운데 거하시매 우리가 그 영광을 보니 아버지의 독생자의 영광이요"(요 1:14).

이것이 초대 교회의 증거입니다. 즉 '예수님은 사람으로 이 땅에 오신 하나님이시며 우리가 그분과 함께 생활하고 일하면서 이러한 사실을 확인하였노라'고 증거한 것입니다. 그분의 출생에 관한 조금 더 상세한 호기심은 여기에 거의 나타나 있지 않습니다.

마침내 사람들은 하나님께서 어떻게 사람이 되실 수 있었는지 내막이 알고 싶어졌습니다. 바울의 동역자인 헬라인 의사 누가는 바울이 가이사랴의 감옥에 갇혀 있는 동안 예수님의 어머니 마리아를 포함해서 예수님을 친히 알았던 사람들을 만나 두루 취재했습니다. 특히 아시시의 성 프란체스코 시대 이후로 교회에 그토록 큰 관심을 불러일으킨 그리스도 탄생에 관한 전말의 일부를 모친 마리아의 입술을 통해 직접 알게 되었습니다. 성 프란체스코는 부와 세속화 및 권세와 오만에 빠져 물질만 추구하는 교회의 모습에 심히 괴로워했습니다. 성 프란체스코는 모든 사람에게 예수님 탄생의 상세한 부분까지 눈여겨보도록 하되 특별히 그분의 가난함과 겸손함을 강조했습니다.

오늘날 교회는 말구유에서 태어나신 아기 예수에 대해 너무 감상적으로 생각합니다. 그렇다 보니 그 상황이 실제로 얼마나 비참했는지 깊이 생각하는 사람이 거의 없습니다. 만일 성탄 카드에서 가축들의 똥 냄새라도 맡을 수 있다면, 있는 모습 그대로의 실상을 조금이나마 맛볼 수 있을지도 모르겠습니다.

누가가 간결한 말로 우리에게 전하는 사실은, 수많은 여행객들이 베들레헴으로 몰려들어와 마구간은 당나귀와 말들로 꽉 차고 음식값마저 갑자기 오른 상황에서, 요셉과 마리아는 너무나 가난해서 여관 방 한 칸도 얻을 수 없었다는 사실입니다. 깨끗한 건초를 적지 않은 돈을 주고 어렵게 구해서 당나귀에게 주고 겨우 마리아가 누울 자리를 마련했습니다. 요셉은 (아내가 마구간 바닥에 누워 첫 아기를 낳을 때 밟히는 것을 막기 위하여) 구석에 자리를 마련하기 위하여 삽으로 똥을 치우고 가축들이 접근하지 못하도록 무척 애를 썼을 것입니다. 더럽고 고통스러울 뿐만 아니라, 자존심도 심하게 다쳤을 것입니다. 사도 바울이 왜 '자신을 비우라'고 표현했는지 알 것 같습니다.

요셉과 마리아는 그들의 모든 자존심이 무너지는 경험을 하였습니다. 그렇지만 그때 하나님 그분은 어떠하셨을까요? 자신의 독생자가 하늘의 영광을 내려놓고 세상에 자리하는 모습을 내려다보시는 아버지의 마음을 상상해 봅시다. 성자 하나님은 이러한 일들이 일어나기 전에 이미 하늘로부터 이 모든 장면들을 보았으며, 자신이 어떤 일(마구간에서의 탄생으로부터 십자가에 달리기까지, 그리고 그 사이에 겪게 될 모든 배척과 심한 고통들)을 겪을지도 이미 아셨을 것입니다. 은혜롭게도 그분이 태어났을 때는 어린 아기의 작은 머리라서 그때 어떠한 문제가 있는지는 전혀 모르셨습니다.

예수님의 왕권을 강조하고, "인간 예수가 진실로 다윗의 왕위에 대한 권리가 있을까? 과연 그가 다윗의 후손이며, 선지자들이 예언한 메시아가 될 수 있을까?"라는 의문에 답변해 주기 위해 기록한 마태복음조차도 예수께서 태어나는 순간부터 겪어야 했던 가난과 고통을 덮어 둘 수 없었습니다. 마태도 복음서를 기록하기 위하여 예수님의 출생을 목격한 마리아의 이야기를 참고했을 것입니다. 그리고 예수께서 다윗의 왕위를 이을 합법적인 계승자이심을 보여 주기 위해 우리에게 예수님의 족보를 전해 주었습니다. 그리고 이스라엘의 왕권을 강탈한 헤롯 왕이, 하나님께서 별을 통해 계시를 주심으로 메시아의 탄생을 알게 된 뒤 어떻게 그분을 죽이려고 했는지도 보여 줍니다.

마태는 짧막한 설명 안에 초라한 상황을 있는 그대로 드러냈습니다. 동방박사들이 한밤중에 별을 보고 집을 찾아왔지만 요셉은 밤늦도록 일하느라 그때까지 집에 없었습니다. 피곤한 몸으로 집에 돌아와 보니 동방박사들이 와 있고, 그들은 귀한 선물까지 선사했습니다. 그런데 바로 그날 밤으로 아내와 아기를 데리고 집을 떠나 나라 밖으로 도망해야 하는 신세가 되고 말았습니다. 그들이 애굽에서 돌아와 베들레헴 대신 나사렛에 다시 정착했을 무렵에는 분명 재산을 다 써 버렸을 것입니다. 오늘날 우리들을 다루시는 하나님의 방법으로 미루어 보건대, 그래도 거처할 집과 작업실을 장만할 만큼의 재산이 남아 있었고, 목수 일을 다시 시작하는 데 필요한 나무 정도는 있었을 것입니다.

예수님의 탄생은 아름답기보다는 냉혹했지만, 그 일은 우리를 위한 하나님의 깊은 사랑과 (하나님을 사랑한다고 생각하는) 우리에게 그분이 기대하시는 것이 무엇인지 계시해 주고 있습니다. 그것은 다름 아닌 '겸손'입니다.

자기를 비우신 예수님

이곳 예수원에서 날마다 드리는 아침 예배(조도[朝禱]) 시간에 에베소서를 읽기 시작했는데, 에베소서 1장에서 매우 놀라운 메시지를 발견했습니다. 사도 바울은 '교회는 그리스도의 몸으로서 하늘과 땅을 연결시켜 주는 엘리베이터 역할을 하고 있다'는 이야기를 했습니다. 다른 식으로 표현하자면, 우리 예수원 공동체는 하늘과 땅에 동시에 존재하는 곳이라는 말입니다. 성경에는 교회에 관한 내용이 많습니다. 하지만 왠지 그 말씀이 거의 성취되지 않는 것처럼 보입니다. 예수원의 목표 가운데 하나는, 삶에서 성경적인 교회 개념을 나타내는 것입니다. 그것은 쉽지는 않지만 매우 흥미로운 일입니다.

하늘과 땅을 연결하는 일련의 과정은 예수께서 이 땅에 출생하시면서 시작되었습니다. 우리는 그분의 생일 날짜를 잘못 계산해서 경축하고 있습니다. 예수님의 실제 생일은 봄철입니다. 물론 그것이 베들레헴에서 태어난 이 아기가 사람인 동시에 하나님이라는 사실을 알고 있는 한 그렇게 중요한 일은 아닙니다. 그분은 하늘나라를 떠나 이 땅에 내려오셨습니다. 그 결과 그분은 참으로 무기력한 존재가 되셨고, 전적으로 마리아와 요셉에게 의지해야 하는 상태가 되셨습니다. 그분은 갓난아기가 되실 만큼 자신을 낮추셨습니다. 사도 바울은 우리도 이와 같은 마음을 가지라고 말합니다.

그렇다고 예수님이 계속해서 다른 사람에게 의지하신 것은 아닙니다. 그분은 어린 시절부터 성전에서 학자들과 더불어 온갖 종류의 질문을 할 만큼 독립적인 사고력을 지니셨습니다. 그렇지만 예수님은 가나의 결혼 잔치 때까지 부모님께 순종하셨습니다. 공생애 사역을 시작해서야 비로소 한 무리의 제자들을 이끄는 강력하고 영감을 주는 지도자가 되셨습니다.

그분은 곧 많은 제자들을 모으셨지만, 어떤 어려운 가르침을 하신 이후로 그들 가운데 대부분이 예수님을 떠나고 단지 열두 명만 남았습니다. 자신을 '비운다'는 말에는 타협 없이 온전한 진리(The Whole Truth)를 견지하고 오직 하나님께만 순종한다는 의미가 담겨 있습니다. 예수님은 하나님의 아들이시면서도 자신의 뜻을 행사하지 않으셨습니다. 아버지의 뜻을 행하기 위하여 마침내 십자가에 못박혀 죽임을 당하셨고, 에베소서에서 사도 바울이 말한 대로 하나님은 그 크신 능력으로 그리스도를 죽은 사람들 가운데서 다시 살리시고 하늘 나라에서 자기 오른편에 앉게 하셨습니다. 그뿐만 아니라 그분을 만물 위에 교회의 머리로 삼으셨고, 교회는 그리스도의 몸이며 모든 것을 넘치도록 채워 주시는 분이 계신 곳이 되었습니다.

베들레헴의 말구유에 누우신 어린 아기를 생각할 때 우리는 또한 그분을 통하여 교회가 그리스도의 몸이 되었고, 만물 안에서 만물을 완성하시는 충만이 되었다는 사실을 깨달아야 합니다. 자신을 비우신 그분은 이제 우리를 통하여 만물을 충만케 하십니다. 이 얼마나 큰 특권입니까! 그분의 성령을 통하여 만물을 충만케 하기 위해 그리스도께서 무엇을 어떻게 하고자 하시는지 알려 달라고 끊임없이 기도하며 물어봅시다.

성령의 도우심으로 우리는 청종할 수 있고, 성령의 도우심으로 그 일을 수행할 수 있습니다. 때로 그 일은 어린 아기가 되는 것처럼 단순해 보이기도 할 것이고, 때로는 여러 제자들을 인도하는 것처럼 복잡하기도 할 것이며, 때로는 십자가에 못박히는 것처럼 어렵겠지만, 그 모든 일은 이 땅에 하나님의 충만이 넘치도록 인도하는 것입니다. 얼마나 경이로운 일인지요!

어린양의 승리

성경말씀 요한계시록 14:1-5; 마태복음 2:13-18

기도　전능하신 하나님, 젖 먹는 영해(유아)의 입으로 주를 찬미하게 하시고, 저희의 죽음으로 주를 영화롭게 하셨나이다. 비옵나니, 우리 모든 죄악을 멸하시고, 주의 은혜로 우리를 굳게 하사, 무죄한 생활을 하고, 믿는 마음을 죽도록 변치 아니하여, 주의 거룩하신 이름을 영화롭게 하소서. 이는 성부와 성령과 한 하나님으로 영원히 사시고 다스리시는 성자 우리 주 예수 그리스도를 통하여 구하옵나이다. 아멘.

많은 사람들이 기쁜 마음으로 성탄절을 맞이해 즐겁게 지내지만, 당시 요셉과 마리아 그리고 아기 예수께서 얼마나 고생했는지는 깊이 생각하지 않습니다. 그래서인지 세상은 다시 죄에 물들어 흉악한 일들이 너무 많고, 불의하고 잔인한 일들이 횡행합니다. 하나님께서 인간의 몸으로 오셨을 때에도 얼마 되지 않아 피 흘리는 일이 생겼습니다.

　헤롯 왕은 박사들의 말을 듣고, 또 하늘의 별을 보고 새 임금이 태어나신 것을 알았습니다. 헤롯 왕은 온 우주를 만드신 창조주 하나님께서 별을 통하여 그분이 하시는 일을 나타내신다는 걸 분명히 알았고, 헤롯 왕 자신도 유대 지방에 사는 사람으로 구약의 예언 말씀을 믿었습니다. 박사들이 와서 별을 보고 왕이 나셨다고 하였을 때, 구약 성경학자들이 모였고 박사들은 메시아가 어디서 나시겠느냐고 물었습니다. 성경학자들은 베들레헴 다윗 성에서 태어나실 것이라고 답변하였습니다. 그래서 헤롯은 박사들에게 베들레헴에 가서 아기에게 경배한 후, 돌아갈 때에는 꼭 보고하고 가라고 말하였습니다. 한편 마음속으로는 하나님께서 나라를 위하여 보내주신 기름 부음 받은 새 왕을 죽이기로 결정하였습니다. 하나님께서 세상의 주인이시고 창조주이실지라도, 그분을 대적하여 죽이겠다고 생각한 것입니다. 이 사실로도 알 수 있지만, 인간의 마음이 얼마나 악합니까.

　요한은 "말씀이 육신이 되어 자기 백성에게로 왔는데 자기 백성들이 그를 영접하지 않았다"고 말하였습니다. 예수께서 태어나실 때 환영받지 못했고, 여관 방도 얻지 못해 겨우 마구간에 들어갔으며, 또 왕으로서 대접받지도 못했습니다. 사는 동안에는 기적을 많이 베푸셨는데도 당시 높은 사람들에게서 전혀 환영받지 못하셨습니다.

　더구나 탄생 당시 헤롯은 한 아이만 찾아서 죽이는 일이 복잡하니까 그냥 두 살 아래 아이들은 모두 죽이라고 명령하였습니다. 아무 죄도 없는 아이들이, 그저 당시에 태어났다는 이유 하나 때문에 피 흘리며 죽어 갔습니다.

구약의 예언에 라마에서 통곡하는 소리가 있다고 했고, 또 라헬이 자기 아들이 없으므로 위로받기를 거절하였다는 말씀이 있는데, 이 예언은 이미 바벨론 포로 시기에 이루어졌습니다.

라마는 예루살렘 북쪽에 있는 베냐민 지파에 속한 마을인데, 베냐민 지파는 라헬의 아들인 베냐민으로부터 퍼진 지파입니다. 느부갓네살 왕 때에 예루살렘 성이 멸망당하였는데, 군인들이 성을 파괴하면서 사람들도 마구 죽였습니다. 베냐민 지파의 땅은 바벨론으로 가는 길목에 있었고, 그때 베냐민 지파 사람들이 많이 죽임을 당했습니다. 라헬은 이미 오래전에 돌아가신 조상의 어머니이지만, 예언 말씀은 나중에 이런 일이 있을 것을 말하며 그 조상의 어머니가 슬퍼하며 위로받기를 거절하리라고 하였던 것입니다.

그러나 예언 말씀은 예수께서 태어나시면서 다시 이루어졌는데, 이때에는 베들레헴의 모든 어머니가 울며 위로받지 못하였습니다. 외국 군대가 아닌 바로 자기네 나라 왕이 엄청난 살인을 저질렀던 것입니다. 전쟁기도 아닌 평화로운 시절에 말입니다. 바로 얼마 전에 천사들이 와서 세상에 평화가 있을 것이라고 하였는데, 반대로 왕의 명령에 따라 아이들이 무참히 죽임을 당하는 일이 일어난 것입니다.

두 살 아래라는 기준에도 문제가 있습니다. 잘 아시다시피 아기가 설날 전에 태어나면 태어나자마자 한 살, 그리고 해가 바뀌어 한 살, 그래서 곧바로 두 살이 됩니다. 이런 여러 가지를 생각해 보고,

또 박사들의 여행이 며칠 걸린 여행이었는지 혹은 몇 년 걸렸는지 불분명한 것을 감안할 때, 헤롯은 안전하게 계산하여 두 살 아래면 되겠다고 생각해서 그런 명령을 내린 것입니다. 그만큼 잔인하였고, 의에 대해서는 무관심하며, 자기를 위해서는 무슨 짓이든 서슴지 않았던 사람입니다. 완악한 마음을 가진 인간의 대표자인 것입니다.

그래도 하나님은 인간을 사랑하셔서 누구든지 회개하면 예수님의 흘리신 피로 깨끗하게 하여 주십니다. 예수께서 세상에 오셔서 고난당하시고 십자가에 못박혀 죽으신 것은, 인간의 완악함 때문입니다. 하나님은 인간을 사랑하십니다. 그러므로 우리는 그냥 아기 예수가 나신 것만 기뻐해서는 안 됩니다. 우리 죄 때문에 예수께서 가난한 사람으로 오셔서 멸시당하고 돌아가셨다는 사실을 기억해야 합니다.

요한계시록을 보면 아이들이 영원토록 예수님과 함께 살 것이라는 말씀이 있습니다. 시온 산 위에 어린양이 서신 것을 환상으로 볼 수 있습니다. 어린양은 물론 예수님이십니다. 그리고 이것은 예수께서 태어나실 때 죽은 아이들뿐만 아니라 모든 무죄한 자, 깨끗한 자를 의미할 수도 있습니다.

그런데 교회가 이것을 하나님을 위하여 독신 생활을 해야 한다고 잘못 해석하여, 수사·수녀가 되어 어린양과 함께 영원토록 살겠다고 하는 사람들이 많이 생겼습니다. 그러나 그것은 잘못된 생각입니다. 온 세상의 역사를 통틀어도 깨끗하고 죄 없는 사람은 십사만 사천 명밖에 되지 않는다고 하니 말입니다. 또 다른 한편으로 믿는

사람들이 어린양의 피로 깨끗함을 얻습니다만 이 말씀은 분명 그
것과 조금 다릅니다. 이 어린양과 함께하는 어린아이들이 누구를
뜻하는지는 때가 되면 분명히 알 수 있겠지요.

아무리 세상이 악하여 인간의 입장에서 보면 소망이 없고 더러운
것밖에 없어 보이더라도 마지막 승리는 어린양의 것입니다. 어린
양께서 승리자로 시온 산에 서시고 그와 함께 거문고 타는 아름다
운 승리자들이 있을 것입니다. 낙심하고 슬플 때 항상 이것을 기억
해야 합니다.

승리가 어린양께 있습니다. 또 우리가 그와 함께 승리자가 되어
주를 찬미할 것입니다.

하나님의 자녀됨

성경말씀 갈라디아서 4:1-7; 마태복음 1:18-25

기도　전능하신 하나님, 독생 성자를 보내사 우리의 성품을 취하시고, 당시에 동정녀께 탄생케 하셨나이다. 빌건대, 우리가 거듭나 은혜로써 주의 정하신 자녀가 되었사오니, 성령의 인도를 받아 날로 새롭게 하소서. 이는 성부와 성령과 한 하나님으로 영원히 사시고 다스리시는 성자 우리 주 예수 그리스도의 이름으로 구하나이다. 아멘.

오늘 읽은 두 성경말씀은 아주 간단하면서도 우리에게 큰 위로를 줍니다. 갈라디아서 말씀에는 우리가 아들(양자)이 되었으며, 성령께서 우리 안에 들어오셔서 우리도 하나님을 '아바 아버지'라 부를 수 있다고 합니다. 어떻게 양자가 되었습니까? 하나님께서 하나밖에 없는 아들을 보내 주셔서 여자에게서 사람으로 나게 하시어 우리로 구원, 곧 해방을 얻게 하심으로 아들이 되었습니다.

그때 사실 요셉은 마리아와 파혼해야 한다고 생각했습니다. 자기 약혼녀가 옳지 못한 일을 했다고 생각했으니까요. 그런데 천사가 와서 일러 주기를 그런 것이 아니라 성령으로 된 일이라고 하였습니다. 그리고 아들을 낳으면 이름을 '예수'라고 하라고 하였습니다. 또 이사야서에는 '임마누엘'이라는 이름으로 불릴 것이라고 하였는데, 이는 '하나님께서 우리와 함께 계신다'는 말입니다. 하나님께서 사람과 함께 계시기를 원하셔서 여자의 몸을 통해 태어나셨습니다.

여기에서 중요한 것은 한 번 인간이 되었으면 다시 인간의 몸을 벗어 버릴 수 없다는 사실입니다. 하나님께서 영원토록 인간이 되신다는 뜻입니다. 그 몸이 죽었다가 다시 부활하셨어도 몸으로 부활하셨고, 변화된 몸을 지닌 존재가 되셨습니다. 예수님은 인간의 몸을 가지실 뿐만 아니라 우리와 아주 똑같이 되셨습니다. 이렇듯 본래 하나님의 아들이신 예수님이 사람이 되셨기 때문에 우리도 하나님의 아들이 될 수 있습니다. 그래서 우리가 하나님을 우리 아버지라고 할 수 있는 것입니다.

오늘 드린 기도문을 보면 우리가 거듭난 은혜로써 주의 정하신 자녀가 되었다는 내용이 있습니다. 우리가 예수님을 통하여 거듭남으로써 하나님의 자녀가 된 것입니다. 하나님께서 사람을 그토록 사랑하시니 우리가 저마다 하나님의 사랑을 깨닫고 '아빠'라고 부르는 것이 아니겠습니까? 우리를 얼마나 사랑하시는지, 우리를 얼마나 생각하고, 지키고, 보호해 주시는지 깨달을 수 있습니다.

사실 지금은 예수께서 태어나신 지 2천 년이 훌쩍 지났습니다.

그동안 많은 사람이 성령을 받고 거듭나 주의 자녀가 되었고, 하나님을 '아빠'라고 부름으로써 하나님의 사랑을 깨달았습니다. 그렇지 않았다면 성경이 우리에게까지 내려오지 않았겠지요. 물론 교회도 지금까지 존재할 수 없었을 것입니다. 교회가 무엇입니까? 하나님의 가족, 즉 형제자매들이 하나님의 가족으로 사는 것입니다. 그래서 2천 년 동안 하나님의 자녀로서 서로 형제자매가 되어 지금까지 교회로 존재합니다.

교제의 의미는 무엇일까요? 가족으로서 서로 사귀는 것이 아닙니까? 그러나 종종 우리는 그것을 잊고 자기만 생각하는 개인주의자가 됨으로써 서로의 마음을 너무 아프게 합니다. 그러나 서로 용서하고, 다시 한 번 인정하고 교제하며, 또 성령으로 새 힘을 받는다면 이후로는 개인적으로 살지 않고, 참된 공동체로 생활할 수 있을 것입니다. 이것은 단순한 비유가 아닌 실제적인 가르침입니다. 우리는 하나님의 가족이며, 서로에게 형제자매가 되어 성령의 도우심으로 살 수 있습니다. 바로 이것을 위하여 성령의 능력을 구하며 기도해야겠습니다.

하늘에 있는 축복

성경말씀 예레미야 31:7-14; 시편 147:12-20; 에베소서 1:3-6, 15-19; 요한복음 1:1-18

기도 주 하나님, 우리 인간을 놀랍게 창조하셨으며, 더욱 놀랍게 인간의 존엄성을 회복시켜 주셨나이다. 비오니, 우리와 인성을 나누시고자 그토록 자신을 낮추신 성자 그리스도의 거룩한 생명을 우리도 나누어 갖게 하소서. 성부와 성령과 함께 영원히 사시며 다스리시는 한 하나님 우리 주 예수 그리스도를 통하여 기도하나이다. 아멘.

오늘 말씀은 하나님께서 우리에게 주시는 복에 대한 말씀이 많습니다. 대림절이면 예수께서 심판하러 오신다는 말씀과 죄를 회개하라는 소리를 많이 듣지만, 복에 대한 말씀은 거의 없습니다. 그런데 오늘 말씀에는 하나님께서 예수님을 통해 우리에게 주신 복이라는 말이 많이 나옵니다.

예레미야 31장 7-14절 말씀에서는 하나님께서 자기 백성 이스라엘을 위해 물질적인 복을 주겠다고 하십니다. 저는 자들과 문제 있는 사람들이 다 울면서 돌아와 아름다운 나라에 다들 모여 하나님의 물질적인 복을 받겠다는 것입니다. 야곱, 즉 이스라엘을 속량하셨다고 합니다. 그들이 팔려 갔기 때문에 값을 지불하고 되찾은 것입니다. 그 값을 무엇으로 치렀는지는 이야기하지 않았지만, 우리가 알고 있듯이 예수님의 피로 값을 주고 산 것입니다.

또 계속해서 '그들보다 강한 자의 손에서 해방시키셨다'고 말씀합니다. 사실 그 시대에 제일 강한 사람은 느부갓네살 왕입니다. 그래서 느부갓네살 왕의 손에서 해방시키신다는 의미가 있기는 하지만, 그보다 더 깊은 뜻은 세상에서 제일 강한 자인 마귀에게서 해방시키신다는 것입니다. 사람이 아니니 놈이라 하는 것이 맞겠지요? 제일 강한 놈이 마귀입니다. 그런데 그런 마귀에게서 우리가 해방되었다는 말씀입니다. 단, 예레미야 선지자가 이야기할 때에는 예언이었습니다.

시편에도 하나님께서 큰 복을 주시겠다는 말씀이 나옵니다. 땅의 모든 문제, 기후 문제를 해결하겠다고 하시는데, 특별히 이스라엘에게는 하나님의 규례와 율법을 보이겠다고 하십니다. 하나님의 뜻을 알게 되는 복인 것입니다. 그분의 뜻을 알고 실행하면 복받을 수 있습니다. 우리를 위해 준비하신 많은 복은, 우리가 주의 뜻대로 하기만 하면 받을 수 있습니다. 그러나 죄 문제 때문에 주의 뜻을 따르지 못하고 그 율례를 올바로 행하지 못합니다. 결국 마귀의 종 노릇하는 데 빠져 있는 것입니다. 그러므로 해방되지 않으면 안 됩니다. 하지만 복은 여전히 그대로 있습니다. 하나님의 진리를 알고, 그 뜻을 아는 복 말입니다.

그런데 에베소서 말씀을 보면 예수님을 통해 이 모든 것이 다 이루어졌다고 합니다. 하늘에 있는 모든 영적인 복이 우리에게 있다는 말이지요. 여기 있는 '하늘에 있는'(엡 1:10)이라는 말을 여러 가지로 번역합니다. '하늘에 속한 위치', '하늘에 속한 것', 또 '하늘에 계신 우리 아버지' 등인데 다 똑같은 뜻입니다. "하늘에 속한 모든 신령한 복으로 우리에게 복 주시되"(엡 1:3), 또 예수님을 "죽은 자 가운데서 다시 살리시고 하늘에서 자기의 오른편에 앉히사"(엡 1:20), 그리고 우리도 다 같이 부활하여 "그리스도 예수 안에서 함께 하늘에 앉히시니"(엡 2:6)라고 하는 구절에서도 하늘에 대한 말씀이 나옵니다. 우리가 하늘에 앉았다고 하는 말씀은 우리가 지금 앉아 있는 것같이 영적으로도 이미 하늘에 앉아 있다는 말씀입니다. 벌써 앉아 있다니, 얼마나 놀라운 말씀입니까! 이미 앉아 있다는 이 사실을 우리가 알아야 합니다.

일반 신자들은 하늘이라고 하면 하나님께서 계신 곳이니 나쁜 것은 없는 줄로 압니다. 에베소서 3장 10절에 하늘이라는 말이 또 나옵니다. 그런데 거기에는 정사와 권세들이 교회를 통하여 하나님의 가지각색 지혜를 알게 될 것이라고 합니다. 하늘에는 정사들과 권세자들이 있지만 그들은 하나님의 뜻을 완전히 알지 못합니다.

천사들도 여러 부류가 있는데, 그 가운데는 정사와 권세도 포함됩니다. 그들은 교회를 보기만 해도 하나님의 뜻을 알 수 있습니다. 교회를 통하여 하나님의 놀라운 계획이 나타나기 때문입니다.

에베소서 6장 12절에도 놀라운 말씀이 나옵니다. 우리의 싸움은 무슨 싸움입니까? 이 땅에서의 싸움은 혈과 육과 싸우는 것이 아닙니다. 하늘에 있는 정사와 권세와 이 어둠의 세상 주관자들과 하늘에 있는 악의 영들과 싸우는 것입니다. 마귀가 아직까지 천당에서 쫓겨나지 않은 상태인 것 같습니다.

계시록에 보면 마귀가 쫓겨나는 이야기가 나옵니다. 용이 하늘에서 쫓겨나고 그와 함께 3분의 1일에 해당하는 별이 땅에 떨어졌습니다. 천사들 가운데 3분의 1이 악한 마귀를 따라가기로 결정한 것입니다. 그들은 영원한 형벌을 받을 수밖에 없습니다. 하지만 그전에 이 땅에 내려와서 복잡한 일을 많이 합니다. 그래서 이 땅에는 귀신이 많습니다. 바로 우리의 싸움은 이런 귀신들과 대적하는 영적 싸움입니다. 하늘에 있는 귀신도 있고, 또 땅에 있는 귀신도 있습니다. 우리는 정사와 권세와 이 어둠의 세상 주관자들과 담대히 맞서 싸워야 합니다. 그 귀신의 영적인 힘이 얼마나 센지 몰라도 교회가 그 힘보다 더 강합니다. 교회를 통해 하나님의 놀라운 힘을 그들에게 보여 주신다고 합니다. 우리가 예수님의 이름으로 기도함으로써 그들을 이길 수 있습니다. 모든 귀신, 마귀를 이기는 힘이 우리에게는 있습니다.

우리는 하늘에 있는 복을 받기 위해 택함을 받았습니다. 하나님께서 무슨 목적으로 우리를 택하셨습니까? 천사들에게 하나님의 계획을 보여 주기 위해서입니다. 무슨 계획입니까? 우리를 거룩한 사람, 흠 없는 사람, 사랑하는 자녀로 만들려는 계획입니다. 우리 스스로 하나님께 찬미가 되고 그분께 영광이 되기 위해서입니다. 그래서 우리가 하나님의 은혜를 받았습니다. 은혜라는 말은 좋습니다. 그럼 진정한 은혜는 어떤 은혜입니까? 은혜 받은 우리가 영광과 찬미가 되어서 그 은혜가 얼마나 귀한 것인지 저 천사들이 알게 되는 것입니다.

바울은 "찬미합니다. 우리가 그런 사람이 될 수 있도록 복을 받았습니다"라고 말하였습니다. 그리고 바울은 무엇을 기도했습니까? 우리가 하나님을 알되 예수님을 통해 알고, 지혜의 영을 받아 성령을 통해 지혜로운 사람이 되고, 또 계시를 받되 성령을 통하여 계시를 받도록 기도했습니다. 그리고 우리의 지각이 빛나도록 기도합니다. 빛을 받고 깨닫기 위해, 또 우리 사명의 소망을 알고 앞길도 알 수 있도록 기도합니다. 아직 나타나지 않은 것을 소망하고 아직 생기지 않은 것을 기대합니다.

그럼 우리가 받은 기업은 무엇입니까? 그 기업의 부는 얼마나 큰지 모릅니다. 곧 우리는 큰 부자의 아들, 딸들입니다. 물론 세상에서도 유업을 받습니다. 보통은 아버지가 돌아가신 뒤에 유업을 받지요. 그러나 우리 하나님 아버지께서는 돌아가실 필요가 없습니다. 예수님께서 재림하실 때, 그 유업을 받을 것입니다. 그런데 에베소서 말씀에는 우리가 벌써 받았다고 말합니다. 우리가 이미 그 자리에 앉게 되었다고 합니다. 이것은 놀라운 기업입니다. 여기서 말하는 부르심과 기업은, 하나님께서 우리를 위해 준비하신 것입니다.

그래서 시편 147편 말씀에도 하나님의 율례와 규례만이 아니라, 심판이 있음을 알고 마침내 땅도 기업으로 받을 것이라고 합니다. 예레미야서에서도 동일한 말씀을 합니다. 참으로 땅까지 우리 것입니까? 천년 왕국 때 분명히 우리 모두 땅을 받을 것입니다. 이 땅에서 천년 왕국이 이루어지고, 우리가 권세자가 될 것입니다. 천사들이 아니고, 바로 우리가 권세자가 되는 것입니다.

바울이 얻었다고 말하는데, 대체 무슨 뜻입니까? 예를 들어, 어떤 은행에서 연락이 왔는데 당신이 돈을 받았다고 합니다. 돈이 어디 있느냐고 물으니 은행에 있다고 합니다. 통장을 가지고 와서 도장만 찍으면 언제든지 그 돈을 찾을 수 있다고 합니다. 그 돈은 틀림없이 당신 몫이고, 손에 쥐고 있지는 않지만 필요할 때 언제든지 찾아 쓸 수 있습니다.

그럼 천당을 이야기해 봅시다. 천당이란 하늘에 속한 것으로 앞 이야기의 은행과 똑같습니다. 모든 것은 은행에 있고 필요할 때 찾아 쓰면 됩니다. 수표나 통장, 도장은 전혀 필요 없습니다. 무슨 말입니까? 마태복음에서 둘이 합심하여 구하면 받을 것이라고 합니다. 또 요한복음에도 예수님의 이름으로 구하면 받을 것이라고 합니다. 두 사람이나 세 사람이 예수의 이름으로 모이면 예수께서 친히 계시니까 받을 수 있다는 말입니다. 그러므로 천당에 가기 위해 필요한 것은 예수님과 우리 마음의 도장 두 개뿐입니다. 우리가 모여서 주의 뜻이 무엇인지 깨닫고 그 뜻대로 구하면 받지 못할 것은 아무것도 없습니다.

땅이 지금 필요합니까? 예를 들어, 기독교 대학 부지나 예수원 목장 등 이것저것 필요하다고 합시다. 그럴 때는 얻을 수 있다고 믿어야 합니다. 천당에 있는 은행에 이미 그 토지 권리가 우리에게 있을 테니까요. 연락하면 하나님께서 기꺼이 주실 것입니다.

하나님은 물질적인 복도 주시고, 영적인 복도 주십니다. 기쁨과 깨달음과 빛을 주십니다. 우리 머리에 빛이 비추어 어둠 속에 살지 않고 빛 가운데 살 수 있습니다. 또 계시가 필요하면 계시를 주십니다. 기대가 필요하면 기대를 주십니다. 지혜가 필요하면 성령을 통하여 지혜를 주십니다. 그렇게 해서 우리는 거룩하고 흠 없는 자녀가 될 수 있습니다. 이것이 바로 은혜입니다. 이미 우리를 위해 마련되었기 때문에 마음껏 찾아 쓸 수 있습니다. 바울이 말하기를, 예수님의 이름으로 찬미할 것은 이 모든 복이 예수님의 이름으로 우리를 위해 마련되었다고 합니다. 예수님 도장을 찍기만 하면 받지 못할 것이 없습니다. 필요하면 언제든 얻을 수 있습니다.

물론 한 가지는 알고 있어야 합니다. 예수님의 이름으로 구한다는 것은 곧 하나님의 뜻대로 구한다는 것과 똑같은 말입니다. 내 욕심만 생각하면서 예수님의 이름으로 구할 수는 없습니다. 야고보서 4장 2-3절 말씀은 분명하게 말합니다.

"너희들이 받지 못한 것은 구하지 않았기 때문이다. 그런데 구해도 받지 못하는 것은 욕심으로 구했기 때문이다."

욕심으로 구하면 축복을 받지 못합니다. 하지만 하나님의 뜻을 이루기 위해서 구한다면 받지 못할 것이 없습니다.

요한복음에서는 생명도 받았고, 영생도 받았고, 빛도 받았고, 하나님의 자식이 되었다고 합니다. 그의 충만함에서 우리가 다 받았습니다. 하나님의 충만함이 얼마나 됩니까? 온 우주와 하나님께서 계신 하늘을 합해 오직 그분 하나님만이 충만하십니다. 그 충만함에서 우리가 필요한 것을 다 받았습니다. 율법은 모세를 통해 받았지만 지금 은혜와 진리, 곧 한없는 진리와 한없는 은혜는 예수님을 통해 받았습니다.

은혜가 무엇입니까? 그저 도장만 찍으면 받는 것입니다. 우리가 일해서 얻는 것이 아닙니다. 은혜를 받은 다음에라야 일하는 힘이 나옵니다. 우리를 위해서가 아니라 하나님을 위해 기쁜 마음으로 일할 수 있는 힘이 나오는 것입니다. 사실 은혜를 강조하다보면 일할 필요가 없다고 하는데, 우리가 하나님의 사랑을 받는 자녀라면 주를 위하여 일하고 싶은 마음이 커질 것입니다. 그래서 은혜를 구할 때, "주여 내가 죄사함을 얻은 것으로 충분하지 않습니다. 일할 힘을 주십시오"라고 기도합니다. 그리하면 하나님은 은혜도 주시고 주를 위해 일할 수 있는 힘도 주십니다.

놀라운 복이 이미 우리에게 있기에 감사드립니다. 우리가 드리는 예배를 감사 제사라고 합니다. 유카리스트(Eucharist), 즉 성찬식 때문에 그렇습니다. 감사거리가 얼마나 많습니까? 바울도 말하기를 한이 없다고 하였습니다. 벌써 받은 것이 많고, 또 우리가 도장을 찍기만 하면 얻을 수 있습니다. 우리는 복받은 사람일 뿐만 아니라 나중에는 더 큰 복을 받을 사람인 줄 알고 구하면 받을 것입니다.

3 예수께서 **나타나실 때**

참된 봉헌

Reuben
Archer
Torrey

성경말씀 에베소서 3:1-12; 마태복음 2:1-12

기도　주 하나님, 별로 이방 사람을 인도하사 독생 성자를 나타내셨나이다. 비옵나니, 우리가 금세에서 믿음으로 주를 알고, 후세에서 주의 본체의 영광을 누리게 하소서. 이는 성부와 성령과 한 하나님으로 영생하시고, 영원히 주관하시는 성자 우리 주 예수 그리스도를 통하여 기도하나이다. 아멘.

공현절은 이방내조절(異邦來朝節)이라고도 하는데, 예수께서 나타나신 날이라는 뜻입니다. 여기에는 몇 가지 의미가 있습니다. 첫째, 이방의 박사와 그들이 바친 예물의 의미입니다. 또 그분의 영광이 여러 모습으로 나타났다는 것과 지금도 나타나신다는 의미가 있습니다.

그리고 오늘 읽은 에베소서 말씀에서 이방인들도 믿게 되는 특권을 얻었다고 하는데, 이방인인 우리에게는 아주 놀랍고 특별한 말씀입니다. 더 나아가 다른 이방인들에게도 전도할 책임이 생긴 것입니다.

선물의 의미부터 먼저 생각해 봅시다. 세 가지 선물인 황금과 유향, 몰약은 각각 특별한 뜻이 있습니다. 황금을 드린 것은 재산을 주께 드린다는 의미입니다. 재산에는 어떤 것이 있습니까? 재산이 없다면 무엇을 주께 드려야 합니까? 자기에게 있는 모든 것이 주님의 것임을 알아서 옷이 한 벌밖에 없어도 더 어려운 사람을 보면 나누어 주어야 한다는 이야기입니다.

제2차 세계대전 때에 이탈리아에서는 레지스탕스들이 오랫동안 히틀러에게 대항했습니다. 어려운 처지에서 싸우느라 고생이 이만저만이 아니었습니다. 전쟁 직후 제가 복무하던 배에서는 헌 옷을 모아 사무실로 가져갔던 적이 있습니다. 사무실에 도착했을 때 책임자는 물품을 다 분류하여 접수증을 만들고 목록을 작성해서 책상 위에 놓고 말했습니다. 우리보다 더 어려운 사람들이 오면 나누어 주겠다고 말입니다. 그런데 알고 보니 그 책임자는 옷이 한 벌밖에 없는 사람이었습니다. 그래도 더 어려운 사람들이 있다면 그들에게 물품을 나누어 주겠다는 것이었습니다.

그는 오랫동안 무솔리니나 히틀러와 대항하느라고 산 속에서 오래 살았기 때문에 가진 것이 거의 없는 사람이었습니다. 마침내 유엔 군이 와서 해방이 되었지만 그는 정규군이 아닌 레지스탕스였기 때문에 훈장도 받지 못했습니다. 아무런 보상도 받지 못했기 때문에 형편이 매우 어려웠습니다. 그런데도 물품을 더 어려운 사람들에게 전해야 한다고 생각했습니다. 자기 것은 이미 다 나누어 주어서 옷이 한 벌밖에 없던 그는 부인이 그 옷을 빨래할 때에는 침대 속에 들어가 옷이 마를 때까지 기다려야 했습니다. 그 당시 우리도 어려웠지만, 더 어려운 형편에도 이웃을 돕는 그를 보고 얼마나 큰 감동을 받았는지 모릅니다.

이와 같이 내게 있는 모든 것이 하나님의 것이므로 나보다 더 어려운 사람들에게 나누어 주어야 합니다. 이렇게 나누어 주는 것에는 옷이나 책, 돈만이 아니라 시간이나 따뜻한 방, 따뜻한 물 등 어느 것이나 다 됩니다. 그 가운데 시간이 제일 귀합니다. 돈이 없는 사람도 시간은 똑같이 가지고 있습니다. 따라서 누구든지 나누어 줄 수 있고, 또 그렇게 하려는 마음을 항상 간직해야 합니다. 이것이 바로 올바른 봉헌의 의미입니다.

그 다음은 유향인데, 유향은 하나님께 영광을 돌린다는 뜻입니다. 봉헌이라는 말과 연결해서 생각해 보면 하나님께 시간을 드리는 것이며, 감사하는 것입니다. 지금 내가 잘 되고 있든 안 되고 있든 상관없이 무조건 감사해야 합니다. 왜냐하면 하나님은 신실하시기 때문에 나쁜 일은 하나도 주시지 않습니다. 나쁜 일이 있다면 그것은 마귀의 것이고, 하나님은 마귀를 이기셨으므로 아무 문제없습니다. 설사 형편이 좀 어렵더라도 그 어려움을 통하여 선을 이루시며 승리를 주시리라 믿고 감사해야 합니다. 우리에게 영광을 돌리는 것이 아니고 하나님께 영광을 돌리며, 하나님의 영광을 가리우지 않도록 해야 합니다. 조금이라도 나를 자랑하여 하나님의 영광을 가리운다면, 이는 곧 유향 바치기를 거절하는 것과 같습니다.

유향을 드리는 것은 하나님께 찬미와 영광을 드린다는 의미도 있습니다. 에베소서 3장 1-12절 말씀을 보면 바울이 자기가 하는 것은 자기가 하는 것이 아니라, 하나님께서 자기를 통하여 하시는 것인 줄 안다고 말합니다. 그러고는 자기는 지극히 낮은 사람이라고 고백합니다. 이어서 하나님께서 이방인에게 베푸시는 측량할 수 없는 그리스도의 풍성한 은혜가 얼마나 큰지 모르겠다고 말합니다. 또 20, 21절을 보면 지금 우리가 구하는 모든 것, 생각하고 소망하는 모든 것보다 더 넘치도록 하실 이에게 영광을 돌리자고 합니다.

그렇습니다. 우리는 교회 안에서, 그리고 그리스도 안에서 세세무궁토록 영광을 돌려야 합니다. 우리 안에서 능력이 역사하지만, 그것은 우리의 능력이 아닙니다. 그리스도의 능력이요, 하나님의 능력입니다. 그렇기 때문에 큰 일을 이루었어도 하나님께서 하신 줄 알고 계속해서 교회 안에서와 그리스도 안에서 영광을 돌리는 것입니다. 이렇듯 유향은 하나님께 영광을 돌리는 것입니다.

그렇다면 몰약은 무슨 뜻입니까? 몰약은 시신을 장사지내는 데 필요한 약입니다. 즉 고생, 어려움, 죽음과 관계가 있습니다. 죽음에 대한 표시지요. 물론 일차적인 의미는 예수께서 우리를 위하여 죽으실 것이라는 사실을 나타냅니다. 그렇다면 우리도 몰약을 바쳐야 할까요? 물론 그렇습니다. 나의 생명까지도 주께 바쳐 주를 위하여 죽어야 합니다. 주께서 나를 위하여 죽으신 것처럼 나 또한 주를 위해 죽어도 좋고, 살아도 좋다는 말입니다. 나의 생명은 하나님의 것입니다. 바울도 때가 되면 자기를 부르신 그리스도 앞에 감사한 마음으로 나아가 기쁜 마음으로 자기 생명을 내어놓겠다고 하였습니다.

많은 사람들이 죽는 것을 몹시 두려워하여 사는 일에만 매달립니다. 특히 미국에 있는 병원에 가 보면 많은 노인이 죽지 않으려고 엄청난 고통을 감당해 내는 모습을 볼 수 있습니다. 목숨을 며칠 연장하기 위해 얼마나 많은 돈을 낭비하는지 모릅니다. 사실 오늘 죽든지, 일주일 후에 죽든지 큰 상관이 없습니다. 그런데 일주일을 더 살려고 막대한 돈을 낭비합니다. 물론 의사 입장에서 환자가 요구하면 할 수밖에 없겠지만, 담담한 마음으로 퇴원하겠다고 하고 집에서 하나님의 뜻을 기다린다면 의사에게 부담 줄 필요도 없고 쓸데없이 돈을 낭비하는 일도 없을 것입니다. 실제로 많은 지혜로운 신자들이 그렇게 합니다. 그러나 믿지 않는 사람들은 하루라도 더 살기 위해 온갖 노력을 다합니다. 두려움 때문이지요. 만약 죽음에 대한 두려움을 이길 수 있다면, 마지막까지도 존경받으면서 마칠 수 있을 것입니다.

제가 알던 할머니 한 분이 중한 병으로 입원을 하셨습니다. 아주 어려운 수술이었는데, 다행이 담당 의사가 성공적으로 끝냈습니다. 의사는 우쭐해서는 그 사례를 잡지에 보고할 생각이었습니다. 그런데 수술 3일 후 병원 복도에서 의사를 만나 환자의 용태를 물으니 저보고 환자에게 권면해 달라고 했습니다. 할머니께서 살 의욕을 잃으셨다는 것입니다. 그런데 가만히 이야기를 듣다 보니 의사가 관심 있는 것은 환자가 아니었습니다. 환자가 죽으면 잡지에

실릴 수 없어서 자기가 유명해질 기회를 놓칠까 봐 걱정하는 것이 었습니다. 속으로는 우스웠지만 겉으로는 정색을 하고 그것은 내가 할 일이 아니라고 하였습니다. 그러자 의사는 그러면 당신 책임은 무엇이냐고 반문하더군요. 그래서 내 책임은 죽음을 준비하도록 하는 것이라고 대답했습니다. 의사는 얼굴을 붉히며 가 버렸습니다. 잠시 뒤 이번에는 병실에서 가족들이 나왔습니다. 저를 보고는 꼭 살도록 권면해 달라고 간절히 부탁했습니다. 저는 사실 80세가 넘은 할머니가 그 병을 이기려면 최소 6개월은 넘게 고생을 해야 하는데, 그것보다는 오히려 편안히 하나님 앞에 가서 쉬는 것이 좋지 않을까 생각했습니다.

방에 들어가 할머니에게 "어떠세요" 하고 여쭈었습니다. 할머니는 잘 모르겠다고 하셨습니다. 제가 잘 모르겠다는 말이 결정하지 못하겠다는 뜻이냐고 묻자, 할머니가 무슨 결정이냐고 되물으셨습니다. 저는 하나님 앞에 가든지 이 땅에서 좀더 살든지 결정해야 하지 않겠느냐고 하였습니다. 그러자 그 할머니는 이 땅에서 좀더 살겠다고 하셨습니다.

그때까지는 사실 다른 사람들이 살아야 한다고 억지로 권했기 때문에 상심했던 것입니다. 그런데 제가 할머니 스스로 어떻게 할 것인지 결정하라고 하니까 마음이 편해져서 살겠다고 말할 수 있었습니다. 할머니는 곧 다시 건강을 회복하셨습니다.

그런데 진정으로 살기 위해서는 죽음에 대해 충분히 준비하는 자세가 필요합니다. 때가 되면 죽음을 준비해야 한다고 생각합니다. 하나님 앞에 가는 것은 나쁜 일이 아닙니다. 우리의 생명은 하나님의 것이기 때문에 빨리 가든지 늦게 가든지 별 상관이 없습니다.

그러므로 이제 이 세 가지 선물을 생각하면서 내 자신을 주께 바쳤는지, 참된 봉헌이 무엇인지 깊이 새겨 봅시다. 그리고 온전히 우리 자신을 봉헌하도록 노력합시다.

너희 몸을 주께 바치라

성경말씀 로마서 12:1-5; 누가복음 2:41-52

기도 주여, 비옵나니 주의 백성의 기도를 궁휼히 들으사 마땅히 할 일을 밝히 깨닫게 하시고, 또한 하나님의 은혜와 능력을 주사 성실히 이루게 하소서. 이는 우리 주 예수 그리스도를 통하여 기도하옵나이다. 아멘.

위의 두 본문 말씀은 서로 연관이 있습니다. 로마서 말씀은 '네 몸을 제사로 바치라'고 하는데 사실 우리 몸을 바치지 않으면 아무 것도 바치지 않은 것과 같습니다. 박사들은 예수님을 찾아와 좋은 예물을 바친 후 돌아가 버렸습니다. 예수님의 제자가 되지는 않았습니다. 자기 나라로 돌아가서 그 소식을 전했는지 안 전했는지 알 수 없습니다. 본인들은 아기 예수님을 경배하며 알현했다고 생각하겠지만 실제 효과는 없었습니다. 요셉이 가족을 데리고 애굽으로 이주했다가 돌아올 때 동방 박사들이 준 예물을 팔아 사용하기는 했지만, 그 외의 효과는 없었습니다. 바울은 '네 몸까지 주께 바치라'고 강조합니다. 이것이야말로 올바른 예배라고 말합니다. 아무리 아름다운 노래를 하고 아무리 아름다운 예식을 드려도 몸을 바치지 않으면 거룩한 예배라고 볼 수 없습니다.

이제 누가복음 말씀을 살펴봅시다. 예수께서 만 열두 살 때 부모님과 같이 예루살렘에 올라가셨습니다. 예루살렘에 올라가서 다른 아이들이나 다른 친척과 같이 놀지 않고 성전 안에 있는 학자들이 모인 '신학교'(그때 신학교는 성전 안에 있었습니다)에 가셨습니다. 성전 주위에는 건물이 많아서 학자마다 자기 교실이 있었고, 강의를 듣기 원하면 누구나 교실에 들어갈 수 있었습니다. 예수님도 성전 안에 있는 신학교 교실에 들어가 학자들을 만나 질문도 하고 대답도 했습니다. 그런 예수님의 모습에 사람들은 무척 놀랐습니다.

그 사이 부모들은 3일 동안 다른 곳에서 예수님을 찾았습니다. 그때 예수님은 "왜 다른 곳에서 저를 찾으셨습니까? 제가 여기 있어야 하는 줄 알지 못하셨습니까?" 하고 말씀하셨습니다. 예수님은 다른 데 관심이 없었습니다. 하나님과 관계하고 싶었습니다. 하나님의 집에 가서 예배에 참여하고, 성경말씀을 연구하며 학자들과 성경 교사들과 질문을 주고받고 싶은 마음밖에 없었습니다. 마음과 뜻을 하나님께 바치셨고, 하나님의 사업 외에는 아무 관심이 없으셨습니다.

어떤 사람이 몸을 주께 바치면 흔히 말하기를 당신이 '목사'가 되어야 한다고 하는데, 오히려 '목수'가 되는 것이 원 성경의 뜻입니다. 자기 손, 자기 몸을 주께 바치는 데 예수님은 '목수의 법'을 따랐던 것입니다. 목수 일을 하면 선임 기술자에게 복종해야 하고, 나무의 법을 따라야 합니다. 나무에도 법이 있습니다. 나무의 법을 거스르면 좋은 물건이 나오지 않습니다. 아름다운 물건을 만들기 위해 자연의 법을 알아야 합니다. 나무마다 제각기 성질이 다릅니다. 지금 우리 예수원에서는 참나무를 땔나무감으로 쓰는데 얼마나 쓰기 힘든지 모릅니다. 참나무는 열매도 먹을 수 없고, 땅도 나쁘게 하고, 소도 먹을 수 없고, 땔나무로 쓰려고 해도 불이 잘 붙지 않습니다. 한편, 소나무는 땔나무로 참 좋습니다. 아카시아 나무도 때면 열이 많이 나옵니다. 이처럼 나무마다 법이 달라서 목수가 목수 일을 하기 위해서는 나무의 법을 따라야 합니다.

마찬가지로 무슨 일이든지 모든 일에는 법이 있습니다. 사람이 전기를 전공하려면 전기 관련 법을 알아야 합니다. 수도 일을 하려면 물에 관한 법을 알아야 합니다. 기술자가 되기 위해서는 법을 배워야 하고 그 법에 복종해야 합니다.

예수님은 천사들에게 예배받을 만한 자격이 있으셨지만, 사람의 명령에 따라 사셨고 부모님 밑에서 복종하셨습니다.

1월 첫째 주일을 공현절이라고 하고 그 다음 몇 주간을 계속해서 공현절기로 지킵니다. '공현'이란 말은 '나타난다'는 의미입니다. 예수께서 사람의 몸을 가지신 동시에 여러모로 하나님으로 나타나신 일이 있었습니다. 먼저 동방박사들 앞에 별을 통하여 나타나셨습니다. 그 다음에 세례를 받으실 때 요한이 "안 됩니다. 제가 당신께 세례를 받는 것이 원칙입니다"라고 만류하였지만, 예수님은 "아니다. 모든 의를 이루기 위해 허락하라”고 말씀하시고 복종하셨습니다. 세례법에 복종하신 것입니다. 죄인이 아니면서도 죄인의 법 밑에 들어가셨습니다. 그러는 가운데에도 자신의 위치에 대해서는 아무런 말씀도 없으셨습니다.

예수께서 요단 강에서 세례를 받으신 후 가나에 가셨을 때, 어머니께 복종해야 하는 문제가 생겼습니다. 어머니께서 포도주가 떨어졌다고 말씀하셨습니다. 포도주를 만들어 내지 않으면 동안 어머니께 복종하지 않은 것이 됩니다. 그러나 포도주를 만들어 내면 사람들에게 하나님의 아들임이 나타나서 다시금 어머니 밑에 들어가지 못하게 됩니다. 하지만 어머니 입장에서는 ‘예수가 이번에는 집을 떠나야 한다’고 생각하신 것 같습니다.

아주 어린 새들은 날개를 쓸 줄 모릅니다. 그래서 둥지에서 나가기를 두려워하지요. 그러나 때가 되면 어미가 둥지를 떠납니다. 결국 새끼들은 나갈 수밖에 없고, 그제야 날갯짓을 하며 스스로 날 수 있음을 비로소 깨닫습니다. 마리아도 예수님을 떠나보내야 했습니다. 그래서 예수님이 피할 수 없는 상태를 만들어 집을 떠날 수밖에 없게 만드셨지만, 예수님은 어머니께 복종했습니다. 하물며 우리가 우리 몸을 주께 바쳤다고 한다면 이 사람 저 사람, 그들이 필요로 할 때 하나님의 뜻대로 사람들에게 복종할 일이 있지 않겠습니까? 어떻게 우리가 서로 고집을 부릴 수 있겠습니까? 어떻게 ‘나만 하나님의 뜻을 안다!’고 하는 교만한 태도를 가질 수 있겠습니까?

성령을 받자마자 하나님의 뜻을 안다고 생각해서 다른 사람과 협력하지 않는 사람이 있습니다. 각자 ‘내가 성령의 인도하심을 받았다'고 고집 부리기가 얼마나 쉬운지 모릅니다. 그러나 예수님은 스스로 하나님의 아들이신 줄 아셨고 성령과 지혜를 받으셨지만, 남의 밑에 복종하고 몸과 정신을 하나님께 다 바쳐 산 제물이 되셨습니다.

성경을 보면 '나타난다'(공현)는 말이 자주 나옵니다. "너를 통하여 하나님의 지혜가 나타난다", "너희를 통하여 하나님의 영광이 나타난다"고 합니다. 많은 사람들이 예수원에 와서 예수님을 만났다고 합니다. 우리를 통해 예수께서 친히 나타나신 것입니다. 사실 우리 개개인을 살펴보면 예수님을 나타낼 만한 사람은 아무도 없습니다. 그런데 예수님의 이름으로 함께 모이면 예수께서 자비하신 마음으로 우리 가운데 계시고, 우리를 통해 자신을 나타내십니다. 아주 놀라운 일이지만 분명한 사실입니다.

그 다음에 사도 바울은 다시 한 번 말합니다. 자기를 너무 지나치게 높이거나 반대로 너무 낮게 생각하지 말라는 것입니다. 자신을 올바르게 판단해야 합니다. 일반 사회에서는 사람들이 자기를 지나치게 낮추는 경향이 있습니다. 사회 습관이 자기를 낮추기 때문입니다. 편지를 쓸 때 'ㅇㅇㅇ귀하' 'ㅇㅇㅇ님'이라고 존칭을 사용하는데, 상대가 귀인(貴人)이고 자신은 낮다는 뜻이겠지요? 좋은 말이기는 하지만 생각 없이 습관적으로 말하는 것이 문제입니다. 사회의 여러 습관 또한 이 법을 따르고 있습니다. 동양의 다른 나라를 가 봐도 분위기가 거의 비슷합니다. 동양 사람들이 이 법을 잘 알아서 너무 쉽게 형식적으로 씁니다. 하지만 실제로는 그렇지 않은 경우가 많습니다. 실제로는 교만하기 쉽고 서로 밑에 들어가지 않으려고 합니다.

그런가 하면 반대 경우도 있습니다. 열등감 때문에 자신을 올바로 판단하지 못합니다. 또 어떤 사람은 열등감이 심하다가 성령충만 함을 받고 하나님께서 그를 택하신 줄 알게 되면, 반대로 갑자기 교만해지는 사람도 있습니다. 시계추처럼 교만에서 열등감까지 왔다갔다 합니다. 그렇게 하지 말고 가운데 길, 즉 중용을 찾아야 합니다.

하나님께서 어떻게 우리를 쓰시겠습니까? 그리스도의 몸 안에서 우리는 어떤 지체에 해당합니까? 손가락 가운데 필요 없는 손가락은 없습니다. 하나를 잘라 버린다고 생각해 보십시오. 문제가 생기지 않겠습니까? 하나라도 없으면 불편하기 짝이 없습니다. 또 발가락은 덜 중요한 듯 생각하곤 합니다. 그런데 발가락이 부족한 사람도 불편하기는 마찬가지입니다.

제일 작은 지체라도 없으면 안 됩니다. 내가 지체로서 손인지 손가락인지 혹은 발인지 알아야 합니다. 나의 역할도 알아야 하지만, 다른 사람이 없다면 내 역할도 제대로 할 수 없음을 알아야 합니다. 손가락이 스스로 일할 수 있습니까? 혼자서는 아무것도 못합니다. 그러나 다른 손가락과 합력하기만 하면 맡은 바를 잘 해낼 수 있습니다. 왼손이 일하려고 하는데 오른손이 없다면 일할 수 있습니까? 물론 어떻게든 하겠지만 무척 힘이 듭니다. 그러므로 내가 중요한 지체인 만큼 상대방도 중요합니다. 우리가 합력하면 그것을 통해 하나님의 뜻이 이루어지지만, 나 혼자서는 하나님의 뜻을 이룰 수 없습니다. 하지만 우리 둘이 하면, 혹은 우리 열이 혹은 우리 스물이 함께하면 아름다운 결과가 나오겠지요.

하나님께서 나눠 주신 믿음대로 합시다. 만약 내 믿음이 저 사람의 믿음보다 강하면 하나님께서 주신 믿음인 줄 알고 감사하며 겸손히 받아들여야 합니다. 여러분의 몸은 하나님께 속한 것이지만, 그 몸은 또한 그리스도의 몸에 속한 지체입니다. 그래서 바칠 때 지체로서 바치며, 복종하기 위해 바칩니다. 또한 섬기는 일을 위하여 바치고, 합력하기 위해 바칩니다. 나만 일할 수 있다고 생각하지 마십시오. 한 몸에 속한 지체로서 모두 함께 자기를 주께 바치기만 하면 주께서 아름답게 쓰십니다.

예수님은 어릴 때부터 온전한 하나님의 아들이셨지만, 성장하기 위해 거쳐야 하는 교과 과목이 그 앞에 있었습니다. 신학 공부를 하고 싶으셨지만 예수님은 집에 가서 목수가 되셨습니다. 하나님은 그를 신학생이나 신학 박사로 쓰기를 원치 않으셨습니다. 예수님이 성전에서 계속 공부하려고 했다면 가말리엘이나 다른 유명한 박사들이 아마 똑똑한 이 아이를 위해 반드시 장학금을 만들었을 것입니다. 돈은 문제가 아니었습니다. 그런데 부모님이 예수를 집에서 양육하면서 목수로 키운 것을 보면, 요셉과 마리아가 특별한 계시를 받았다고 생각해 볼 수 있습니다.

흔히 사회에서는 하나님의 일에 관심을 보이면 신학교에 가라고 합니다. 그러나 신학교에 가서 목사가 되는 것만이 하나님의 일을 하는 것이 아닙니다. 그러므로 무슨 일을 하든지 하나님께서 시키신 일이라고 생각 하며, 임시로 하는 일이라도 오늘 주어진 일이라면 그것을 하나님의 일로 생각하고 몸을 바치는 뜻으로 충실히 임해야 합니다.

낮은 데 나타난 영광

성경말씀 로마서 12:6-16; 요한복음 2:1-11

기도 전능하시고 영생하신 하나님, 천지만물을 다스리시나이다. 비옵나니, 주의 백성의 기구함을 인자로이 들으사, 우리가 주의 평안함을 일생 누리게 하소서. 이는 성부와 성령과 한 하나님으로 영생하시고, 영원히 주관하시는 성자 우리 주 예수 그리스도를 인하여 기도하나이다. 아멘.

가나 혼인 잔치 이야기는 다들 좋아합니다. 재미있고 뜻 깊은 내용이지요. 젊은 두 사람의 결혼을 축하하러 많은 사람이 모였습니다. 그 사람은 돈보다 친구가 많았던 것 같습니다. 손님이 얼마나 많았던지 아직 잔치가 한창인데 그만 포도주가 떨어지고 말았습니다. 아마도 신랑은 이 사실을 몰랐을 테고, 부엌에서 일하는 사람들만 알았겠지요. 그때 예수님의 어머니도 부엌에서 일하고 계셨는데, 상황을 알고는 나가서 예수님을 찾았습니다. 제자들과 함께 앉아 있는 예수님을 뒤쪽 부엌으로 따로 불러 포도주가 모자란다고 말했습니다. 이때까지 예수님은 한 번도 기적을 행하신 적이 없습니다. 그런데 어떻게 마리아가 예수님을 불러 그런 일을 부탁할 수 있었는지 우리로서는 전혀 알 수 없습니다. 성령님이 친히 인도하시지 않았나 싶습니다. 예수님이 이 문제를 해결하실 수 있다는 강한 느낌을 성령님이 마리아에게 주신 것이지요.

우선 예수님은 포도주를 살 만한 돈이 없으셨습니다. 그렇다고 그 자리에서 모금 운동을 할 수도 없고, 시장에 가서 외상으로 포도주를 구해 올 수도 없는 노릇이었습니다. 물론 마리아도 여기까지는 깊이 생각하지 못하고 단지 책임을 느껴 말한 것이겠으나 예수님은 어머니의 말에 복종하셨습니다. 그 밑에 들어가 다스림을 받은 것입니다.

예수님은 이제껏 한 번도 어머니의 말씀을 거스르시지 않았습니다. 그런데 이번 일은 어머니의 말에 복종하면 문제가 좀 복잡해지는 일이었습니다. 어머니의 말에 따라 기적을 행하면 선지자요, 하나님의 아들이라는 사실이 밝혀질 것입니다. 그러면 그때부터 어머니의 아들로 살 수 없고, 가족의 일원으로 생활하지 못하며, 집을 나가서 선지자 노릇을 할 수밖에 없습니다.

물론 예수님은 이미 세례 요한이 주는 세례를 받으셨고, 몇 명의 제자들을 불러서 그들과 함께 갈릴리로 돌아오셨다는 사실을 우리는 알고 있습니다. 세례 요한이 예수께서 세례를 받으신 동시에 성령을 받으셨다는 사실을 증거한 이후에 일어난 일이지요. 그래서 제자들은 예수님이 하나님께서 보낸 메시아인 줄 이미 알고 있었지만, 다른 사람들은 아무것도 몰랐습니다. 마리아 역시 제자들에게서 이야기를 전해 들었습니다. 그때 마리아는 이렇게 생각했겠지요. '삼십 몇 년 전 받은 예언 말씀이 이제부터 이루어지는구나' 하고 말입니다.

마리아는 예수님이 행하시는 기적을 한 번도 본 적이 없지만, 제자들에게서 예수님이 메시아라는 이야기를 들었고, 또 오래전의 예언도 기억하고 있었습니다.

따라서 잔칫집에서 보여 준 마리아의 행동에는, 예수님을 세상으로 보내는 의미가 담겨 있습니다. 마태복음 12장 46-50절에 보면, 마리아가 예수님께 집에 돌아오라고 연락하지만, 예수님은 갈 수 없다고 말하면서 어머니를 어머니로 인정하지 않는 장면이 나옵니다. 누가 나의 모친이며, 나의 형제가 누구냐고 하시면서, 누구든지 하나님의 뜻대로 행하는 사람이 나의 어머니이며 나의 형제라고 하셨습니다.

예수님께서 요한복음 2장 4절에 '여자여!'라고 부르신 것은 나쁜 뜻이 아닙니다. 한국말로 했다면 '사모님'과 비슷한 말입니다. 사모님이든 여자든, 더 이상 마리아를 어머니라고 부르지 않으셨습니다. 그전까지는 분명 어머니라 부르시던 분을 이제는 객관적 대상인 '여자여'라고 하심으로써 관계를 끊으신 셈입니다.

가나 혼인 잔치 이야기는 가족으로서의 친밀한 관계를 끊고 혼자 세상에 나가 하나님과의 관계로 들어가는 표시가 되었습니다. 이제부터는 바리새인들이나 서기관들과 부딪쳐야 한다는 걸 예수님도 알고 계셨습니다. 그래서 예수님도 이 시점에서 선뜻 나서고 싶지 않으셨을 것입니다.

그러나 마리아는 예수께서 나서지 않을 수 없게 만들었습니다. 마리아로서도 쉬운 결정이 아니었을 것입니다. 세상에 얼마나 문제가 많으며, 교회가 얼마나 부패했는지 충분히 알았으니까요. 누가복음 1장에 보면 예수님께서 태어나시기 직전에 마리아가 노래한 시가 있습니다. 거기에는 높은 사람을 그 위(位:지위)에서 낮추시고, 가난한 사람을 위하여 일하시며, 낮은 사람들을 높이신다는 예언 말씀이 있습니다.

그렇다면 그 지위 높은 사람들이 당연히 예수님을 미워할 것이고, 어려운 문제를 피할 수 없으리라는 것도 충분히 짐작할 수 있습니다. 또 예수께서 태어나신 직후에 시므온이 "칼이 네 마음을 찌르듯 하리라"고 말하여 칼에 찔리는 것 같은 아픔이 있겠다고 예언하기도 하였습니다. 그 모든 것을 아는 마리아로서는 예수님께 더더욱 부탁하기가 어려웠을 것입니다.

그러나 마음속에 성령의 끌림을 받았기에 마리아는 그렇게 행동하였습니다. 예수께서 "나와 무슨 상관이 있느냐"고 물어보실 때 마리아는 대답 대신에 하인들에게 무슨 말을 하든지 그대로 하라고 지시합니다. 예수께서 복종하시리라는 것을 마리아는 알고 있었던 것이지요.

예수님은 하인들에게 큰 항아리들마다 물을 가득 채우라 하셨고, 이는 곧 포도주가 되었습니다. 포도주가 넉넉하다 못해 많이 남았습니다. 남은 포도주를 팔아 혼인 잔치 비용을 모두 감당했을지도 모릅니다. 제 생각으로는 그 신랑 신부는 돈보다 친구가 많은 가난한 사람이었을 것 같습니다. 그래서 그 포도주를 이용해 잔치 석상의 곤란한 문제를 해결한 것 외에도 잔치 비용이라든지 기타 실제적인 경제 문제도 해결하지 않았나 싶습니다.

그토록 세상에서 꼭 필요한 실제적인 문제를 통해 예수님을 나타내시려는 데는 하나님의 뜻이 있습니다. 특별히 사도 요한은 그런 면을 잘 깨달았던 것입니다. 다른 제자들은 예수님의 가르침을 서로에게 그리고 교회에게 전할 때, 말씀으로 하신 비유는 많이 다루었어도 행동으로 나타내신 비유는 별로 다루지 않았습니다. 그래서 마태, 마가, 누가복음에는 나오지 않습니다. 그런데 요한은 나이를 먹으면 먹을수록 더 깊이 생각하여 깨달으면서 행동으로 나타내신 예수님의 비유를 기록하였습니다.

요한이 가나 혼인 잔치 사건을 첫 번째 기적으로 꼽는 데에는 이유가 있습니다. 예수님의 첫 번째 기적은 죄 문제를 해결하는 기적이 아니었습니다. 창조에 관한 기적이자 당신이 창조주라는 사실을 보여 주는 기적이었습니다.

그리고 한 가지 더 강조하는 것이 있습니다. 바로 사랑입니다. 이것은 창세기 1장과 관계가 있습니다. 성경 첫 책인 창세기 1장을 보면 하나님께서 인간을 만드셨을 때 하나님의 형상대로 남녀를 만드셨다는 말이 나옵니다. 남녀 관계는 하나님의 형상을 보여 주는 관계입니다. 남녀의 사랑을 통하여 하나님의 사랑을 깨달을 수 있습니다.

하나님의 본질은 무엇입니까? 사랑입니다. 그 사랑이 어떻게 나타납니까? 하나님의 사랑은 자식을 향한 부모의 사랑과는 다릅니다. 친구 사이에 서로 사랑하는 것과도 다릅니다. 부부 사이에 오가는 사랑이 바로 하나님 사랑의 기초적인 표현입니다. 이것을 통해 하나님의 본질이 나타납니다.

우리의 근본적인 문제는 죄의 문제라기보다 창조의 문제입니다. 인간의 삶 자체에 근본적인 문제가 있습니다. 그렇다면 바울은 왜 결혼하지 않는 것이 좋겠다고 합니까? 그것은 예수님과 교회와의 관계가 신랑 신부의 관계라는 점에서 결혼하지 않은 사람들이 예수님을 자기 신랑으로 삼고 지내다가, 세상 마지막에 다시 오시는 예수님과 혼인 잔치에 들어간다고 하는 유익이 있기 때문입니다.

교회가 신랑 되신 예수님의 신부라는 말을 많이 하는데, 사실 아직까지 이루어진 일이 아닙니다. 세상 마지막에 혼인 잔치가 있을 것입니다. 혼인 이야기는 성경에 두 번 등장합니다. 창세기에 세상이 시작되면서 한 번, 신약에서 예수님이 처음 사역을 시작하실 때 한 번. 그리고 말세에 한 번 더 혼인 잔치가 있을 것입니다. 이것은 처음부터 끝까지 하나님께서 사랑이 되심을 보여 주는 것입니다.

가나의 혼인 잔치 기적은 예수님이 창조주이신 것을 보여 줍니다. 창조의 힘이 없으면 물로 포도주를 만들지 못합니다. 과학으로 아무리 해 보려 해도 도리가 없습니다. 화학적으로 보면 물은 산소와 수소로 되어 있습니다. 그러나 포도주는 여러 가지 복잡한 물질로 이루어져 있습니다. 창조의 힘이 없이는 만들 수 없는 것이지요. 그러므로 이 일은 하나님께서 창조주로서 사랑을 나타내신 아름다운 사건입니다.

한편, 사랑이 있는 곳에는 기쁨이 있습니다. 혼인 잔치 하면 무엇이 떠오릅니까? 웃음이 넘치고, 기쁜 일들이 생각나지 않습니까? 모든 친구가 모여서 잘 먹고 마시며 재미있게 지내는 것, 그 자체가 기쁨입니다. 신랑 신부뿐만 아니라 친구들도 다 기뻐합니다. 그래서 여기에는 하나님께서 우리를 위하여 베풀어 주신 기쁨이 나타납니다.

예수님의 첫 번째 기적은, 예수님의 영광을 나타내는 것이었습니다. 공현이라는 말은 '예수님의 영광이 나타난다'는 의미입니다. 동방박사의 일로 예수님의 영광이 나타났고, 가나의 혼인 잔치 기적으로도 나타났습니다. 또 세례 요한이 세례를 줄 때 잠시 동안 영광이 나타난 적도 있습니다. 그 영광은 어떤 영광이었겠습니까? 창조의 힘과 사랑과 기쁨은 모두 예수님의 본질에 속한 것이며, 이 모두를 친히 나타내신 매우 아름다운 이야기가 바로 가나 혼인 잔치입니다.

예수님이 하신 일은 살아 있는 비유로서 뜻 깊은 행동이었습니다. 그래서 요한은 기억하고 깊이 생각해서 첫 번째 기적의 이유를 깨달아 우리에게 들려주었습니다.

그러면 로마서 말씀과는 어떤 관계가 있습니까? 로마서 12장 6절부터 16절까지는 실제 사랑의 생활에 대한 말씀입니다. 서로 어떻게 사랑하면 혼인 잔치의 기쁨, 혼인 잔치의 사랑이 우리 안에, 교회 안에 나타나는지, 그러기 위해 우리는 어떻게 살아야 하고 어떻게 서로 봉사해야 하는지 다루고 있습니다. 이야기를 줄이기 위해 끝 부분의 말씀만 설명하겠습니다. "너희를 핍박하는 자를 축복하라”는 말씀은 사랑의 표시입니다. “축복하고 저주하지 말라. 즐거워하는 자들로 함께 즐거워하라”는 하나님의 명령과 함께 “항상 기뻐하라. 범사에 감사하라”, “즐거워하는 자들로 함께 즐거워하라”고 합니다. 그리고 여기에서 끝나지 않고 “우는 자들로 함께 울라”고 하는데, 이 모든 말씀은 모두 사랑의 표시가 아니고 무엇이겠습니까?

내가 사람을 사랑하지 않으면 그 사람의 슬픔 또한 나와 상관이 없습니다. 그러나 사랑하는 사람이 슬퍼하면 우리도 덩달아 슬퍼지게 마련입니다.

‘함께 울라’는 명령의 말씀이 있습니다. 어떻게 항상 기뻐하면서 한편으로 울 수 있습니까? 하나님은 모든 문제를 해결하시며, 우리를 사랑하신다는 걸 알기 때문에 우리 마음은 기뻐할 수 있습니다. 그렇지만 나의 형제, 나의 자매가 슬퍼하는 것을 알면서도 하나님께서 다 알아서 하시겠지 하면 마음 편히 지낼 수 있겠습니까? 그 사람의 처지가 되어서 함께 울 때 비로소 하나님께서 아름답게 해결해 주시리라 믿습니다. 함께 울 수 없다면 기쁨의 말씀을 전할 자격도 없습니다. 위로할 자격이 없는 것입니다. 완전히 그 사람의 처지에 서서 그와 함께 울 수 있어야만, 아무리 힘들더라도 여전히 하나님은 우리를 사랑하시고 모든 것을 합력하여 선을 이루신다는 위로의 말씀을 할 수 있는 것입니다.

서로 마음을 같이하며 서로 같은 태도를 갖는 것이 공동체 생활입니다. 그럴 때 비로소 온 교회가 한 가족이 됩니다.

혼인 잔치를 베풂으로써 새로 탄생한 부부의 가족 생활이 시작됩니다. 교회도 이와 같이 형성된 한 가족입니다. 새로 탄생한 교회는 새 가족으로 시작합니다. 한 가족이기 때문에 서로 마음을 같이 하며 높은 데 마음을 두지 않고 낮은 데 처해야 합니다. 예수님의 어머님이 하나님의 아들의 어머니인데도 하인들과 함께 부엌에서 일하고 있지 않았습니까?

높은 데 마음을 두지 말고 낮은 데 처한다는 말은 직접 그 위치에 들어가라는 말입니다. 예수님도 어머니의 말씀에 순종하여 하인들 앞에서 기적을 행하셨습니다. 혼인 잔치에 참석하셨지만 높은 사람들 앞에서 기적을 행하신 것이 아니었습니다. 어쩌면 그 잔치에 시장이 왔을지도 모릅니다. 아니면 최소한 마을 이장이나 반장, 장로들도 왔겠지요. 그러나 예수님은 그 높은 사람들 앞에서 기적을 행하시지 않았습니다. 부엌에서 일하는 사람들 앞에서 행하셨습니다. 낮은 데 처하시도록 이끌림을 받으셨던 것입니다. 어머니가 나오라고 해서 이끌림을 받아 나가셨습니다. 로마서 12장 16절에 ‘처하며’라고 번역한 단어의 원뜻은 ‘이끌리다’*입니다. ‘이 단어는 성경에 여덟 번 나옵니다. 예수님은 빌라도 앞에 이끌려 나가셨고, 가야바 앞에도 이끌려 나가셨으며, 십자가 앞에도 이끌려 나가셨습니다.** 이 말은 바로 그런 때에 쓰였습니다.

그러므로 우리 또한 가난한 사람, 낮은 데 있는 사람에게 다가가야 합니다. 그것이 우리의 사명입니다. 낮은 데에 있는 사람들과 함께 사귀는 사명, 그들에게 다가가는 사명이 우리에게 있습니다.

---

* συναπάγω(쉬나파고) : 함께 데려가다, 운반하다, 이끌리다, 자기를 낮추다라는 뜻.
** 마 26:57, 27:2, 27:31; 막 14:44; 요 18:13, 19:16

　예수님의 사랑을 깨닫고 하나님 아버지의 사랑을 깨달았다면, 낮은 데에 있는 사람들에게 사랑의 마음으로 다가가야 합니다. 교만하지 말고, 높은 데에 마음을 두지 말고, 예수님께서 부엌으로 가서서 기적을 행하신 것처럼 우리 모두 신자로서 낮은 사람들의 위치로 내려가 함께 참여하고, 함께 힘써 하나님의 영광이 나타나도록 합시다.

나중 된 자가 먼저 된다

성경말씀 사도행전 9:1-22; 마태복음 19:27-30

기도　주여, 거룩한 사도 바울의 전도함으로 복음의 빛을 만방에 비추셨나이다. 빌건대, 우리가 성인의 놀라운 회심을 기념하고 그 교훈하신 말씀을 준행함으로 감사한 마음을 나타내게 하소서. 이는 성부와 성령과 한 하나님으로 영원히 사시고 다스리시는 성자 우리 주 예수 그리스도의 이름으로 구하나이다. 아멘.

사도행전 9장 말씀과 22장 말씀을 종합해서 살펴보면 바울이 예수님을 처음 믿을 때와 그 뒤에 어떤 일이 일어났는지 알 수 있습니다. 견진(Confirmation)이 있은 다음, 병 고침을 받고 물 세례와 성령 세례를 받고 그 후에 예언 말씀도 받았습니다. 예언 내용은 나중에 그가 얼마나 고생할지가 담겨 있었습니다. 사실 하나님은 바울을 사랑하시고 사용하기로 택하셨지만, 복이 아닌 핍박으로 시작할 것이라고 말씀하셨습니다.

예수님이 "왜 나를 핍박하느냐?" 하고 물으셨을 때, 바울은 "당신은 누구시냐"고 하였고, 주님은 "나는 네가 핍박하는 예수다"라고 대답하셨습니다. 바울은 금방 예수님이심을 알았고, 그분이 주님이신 줄 알자마자 "주여 무엇을 해야 하겠습니까"라고 물었습니다. 다른 생각은 하나도 하지 않았습니다. 명령을 기다렸습니다. 또 명령을 받자마자 그대로 하였습니다. 다메섹에 가서 하나님께서 사람을 보내실 때까지 금식하며 기다렸고, 마침내 하나님께서 미리 환상을 통하여 깨닫게 하신 아나니아가 왔습니다. 사실 아나니아는 별로 대단한 인물이 아닙니다. 그런데도 보통 신자를 통해 크게 쓰임 받을 그릇인 바울이 첫 걸음을 내딛게 되었지요. 아나니아를 통해서 바울은 하나님께서 주시는 능력을 받았고, 성령의 힘으로 병 고침도 받았으며, 예언도 하는 등 성령 세례를 받았습니다.

그런데 바울에게 주신 하나님의 예언 말씀은 그가 큰 복을 받으리라는 말이 아니라, 오히려 하나님을 위해 많은 고생을 당하리라는 것이었습니다. 하지만 바울에게는 그런 것이 아무 문제가 되지 않았습니다. 하나님께서 누구신지 알자마자 하나님을 위해 살아야 했으니까요. 그리고 바울은 구약성경을 잘 아는 사람이었기 때문에 누구든지 하나님의 뜻대로 살기로 결정했다면 핍박은 당연한 줄로 알았습니다. 왜? 세상이 악하기 때문에 그렇습니다. 이 세상에서 권력을 잡은 사람들은 대부분 악한 사람들입니다. 아직까지 하나님은 마귀에게서 이 세상을 빼앗지 않으셨습니다. 예수님의 십자가를 통해 마귀의 권세를 꺾었고 신자들도 마귀를 쫓아내는 권세를 받았지만, 아직까지 세상에 있는 마귀의 모든 권세를 물리치지 않고 있습니다.

바울 시대에는 깊이 다루지 않지만 우리 시대에는 깊이 생각해야할 것이 있습니다. 마귀가 항상 하나님의 일을 대적하고 훼방하려고 할 때에는 대개 두 가지 방법으로 한다는 사실입니다. 발람의 경우를 예로 들어 보겠습니다. 발락 왕이 이스라엘을 대적하려고 발람을 데려다가 높은 곳에서 이스라엘을 저주합니다. 직접 싸우려면 힘이 부족했기 때문에 먼저 저주를 해서 상대방을 약하게 하려고 했습니다. 마귀는 언제든지 시험해 보는 방법을 제일 먼저 사용합니다. 사람이 예수님을 믿기로 결정하면 우선 마귀는 직접 대적합니다. 그런데 발락이 발람을 이용해 대적하려던 시도는 수포로돌아갔습니다. 하나님은 오히려 발람을 쓰시어 이스라엘에게 복주셨습니다.

이 일로 기분이 잔뜩 언짢아진 발락은 발람을 집으로 보냈습니다. 그런데 뒤에 무슨 일이 일어났는지 성경에는 발람의 꾀에 넘어간 이스라엘 백성이 어려움을 당한 이야기가 나옵니다(민 31:16). 아마도 발람이 다시 발락 왕을 찾아간 것 같습니다.

"발락 왕이시여, 이렇게 하면 이스라엘 백성이 스스로 저주를 받을 것입니다."

"아, 그렇습니까? 어떻게요?"

"이스라엘 백성과 바알브올이 연결되면 스스로 죄를 짓게 될 것입니다."

"아, 그렇군요. 진작 말씀하시지요."

그래서 많은 이스라엘 사람들이 죄를 짓고 멸망당했습니다.

한편, 마귀가 직접 교회를 대적할 수 없을 때에는 마음에 들어가서 속으로 부패시키려고 힘씁니다. 구약 시대를 보면 잘 알 수 있습니다. 하나님의 백성인 이스라엘 사람들과 직접 싸우던 이방 민족이 실패할 때, 마귀는 이스라엘 백성들 속에 들어가서 안으로부터 부패시켰습니다. 바울 서신에도 여러 교회가 안으로부터 부패하기 시작한 사실이 있습니다. 겉으로 보기에는 사랑과 성령으로 충만하고 능력이 많은 고린도 교회였지만 안으로부터 부패하지 않았습니까.

이처럼 마귀는 항상 두 가지 방법으로 우리를 대적합니다. 하나는 밖으로부터 핍박하고, 다른 하나는 안으로 들어가서 부패시키는 것입니다. "아, 교회가 훌륭합니다. 우리에게는 교회가 필요합니다"라고 환영하면서 교회 안으로 들어와 부패시켰습니다. 마귀가 바울의 시대부터 콘스탄티누스 황제 시대까지 300년 동안 교회를 직접 대적했습니다. 그러나 그 결과 교회는 오히려 더욱 강해졌습니다. 마침내 마귀는 이 방법으로 안 되겠다고 생각했는지 교회 안으로 들어가서 속에서부터 부패시키기 시작했습니다. 주를 위해 일하는 사람들이 외부의 핍박뿐만 아니라 내부로부터 더 심한 핍박을 받은 것을 보면 알 수 있습니다.

바울은 이것을 충분히 이해했습니다. 바울이 아는 교회는 유대교뿐이었습니다. 그에게 예수를 믿는 사람들은, 유대교 안에 있는 한 분파일 뿐이었습니다. 비록 사람들이 그 분파를 나쁘게 말했지만, 유대교인 것만큼은 틀림없었습니다. 그러다 나중에 유대교와 아무 상관없는 이방인들도 예수님을 믿어야 된다고 해서 이방인들을 전도하기 시작했고, 그때부터 교회와 유대교, 즉 기독교와 유대교가 서로 완전히 갈라지게 되었습니다. 그런데 바울은 기독교 안에서도 비판을 받았습니다. 그 즈음 바울을 반대하는 신자들이 생겼던 것입니다.

우리도 예수님의 제자가 되기 원한다면, 제자의 삶을 사는 동안 닥쳐 올 핍박과 오해와 어려움을 각오해야 합니다. 복이나 권세는 나중에 받을 줄로 생각해야 합니다. 바울은 미리 알았으면서도 두려워하지 않고, 후회하지 않고, 머뭇거리는 법도 없이 계속해서 앞으로 나아갔습니다. 주의 복음을 전하는 동안 세속과 마귀와 정욕과 아무런 타협도 하지 않음으로써 우리에게 큰 모범이 되었습니다. 따라서 바울 사도가 회심한 이날을 기념하면서 우리도 바울과 같이 타협하지 않고 두려워하지 않으면서 담대하게 예수님을 전하게 되기를 바랍니다.

오늘 본문인 요한복음 말씀은 참으로 흥미롭습니다. 교회가 오래전부터 설교 본문으로 이 복음 말씀을 택해 읽었습니다. 정확하게 몇 년이라고 말할 수는 없지만 적어도 1,500년 전부터 사용한 것 같습니다. 그런데 재미있는 부분이 있습니다. 열두 보좌 위에 앉아서 열두 지파를 심판할 것이라는 말씀을 보니 교회가 바울을 열두 번째 제자라고 생각한 모양입니다. 많은 사람들이 그렇게 생각합니다. 맛디아가 선택된 것이 틀렸다는 것입니다. 하나님의 뜻이 아니라는 것이지요. 성령 받을 때까지 기다렸다면 성령께서 열두 번째가 되는 사도를 나중에 보내겠다고 하시는 말씀을 들었을 텐데,

성령 세례를 받기 전이므로 지혜가 부족해서 꼭 열두 명이 되어야
한다고 생각했습니다. 사실 이것은 큰 문제가 아닙니다. 왜냐하면
나중에 바나바도 사도라는 명칭을 받았습니다. 실라도 마찬가지입
니다. 사실상 사도의 특권이 있는 사람은 70명이나 되었습니다. 열
두 명뿐만 아니라 70명이 다 예수님을 보았고 예수님과 같이 일하
며 처음부터 전도하는 일을 했습니다. 이 70명 가운데 누구든지 열
두 사도가 될 수 있었습니다. 하지만 바울은 그 70명에도 해당되지
않았습니다.

그런데 나중 된 사람이 먼저 되었습니다. 바울이 다른 모든 제자
보다 더 능력 있게 일한 것은 스스로 훌륭한 사람이어서가 아니라
성령께서 그를 통해 역사하셨기 때문입니다. 그러니 우리도 우리
보다 먼저 있었던 사람을 보면 훌륭한 사람으로 인정해야 합니다.
한편 우리가 나중 된 사람일지라도 성령의 도우심을 힘입어 먼저
된 사람들보다 더 효과적으로 일할 수 있습니다.

하나님은 사람마다 다른 일을 시키십니다. 따라서 내가 해야 할
일이 무엇인지 물어보고 성령께서 내게 시키시는 일을 합시다.

참 믿음을 가진 자

성경말씀 로마서 12:16-21; 마태복음 8:1-13

기도 전능하시고 영원히 사시는 하나님, 우리 연약함을 긍휼히 돌아보시고, 주의 오른손을 펴사, 모든 위험 중에 우리를 구원하시고 보호하소서. 이는 성부와 성령과 한 하나님으로 영생하시고, 영원히 다스리시는 성자 우리 주 예수 그리스도를 인하여 기도하나이다. 아멘.

마태복음 8장 1-13절 말씀은 두 사람이 병 고침 받은 것을 증거하고 있습니다. 그 가운데 한 사람은 문둥병자로서 이스라엘인이지만 사회에서 쫓겨났습니다. 당시 문둥병자는 사람들과 어울려 사회 생활을 하지 못하고 떠돌아다니며 살았습니다. 그러다 사람과 마주칠 때면 "부정! 부정!" 하고 외쳐야 합니다. 사실 문둥병보다 더 심한 질병도 있었지만, 문둥병은 전염되기 때문에 이를 두려 위해 사람들이 가까이 하지 않았습니다. 그래서 어쩔 수 없이 사람들과 분리되어서 생활할 수밖에 없었습니다.

그런데 그에게 예수님이 가까이 오셨습니다. 그러자 그가 말씀드렸습니다.

"당신이 원하시면 저를 고치실 수 있습니다."

예수님이 원치 않으신다는 대답을 조금도 생각할 수 없습니다. 당연히 예수님은 고쳐 주길 원하신다고 대답하실 줄 압니다. 그런데 요즘은 많은 환자들이 이렇게 말합니다.

"주의 뜻이라면 제 병을 고쳐 주십시오. 그렇지만 그것이 주의 뜻인지 아닌지 모르겠습니다."

하나님께서 우리를 사랑하시는지 아닌지 모른다면, 병 고치는 능력이 있으신지 없으신지 모른다면, 그래서 병 고쳐 주실 마음이 있는지 없는지도 모르고 기도한다면 그저 '주여, 주여' 하는 소리밖에 나오지 않습니다.

그러나 이 사람은 그런 식으로 말하지 않았습니다.

"주님, 당신이 원하시면 저를 고치실 줄 압니다."

예수님도 말씀하셨습니다.

"내가 원한다. 고침을 받으라!"

아주 간단한 일이었습니다. 왜 우리가 예수님의 뜻을 믿지 못합니까? 많은 사람들이 병 고침 받기를 원하면서도 나을까 낫지 않을까 염려합니다. 내가 큰소리로 부르짖고 몇 나절, 며칠, 혹은 몇 달씩 계속해서 기도하면 하나님의 돌과 같은 마음이 움직일지 모른다고 생각하는 것 같습니다. 하나님의 마음은 돌과 같지 않습니다.

기도를 많이 해야 녹는 것도 아닙니다. 하나님의 마음은 원래부터 우리를 고쳐 주시려는 마음입니다. "내가 원한다. 고침을 받으라"고 하신 예수님 말씀을 항상 염두에 두어야 합니다.

두 번째 사람도 그 사회에서 환영받지 못하는 사람이었습니다. 로마 군인인 백부장은 이방인으로, 높은 지위에서 이스라엘 백성을 압제하는 사람이었습니다. 이스라엘 사람들은 자연히 모든 백부장을 미워했습니다. 그런데 이 백부장은 자기 하인이 괴로움을 당하고 있는데 아무도 돌봐 주지 않으니 고쳐 달라고 하였습니다. 하인은 이스라엘 사람이었겠지만, 이방인의 집에서 일했기 때문에 그 사람 역시 이스라엘인이 생각하기에는 부정한 사람이었습니다. 즉, 백부장은 지위는 높지만 부정한 사람이며, 하인도 이방인의 집에서 일하는 낮은 신분의 부정한 사람입니다.

그러므로 이 이야기는 일반 사회에서 버림받은 사람, 인정받지 못한 사람을 포용하시는 예수님의 모습을 보여 줍니다. 이것은 우리에게 대단한 자부심을 갖게 합니다. 우리는 일반 사회에서 인정을 받든 못 받든 아무런 상관이 없습니다. 우리를 사랑하시는 창조주인 하나님 아버지에게, 그가 보내신 아들 예수 그리스도를 통하여 인정을 받기 때문입니다.

그런데 백부장은 자기가 부정한 사람인 줄 깨달아 유대인인 예수님이 자기 집에 들어오시면 부정하게 되기 때문에 집에 들어오시지 말라고 모든 사람 앞에서 말하였습니다. 내 집에 들어오는 것을 감당치 못하겠으니 그냥 말씀만 하셔도 되겠다고 말입니다.

"저는 명령하는 것을 충분히 이해할 수 있는 사람입니다. 내 밑에 있는 사람에게 제가 명령하면 그대로 하니까요. 저도 명령을 받으면 그대로 합니다. 그러니 주께서 명령만 하시면 될 것입니다. 그 이상은 바라지 않습니다.”

우리 모두 이 백부장과 같이 행동해야 합니다. 하지만 우리는 하나님의 명령을 듣기 싫어하고, 알아도 실행하기 싫어할 때가 많습니다. 이 이방인은 군인이었기 때문에 영적인 생활에도 군대와 똑같은 원리가 있다고 생각했습니다. 군대에서 윗사람의 명령에 복종하여 그대로 실행하고, 아랫사람들도 명령대로 실행하는 것처럼, 그 역시 하나님을 위한 군인이 되어 하나님의 명령대로 따르겠다고 한 것입니다.

예수님은 이와 같은 믿음을 처음 보았다고 하셨습니다. 이스라엘 사람도 아닌 이방인이 이스라엘 사람보다 믿음이 컸던 것입니다. 그 믿음은 어떤 믿음입니까? 믿음에는 두 가지 의미가 있습니다. 첫째는 충성으로, 하나님께 충성하겠다는 것입니다. 성경에서는 충성과 믿음이 같은 의미로 쓰입니다. 그런데 사회는 물론 교회에서조차 이 말을 구별하여 쓰고 있습니다. 믿음이 있으면 충성은 자연히 따라 나오는 법인데 말입니다. 그래서 여기 백부장은 군인으로서 로마 제국에 충성하지만 그보다 더 높은 데 충성해야 함을 인정했습니다. 하나님과 하나님의 법이 나의 상관(上官)이라는 것입니다.

충성만 아니라 의지하는 마음도 있었습니다. 예수님이 그런 일을 하실 수 있는 줄 믿고 의지했습니다. 예수님이 아무것도 못하시는 분인 줄로 생각했다면 백부장은 자기를 그렇게 낮추지 않았을 것입니다. 그는 이스라엘 사회에서는 비록 인정받지 못했지만 높은 위치에 있는 사람이었기 때문에, 예수님의 능력을 믿지 않았다면 자기를 낮추지 않았을 것입니다. 그런데 자기를 낮추는 것이 하나님 앞에 나오는 길인 줄 알고 예수님을 인정하기로 결정했습니다. 자기를 낮추고, 자기의 높은 위치를 다 버리고 하나님 앞에 나와 의지하면 하나님은 원하시는 대로 하실 것입니다.

재미있는 점이 또 한 가지 있습니다. 그가 구한 것은 자기를 위한 것도, 자기 아들을 위한 것도 아니었습니다. 더욱이 동족을 위한 것도 아니었습니다. 집에서 부리는 하인을 위해서였습니다. 더구나 하인은 자기 민족도 아니고, 친척도 아니었습니다. 그런데 그런 하인 한 사람을 위해 자기 체면과 자기 위치를 다 버린다는 것, 많은 사람들 앞에서 예수님이 자기 집에 들어오는 것을 감당하지 못한다고 고백할 수 있는 것, 이 얼마나 사랑스러운 마음입니까? 겸손한 마음도 있지만, 하인을 사랑하는 마음 또한 얼마나 강하게 드러납니까? 이것 또한 믿음에 속합니다.

갈라디아서 5장을 보면 할례도 아무것도 아니요, 무할례도 아무것도 아니며, 오직 사랑으로 역사하는 믿음뿐이라고 하였습니다. 이와 같이 백부장에게는 사랑으로 역사하는 믿음이 있었기 때문에 예수님이 놀라셨던 것입니다. 예수님은 이스라엘에서 이와 같은 믿음은 처음 본다고 말씀하셨습니다.

그러므로 오늘날 우리가 우리 자신을 주께 바친다고 할 때 참으로 바치는 것이라면, 그를 본받아 우리도 똑같이 자기 자신을 낮추고 하나님께서 우리를 위해 놀라운 일을 행하실 줄 믿어야 합니다.

뿐만 아니라 백부장이 자기 하인을 위하여 간청했다고 한다면 우리도 옆에 있는 형제자매를 위하여 기도할 수 있지 않겠습니까? 어떻게 내 친구나 내 밑에 있는 사람을 위해 자존심을 다 버리고 체면을 다 버릴 수 있겠습니까? 정말로 남을 위하여 그만큼 낮출 수 있겠습니까? 예, 할 수 있습니다. 성령의 도우심이 있으면 할 수 있습니다.

그렇기 때문에 오늘의 로마서 말씀은 예수님이 하신 것을 알고 믿는 사람이라면 성령을 구할 것이고, 그 다음에 어떻게 살아야 하는지 말씀하고 있습니다.

로마서 12장은 실천하는 문제에 대해 이야기합니다. 1장부터 8장까지는 사람에게 죄사함이 없어서는 안 되며, 죄사함이 필요치 않은 사람은 하나도 없다고 말했습니다. 또 죄사함을 얻는 것은 물론, 나아가 성령충만함(참 의미는 '충분함')을 받아야 한다는 것을 이야기하고 있습니다. 이어서 9, 10, 11장에서는 이스라엘에 대해 언급하고 있습니다. 12장부터는 참으로 예수님을 인정하고, 예수님을 통하여 의롭게 되고, 성령을 받은 사람들이 어떻게 살아야 하는지 말씀합니다.

12장 1절은 여러분이 잘 알다시피 "네 자신을 산 제물로 주께 바치라"는 말씀입니다. 이것이 우리 신자의 출발점이 되어야 합니다. 성령의 도우심을 힘입어 내 자신을 산 제물로 주께 바쳐야 합니다. 그 뒤로 계속해서 여러 가지 실제적인 문제들을 다루는데, 스스로 지혜 있는 체 말라는 말씀과 함께 높은 위치를 생각하지 말고, 자신을 남보다 낮다고 여기며 남보다 지혜가 많다고 자랑하지 말고, 낮은 사람과 사귀는 사람이 되라고 합니다. 세상 사람들이 보기에 부정한 사람들과도 기꺼이 사귈 줄 알아야 한다고 말합니다.

그러면 자신은 좋은 일을 했는데 상대방이 내게 좋지 않은 일을 한다면 어떻게 해야 합니까? 내 형제가 나를 욕하고 내 물건을 빼앗고 나를 괴롭게 하고 오해하며, 자기는 놀면서 나에게는 일을 많이 시키면 어떻게 하겠습니까? 아무리 그래도 우리는 악을 악으로 갚으면 안 됩니다. 친구나 형제나, 믿든 믿지 않든, 혹은 원수든지 간에 아무에게도 악을 악으로 갚지 말아야 합니다.

악한 일을 하는 사람은 아주 많아서 악한 사람을 피할 수는 없습니다. 정말 악한 사람을 피하려고 한다면 산꼭대기에 집을 짓고 혼자 살아야 합니다. 그렇게 해도 아마 악한 사람을 피할 수는 없을 것입니다. 왜냐하면 거기에 있는 나 자신도 악하기 때입니다. 우리가 성령을 받아 깨끗함을 얻었지만 완전히 고침을 받기까지는 어느 정도 악이 우리 안에 존재합니다. 매일매일 주님 앞에 새롭게 죽는다면 점점 악을 줄일 수 있게 되는 줄 믿습니다.

갈수록 조금씩 덜 악한 사람이 되려고 힘쓰지만 언제, 어디서든지 악한 사람은 존재하게 마련이어서 얼마든지 악한 일을 저지를 수 있습니다. 그러나 우리 성령 받은 사람은 악을 악으로 갚을 수 없습니다.

"모든 사람 앞에서 선한 일을 도모하라. 할 수 있거든 모든 사람으로 더불어 화평하라."

참으로 현실에 맞는 이야기입니다. 그냥 무조건 화평하라고 하면, 아마도 진리를 버리게도 되고 하나님을 배반하여 부정과 타협하게 되는 일도 있을 것입니다. 그래서 무조건 화평하라고 하지 않으십니다. 할 수 있는 대로 하라고 하십니다.

나와 형제 사이에 평화가 없다면 혹 내 잘못으로 그리 된 것은 아닌지 돌아보아야 합니다. 화평을 위해 힘껏 노력하고 있는지 깊이 생각해 보아야 합니다. 주께서 말씀하셨습니다.

"내 사랑하는 자들아 너희가 친히 원수를 갚지 말고 진노하심에 맡기라 기록되었으되 원수 갚는 것이 내게 있으니 내가 갚으리라" (롬 12:19).

유감스럽게도 교회 안에서 원수 같은 사람이 자꾸 생깁니다. 공동체생활에서 형제자매라고 하면서도 서로 원수처럼 지내는 사람들이 있습니다. 그런 경우에는 어떻게 해야 합니까? 서로 화평하도록 노력해야 하지만, 화평이 이루어지지 않으면 어떻게 하겠습니까? 때리겠습니까? 무시해 버리겠습니까? 무시해 버려서는 안 됩니다.

재미있는 일이 있었습니다. 몇 달 전, 이 집에 천사가 나타났습니다. 누군지도 알 수 없는 채로 그 천사는 자꾸 좋은 일을 했습니다. 아침에 일어나 보면 사랑한다는 말이 담긴 카드가 놓여 있었습니다. 간혹 선물도 함께 놓여 있었습니다. 계속 이상한 일이 생기는데 전부 기분 좋은 일이었습니다. 그런데 도통 누구인지 알 수 없었습니다. 천사가 자기를 드러내지 않았기 때문입니다.

바로 이것입니다. 원수 같은 사람이라고 무시해 버리지 말고 오히려 이렇게 조용히 갚아야 합니다. 어떻게 그렇게 할 수 있느냐고요? 죄에 대해 보응하는 것은 하나님의 책임입니다. 내가 갚는 것은 사랑이면 됩니다.

"네 원수가 주리거든 먹이고 목마르거든 마시우라 그리함으로 네가 숯불을 그 머리 위에 쌓아 놓으리라 악에게 지지 말고 선으로 악을 이기라"(롬 12:20-21).

악으로는 악을 이길 도리가 없습니다. 악으로 악을 이기려고 마음먹는 것 자체가 악에게 진 것이기 때문입니다. 벌써 내가 악한 상태가 되어 악과 같게 되었으니 이길 수 없습니다. 그러나 성령으로 이기는 법이 있습니다. 원수 같은 사람이 있으면 무시해 버리지 말고, 물론 욕하지도 말고, 악으로 갚지도 말고, 오히려 그 사람이 필요로 하는 것을 채워 주십시오.

어떤 때는 목마른 것이나 주린 것이 물질적인 문제가 아니라, 정신적인 문제나 심리적인 문제일 수도 있습니다. 물이 아니라 사랑에 목마른 것일 수 있습니다. 그러니 사랑이 필요한 사람에게는 사랑을 베풀어야 합니다. 그렇게 하면 우리는 하나님의 종으로서 생활하는 것이며, 하나님의 명령을 받은 사람이 될 것입니다. 참된 믿음을 가진 사람, 사랑으로 역사하는 믿음을 가진 사람, 예수님께 칭찬받는 사람이 되는 것입니다.

그리스도인으로서 책임져야 할 일

성경말씀 로마서 13:1-7; 마태복음 8:23-34

기도 주여, 우리 인생이 연약하여 큰 위험 중에 스스로 서지 못함을 아시나이다. 구하노니, 우리에게 능력을 주시고 보호하사 모든 위험 가운데 붙드시고 모든 시험 가운데 견고케 하소서. 성부와 성령과 함께 영원히 사시며 다스리시는 성자 예수 그리스도의 이름으로 기도하나이다. 아멘.

무슨 말부터 시작해야 할지 모르겠습니다. 하고 싶은 말이 너무 많습니다. 우선 마태복음 말씀부터 간단히 봅시다.

하나님께서 보내신 사도요, 메시아이시며 큰 기적을 행하시는 자요, 선지자요, 모든 귀신을 쫓아내는 능력을 가지신 분이 자기 나라를 찾아오셨는데도 돼지가 사람들은 더 귀중했습니다.

"빨리 가시오! 우리는 선지자가 필요 없소. 우리 돼지가 없어져서 정신이 하나도 없단 말이오!"

주님에 대해서는 아랑곳하지 않고 오직 돼지 떼 생각으로 야단이었습니다.

우리 시대에도 그러한 사람들이 많습니다. 하나님을 원치 않습니다. 돼지만 원합니다. 물론 그런 사람들은 교회 가는 것이 유행처럼 되면 교회에 나갑니다. 그렇지만 마음속으로는 예수님보다 돼지를 더 귀하게 여깁니다. 우리는 그런 사람에게 속아서는 안 되겠습니다.

로마서 13장은 상당히 중요합니다. 현대 교회에서 많은 학자들이 다음과 같이 주장합니다.

"바울의 태도를 이해할 수 없다. 왜 불의에 대항하여 싸우지 않는가? 불의가 있으면 교회는 싸워야 한다. 바울이 로마서 13장에서 말한 것은 이론에 불과하고, 실제로는 그렇게 믿지 않았다!"

그런데 바울의 일생을 보면 그는 자신이 전한 말씀대로 살았습니다. 그는 끝까지 로마를 대적하지 않았습니다. 바울이 하는 말은 정부는 '좋은 일'을 하기 위해 하나님께서 세우셨다는 것입니다. 정부가 나쁜 일을 할 수 있는 가능성에 대해서는 이야기하지 않았습니다. 그래서 학자들은 바울이 그 문제를 다루지 않았다고 합니다.

그런데 바울은 자신의 생활을 이용해 그 문제를 다루었습니다. 몇 년 못 되어서 로마 당국에 의해 5년 동안 감옥 생활을 하였고, 그 다음 자유를 얻었다가 또 잡혀서 마침내 죽게 되었습니다. 그렇지만 한 번도 정부를 비판하지는 않았습니다. 또 편지 쓸 때 '내가 로마의 포로'라는 말을 하지 않았습니다. '그리스도의 포로', '그리스도를 위해 갇힌 자'라고 하였습니다. 베드로전서에서도 똑같은 가르침을 볼 수 있습니다. 베드로전서 2장 13절의 "주를 위하여 모든 인간이 세운 기관 밑에 순종하라"는 말씀도 똑같은 말입니다. 또 13-18절의 말씀도 바울의 가르침과 똑같습니다.

한 구절 더 보면, "만약 하나님을 위하여 불의를 당하면 그것은 아름다운 일이라 그러한 경우에 불의에 맞서 대적하지 말라"(벧전 2:19-20)는 말씀이 나옵니다. 물론 내가 불의를 당할 때와 다른 사람이 불의를 당할 때는 문제가 좀 다릅니다. 내가 나를 위해서도 싸울 수 없는데 왜 내 이웃을 위해 싸워야 하는가 하는 문제가 제기됩니다. 그러나 예수님의 가르침을 생각해 보십시오.

정부가 문제 해결하기를 기다리지 말고 네 자신이 해결하라고 합니다. 우리 신자들이 모든 문제를 해결해야 합니다. 갇힌 자와 똑같은 입장이 되어서 갇힌 자를 방문하고 그를 도와주려고 노력해야 합니다.

현대 사회에서는 정부가 이렇게 해야 한다, 저렇게 해야 한다고 사람들이 말을 많이 하는데 사실 하나님의 입장에서 정부의 책임은 하나밖에 없습니다. 질서를 유지하는 것입니다. 가난한 사람들을 먹이고 입히는 것은 정부의 책임이 아닙니다. 집 없는 사람들을 위해 정부가 집을 주는 일은 없습니다. 다만 하나님의 법을 지킨다면 그 문제는 해결할 수 있습니다. 구약 시대에 하나님의 정의로운 사회법과 경제법이 있었습니다. 그 법을 따른다면 굶주려 죽는 사람, 헐벗은 사람, 집 없는 사람들은 점차 줄어들 것입니다.

인간이 만든 법은 어떤 법도 완전하지 않습니다. 인간의 법은 많지만 하나님께서 허락하신 인권을 제대로 누리며 사는 사람들은 적습니다. 그러나 하나님께서 새 법을 만들라고 하시지 않습니다. 정부에게 요구하라고도 하시지 않습니다.

"하나님의 백성 된 너희들이 자비를 베풀어라. 너희들이 어려운 사람을 도와주라."

이것이 교인들에게 주어진 책임입니다. 정부에게 그런 일을 기대할 필요가 없고, 강요할 수도 없습니다. 무엇보다 믿지 않는 정부에게 무슨 기대를 하겠습니까? 물론 선지자들이 정부를 비판한 때가 있었습니다. 단, 그때는 믿는 정부였기에 비판했던 것입니다.

왜 그렇습니까? 믿는다고 하면서도 하나님의 법을 어기는 위선자였기 때문입니다. '하나님의 법이 이것이다' 라고 다시 한 번 기억나게 하는 것이 선지자의 일인데, 하나님을 믿지 않는 사람들이 어떻게 하나님의 법을 지키겠습니까? 우리는 아무 말도 할 수 없습니다. 불교 정부에게 불교도들은 말할 수 있지만, 우리는 말할 수 없습니다. 인본주의 정부는 인본주의자들이 말할 수 있지만 역시 우리는 할 말이 없습니다. 제일 중요한 것은 '네 자신이 실행하라'는 것입니다. 정부에 기대하지 말고 '네가 하라'는 것입니다.

세상은 너무나 복잡한 문제들로 얽혀 있습니다. 히로시마에 원자폭탄이 떨어졌을 때 한꺼번에 12만 5천 명이 죽었습니다. 그런데 세계에서 굶주려 죽는 사람들이 하루에 4만입니다. 3일이면 12만 명이 목숨을 잃습니다. 오늘날 그 많은 사람들을 굶주려 죽게 하는 폭탄은 누가 떨어뜨리는 것입니까? 바로 하나님의 법을 어기는 사람들이 장본인입니다.

만일 예수님을 믿는다고 하는 모든 신자가 하나님의 법을 실제로 이행한다면, 그 문제는 다 해결할 수 있습니다. 교회에 문제를 해결할 수 있는 능력이 있습니다. 교회에 능력이 있지만 교회가 실행하기 싫어합니다. 예수님보다 '돼지'를 귀히 여기기 때문입니다. 누가 그 사람들을 죽이고 있습니까? 말하지 않고 가만히 있기만 하고, 문제를 해결하려고 노력하지 않는 우리 교인들이 바로 살인하는 사람들입니다.

하나님께서 보시기에는 주려 죽는 사람의 죄는 우리 손에 있습니다. 믿지 않는 사람에게는 책임이 없습니다. 하나님은 제자들에게 책임을 맡기셨습니다. 그런데 오늘날의 제자들은 그 책임을 지기 싫어 오히려 정부에게 떠넘깁니다. 게다가 정부가 해야 한다는 말이 성경에 없으니까 오히려 성경이 틀렸다고 말합니다. 자신이 하나님보다 더 잘 알고, 성경보다 더 잘 안다고 말하는 것과 다를 바 없습니다.

성경을 쓰신 분들은 구시대 사람들이라고 생각하십니까? 오랜 시간이 흐르면서 진화했으니 그 시대 사람들보다 우리가 더 똑똑하다고 말하고 싶으십니까? 우리가 옛날 사람보다 더 진화했습니까? 그보다 더 바보 같은 소리는 없을 것입니다. 오히려 옛날 사람들이 우리보다 더 똑똑했습니다. 이스라엘 사람들은 700년 동안 하나님의 법대로 살아서 경제 문제가 거의 없었습니다. 그런데 욕심 때문에 그 법을 버리고 서로 이용하기 시작하면서 그때부터 지금과 같은 문제가 생긴 것입니다.

오늘은 성(聖) 이그나티우스 첨례일이므로 그분에 관해 간단히 이야기하겠습니다. '이그나티우스'란 '불', '성령의 불'이라는 뜻입니다. 이그나티우스는 참으로 성령의 불이 붙은 사람이었습니다. 그는 모든 교인이 한 감독 밑에 들어가야 한다고 주장했습니다. 이그나티우스 시대까지만 해도 교회는 우리 예수원의 목요일 밤처럼 은사예배식으로 모여서 모두 다 말하고, 서로 가르치며, 서로 섬기고, 서로 위하여 안수 기도를 하였습니다. 그런데 여러 차례 이단 문제가 발생하면서 이그나티우스는 이런 식의 모임은 그만두었습니다. 그러고는 각 교회에 감독을 세우고, 이후부터는 감독의 승낙 없이는 아무것도 하지 못한다고 하였습니다. 현대 교회의 단일 지도 체제는 이그나티우스 때부터 내려온 것입니다. 저는 그 문제만큼은 이그나티우스께 감사할 수 없습니다. 하지만 이그나티우스는 자기 목숨을 예수님을 위해 버렸습니다. 끝까지 예수님을 믿고 심한 핍박 속에서도 변하지 않고 로마에서 자기 피를 흘렸습니다. 예수님을 위해 죽은 것입니다. 참으로 존경하지 않을 수 없습니다.

오늘 성경말씀과 관련이 없는 말씀인지 모르지만, 제가 경험한 일들에 대해 감사드리고 싶습니다. 어느 거짓 선지자가 며칠 전에 "대 신부, 곧 죽는다"고 예언했는데 여러분이 열심히 기도해 주신 덕에 지금 제가 살아 있습니다. 하나님께서 저를 많이 쓰셨습니다. 하나님께서 저를 많이 사용하시도록 여러분이 기도한 것 같습니다. 그런데 지나치게 쓰임을 받아 다 타서 없어질 뻔했습니다.

그때 이야기를 잠깐 하겠습니다. 예수원에서 출발하는 순간부터 쓰임을 받아 섬기는 일을 해야 했습니다. 어떤 손님이 예수원에 머무는 동안 개인 면담을 못해서 산을 내려가는 동안 제가 그와 개인 면담을 하게 되었습니다. 덕분에 버스를 놓쳐서 결국 트럭을 잡아 타고 태백역까지 가서 기차를 탔습니다. 기차 안에서 좀 쉬고 싶었지만 옆에 있는 사람의 마음이 상할 것 같아 조심스러웠습니다. 그래도 눈을 좀 붙였지만 조금밖에 못 자고 계속해서 이 사람, 저 사람과 개인 면담을 했습니다. 그 사이 짬을 내서 편지도 20통이나 썼습니다.

서울에 도착해서도 여기 저기 모임에 참석했습니다. 금요일 저녁에는 좀 쉴 수 있을까 했는데 '새 소망 소년의 집'에서 전화가 왔습니다. 꼭 함께 식사하고 싶다고 했습니다. 그런데 막상 가 보니 그냥 식사하는 자리가 아니었습니다. 의논해야 할 복잡한 문제가 있었습니다. 5시에 시작해 9시가 돼서야 끝이 났습니다. 4시간 동안 계속해서 복잡한 문제를 논의한 것입니다. 어느 정도는 해결했지만 그래도 해결하지 못한 문제가 많아서 짐스러웠습니다. 다음날 아침, 교회에 가서 이사회를 마치고 다른 일도 많이 보았습니다. 은행도 가고요. 다음날인 주일도 쉬지 못했습니다. 집회에 참석한 다음, 두 번 회의가 있었는데 회의만 참석하고 식사는 함께하지 못할 것 같다고 했습니다. 또 개인 면담도 할 수 없겠다고 양해를 구하였습니다.

사실 저는 섬기는 것을 좋아합니다. 하나님께서 저를 쓰시는 것에 감사한 생각은 들었지만 저를 그렇게까지 쓰실 줄은 몰랐습니다. 온양, 천안, 둔포, 백석포 등 지방에 있는 여러 교회 집회에도 참석했는데 교인들이 얼마나 말씀 듣기를 갈망하는지 집회 분위기도 좋고 교인들의 열심도 좋았습니다. 하나님께서 저를 힘있게 쓰시는 것을 느낄 수 있었습니다. 그렇지만 매우 피곤했습니다. 사람들이 갈망하는 만큼 다 채워야 한다고 생각했습니다.

'주여 저를 사용하소서. 주여 저를 써 주소서!'

항상 그런 마음을 가지고 있었습니다. 하지만 그날로 힘이 다 빠졌습니다! 그럼에도 쉴 수 없었습니다. 계속해서 개인 면담과 안수 기도를 부탁받았습니다.

어느 어머니가 아들 둘과 아들 친구를 데리고 왔습니다. 두 아들은 신학교를 다니고 있었고 친구는 아직 고등학생인데, 이 세 아이들을 위해 꼭 기도해 달라는 것이었습니다. 저는 너무 피곤해서 그 어머니 말씀을 반밖에 이해하지 못했습니다. 아마 반도 못 들었을 거예요. 정신이 별로 없었거든요. 몇 마디만 듣고 이런 문제 아닐까 생각하고 안수 기도를 했는데 내가 무슨 기도를 했는지조차 잊어버릴 정도였습니다. 생각나는 대로 말이 막 나왔습니다. 기도가 끝난 다음 한 아이가 물었습니다.

"질문 하나 해도 되겠습니까?"

"예, 무슨 질문입니까?"

"어떻게 우리 마음속 생각까지 다 아십니까?"

"내가 한 것이 아닙니다. 성령께서 친히 하신 것입니다."

그러니까 그 어머니 말씀이 "아, 그럼 대언 말씀이셨군요?" 하였습니다.

그와 같이 하나님께서 저를 쓰셨습니다. 내가 정신이 없었는데도 저를 쓰셨습니다. 아주 감사한 일이었지만 긴장이 너무 심해서 소화가 안 됐습니다. 결국 먹은 것을 다 토했습니다. 그래서 빈 배로 다음날 아침 회의에 참석해야 했고, 식사할 마음이 나지 않았습니다. 그렇지만 교인들이 친절하게도 아침식사는 꼭 드셔야 한다고 해서 불고기를 많이 먹고, 몇 시간 있다가 신탁은행 신우회에 가기 전에 또 토했습니다. 그리고 신탁은행에 도착해서 나머지를 다 토했습니다. 앉아서 이야기하다가 도저히 안 되겠기에 도망갔습니다. 다시 돌아와서 이제는 설교를 할 수 있겠다고 말하고 설교했는데, 하나님께서 40분 동안 강한 설교를 주셨습니다. 아주 힘있는 설교였습니다. 그런데 끝나고 또 토했습니다. 하나님께서 저를 겸손하게 하기 위해 쓰시는 방법이 너무 강해요. 교만할 수가 없습니다. 그 다음에 힘이 쪽 빠지고 24시간 동안 잠만 잤습니다. 깨어나서는 화장실도 기어가야 할 정도였습니다. 일어설 힘조차 없더라고요. 일어나면 머리가 빙빙 돌아서 꼭 술 취한 사람 같았습니다. 술 취한 사람은 걱정 근심이 없는데, 제게는 염려가 있었다는 점이 달랐을 뿐입니다.

사실 일생 동안 그처럼 약해진 때는 처음입니다. 다 타 버린 느낌이었습니다. 그래도 죽지 않고 살았습니다! 어젯밤이 되어서야 비로소 집에 돌아올 수 있었는데 예수원이 잘 돌아가고 있다는 느낌을 받으니 얼마나 기분이 좋던지요. '아버지, 사랑합니다'라고 적힌 생일 카드를 아이들한테 받고, 별 탈 없이 잘되어 가는 예수원 일이 참 고마웠습니다. 우리 가족과 집사람과 예수원으로 인해 감사드리고, 주님께 여러모로 쓰임을 받아서 감사드립니다. 사실 어젯밤에는 어찌나 감사하던지 잠이 오지 않았습니다. 밤새도록 감사 기도만 했습니다. 마치 미친 사람 같았어요. "할렐루야!" 하고 외칠 수밖에 없었습니다.

하나님께서 사람을 쓰실 때 사람에게 힘을 주시는 것이 아니고, 힘을 빌려 주시는 것뿐입니다. 쓰임 받을 때에는 피곤하긴 하지만 그래도 역사가 나타나서 감사를 드립니다. 집회에 다녀온 교회 교인들의 갈망하는 마음이 참으로 강해서 감사를 드립니다.

제가 한국말을 제대로 알아듣지 못하고, 모든 사람을 일일이 안수 기도할 수 없어서 기도 사슬을 만들어 서로 손을 잡고 온 방을 빙 둘러서서 기도했습니다. 힘이 나가는 것을 느낄 수 있었습니다. 분명히 하나님께서 쓰신 줄 알고 감사했습니다. 저는 서서 기도할 수 없어서 앉아서 기도했습니다. 끝나고 빨리 방으로 돌아가서 잠 들려고 하는데, 개인적으로 찾아와서 안수 기도를 받고 싶어 하는 사람이 있었습니다.

"박 신부님, 성유 없습니까?"

"아, 있습니다!"

그래서 성유를 각 사람의 이마 위에 바르고 십자 성호를 그은 다음, 석마가 신부님이 공도문에 있는 성유 기도를 하였습니다. 한 사람 하면 그 다음 사람이 오고, 또 다른 사람이 오고 해서 계속 기도했습니다. 분명히 하나님께서 역사하신 줄 압니다.

사실 감사한 마음이 한이 없습니다. 또 오늘 두 자매가 세례 받기로 결정해서 감사하고, 여러분과 주일 성찬을 같이 하니 우리 주님이 얼마나 놀라우신 분인지, 또 우리 성령께서 우리에게 주신 힘이 얼마나 놀라운지, 우리를 사용하시고 도구로 쓰신 것이 얼마나 놀라운 일인지 참으로 하나님께 감사드립니다. 하나님의 능력은 한

이 없으십니다.

왜 우리가 정부의 능력을 원합니까? 정부가 가진 힘은 아무것도 아닙니다. 우리에게는 창조자 하나님의 능력, 세상을 창조하신 그 능력이 있습니다. 초자연적인 능력이 있습니다. 모든 귀신을 이길 수 있는 능력입니다. 참으로 놀라운 능력입니다. "할렐루야!"라고 외칠 수밖에 없습니다.

열매 맺는 생활

성경말씀 골로새서 3:12-17; 마태복음 13:24-30

기도　주여, 주의 가족 된 교회를 인도하시고, 항상 바른길을 가도록 하시나이다. 비옵나니, 주님의 은혜를 전심으로 의뢰하는 자들을 돌아보사, 주의 전능하신 권능으로 항상 보호하소서. 성부와 성령과 한 하나님으로 영원히 사시고, 다스리시는 성자 우리 주 예수 그리스도의 이름으로 기도하나이다. 아멘.

오늘 설교할 마태복음 말씀에는 현대 교회의 모습이 있습니다. 마귀가 하나님의 계획을 싫어해서 파괴시키고 복잡하게 만들기 위해 밭에 가라지를 심었다고 합니다. 교회 안에 마귀의 종들이 많습니다. 몇몇이 아니라 많다고 합니다. 원수가 일부러 와서 곡식을 망치기 위하여 가라지를 많이 심었다는 것입니다. 지금도 교회 안에 가라지와 같은 신자들이 많이 있습니다. 예수님의 말씀을 다시 한 번 생각해 보면, 멸망으로 가는 길은 넓고 찾는 사람이 많지만 생명의 길은 좁고 험하고 찾는 사람이 많지 않습니다.

교회가 심한 핍박을 받을 때에는 의미 없이 믿는 사람이 거의 없지만, 교회가 핍박을 받지 않을 때에는 거짓 신자들이 많습니다. 그래서 현대 교회 안에 이런 사람이 많을 것 같습니다.

중요한 것은 이 문제를 어떻게 해결하느냐 하는 것입니다. 그냥 나쁜 사람들 다 내쫓아 버리면 되겠습니까? 아닙니다. "그냥 두어라. 추수 때까지 함께 자라게 두어라!"라고 하십니다. 왜 그렇습니까? 열매가 생기면 비로소 알게 되기 때문이지요. 그러면 언제 추수를 합니까? 곡식이 익으면 금방 추수하지 않습니까? 다 익은 곡식을 오래 그냥 두지 않습니다. 그렇다고 해서 일찍 서두를 수도 없는 일입니다. 예수님은 거짓 선지자에 대한 말씀을 하실 때에도 똑같이 말씀하셨습니다.

"열매로 알겠다."

가라지와 밀은 생김새가 비슷비슷합니다. 열매가 맺힐 때까지 계속 그런 상태입니다. 원수가 일부러 비슷하게 생긴 것을 심었으니까요.

현대 교회 안에서도 누가 참된 신자인지 누가 거짓 신자인지 구별하기 힘이 듭니다. 똑같이 예배에 참여하고, 똑같이 기도하고, 똑같이 성경 읽고, 똑같이 말하고, 똑같이 모든 예식을 드립니다. 차이점이 어디 있습니까? 열매로 알 수 있습니다. 열매 맺는 신자는 참된 신자이고 열매 없는 신자는 가라지입니다. 그런데 그것은 우리가 판단할 사항이 아닙니다. 이 비유를 보면 누가 추수를 합니까? 마지막 추수할 때 추수꾼들을 보내는데, 가라지를 태워 버린 다음에 밀을 곳간에 모으겠다고 합니다. 다른 비유에서는 추수꾼들이 천사라고 합니다. 추수가 우리 몫이 아닌 것처럼 판단도 우리 몫이 아닙니다.

그러면 우리 책임은 무엇입니까? 골로새서 말씀은 우리가 가라지가 아니고 밀이라고 할 때, 어떠한 열매를 맺어야 하는지 이야기합니다. 그 열매는 바로 성령의 열매입니다. 오늘 읽은 골로새서 말씀은 갈라디아서의 성령의 아홉 가지 열매와 아주 비슷합니다. 골로새서 말씀도 성령의 열매에 대해 기록하고 있습니다.

다만 골로새서 말씀은 열매의 비유가 아니라 옷 입는 비유라는 점입니다. 그래서 두 가지로 볼 수 있습니다. 열매가 생기려면 한참 걸립니다. 때가 되기까지 기다려야 열매를 볼 수 있습니다. 그러나 옷 입는 과정은 아주 빠릅니다. 그래서 옷 입듯이 하라고 하는 말씀은, 우리가 어느 정도 노력하면 가능하고 빠르게도 실천할 수 있습니다. 그러면 우리의 옷은 무엇입니까? 그전에 먼저 우리가 누구인 줄 알아야 합니다. 우리가 누구입니까? 하나님의 택하신 자입니다. 하나님께서 우리를 택하셨습니다. 또 거룩하고, 사랑받는 사람입니다. 하나님께서 우리를 사랑하시고 성령으로 거룩하게 하셨습니다. 세례를 받음으로써 거룩하게 되었습니다.

구약에 여리고 이야기와 아이 성 이야기가 나오는데, 거룩한 물건에 대해 기록하고 있습니다. 거룩한 물건을 만진 사람 때문에 온 이스라엘에 재앙이 내렸습니다. 거룩한 것은 온전히 하나님께 바쳐진 것으로, 사람이 만져서는 안 됩니다. 우리도 거룩함을 입은

자로서 온전히 하나님께 속한 사람입니다. 어떤 부분은 세속에 속
하고 어떤 부분은 하나님께 속한 것이 아니라, 온전히 바쳐진 자
요, 거룩한 자로서 완전히 하나님께 속했습니다. 그러면 우리가 택
하심을 입고, 거룩하게 되고, 사랑을 받은 자로서 어떤 사람이 되
어야 합니까? 또 어떠한 옷을 입어야 합니까? 설날이면 다 좋은 옷
을 입으려고 합니다. 작업복이야 아무 때나 부담 없이 입지만, 설
날이나 주일에는 좋은 옷을 꺼내 입지 않습니까? 여기에서 말하는
옷은 신자들의 설빔이라고 볼 수 있습니다. 그리고 신자들에게는
매일매일이 설날입니다. 날마다 새 출발하는 마음으로 임해야 합
니다.

그러면 긍휼과 자비와 겸손, 그리고 오래 참음에 대해 살펴봅시
다. 긍휼은 어려운 사람을 도와주는 마음이고, 자비는 상대방의 입
장을 이해하는 마음, 곧 나의 입장보다 상대방의 입장이 무엇인지
알고자 하는 마음입니다.

온유는 모세에게 배울 수 있습니다. 알다시피 모세는 온유한 사
람으로서 자기 입장보다 항상 하나님의 입장을 생각했습니다. 모
세는 상당히 중요한 사람이고 상당히 높은 위치에 있는 사람이었
지만, 자기 위치에 대해 거론하지 않고 자기 입장을 주장하지 않고
하나님의 입장만 강조하였습니다. 사람들이 모세가 잘못했다고 아
무리 무어라 해도 조금도 대꾸하지 않았습니다. 조금도 자기를 변
명하지 않고, 그저 땅에 엎드려 '주여!'라는 말밖에 하지 않았습니
다. 그렇지만 사람들이 하나님을 모독할 경우에는 달랐습니다. 정
말 무섭게 화를 냈습니다.

두려움 때문에 온유한 것이 아니었습니다. 모든 관심이 하나님을 향해 있고, 하나님을 위하여 싸울 마음의 준비가 되어 있으므로 자신에게는 무관심했던 것입니다. 자신의 명예에는 무관심하고 하나님의 명예만 생각하는 것, 이것이 바로 성경에서 가르치는 온유입니다.

온유해 보이는 사람 가운데에도 실상은 그렇지 못한 경우가 있습니다. 열등감에 사로잡혀 자신감이 없을 때도 마치 온유한 듯 보입니다. 하지만 하나님은 물론 자기 자신을 위해서도 힘을 내지 못한다면 그것은 온유가 아닙니다. 그것은 두려움에서 비롯된 비겁한 태도입니다.

온유한 사람은 아무것도 두려워하지 않습니다. 다만 하나님을 위해 힘쓰고 하나님을 위해 싸웁니다. 자기를 위하여 싸워서는 안 됩니다. 그러한 온유함을 소유하기 위해서는 아주 강한 사람이 되어야 합니다. 그제야 비로소 아주 부드러운 태도가 나옵니다.

마지막으로 오래 참음으로 옷 입는다고 했습니다. 사람이 잘못해도 오래 기다려 봅시다. 여러 번 말씀드린 바와 같이 오래 참음이란 끝까지 참는 것이 아니고, 하나님의 때가 되기까지 참는 것입니다.

하나님께서 그 사람에게 말하라고 하시면, 망설이지 말고 말해야 합니다. 하지 말라고 하면 하지 말아야 합니다. 온전히 하나님의 뜻에 따라 반응해야 합니다. 누군가 잘못을 저질렀을 때, 그 자리에서 금방 말해 버리면 상대를 화나게 만들고 상처만 줄 뿐 고치지 못합니다. 한편, 전혀 말하지 않고 있으면 그 사람은 영영 부패한 채로 있을 수도 있습니다. 그렇게 무관심하고 무책임해서는 안 됩니다. 하나님의 때가 되었다고 생각하면, 그 사람에게 가서 "미안하지만 형제님이 잘못했다고 생각합니다"라고 권면해야 합니다. 그러면 그때 하나님께서 친히 역사하실 것입니다. 그래서 그때까지 참으며 기다려야 하는 것입니다.

우리 맘대로 반응하다 보면 자칫 부정적인 결과를 낳을 수 있으므로 하나님께서 참으라고 할 때 조용히 그를 위해 기도하는 것이 좋습니다. 때때로 하나님께서 오늘 권면하라고 하실 수도 있으니, 언제든지 말할 수 있도록 마음의 준비를 해야 합니다. 이것은 골로새서 3장 13절의 '서로 용납한다'는 말과 비슷한 뜻입니다. 서로 용납하고 상대방의 입장을 이해하며, 상대방도 하나님의 택하심을 입은 사람이고 하나님의 사랑하는 자녀임을 깨달아야 합니다. 하나님께서 보시기에는 그 사람도 거룩한 사람입니다. 그러므로 우리는 서로 용납해야 합니다. 또 서로 용서하되, 마음에서 내켜 하지 않더라도 용서해야 합니다. 아무것도 걸릴 것이 없을 때는 용서하기 쉽지요. 그만큼 하기 힘든 용서를 하는 일이 중요합니다. 하나님께서 우리를 용서하셨기 때문에 우리도 남을 용서해야 합니다. 아주 중요한 이야기입니다. 예수님도 항상 강조하시는 말씀입니다.

예수님이 제자들에게 주기도문을 가르치셨습니다. 당시 유대 교사들은 전통적으로 자기 제자들에게 기도문을 가르쳤습니다. 예수님도 기도를 가르치시면서 한 구절에 대해서만큼은 꼭 설명해야겠다고 생각하셨습니다.

"하늘에 계신 우리 아버지……뜻이 하늘에서 이룬 것같이 땅에서도 이루어지이다 …… 오늘날 우리에게 일용할 양식을 주옵시고.”

여기까지는 누구나 이해할 수 있습니다. 그러나 한 가지 이해하기 어려운 것은 “우리가 우리에게 죄지은 자를 사하여 준 것같이 우리 죄를 사하여 주옵시고”라는 기도입니다. 그래서 예수님도 설명하지 않으면 안 되겠다고 생각하신 것 같습니다.

기도문을 다 가르치신 다음에는 항상 그 기도에 대해 설명하셨습니다. 그런데 재미있는 것은 ‘주기도문’ 노래에서는 그 구절을 빠뜨렸습니다. 단지 곡조를 맞추기 위하여 제일 중요한 구절을 생략한 것입니다. 어떤 교회에서는 주일마다 그 노래를 부르면서도 생략된 구절이 있는지조차 모릅니다. 깊이 생각하지 않습니다. 그만큼 서로 용서하는 것을 중히 여기지 않는 것입니다.

현대 교회는 “용서받을 수 있다. 예수님의 피로 말미암아 용서받을 수 있다. 용서, 용서, 용서받았다” 하면서 ‘남을 용서하라’는 말은 별로 안 합니다. 그렇지만 예수님의 가르침은 분명합니다.

“서로 용서하라. 네가 용서를 받았다고 하더라도 남을 용서하지 않으면 네가 받은 용서는 무효가 된다.”

많은 신자들이 용서는 받았지만 그 받은 용서를 잃어버리고 있습니다. 왜 그렇습니까? 남을 용서하기를 거절하기 때문입니다.

“너희들이 용서받은 것같이 서로 용서하라.”

그 다음 골로새서 3장 14절을 보면 “이 모든 것 위에 사랑의 띠를 띠라”고 합니다. 사실 옷을 다 입은 다음에 나가서 일할 때 띠가 없으면 안 됩니다. 한국 여성의 한복은 참 아름답지만, 일할 때에는 띠를 매야 합니다. 아름다운 옷이 보기는 좋지만 일을 하려면 띠가 있어야 합니다. 띠를 동여매고 있으면 보기에 아름답지 않지만 일하기에는 더없이 편합니다.

띠가 없으면 보기에는 좋아도 일은 하지 못합니다. 일하기 위해서는 사랑의 띠가 필요합니다. '띠'는 두 가지 역할이 있습니다. 입고 있는 옷을 묶어 주어서 일하기 쉽게 할 수 있고, 서로와 서로를 연결하는 역할도 합니다. 옛날에 포로들을 호송할 때 밧줄로 서로 연결해 묶지 않았습니까? 우리 신자들이 바로 포로입니다. 사랑이 예수 그리스도의 포로들을 하나로 묶어서 길을 가게 합니다. 사랑의 띠로 묶여 하나가 되면 어떻겠습니까? 감사하는 사람이 되고 평안이 우리 마음을 주관할 것입니다. 염려가 없고 복잡한 마음이 없이 하나님의 평강이 우리 마음을 다스리게 되는 것입니다.

어떻게 감사하는 사람이 될 수 있습니까? 오늘 읽은 '골로새서' 말씀에는 감사하라는 말씀이 두 번 나옵니다. 골로새서 본문 말씀 16절을 보면 그리스도의 말씀이 우리 안에 거하면 감사하는 사람이 될 수 있다고 합니다. 성경을 읽지 않고, 그리스도의 말씀을 묵상하지 않으면 그렇게 될 수 없습니다.

그리스도의 말씀은 옷감과 같습니다. 옷감 없이 옷을 만들 수 없습니다. 이 아름다운 옷을 만들기 위한 재료는 어디에 있습니까? 바로 그리스도의 말씀에 있습니다. 그래서 항상 그리스도의 말씀을 읽고, 듣고, 묵상하여 그 말씀이 계속 우리 안에 있도록 한다면 이와 같은 옷을 만들 수 있습니다. 나아가 그리스도의 말씀을 우리 안에 고이 간직할 뿐만 아니라, 모든 지혜로 서로 가르치고 권면해야 합니다.

설교를 잘 들으라는 말이 아닙니다. 현대 교회에서 설교라는 말을 많이 사용하는데 성경에는 그런 말이 없습니다. 성경에서는 '서로' 가르치고 '서로' 권면하라고 강조합니다. 모든 신자가 서로 권면하는 법이 있습니다. 그런 일은 지도자가 해야 할 책임일 뿐, 내게는 책임이 없다고 생각하는 것은 성경적이지 못합니다.

물론 성경에 교사라는 말이 나옵니다. 교사라면 특별한 교육을 받은 사람이고, 가르칠 수 있는 사람이라고 존경하고 받아들입니다. 하지만 거기서 끝나는 것이 아닙니다. 교사에 대한 말씀이 성경에 여섯 번 나옵니다. 예수님의 가르침이라는 말과 사도의 가르침이라는 말이 많이 나오지만 교사의 가르침이라는 말은 여섯 번밖에 나오지 않습니다. 그러나 '서로', '피차'라는 말은 일흔 번이나 나옵니다.

서로 가르치고 서로 권면하는 것은 피차 복종하는 분위기 속에서 가능합니다. 그냥 가르치는 것이 아니고 시와 찬미와 영적인 노래와 함께합니다. 영적인 노래가 무엇입니까? 성령의 노래, 다시 말하면 방언 노래를 하는 것입니다. 감사하는 마음으로 하나님께 노래하며, 말이나 행동이나 무엇을 하든지 주 예수의 이름으로 하되 나의 이름으로는 아무것도 하지 않습니다.

우리는 누구의 이름으로 행동합니까? 나의 이름으로 합니까, 나의 주인의 이름으로 합니까? 아니면 내 가족의 이름으로 합니까? 모든 것을 주 예수 그리스도 이름으로 해야 합니다. 그러나 이것은 그리 간단한 문제가 아닙니다. 깊이 생각해야 할 일입니다. 모든 것에서 예수님을 통해 하나님 아버지께 감사를 드리는 것이 마땅

합니다. 하나님 아버지께 감사드리는 것은 예수님을 통한 것이고, 예수님 없이는 하나님 아버지 앞에 나올 수 없습니다. 우리에게는 감사할 자격조차 없습니다. 예수님을 통해서만 하나님 아버지 앞에 나올 수 있습니다.

참으로 그리스도인들이 그렇게 살 수 있을까요? 사회에 나가서 일하지 않고 공동체생활을 한다면 쉬울 것입니다. 하지만 매일 사회에 나가서 생활하다 보면 신앙 안에서 감사하는 생활을 하기란 무척 어렵습니다. 골로새 교인들은 공동체생활을 하지 않았던 것 같습니다. 오늘 분문 말씀을 보면 공동체생활을 하는 사람이 아닌, 일반 사회에서 사는 사람에게 말하듯 합니다. 사실 대부분 교인들이 사회에서 삽니다. 공동체생활을 하는 사람은 많지 않지요. 날마다 안 믿는 사람과 사귀면서 일하고, 안 믿는 사람 밑에서 일하며, 안 믿는 사람과 관계를 맺고 살아갑니다.

그런 사람들이 오늘 말씀처럼 살 수 있을까요? 하나님께 속한 사람이라는 사실을 자주 잊을 것입니다. 하나님의 택하심을 입은 사람이라는 사실을 잊어버릴 것입니다. 인자한 마음이나 자비한 마음, 용납하는 마음을 갖기는 너무 어렵고, 화를 내기는 쉽습니다. 교인들과 사귀지 못하고 하루 종일 안 믿는 사람과 교제하다가 집에 가서야 믿는 가족과 시간을 가질 수 있습니다. 주일에 교회에서 교인들을 만나고, 평일 새벽기도회에 나가 교인을 만날 수 있을지 모르지만 하루 종일 교인들과 사귈 수는 없습니다. 여기 말씀처럼 '서로서로' 항상 교인들과 사귀면서 살기는 어렵습니다.

그러면 어떻게 일반 사회에 살면서 그와 같은 사람이 될 수 있겠습니까? 분명히 사도 바울은 그와 같이 되기를 기대하였습니다. 성령께서 마음속에 계시면 그와 같은 사람이 될 수 있습니다. 예수 그리스도의 말씀이 마음속에 거하면 우리는 그와 같은 사람이 될 수 있습니다. 그렇지만 '서로서로'라는 말씀대로 다른 신자와 사귀기 위해 기회를 만들어야 합니다. 참으로 중요한 이야기입니다.

기도할 때마다 사회에서 사는 형제자매를 위해 다음과 같이 기도해야 합니다.

"주여, 우리에게 이 공동체생활을 허락해 주셨는데, 공동체생활을 하지 않는 신자들을 불쌍히 여기셔서 힘을 주시고 참된 알곡이 될 수 있도록 도와주소서."

우리에게는 이렇게 기도할 책임이 있습니다. 성부와 성자와 성령의 이름으로 하나이다. 아멘.

예수께서 나타나실 때

성경말씀 요한일서 3:1-8; 마태복음 24:23-31

기도 주여, 찬미하올 성자께서 세상에 나타나사, 마귀의 일을 멸하시고, 우리가 주의 자녀 되어 영생의 유업을 얻게 하셨나이다. 비나니, 이 소망을 가진 우리가 성자를 본받아 정결케 되어, 성자께서 큰 영광과 권능으로 재림하실 때에 주의 영원한 나라에 들어가 주와 같이 영광을 누리게 하소서. 이는 성부와 성령과 한 하나님으로 영원히 사시고 다스리시는 성자 우리 주 예수 그리스도의 이름으로 구하옵나이다. 아멘.

아직 대림절이 되지는 않았지만 성공회 규칙에 따라 공현 후 제6주에 예수님의 재림에 대해 생각합니다. 요즈음 일부 교회들은 예수님의 재림에 관심이 없습니다. 신자들 역시 재림을 준비하지 않습니다. 그런가 하면 예수님이 여기 있다, 저기 있다 하는 데 이끌려 그 쪽으로 가는 사람들도 있습니다. 물론 대부분의 신자들은 가지 않습니다. 마태복음의 말씀을 기억하기 때문입니다.

그런데도 지금 이 세상에는 거짓 선지자, 거짓 그리스도에게 미혹당하는 사람들이 상당히 많습니다. 한국도 그렇고 미국이나 다른 여러 나라에도 거짓 선지자가 많습니다. 특별히 소련 혁명 시대에 많은 사람들은 이제 공산 시대가 와서 모든 문제를 해결하겠다고 했지만, 사실 그들은 거짓 그리스도였습니다. 사람의 마음이 변하지 않았는데 어떻게 문제를 해결할 수 있겠습니까? 하지만 많은 사람이 그것을 믿었습니다. 지금도 영적인 능력 없이 세속적인 능력만 가지면 모든 것을 할 수 있는 것처럼 이야기하는데, 교회 안에서도 그런 말을 하는 이들이 있습니다.

그러나 오늘 설교의 본문 말씀과 같이 신자에게는 소망이 있습니다. 예수님이 재림하실 때 우리는 그분을 직접 볼 것이고, 변화되어 그분과 같이 될 것입니다. 그러니 세상에 대해서는 이 땅에 천년 왕국이 이루어진다는 소망을 가지고, 우리 자신에 대해서는 예수님처럼 변화된다는 기대를 가지고 예수님처럼 살아야 합니다. 이것이 바로 우리의 소망입니다. 하지만 사도 요한은 이런 우리를 세상이 알지 못한다고 합니다. 세상 사람들은 이와 같은 일이 이루어질 리가 없다고 생각하기 때문에 이런 일이 벌어진 다음에야 너무 놀라 통곡하며 자기들이 얼마나 어리석었는지 깨달을 것이라고 합니다.

그래서 "세상이 우리를 알지 못함은 그를 알지 못함이라"(요일 3:1)고 하였습니다. 세상이 예수님을 알지 못하니까 예수께 속한 제자가 누군지도 모르고, 예수께 속한 사람들이 얼마나 중요한지도 잘 모릅니다.

사실 역사적으로 교회가 세상 사람들에게 나타내 보이려고 한 적이 몇 번 있었지만, 그때마다 큰 부끄러움을 당했습니다. 즉, 그것은 우리 방법이 아닙니다. 하나님께서 원하시는 것은 우리가 조용하게 자기 할 일을 하면서 날마다 꾸준히 사는 것입니다. 우리가 무슨 일을 하든지 세상의 영광을 바라지 않고 철저히 주의 일을 한다면, 예수님이 나타나실 때 우리도 나타날 것입니다. 그전에 나타내 보이면 우리는 부패한 모습밖에 보일 수 없습니다. 역사상 교회가 세력을 잡아서 큰 교회를 짓고 사치할 때면 그 안은 이미 부패해 있곤 했습니다. 결국 오래 못 가서 교회는 갈라지고 부끄러움을 당했습니다.

그래서 우리가 세상의 방법대로 한다면 하나님을 떠날 수밖에 없고, 하나님을 떠나면 부패할 수밖에 없습니다. 우리가 부패하면 세상이 부패한 것보다 더 나쁩니다. 이런 속담이 있습니다.

"썩은 백합화는 냄새가 더 심하다."

아름다운 것이 썩으면 다른 것보다 더 흉합니다. 교회가 썩으면 일반 세상이 썩는 것보다 더 흉합니다.

그러므로 이 소망을 가진 우리는 어떤 태도를 가져야 하겠습니까? 요한은 '소망을 가진 사람은 자기를 깨끗하게 한다'(요일 3:3)고 했습니다. 그러면 어떻게 깨끗하게 할 수 있습니까? 성령의 도우심이 있어야 합니다. 하나님의 거룩한 영이 우리 안에 계시면 우리도 거룩하고 깨끗하게 될 수 있습니다.

성령 받는 것은 외적인 것만이 아니며, 그것으로 끝이 아닙니다. 외적 성령을 받으면 능력이 나타납니다. 하지만 마음속에 성령이 계시지 않으면 깨끗함이 없습니다. 때때로 사람이 놀라운 능력이나 기적을 행했어도 예수님이 심판 때에 "나는 너를 모른다"고 하실 수 있다고 합니다. 왜 그렇습니까? 성령이 마음속에 계시지 않아서 마음이 깨끗해지지 못했기 때문입니다. 성령의 능력은 받았지만 성령의 깨끗함을 받지는 못했습니다. 그러므로 그리스도께서 오신다고 여기저기 가자고 해도 나가지 말고 자기가 있는 곳에서 뜻있는 생활, 깨끗한 생활을 하면서 주를 기다려야 합니다.

나타남에는 두 가지가 있습니다. 마지막 순간에 나팔 소리가 울리고 모든 천사와 함께 예수께서 영광스럽게 나타나십니다. 그때 세상 사람들은 울며 통곡할 것이고, 우리는 기뻐할 것입니다. 그런데 그전에도 나타남이 있습니다. 지금도 예수님이 나타나십니다. 예수님은 "두세 사람이 내 이름으로 모이면 내가 거기에 있겠다"고 하셨습니다. 이외에도 나타나신다는 말이 자주 나오는데, 우리가 깨끗한 생활을 하면서 성령의 능력으로 산다면 예수님이 우리 가운데 조용하고도 뚜렷하게 나타나실 것입니다. 그렇게 되면 강원도 광야에서 예수님을 볼 수 있다고 하더라도 여기까지 와서 예수님을 찾지 않을 것입니다. 일반 성도들이 삶을 통해 예수님을 나타내야 합니다.

두세 사람이 모이는 곳이라면 강원도 광야뿐만 아니라 어느 곳이든지 예수님이 거기 계심이 나타날 것입니다. 그러므로 우리가 모든 교회를 위하여 기도할 때마다 모든 교회가 예수님을 나타내도록 기도해야 합니다. 그래서 사람들이 그 가운데 계신 예수님을 보고 나도 믿어야겠다고 결정할 수 있도록 해야 합니다.

세계에서 교회가 가장 발전한 곳이 어딘지 아십니까? 유명한 설교자가 있는 곳이 아닙니다. 깨끗한 생활을 하는 신자들이 있는 곳에서 교회가 가장 발전했습니다. 특히 핍박이 심했던 교회에서는 유명한 설교자들은 죽었거나 도망가 버렸고, 일반 신자만이 남았습니다. 물론 핍박받기 싫어하는 신자들은 모두 도망갔지요. 그래서 남은 신자는 성령의 능력으로 깨끗한 생활을 하는 사람밖에 없었습니다. 그들은 예수님의 재림에 대한 소망만 있고 세상에 대한 소망은 전혀 없는 사람들이었습니다.

깨끗한 생활을 하면 이웃 사람들이 그 사람을 다르게 봅니다. '이것이 초자연적인 능력이구나. 예수님이라는 분이 참으로 여기에 계시는구나' 하고 믿게 되고, 그 결과 교회가 발전합니다. 바로 이런 일들을 통해 예수님이 나타나시므로 우리는 그러한 교회가 되기 위해 기도해야 합니다.

4   광야의 **시험**

구원과 상급

성경말씀 고린도전서 9:24-27; 마태복음 20:1-16

기도 주여, 주의 백성의 기도를 인자로이 들으시나이다. 비나니, 우리가 죄를 인하여 벌 받음이 당연하오나, 자비하심으로 우리를 구원하사, 주의 이름을 영화롭게 하소서. 이는 성부와 성령과 한 하나님으로 영원히 사시며 다스리시는 성자 우리 주 예수 그리스도를 통하여 구하나이다. 아멘.

고린도전서 말씀에는 달음박질 비유가 나오고, 마태복음에는 품꾼 비유가 나옵니다. 그런데 이 두 가지는 서로 반대입니다. 운동장에서 경주하는 경우에는 한 사람만 상을 받지만, 품꾼 비유에서는 다 똑같은 삯을 받았다고 했습니다. 이것은 무엇을 의미하는 것일까요?

우리는 두 가지를 생각해 볼 수 있습니다. 먼저 구원 문제의 경우, 구원은 모든 사람에게 필요합니다. 마찬가지로 모든 품꾼은 품삯을 받아야 합니다. 품삯이 없으면 생활을 이어 갈 수 없습니다. 오늘 마태복음에 나오는 이 사람들은 일부러 놀고 있는 것이 아니라 일자리가 없어서 허송 세월할 수밖에 없었습니다. 그들에게 땅이 없는 것은 불의 때문에 그렇습니다. 하나님의 원래 계획대로 했다면 각 사람에게 땅이 있어서 자기 농장에서 일했을 텐데, 불의를 당해서 자기 땅을 빼앗기고 말았습니다.

그 가난한 품꾼은 아무 잘못이 없습니다. 다만 불의를 당해서 일할 기회를 얻지 못한 것입니다. 당시에는 이런 사람들이 아주 많았습니다. 그래서 주인이 그들을 불쌍히 여겨 각 사람에게 꼭 필요한 만큼 품삯을 주었습니다. 많이 주지는 않고 하루 품삯에 해당하는 한 데나리온을 주었습니다. 그런데 나중에 온 사람의 경우는 하루 종일 기다리고 기다리다가 일할 시간이 겨우 한 시간 남았을 때에야 비로소 일자리를 찾았습니다. 하지만 한 시간 일하고 받는 품삯으로 가족의 저녁 끼니를 해결하기에는 턱없이 부족했습니다. 그런데 주인이 그날 종일 일한 것과 같은 품삯을 주었습니다.

이 비유는 모든 인간이 죄인으로서 모두 죄사함을 받아야 한다고 말하고 있습니다. 죄사함을 받기만 하면 영생을 얻을 수 있습니다. 모든 사람이 마귀에게 영생을 빼앗겼지만 예수님을 통하여 영생을 얻을 수 있습니다.

품꾼 비유는 구원에 대한 비유입니다. 누구든지 죽기 직전이라도 하나님 앞에 나와서 회개하면 구원을 얻을 수 있습니다. 일생 동안 죄를 많이 지었더라도 마지막 순간에 하나님 앞에 나와 회개하면 구원을 얻을 수 있습니다. 하지만 예수 시대에 바리새인들과 서기관들은 생각이 좀 달랐습니다.

"우리가 열심히 공부하고 일해서 일생 동안 주의 법을 지키기 위해 노력했는데 이제 막 회개한 사람들과 똑같이 대우를 받을 수 있느냐?"

그러나 구원받는 것에는 차이가 없습니다. 누구든지 자기가 죄인임을 알고 하나님만 의지하며, 회개하는 마음으로 나아오면 다 똑같이 구원을 얻을 수 있습니다. 구원을 얻으면 그리스도인이 됩니다. 그리스도인이 되면 할 일이 있습니다.

"예수께서 또 가라사대 너희에게 평강이 있을지어다 아버지께서 나를 보내신 것같이 나도 너희를 보내노라"(요 20:21)

구원을 얻자마자 곧 보냄을 받습니다. 보냄을 받는 것과 구원받는 것은 다른 문제입니다. 보냄을 받으면 노력해야 합니다. 하지만 구원은 우리가 노력한다고 해서 받을 수 있는 것이 아닙니다. 자격이 전혀 없어도 하나님께서 거저 주십니다. 아무 자격이 없어도 구원이 필요하다고 인정받으면 구원을 얻을 수 있습니다.

구원을 받은 다음에는 보냄을 받아서 일할 수 있어야 합니다. 열심히 달음박질쳐 경주해야 합니다. 모두 똑같은 상을 받는 것이 아닙니다. 상을 받는 사람은 한 사람밖에 없습니다. 제일 잘하는 사람이 상을 받는 법이지요. 그래서 우리가 구원 얻은 후에 신자로서 각각 할 일이 있고, 경주해야 할 일이 있습니다. 우리는 잘할 수도 있고, 실패할 수도 있습니다.

같은 고린도전서의 다른 구절을 보면 어떤 사람들은 상을 받지 못하고 화재에서 도망 나온 사람같이 빈 몸으로 천국에 들어가는 사람이 있을 것이라고 말씀합니다. 아무 공덕 없이 환난이 닥칠 때 다 불타 버리고 빈 몸이 되는 것이지요. 그런데 금이나 은은 오래가고 불에도 타지 않습니다. 반면 짚으로 지었다면 불이 날 때 아무것도 남지 않습니다. 그래서 빈 몸으로 들어갈 수밖에 없습니다.

따라서 주를 위해 일할 때 그 일의 품질을 생각해야 합니다. 어떻게 일하는지, 보냄을 받았는데 빨리 달리는지 천천히 달리는지, 열심히 나아가고 있는지 혹은 우물쭈물하고 있는지 생각해야 합니다. 보냄을 받았더라도 일하는 태도는 각 사람마다 많이 다릅니다. 어떤 사람은 상당히 열심히 일하고 달음박질도 잘합니다. 그러나 어떤 사람들은 '흥, 구원이란 거저 주어지는 것인데 뭐. 하나님께서 다 똑같이 대하시니까 나는 놀아도 돼' 하며 노력하지 않습니다. 그런 사람들은 때가 오면 상 받을 것이 없습니다. 구원은 받지만 빈손으로 천국에 들어갈 것입니다. 몇몇은 어쩌면 어린아이와 같이 벗은 몸으로 들어갈 수도 있습니다. 특히 마지막 순간에 회개한 사람들이 그렇습니다.

콘스탄티누스 황제가 참으로 회개했는지 안 했는지 알 수 없지만, 그는 일부러 죽기 직전까지 기다렸다고 합니다. 그전에 할 일이 많다는 겁니다. 그래서 좋지 않은 일을 많이 한 뒤 죽기 직전에야 회개한다며 세례를 받았습니다. 하나님께서 그를 용납하셨는지는 알 수 없습니다. 그러나 용납받았다면 어린아이처럼 벗은 몸으로 천국에 들어갔을 것입니다. 너무 어려서 부끄러움조차 느끼지 못할 것입니다. 그러나 우리는 어린아이가 아닙니다. 우리는 장성

한 사람으로서 달음박질하며 경주하는 사람들입니다. 사도 바울은 "상을 얻기 위하여 열심히 일하라"고 권면합니다.

한편 바울은 남을 많이 전도하고도 자기 자신은 자격이 없을까 봐 걱정하였습니다. 어떤 사람이 올림픽 경기에서 우승했는데, 나중에 보니 무슨 약을 먹어서 자격을 박탈당했답니다. 그는 금메달도 빼앗기고, 칭찬은커녕 숱한 비난을 받았습니다. 부정을 저질렀기 때문에 자격을 인정받지 못하는 것입니다.

사도 바울의 말 가운데 버림받음을 당한다는 이야기는 바로 이러한 의미에서 나온 것입니다. 부정을 저질렀기 때문에 비록 경주에서는 이겼지만 인정받지 못합니다. 상을 받지 못합니다. 올바른 코스로 가야 상을 받을 수 있습니다. 우리 역시 그래야 하나님께 상을 받을 수 있습니다. 즉, 상을 받기 위해서는 주의 일을 올바르게 해야 합니다.

바울은 일생 동안 남에게 복음을 증거하고, 그의 노력을 통하여 많은 사람이 상을 받고 구원을 얻는다 할지라도 자기 자신이 잘못되면 하나님께 상을 받지 못할 수도 있다는 사실을 알았습니다. 그래서 항상 조심했습니다. 그는 겸손했습니다. 겸손은 언제든지 끝까지 조심한다는 뜻이지요. 내가 잘못하여 상을 얻지 못할까 봐 걱정하는 것입니다. 남에게 복음은 잘 증거했지만 그들이 자기보다 먼저 들어가고, 자기는 맨 나중에 부끄러운 모습으로 들어가게 될까 봐 걱정합니다. 정말 그럴 수 있습니다. 복음서의 비유와도 관계있는 이야기입니다.

먼저 온 사람이 하루 종일 땀 흘려 일하지 않았습니까? 그러나 한 시간밖에 일하지 않은 사람과 똑같은 삯을 받았습니다. 바울도 자기가 일생 동안 노력했다 할지라도 상은 받지 못하고 단지 삯만 받게 될까 봐 걱정했습니다. 사실 구원이란 삯이 아니라 거저 주는 것입니다. 그 주인이 품삯을 주기로 약속했는데, 노력 여하에 상관 없이 모두 정한 삯을 받았습니다. 그래서 법적으로 보면 그것은 삯이지만 실제로는 삯이 아니었습니다.

만약에 오직 상을 위하여 일한다면 너무 이기적인 태도가 아닙니까? 나의 영광만을 위하여 일할 경우 상이 있을까요? 그래서 우리는 주를 위하여, 주의 영광만을 위하여 달음박질해야 하는 것입니다. 올림픽 게임에서 선수가 달음박질할 때 자기 나라를 위하여 최선을 다합니다. 한국 메달이 몇 개냐, 미국 메달이 몇 개냐, 개인은 중요하지 않습니다. 오로지 나라의 영광을 위하여 달음박질하는 것입니다.

우리 역시 노력을 하되 자신의 영광을 위하여 그렇게 해서는 안 됩니다. 하나님의 영광을 생각해야 합니다. 하나님의 영광을 잊어버리면 상을 받지 못합니다. 그러나 하나님의 영광을 위하여 일하면 훗날에 개인도 상을 받을 것입니다.

오늘 이 두 가지 비유 말씀은 얼른 보기에 서로 모순된 것처럼 보이지만, 엄밀히 보면 그렇지 않습니다. 우리는 자신이 어떤 상을 받을지 알 수 없습니다. 다만 주의 영광을 위하여 최선을 다해 노력할 뿐입니다.

만약 자신의 영광을 위하여 일했다고 깨닫는다면 매순간 회개해야 합니다. 나의 영광을 위하여 일했다면 자신의 잘못을 인정하고 자격이 없음을 고백해야 합니다. 다시 한 번 마음을 고쳐서 주의 영광만을 위해 성령의 능력에 힘입어 달음박질할 수 있는 사람이 되게 해 달라고 기도해야 합니다. 그것이 우리의 기도 제목이 되어야 합니다. 성부와 성자와 성령의 이름으로 하나이다. 아멘.

고난을 통해 일군 옥토

성경말씀 고린도후서 11:19-31; 누가복음 8:4-15

기도 지극히 높으신 하나님, 우리가 자기 행위를 의탁치 못함을 아시나이다. 구하오니, 우리를 불쌍히 여기시고, 크신 능력으로 보호하사 모든 환난을 면케 하소서. 성부와 성령과 한 하나님으로 영원히 사시고, 다스리시는 성자 우리 주 예수 그리스도를 통하여 기도하나이다. 아멘.

먼저 땅에 대한 비유를 생각해 봅시다. 딱딱한 땅에 떨어진 씨앗은 흙 속에 묻히지 못합니다. 어떤 사람들도 마음이 너무 딱딱하여 아무것도 받지 못합니다. 어떤 사람이 너무 많은 어려움을 겪으면서 밟힘을 당해 딱딱해지는 경우가 여기에 속하는데, 세상에는 이런 사람들이 많습니다. 이와는 반대로 고생을 많이 겪었는데도 부드럽게 된 좋은 땅이 있습니다. 고생에도 종류가 있습니다. 밟혀서 당하는 고생이 있는가 하면, 호미나 다른 농기구가 이리저리 손질하는 고생도 있습니다. 어떤 고생을 겪느냐에 따라 어떤 사람은 딱딱하게 되고 어떤 사람은 부드럽게 됩니다.

두 번째는 흙이 너무 얕아서 뿌리를 박을 수 없는 경우입니다. 우리 가운데도 마음 밭이 너무 얕아서 아무것도 깊이 받아들이지 않는 사람이 있습니다. 왜 그렇게 되었는지는 모르지만 그런 사람들이 꼭 있습니다.

또 가시떨기에 떨어져 기운이 막힘으로 열매 맺지 못하는 경우가 있는데, 현대 교회에 해당하는 말씀인 것 같습니다. 이 가시의 의미는 세상의 염려와 부와 안락 때문에 하나님의 말씀을 따르지 않는 것입니다. 요즘 사람들은 다들 부자가 되고 싶어 합니다. 이 것저것 하느라 바빠서 하나님의 일을 하지 못합니다. 이것도 일종의 가시입니다. 사람이 보기에 부(富)는 가시가 아닙니다. 부유한 것은 좋지요. 안락하고 편한데 어떻게 가시라고 볼 수 있겠습니까? 그러나 하나님 보시기에는 편하게 사는 것이 가시입니다. 그런 사람의 생활은 빈틈이 없습니다. 세상 일로, 돈 관계로, 재미있는 삶으로 꽉 차 있기 때문에 하나님의 말씀을 들으려는 노력이 없고, 하나님의 말씀을 담으려는 자리가 없습니다. 듣긴 들어도 딴 생각을 하느라 바빠서 하나님의 말씀을 전혀 발전시키지 못합니다.

좋은 땅은 고생을 겪은 땅입니다. 고생하는 동안 잡초도 다 사라져 곡식이 잘 자리잡습니다. 그 결과 양분을 혼자 다 취할 수 있습니다. 딱딱하게 되지 않도록 농기구로 깨뜨리고 부드럽게 만들기 위해 고생을 겪기는 하지만, 그 과정을 거치면서 준비를 하는 것입니다. 그러한 땅에 하나님의 말씀이 들어가면 뿌리가 깊이 박히고 좋은 열매를 맺습니다.

그 고생은 어떤 고생입니까? 많은 사람들이 예수원은 강원도 산 속 깊숙이 들어가 있어서 고생이 많겠다고들 합니다. 그러나 바울의 고생과 비교한다면 강원도의 겨울 추위를 견뎌 내는 일은 아무 것도 아닙니다. 바울은 얼어붙을 것같이 추운 데서 지내기도 하고, 헐벗은 때도 많았고, 물에 빠진 때도 있었습니다. 먹지 못할 때나 잠을 자지 못할 때, 수고가 지나쳐서 쓰러질 만큼 피곤할 때도 많았습니다. 뿐만 아니라 거짓 형제에게 배반당하기도 하고, 강도의 위험이나 길의 위험, 자기 동족인 유대인의 위험 등이 도시나 농촌, 어디에나 있었습니다. 또 유대인들에게 마흔에서 하나 감한 매를 (39번 때리는 형벌) 다섯 번이나 맞았는데, 여기에는 특별한 뜻이 담겨 있습니다. 스스로 유대인이 아니라고 한 번만 부인하면 매를 안 맞을 수 있었습니다. 하지만 바울은 유대인임을 인정했고 매를 고스란히 다 맞아 냈습니다. 나는 그리스도인이기 때문에 유대인이 아니라고 한마디만 했어도 맞지 않았을 것입니다. 이방인들에게 전도하는 사명을 받았지만 그래도 자기는 유대인이기 때문에 그들에게 나아갔고, 가서는 매 맞고, 또 가서 매 맞기를 계속 반복했습니다. 매를 맞으면서도 계속해서 다섯 번이나 갔습니다. 그만큼 유대인들을 사랑했습니다. 우리도 이와 같이 할 수 있어야 합니다. 이방인을 위한 사랑뿐만 아니라, 동족인 유대인을 사랑하는 바울의 마음을 배워야 합니다.

그러나 이 모든 고생이 뜻밖의 것은 아닙니다. 바울은 예수님을 믿기 전까지 그리스도인들을 무척 괴롭혔습니다. 그래서 회개하고 아나니아가 집에 찾아왔을 때, 예수님은 "그가 나를 위해 얼마큼 고생을 당할 것인지 보여 주겠다"고 말씀하셨습니다. 그렇게 바울은 성령을 받자마자 남은 생애 동안 고생스러운 생활을 해야 하는 줄 진작 알았습니다. 바울이 당한 고생을 보면 그가 교인들에게 끼친 고생은 아무것도 아닙니다. 그것을 갚는다고 생각하면 아주 여러 번 갚은 셈입니다. 하지만 바울은 그리스도를 위하여 남은 생애를 기꺼이 고난을 당하며 지냈습니다.

요즈음 교인들은 고난이라는 말을 이해하지 못합니다. 고난은 정상적인 것입니다. 예수님을 위하여 고난당하지 않는다면 그리스도인이 아닙니다. 예수님의 제자가 아닌 것입니다. 현대 그리스도인들은 예수 믿으면 복받는다고만 생각하고, 부자가 되기를 고대하며 자가용이 생기기만 바랍니다. 성경 어디에 그런 말이 있습니까? 오히려 성경말씀은 가난한 사람이 복되며 주를 위해 모든 것을 버려야 한다고 가르칩니다.

사도 바울에게는 이 모든 몸의 고생 외에도 또 한 가지 영적 어려움이 있었습니다. 그는 날마다 모든 교회를 염려했습니다. 누가 약하다면 자기가 약한 것이고, 누가 실족하면 자기가 실족하는 것이라고 생각해서 화를 냈습니다. 바울은 교인들을 대단히 사랑해서 누가 교인들을 실족하게 하여 죄에 빠뜨리면 크게 화를 냈습니다. 이처럼 일생 동안 교회를 위하여 무거운 짐을 졌습니다. 바울은 자기를 위해 사는 사람이 아니었습니다. 또 복음 전하는 것만 생각하지 않고 복음을 전한 다한 다음에는 복음을 들었던 사람들이 어떻게 되었는지 염려하였습니다. 똑같이 염려해도 자기를 위해 염려하는 사람은 여러 가지 이상한 병이 생기고 문제가 발생합니다. 바울은 오직 교회만 염려했습니다. 우리도 그 마음을 닮아야 합니다.

우리에게 이처럼 남을 위해 염려하는 마음이 있습니까? 누군가를 진심으로 염려하고 있습니까? 대부분의 사람들은 자기를 염려합니다. 사도 바울과 같은 사람이야말로 진정으로 교회를 염려하는 분입니다.

우리 예수원의 사명은 교회들을 위하여 기도하는 것입니다. 기도하는 사명을 받은 우리가 교회를 진심으로 염려하지 않는다면 어떻게 기도할 수 있겠습니까? 따라서 우리에게는 교회를 위하여 염려하는 사명이 있음을 알아야 합니다. 교회가 부패하면 걱정해야 하고, 교회가 잘못하면 우리 자신이 미안해해야 합니다. 교회가 죄에 빠지면 우리도 죄에 빠진 줄 알고 회개해야 하며, 교회가 강퍅해져서 회개하지 않으면 우리가 대신 회개해야 합니다. 교회에 가시가 많아서 하나님의 말씀이 살아 있지 못하고 부와 안락만 찾는다면, 어떻게 그 가시를 없앨까 생각하고 기도 제목으로 삼아야 합니다. 교인들의 마음 밭이 기경(起耕)되기를 원치 않고 딱딱하게 굳어지려고 한다면 말려야 합니다. "아닙니다. 우리 함께 밭을 기경할 수 있도록 방법을 마련해 봅시다. 어떻게 호미를 써 볼 수는 없을까요? 아니면 다른 방법은 없을까요?"라고 권면해야 합니다.

세계 역사상 20세기 교회가 가장 부패하였습니다. 제일 피를 많이 흘린 교회요, 피 묻은 손을 가진 교회입니다. 3일 간격으로 굶주려 죽는 사람이 원자폭탄 하나가 터졌을 때 죽는 사람의 숫자만큼 많은데도 교회는 관심이 없습니다. 그 사람들이 그렇게 굶어 죽는 이유는 교인들이 그들의 땅을 빼앗았기 때문입니다. 하나님은 그 사람들의 피를 교회에게서 찾으려고 하실 것입니다. 그런데 교회는 그런 것에 무관심합니다. 어떤 땅처럼 아주 딱딱해져 버려서 씨가 들어가지 못합니다. 가시가 가득 차서 하나님의 말씀을 믿지 못하게 합니다.

바울처럼 교회를 위해서라면 기꺼이 고생하겠다는 마음으로 염려할 줄 알아야 합니다. 열심히 기도하고 하나님께서 우리를 어떻게 쓰실지 항상 생각해서 교회가 완전히 망하기 전에 다만 몇 사람이라도 회개할 수 있도록 인도하기 위해 염려해야 합니다.

바울은 정신을 다하고 마음을 다하고 힘을 다하여 교회를 위해 기도했습니다. 하나님은 우리에게도 그러한 사명을 주셔서 쓰실 것입니다. 그러자면 그 사명을 감당하기 위해 성령께 올바른 정신과 올바른 마음을 허락해 주십사 하는 기도를 첫째 기도 제목으로 삼아야 합니다.

이처럼 우리는 하나님께서 보시는 것을 보고, 하나님께서 요청하시는 하나님의 기도 제목을 가지고 함께 기도하는 동역자가 되도록 성령을 받아야 하겠습니다.

자기 목숨을 버리는 사랑

성경말씀 고린도전서 13:1-13; 누가복음 18:31-43

기도 하나님이여, 우리를 교훈하사, 범사에 애덕이 없으면 무익하다 하셨나이다. 애덕이 없는 자는 비록 사나, 죽은 자와 같사오니, 빌건대 성령을 내리사 지극히 보배롭고 평안과 만덕의 근원이 되는 애덕을 우리 마음에 채워 주소서. 이는 성부와 성령과 한 하나님으로 영원히 사시고 다스리시는 성자 우리 주 예수 그리스도를 인하여 기도하나이다. 아멘.

오순주일은 사순대재 직전 주일로 이때는 특별히 사랑에 대해 생각합니다. 사순대재는 한국 명절 설날과 시기가 비슷합니다. 부활절과 이를 중심으로 계산하는 사순대재, 그리고 칠순주일부터 대림 제1주까지의 교회력은 음력을 따르기 때문에 한국의 음력과 관계가 깊습니다(특별한 경우 교회 계산법과 일반적인 날짜 계산법이 틀려서 한 달 정도 부활절이 늦어지는 경우도 있습니다).

이제 오순주일의 주제인 사랑에 대해서 생각해 보겠습니다. 오순주일에 해당하는 말씀 누가복음 18장을 보면 오순주일과 직접적인 관련이 없는 이야기가 나오는데, 바로 소경이 고침 받는 이야기입니다. 그 소경은 예수님을 볼 수 없었기 때문에 단지 누가 오는지, 무슨 소리인지 사람들에게 물어보고 나서야 나사렛 예수가 오고 계심을 알았습니다. 그는 이미 예수님에 대한 말을 들었던 터라 그분의 능력을 알고 있었습니다. 많은 병자를 고치셨다는 말을 듣고는, 예수님이야말로 하나님께서 보내 주신 이 나라의 구원자요, 다윗의 자손 메시아라고 생각했습니다. 그래서 "예수님, 주여!"라고 하지 않고 "다윗의 자손 예수여, 나를 불쌍히 여기소서"라고 말했던 것입니다.

이것은 신앙고백이나 다름없습니다. 예수님을 하나님께서 보내 주신 이스라엘의 왕으로 인정했으니까요. 그렇기 때문에 그 말을 하려면 위험을 감수해야 했습니다. 왜냐하면 바리새인들이나 서기관들은 예수는 결코 그리스도가 아니라고 주장했으므로, 그 말은 곧 자기 나라 교회 지도자들의 생각을 거부하고 반대하는 소리였기 때문입니다. 하지만 소경은 모든 것을 확실히 알고 믿었기 때문에 예수님은 "너의 믿음이 너를 구원했다"고 하셨습니다.

믿음으로 구원을 얻었다는 말은, 성령으로 혹은 예수님을 통해 고침을 받았다는 의미입니다. 그런데 여기에서 예수님은 너의 믿음으로 네가 고침을 받았다고 하셨습니다. 하나님은 동일하게 믿음을 주십니다. 그런데 어떤 사람은 그것을 받아들일 준비가 되어 있고, 어떤 사람은 완악하여 받아들이지 않습니다.

또 '구원'이라는 말도 재미있습니다. 흔히 교회에서는 '구원'이라는 말을 천국에 가는 것으로 가르칩니다. 그러나 여기에서 보면 '문제 해결을 받는다'는 뜻입니다. 문제 해결이라는 것은 구원의 근본적인 뜻으로 '너의 문제가 해결되었다'는 말입니다.

그런데 고린도전서 13장을 보면 이런 것이 다 있어도 사랑이 없으면 쓸데없다고 말합니다. 어떤 사람들은 하나님께 능력을 받아서 이와 같은 기적을 행하기도 하지만, 살펴보면 사랑이 없기 때문에 쓸모없이 되고 맙니다.

성공회 선교사들은 깊이 생각한 끝에 오해하기 쉬운 사랑이라는 말 대신 애덕이라는 말을 쓰기로 결정했습니다. 그래서 기도문을 보면 애덕으로 나옵니다. 하나님의 사랑과 사람의 사랑에는 차이가 있습니다. 사람들이 흔히 사랑이라고 말하는 것은 헬라어의 '필레오'*로 '좋아한다'는 뜻입니다. 하나님의 사랑을 나타내는 '아가페'**와는 엄청나게 다릅니다. 자기의 감정과 관계없이 하나님의 뜻을 이루기로 결정하는 것이 아가페(애덕, 愛德)이며, 친구를 사랑하는 것, 심지어는 원수라도 하나님의 뜻을 이루기 위하여 사랑하는 것이 아가페입니다. 요한복음 15장 12-14절에서 예수님은 말씀하셨습니다.

---

* φιλέο(필레오): 친구가 되다(개인이나 물질을 좋아하는), '애정을 가지다'(감정이나 느낌이라는 문제와 같은 개인의 애착을 표시한다)라는 뜻의 필레오는 '가슴'이 주가 되며, 아가페는 '머리'가 주가 된다.

** ἀγάπε(아가페): 존경과 예절 같은 문제에서 다루는 판단과 사려 깊은 동의를 더 폭넓게 포함하는 '사랑'.

"내 계명은 곧 내가 너희를 사랑한 것같이 너희도 서로 사랑하라 하는 이것이니라 사람이 친구를 위하여 자기 목숨을 버리면 이에서 더 큰 사랑이 없나니 너희가 나의 명하는 대로 행하면 곧 나의 친구라."

친구를 위하여 목숨을 버린다는 내용을 제자들은 이해하지 못하였습니다. 예수님은 다윗의 자손으로서 왕이 될 것인데 왜 죽는다고 하는지 도무지 이해할 수 없었습니다. 왜 로마인들에게 잡히고, 맞고, 희롱당하고 결국 죽임을 당해야 하는지 제자들은 이해할 수 없었고, 그럴 수 없다고 생각했습니다. 이 일의 참된 의미가 제자들에게는 감추어졌습니다. 그렇지만 예수님은 그것까지도 모두 이해하셨습니다. 그래서 사랑은 친구를 위해 자기 목숨을 버리는 것이라는 사실을 보여 주셨습니다. 이보다 더 큰 사랑은 없습니다.

사실 일반 신자들이 생활 속에서 친구를 위하여 목숨을 버리는 일은 거의 없습니다. 만일 전쟁 중이나 박해 시대에 살고 있다면 예수님을 믿는 것 때문에 죽임을 당할 수 있겠지만, 지금은 예수님을 믿는 것이 문제가 되지 않습니다. 누구든지 예수님을 믿을 수 있고, 자기가 믿고 있다는 것을 자유롭게 알릴 수도 있습니다. 따라서 목숨을 버릴 일이 없지만 하나님은 우리가 자원하여 목숨을 버리는 사람처럼 살라고 요구하십니다.

이 말은 무슨 뜻입니까? 알고 보면 순교자가 되는 것은 그리 어려운 일이 아닙니다. 한순간 고통당하다가 죽으면 끝납니다. 죽자마자 하나님 앞에 서는 희망을 가질 수도 있습니다. 그러나 순교자적인 삶을 사는 것은 다릅니다. 일생 동안 고생하고 억울한 일을 당하고 재미없는 생활을 해야 합니다. 그것도 직접 예수님을 위한 것도 아닙니다. 친구를 위해 그렇게 해야 하는 것입니다.

어떻게 친구를 위해 나의 목숨을 버릴 수 있습니까? 나의 편함, 내 시간, 잘 먹고 싶은 마음, 재미있는 일을 하고 싶은 마음, 유명해지고 싶은 마음, 부드러운 침대에서 자고 싶은 마음, 따뜻한 방에서 지내고 싶은 마음, 일은 조금 하고 쉬고 싶은 마음 등 이런 마음들은 본래 사람의 몸이 원하는 마음, 즉 목숨이라는 것입니다. 바로 이런 것들을 버리고 피곤할 때까지 일하고, 추운 데서도 일하고, 충분히 먹지 못한 채라도 주를 위하여 또 친구를 위하여 일하고, 나보다 오히려 친구를 생각해 주고, 내 일을 다한 뒤에 친구를 위한 일도 해 주며, 쓰러질 정도로 지치게 일해도 영광이라고 생각하고, 일하기가 싫을 때에도 부지런히 일하는 것이 친구를 위하는 것이고 목숨을 버리는 것입니다. 그러므로 순간순간 우리에게는 목숨을 버릴 기회가 있습니다. 그리고 사랑이 있으면 그렇게 할 수 있습니다.

친구를 위해 목숨을 버린다는 것은 또 누구를 위한 것입니까? 예수님을 위한 것입니까? 요한일서 4장 20절에 다음과 같은 말씀이 있습니다.

"누구든지 하나님을 사랑하노라 하고 그 형제를 미워하면 이는 거짓말하는 자니 보는 바 그 형제를 사랑치 아니하는 자가 보지 못하는 바 하나님을 사랑할 수가 없느니라."

친구를 위해 목숨을 버리는 것은 예수님을 위한 것입니다. 예수님을 위한 것이라면 지치도록 일할 수 있고, 추위도 견딜 수 있고,

좋지 않은 음식도 먹을 수 있으며, 오해를 받아도 참을 수 있습니다. 그렇다면 박 아무개를 위해 또 김 아무개를 위해서도 그렇게 할 수는 없습니까? 만약에 그것과는 다른 문제라고 생각한다면, 진정으로 예수님을 위해 하는 것이 아닙니다. 거짓말을 하는 것이지요. 내 옆에 있는 형제자매를 위해 최선을 다하지 못한다면, 그들을 죽기까지 열심히 사랑하지 못한다면, 그들을 위해 떨어진 옷을 입지 못하고 내 목숨을 대신 줄 마음이 없다면 주를 위해서 그렇게 하겠다는 말은 거짓입니다.

공동체생활이 바로 그것입니다. 한 집 안에 여러 사람이 사는 것은 자기 목숨을 버리는 연습을 하기에 아주 좋은 기회입니다. 내 가족만 있으면 서로 친숙하기 때문에 사랑하기가 쉽습니다. 물론 그래도 마냥 쉽지만은 않은 것이 사실입니다. 어떤 사람들은 가정 문제로 제게 와서 종종 상담을 원합니다.

"신부님, 어떻게 하면 좋아요? 우리 가족 간에 사랑 없이 미움만 가득 차서 가정에 평화가 없습니다. 문제가 복잡해요."

조그만 가정 안에서도 서로 사랑하기가 쉽지 않은데, 80명이나 되는 가족들이 서로서로 사랑한다는 것은 얼마나 더 어렵겠습니까? 그렇지만 성령이 계시기에 할 수 있습니다. 기도문에 보면 "우리를 교훈하는 것은 범사에 애덕이 없으면 무익하다 하시니 애덕이 없는 자는 비록 사나 죽은 자와 같사오니 기도하는 것은 성령을 내리사 지극히 보배롭고 평안과 만덕의 큰 은혜가 되는 애덕을 우리 마음에 채우소서"라고 되어 있습니다.

성령을 내리시면 마음을 애덕으로 채울 수 있습니다. 그러므로 형제를 위하여 불편을 참지 못하고, 쉬고 싶고, 편하게 살고 싶을 때, 이 고생은 예수님을 위한 고생이고, 친구를 위한 고생이며, 옆에 있는 형제를 위한 고생이라고 생각하고 이렇게 기도해야 합니다.

"주여, 성령을 보내 주셔서 내 마음에 애덕을 채우시고 이 형제를 위하여 고생할 수 있는 사람이 되게 해 주소서."

예수님은 그러한 기도를 듣고, 또 응답하시고자 합니다.

어떤 사람이 사랑을 위하여 기도하면, 하나님은 연습할 기회를 먼저 주십니다. 함께 살기가 아주 힘든 사람을 보내 주시는 것이지요. 그래서 그 사람을 사랑하기가 너무 힘이 들어 "주여, 왜 이런 사람을 보내십니까?"라고 기도하면, "네가 사랑을 배우고 싶어 하니 연습해야지"라고 대답하실 것입니다.

사랑하기 쉬운 사람과는 사랑을 연습할 필요가 없습니다. 사랑하기 어려운 사람이어야 사랑을 연습할 수 있습니다. 공동체생활이 바로 이것입니다. 사랑을 연습하는 것이지요. 참으로 자기 목숨을 주를 위해 버릴 수 있습니까? 살면서 목숨을 버리겠다는 정신을 가질 수 있습니까? 살아 있는 순교자가 될 수 있습니까? 주를 위하여 순교자가 되기는 쉽습니다. 그러나 김 아무개, 최 아무개를 위해 순교자가 될 수 있겠습니까? 바로 옆에 있는 형제자매를 위해 순교자가 될 수 없다면 순교자 정신이 있다고 할 수 없습니다. 순교자 정신이 없으면 사랑도 없습니다. 그러면 다른 모든 일도 무익한 것이 되고 맙니다.

예수님이 제자들에게 설명하셨지만 제자들이 전혀 이해하지 못했던 것처럼, 지금 우리 신자들도 이 말을 듣기는 하지만 어쩌면 모두 깨닫지는 못할 수도 있습니다. 참으로 주님을 기쁘시게 할 마음이 있다면 주님이 참된 깨달음과 함께 실행할 수 있는 힘도 주실 것입니다. 성령을 보내서서 사랑의 마음으로 채워 달라고 기도하십시오. 하나님께서 기쁘게 응답하실 것입니다. 참으로 원한다면 주시지만, 대충 맛보고 나서 싫다고 한다면 더 이상 허락하지 않으실지도 모르겠습니다. 그러므로 우리는 선택해야 합니다. 주의 뜻대로 살겠습니까, 아니면 개인의 뜻대로 살겠습니까? 주의 뜻대로 살기로 결정하였다면 사랑을 구하고, 또 사랑을 받아서 자기 목숨을 형제를 위해 버릴 각오를 해야 합니다.

교회가 회개해야 할 죄

성경말씀 요엘 2:12-17; 마태복음 6:16-21

기도 전능하시고 영생하신 하나님, 모든 지으신 것을 사랑하시고, 모든 통회하는 자의 죄를 용서하시나이다. 비오니, 우리 마음을 소생하고 통회하게 하사, 우리 죄를 진실히 애통하고 자복하여, 자비하신 하나님의 온전히 사유하심을 입게 하소서. 이는 성부와 성령과 함께 지금과 영원히 사시며 다스리시는 한 하나님 성자 우리 주 예수 그리스도를 통하여 기도하나이다. 아멘.

사순대재는 회개하는 기간입니다. 옛날부터 교회에서는 부활절을 기다리는 40일 동안 회개하는 마음으로 준비하는 전통이 있었습니다. 또한 재의 수요일, 즉 사순대재가 시작되는 첫째 날은 이마에 재를 바르는 의식을 행하는데, 이것을 통하여 모든 신자가 회개의 의미를 다시 한 번 깊이 숙고합니다.

회개의 제목은 크게 둘로 나눌 수 있습니다. 하나는 개인적인 것으로서, 하나님의 뜻을 어기고 나의 의무를 게을리 하지 않았는지 돌아봅니다. 또 하나는 남의 마음을 상하게 하고 내 이웃을 사랑하지 못한 것을 돌아봅니다. 보통 우리는 주일마다 이것을 생각하고 회개합니다. 성찬식에 참여할 때는 그러한 죄가 있는지 자신을 살펴보고 고백한 뒤 서로 평화의 인사를 나눕니다.

그러나 성경에서는 교회의 죄를 따로 거론하고 있습니다. 구약 시대에는 이스라엘 민족이 곧 하나님의 교회였습니다. 나라이면서 동시에 교회였습니다. 그래서 '하나님의 아내'라는 비유도 많이 나옵니다. 구약 시대에도 교회를 그리스도의 신부라고 표현하는데, 그리스도에게는 한 신부밖에 없기 때문에 신부, 즉 교회가 어떤 죄를 지으면 교회 전체가 더러워지는 것입니다. 따라서 우리가 교인이라는 말을 사용한다면, 우리 또한 교회의 죄로 더럽혀진 사람임을 인정하고 회개해야 합니다.

교회사를 보면 다른 교파는 다 죄가 있지만 우리 교파는 죄가 없다고 주장하는 경우가 있습니다. 그러나 그 말은 왼손은 죄가 없는데 오른손에만 죄가 있고, 왼쪽 귀는 죄가 없는데 오른쪽 귀만 죄가 있다는 말과 같습니다. 그런 일은 있을 수 없습니다. 그러나 현대 교회의 사상이 바로 이러한 어리석은 사상으로 가득 차 있습니다.

예레미야애가를 보면, 선지자 예레미야가 다른 사람의 죄를 비난하지 않고, 이 나라가 죄를 지었다는 표현도 하지 않고, 단지 '내가 죄를 지었다'라며 애통해합니다. 하지만 우리도 알다시피 예레미야가 개인적으로 무슨 죄를 지었습니까? 그는 50년 동안 회개하라

외치고, 잘못된 일을 경고하는 등 모범적으로만 생활했습니다. 그러나 공동체의 한 지체로서 자기가 속한 공동체가 죄를 지으면 자기도 더럽혀진 줄 알고, 자기 죄임을 통감하고, '내가 죄를 지었나이다!'라고 애통해하며 눈물로 회개한 것입니다.

예수님도 예루살렘을 보고 그런 심정으로 우셨습니다. 당시 예루살렘은 죄가 너무 많아서 멸망당할 수밖에 없었습니다. 하지만 예수님은 멸망당하는 것이 당연하다고 냉소하시거나, 깨끗한 사람은 구원받겠지 하며 방관하지 않으셨습니다. 그 백성을 위해 눈물 흘리며 애통해하셨습니다.

그럼 우리는 교회를 위하여 진정으로 울 수 있습니까? 한 교회에 속한 같은 지체로서 "우리 교회가 죄를 지었으니 나도 죄인입니다"라고 고백할 수 있습니까?

교회가 저지르는 여러 가지 죄 가운데 하나는 다름 아닌 개인주의입니다. 개인주의가 너무 강해서 그리스도의 신부가 하나라는 생각을 하지 못합니다. 하나님 나라의 한 시민으로서 그 나라의 죄에 대해 자기도 책임이 있다고는 생각하지 않는 것입니다. '나는 죄인이 아니다. 만일 내가 누구에게 좋지 않은 말을 했다면 그에게 사과하면 그만이다'라고 생각합니다.

이와 같이 우리는 죄에 대해 제대로 알지 못합니다. 성경은 우리가 그리스도의 몸의 지체로서 몸의 한 부분이 아프면 온몸이 같이 아픔을 느끼고, 몸의 한 부분이 문둥병이나 간질병이 있으면 온몸이 문둥병 환자요 간질병 환자라고 말합니다. 그러니 오늘날 교회는 문둥병 환자요 간질병 환자인 것입니다. 우리는 모두 다 병든 자요 죄인입니다.

그렇다면 실제로 교회가 지은 죄는 무엇입니까? 이스라엘 민족이 죄를 많이 짓자 하나님은 이스라엘보다 더 악한 바벨론과 로마를 사용해서 이스라엘을 치셨습니다. 그런데 예수님은 "가버나움아, 네게 행한 모든 권능을 소돔에서 행하였다면 그들이 회개하였을 것인데 너희가 회개하지 않는도다"라고 하며 책망하셨습니다(마 11:20-24). 사실 바벨론이나 로마가 악할지라도 현대 교회에 나타난 역사를 그들이 보았다면 그들은 이미 회개하였을 터인데 우리는 회개하지 않습니다.

우리는 구약성경을 읽으면서 이스라엘 민족이 지은 죄를 가리켜 흉하다고 하는데, 사실 이스라엘 민족이 비록 다른 나라에게 압제당한 일은 있지만 제국주의 행세를 한 적은 없습니다. 오히려 교회의 죄가 이스라엘의 죄보다 더 흉악합니다. 교회가 자랑할 것은 하나도 없습니다. 교회가 하나님께서 명하신 십계명을 다 버렸습니다. 예수님의 피로 말미암아 구원받고, 의롭다 함을 얻고, 깨끗하게 되었다는 핑계로 계속해서 죄를 짓는데, 그렇게 되면 우리의 깨끗함은 무효가 되고 맙니다. 의롭게 되었다는 것은 의로운 열매를 맺는 것을 의미합니다. 그러나 현대 교회는 십자가를 통하여 예수님의 피로 말미암아 의롭게 되었다고 하면서도 의로운 열매에는 조금도 관심이 없습니다. 회개도 없고 변화도 없고 계속해서 똑같은 죄를 반복합니다. 간혹 누가 회개를 권면하면 그것은 구약 시대에나 해당하는 말일 뿐 이미 죄사함을 얻은 우리에게는 필요 없다고 말합니다.

　사도 바울의 서신 가운데 하나님의 이름이 신자들 때문에 여러 나라에서 모독을 받는다고 하신 말씀이 있습니다. 현대 교회는— 물론 이것은 한국 교회가 아닌 서양 교회를 지칭하는 말이지만, 요즈음 한국 교회가 이런 서양 교회를 따라가는 추세가 아닌가 생각합니다—하나님보다 인본주의를 더 신봉하고, 신학자나 교회 대표 가운데 인본주의를 가르치는 사람이 점점 많아집니다. 심지어는 신학 교수나 주교들까지도 인본주의를 가르치고 있습니다. 즉 하나님을 버리고 인간을 신처럼 인정하는 것입니다.

　성경말씀에 개인주의를 행하는 사람들은 하나님의 나라를 유업으로 얻을 수 없다고 했는데, 얼마나 많은 신자들이 개인주의를 자랑하고 있는지 말로 다 할 수 없습니다. 교회가 분열하고 분쟁하며 서로 시기하는 것이 정상인 줄 알고 오히려 자랑합니다. ‘나 외에 다른 신을 두지 말라’는 말씀을 십계명의 첫 계명으로 주셨건만 ‘나’라는 개인이 이미 다른 신이 되어 버렸습니다.

　제2계명은 무엇입니까? ‘우상을 섬기지 말라’이지요? 그러나 우리는 하나님과 재물을 겸하여 섬기고 있습니다. “하나님을 믿으면 돈이 많이 생기고 복받는다. 왕의 자녀들은 부자가 되는 것이 원칙이다”라고 하면서 하나님과 재물을 겸하여 섬길 수 없다는 말씀을 믿지 않습니다. 성경말씀에 탐심이 곧 우상숭배라고 하였는데, 교회가 탐심으로 가득합니다. 어떤 사람들이 “저 교회에 마리아의 상이 있다. 그리스도의 상이 있다”고 하면서 비판하지만 돈이 우리의 신상이 되어 버렸습니다. 탐욕으로 말미암아 우상숭배에 깊이 빠져 있는 것입니다.

셋째 계명은 '여호와의 이름을 망령되이 일컫지 말라'입니다. 여호와의 이름을 함부로 쓰지 말고 깨끗하게 사용하라는 말씀입니다. 그러나 우리가 기독교인이라는 이름으로 행한 것은 소돔과 고모라보다 또 두로와 시돈보다도 더 악합니다. 니느웨나 바벨론, 저 로마의 죄악보다 더 흉악합니다. 우리가 하나님의 이름으로 행한 것들로 인하여 온 세계에 주의 이름이 모욕을 당하는 지경에 이르렀습니다.

이슬람교가 어떻게 생겼는지 아십니까? 기독교인들이 그리스도의 이름으로 가난한 사람들을 억압하고 하나님의 이름을 부르면서 하나님의 법을 어겼기 때문에 사람들이 예수를 거짓 선지자라고 모독하고 마호메트야말로 참된 선지자라고 인정하면서 알라신을 믿기 시작했습니다. 이로써 원래 기독교 국가였던 열두 개 나라가 완전히 이슬람화하였습니다. 이 모든 것이 교회가 하나님의 이름을 함부로 사용했기 때문입니다.

지금도 똑같은 문제가 있습니다. 많은 나라들이 하나님을 부인하고 기독교를 억압하며 공산화되었습니다. 이유인즉, 예수의 이름을 부르는 사람들이 욕심이 너무 많고 다른 사람을 누르고 이용했기 때문입니다. 공산화된 나라들이 전에는 대부분 오래된 기독교 국가였습니다.

예언자 발람의 죄를 아십니까? 그는 여호와를 믿고 여호와의 이름으로 선지자 노릇을 하였지만, 이스라엘 백성에게 거짓 신을 섬기도록 가르치고 간음질을 가르쳐서 돈을 위해 예언했습니다. 현대 교회에도 발람과 같이 돈을 바라고 하나님의 말씀을 이용하는 사람들이 얼마나 많은지 모릅니다. 하나님의 이름을 자기를 위해 함부로 사용하는 사람들이 높은 위치에 올라서고, 유명세를 얻고, 세력을 누리고, 많은 돈을 벌고 있습니다. 교회에 그러한 사람들이 가득합니다.

넷째 계명은 '안식일을 거룩하게 지키라'입니다. 우리 자신들뿐만 아니라 우리 밑에서 일하는 모든 사람, 심지어 당나귀까지도 6일 동안은 열심히 일하고 하루는 안식하도록 하셨습니다. 하지만 욕심이 많아서 우리만 일하는 것도 모자라 다른 사람들까지 일을 시킵니다. 토지 없는 사람들을 얼마나 잔인하게 이용하는지 이루 말할 수 없습니다. 토지의 안식년을 지키지 않고 계속 이용하였기 때문에 토지가 황폐하게 되고, 환경이 오염되고, 공해가 아주 심해졌습니다. 이것이 다 누구의 잘못입니까? 기독교인들 때문입니다.

안식일이라고 하면서도 교회 일을 하느라고 너무 바빠서 주일이 다른 날보다 더 피곤합니다. 교회가 하나의 기관이 되어서 하나님을 위하기보다 기관을 위해 살게 하고, 기관을 위해 일하게 하여 교회 자체가 일종의 우상이 되었습니다. 예수님 당시에도 바리새인들의 안식일법이 현대 교회법처럼 강했는데 그 의미는 다 형식주의, 즉 우리의 기득권 그리고 지도자와 기관의 이익을 위한 것이었습니다.

다섯번째 계명은 '네 부모를 공경하라'입니다. 현대 기독교 세계에서 가족 제도가 점점 붕괴되고 있습니다. 맞벌이하는 부모가 아이에게 관심을 못 기울이다 보니 아이들은 부모의 사랑을 믿을 수 없게 되어 부모를 존경하지 않습니다. 그로 인해 부모에게 반발하고 범죄자가 되는 일이 아주 흔합니다. 또한 과거 문화나 전통을 무시하고, 지혜가 많은 노인들을 존경하지 않을 뿐만 아니라, 노인들을 위해 유익하고 보람 있는 일을 만들지 않습니다. 오히려 양로원에 보내고 더 이상 책임지지 않으려 들지요. 그리고 가족의 결속력이 약해지면서 정신질환자나 부랑자가 점점 더 많아지고 청년들의 가슴에는 분노만 가득합니다. 가족제도가 무너졌기 때문입니다. '네 부모를 공경하라'는 명령은 가족제도를 유지하라는 말인데, 현대인들은 가족 제도에서는 관심이 없고 그저 현대화만 부르짖고 있습니다.

제6계명은 무엇입니까? '살인하지 말라'입니다. 기독교인들이 얼마나 많은 전쟁을 일으켰는지 모릅니다. 그 예로 기독교인들은 미국에 건너가 개척한다는 핑계로 소수 민족인 인디언들의 땅을 빼앗고 그들을 죽였습니다. 아돌프 히틀러는 기독교인을 핑계하여 전쟁을 일으켰고, 다른 기독교인들은 기독교인의 이름으로 히틀러와 싸웠습니다. 전쟁을 통해 죄 없는 어린아이들이 얼마나 많은 피를 흘렸는지 모릅니다. 매일같이 많은 사람들이 죽도록 조장하고, 이를 좋아한 기독교인이 많았습니다.

60-70년 전, 미국 해병대 퇴역 장군 스미들리 버클러가 자서전을 썼습니다. 그 책에서 그는 일생 동안 미국 상인들을 위하여 약한 나라들을 누르고, 자유를 뺏고, 토지를 뺏는 '깡패' 역할을 했다고 고백했습니다. 그분도 기독교인이었고, 그 일을 시킨 사람들도 기독교인이었으며, 그 나라도 기독교 국가입니다. 더구나 미국 화폐에는 'In God we Trust', 즉 '우리는 하나님을 믿는다'라고 새겨

져 있습니다.

제국주의 전쟁도 기독교 국가들이 가장 많이 일으켰습니다. 그 때문에 경제 제도가 파괴되고 세계 역사상 주려 죽는 자가 최고에 달하는 상태가 되었습니다. 이 정도면 1년에 원자폭탄이 100개쯤 떨어진 것과 같은 피해입니다. 그런데도 회개하지 않고 잘못을 인정하지 않습니다. 기독교 국가들이 지금 비교적 높은 생활 수준을 유지하는 것도 아프리카나 중남미 카리브해 나라들을 이용하고 도적질하였기 때문입니다. 그 과정에서 얼마나 많은 사람들이 목숨을 잃었는지 모릅니다.

일곱째 계명은 '간음하지 말라'입니다. 기독교 국가에서도 이혼이나 재혼이 참 많습니다. 한 사람이 여러 번 결혼하기도 하고 그저 사랑만 하면 된다며 남색과 호색을 서슴지 않고 있습니다. 아마 소돔 사람들이 이것을 본다면 부끄러워 낯을 붉혔을 것입니다. 옛날 로마 사람들도 이 모습에 충격을 받았을 것입니다. 세계 역사상 이만큼 호색하는 문화는 처음입니다. 소돔과 고모라, 로마도 이렇게까지는 타락하지 않았습니다. 음란함이 퍼지고 또 퍼지고 심지어 자랑까지 합니다.

여덟째 계명은 '도둑질하지 말라'입니다. 교인들이 바알의 법으로 자기 나라 법을 만들어서 토지를 도적질했습니다. 토지를 뺏는 것보다 더 큰 도적질은 없습니다. 집이나 돈을 빼앗겨도 토지만 있으면 생활할 수 있지만 토지가 없으면 살 수 없습니다. 그런데 토지만 빼앗을 뿐 아니라 나라도 빼앗았습니다. 남의 나라를 자기 나라 식민지로 만들었습니다. 아시리아나 바벨론, 로마보다도 더 많은 횡포를 부렸습니다. 아시리아가 이스라엘 땅을 빼앗았을 때에는 그들에게 토지를 주고 새 출발을 허락했지만, 현대인들은 토지를 빼앗을 뿐 아니라 생활할 수도 없게 만듭니다. 남아시아나 아프리카, 중남미, 필리핀 모두 기독교인들 때문에 못 살게 되었는데, 교회 지도자 가운데 어느 누구도 반대하지 않고 도리어 찬성하는 분위기였습니다. 오히려 불신자들이 반대 의견을 냈습니다.

아홉 번째 계명은 '거짓 맹세하지 말라'입니다. 기독교 국가의 정치인들이나 성직자들, 예언자들이 만장일치로 거짓말하는 경우가 많습니다. 언론매체들은 진리를 전한다고 하면서도 돈을 위해 거짓말을 일삼습니다. 거짓된 꿈과 거짓된 모습을 보여 주고 진리에는 조금도 관심이 없습니다. 돈만 생각하고, 세력 있는 사람들에게 아첨하며, 거리낌없이 거짓 맹세를 합니다. 우리 문화의 기초가 바로 이러한 우상 숭배와 거짓 맹세 위에 놓여 있습니다.

마지막으로 '네 이웃의 물건을 탐내지 말라. 네 이웃의 아내를 탐내지 말고, 네 이웃의 당나귀를 탐내지 말고, 네 이웃의 것은 무엇이든지 탐내지 말라'고 하셨습니다. 그러나 탐심이 현대 문화의 기초가 되었습니다. 교회 안에서조차 서로 신자를 탐하여 다른 교파가 자기 교파보다 많으면, 다른 교파를 시기합니다. 탐심 때문에 교회가 분열되다 보니 하나님께서 우리에게 주신 성령의 은사들도 원활히 사용하지 못합니다. 기독교가 발전할수록 병든 자, 정신질환자도 많아지지만 해결할 길이 없습니다.

우리는 멸망으로 가는 넓고 쉬운 길을 택하고, 좁고 협착하나 생명으로 가는 길은 버렸습니다. 참으로 지금은 예레미야 선지자처럼 이것이 곧 나의 죄인 줄 알고 예수님의 신부가 음녀와 같이 된 것을 회개하고 슬퍼해야 할 때입니다. 하나님께서 우리에게 회개하며 우는 은혜를 주시도록 기도드립니다. 성부와 성자와 성령의 이름으로 하옵나이다. 아멘.

광야의 시험

성경말씀 고린도후서 6:1-10; 마태복음 4:1-11

기도 주여, 우리를 위하사 사십 일을 주야로 금식하셨나이다. 비나니, 우리에게 은혜를 베푸사, 사순절을 지킴으로 육신을 성령께 복종하게 하여, 주의 거룩하신 뜻을 순종하며 일생 동안 옳은 일만 행하여 주께 존귀와 영광을 돌리게 하소서. 성부와 성령과 함께 영원히 사시며 다스리시는 성자 우리 주 예수 그리스도의 이름으로 기도하나이다. 아멘.

예수님이 받으신 세 가지 시험은 우리가 흔히 당하는 시험과 아주 비슷합니다. 신자들이 받는 모든 시험은 이 세 가지 가운데 하나라고 볼 수 있습니다. 첫째 시험은 '네 몸이 필요한 것을 구하고, 네 몸을 위하여 살라'는 것입니다. '네가 죽으면 어떻게 하나님의 일을 할 수 있느냐? 네 문제를 먼저 해결하고 나서 하나님의 일을 하라'는 시험입니다.

많은 사람들이 개인문제 혹은 가정문제를 먼저 해결하고, 나중에 하나님의 일을 하겠다고들 마음먹습니다. 그리고 많은 사람들이 먹을 것, 마실 것, 입을 것 등 모든 문제를 자기 힘으로 해결해야 한다고 생각하거나, 또는 기도하면 하나님께서 반드시 해결해 주실 것이라고 믿습니다.

오늘 말씀에서는 사탄이 "네가 하나님의 아들이거든 명하여 그렇게 하라"고 시험했습니다. 그때 예수님이 하신 대답에는 두 가지 중요한 점이 있습니다. 첫째는 '기록되었으되'라는 말입니다. 예수님이 성경말씀을 얼마나 중요하게 여기셨는지 일생 동안 자신에 대하여 '기록된 대로' 행하셨던 모습을 복음서에서 자주 찾아볼 수 있습니다. 예수님은 기록된 하나님의 말씀대로 실행하시는 분이었습니다. 성경이 바로 하나님의 말씀이므로 우리의 모든 것, 우리 자아를 성경말씀으로 재어 보아야 합니다. 현대 교회에서 많은 사람들이 성경을 아주 가볍게 취급합니다. 성경이 다른 책과 다를 것 없다며 이런저런 이론을 들어 하나님의 말씀으로 취급하지 않는 사람들이 있습니다. 예수님의 입장은 성경말씀이 곧 하나님의 말씀이라고 하는 것입니다.

둘째는 "사람이 떡으로만 살 것이 아니요 하나님의 입으로 나오는 모든 말씀으로 할 것이니라"고 한 것입니다. 무슨 말인가 하면 내가 먹든지 못 먹든지 아무런 문제가 되지 않으며 먼저 하나님께서 나에게 하신 말씀이 무엇인지 알아야 한다는 것입니다. 여기가 출발점입니다. 하나님께서 나에게 하신 말씀이 무엇입니까? 예수님을 믿는 그리스도인이라고 하면, 믿는다는 것은 '충성한다'는 뜻입니다. 다시 말해 충성하는 자란, 하나님의 말씀대로 살기로 결정한 사람입니다. 하나님의 말씀을 듣고 복종하는 것이 그리스도인의 생활입니다.

그 다음, 마귀가 또 시험할 때에는 성경말씀으로 하기로 결정하였습니다. 마귀도 '기록되었으되'라고 말했습니다. 바로 종교적인 시험입니다. 첫 번째 시험은 '실제주의'라는 시험, 곧 내 몸의 문제, 내 의식주 문제부터 해결해야 한다는 유혹이었습니다. 그런데 두 번째 시험은 하나님의 말씀으로 기적을 요구한 것입니다. "네가 하나님의 일을 하기 위하여 세상에 왔으니까 이렇게 하면 좋을 것이다, 저렇게 하면 효과적으로 할 수 있을 것이다. 기적이 나타나면 사람들이 믿을 것이다"라며 기적을 만들도록 유혹했습니다.

어떤 사람이 가룟 유다가 배반한 이유를 설명할 때, 기적이 일어나게 하기 위하여 고의적으로 배반했다고 말하는 것을 들었습니다. 예수님이 기적을 행하지 않으시니까 잡혀 가게 되면 반드시 하나님께서 천사를 보내서서 건져 주시고 기적을 일으켜 문제를 해결할 것이라고 생각한 것입니다. 사실 가룟 유다가 무슨 생각으로 그랬는지 우리는 알 수 없지만 그럴 가능성도 생각해 볼 수 있습니다. 이처럼 우리도 종교적인 일, 하나님을 위해 하는 일이라면 무슨 일이라도 해도 좋다고 생각합니다. 사람들을 믿게 할 수만 있으면 어떻게 해도 좋다고 생각하는 것입니다. 그러다 보니 하나님의 뜻이 무엇인지 물어보지 않습니다. 하나님의 말씀이 무엇인지 알아보지 않습니다. 아니면 성경말씀을 잘못 해석하고 잘못 실행합니다. 대개 믿는 사람들은 무슨 일이든지 '성경말씀'을 구실로 삼습니다. 그런데도 교회사 여기저기 잘못한 일이 얼마나 많은지 모릅니다. 성경말씀에 기록된 대로 한다고 하지만 하나님의 때에 하나님의 방법으로 하지 않았습니다. 그와 같은 마귀의 유혹에 맞서 예수님은 한마디로 해결하셨습니다.

"주 너의 하나님을 시험하지 말라!"

하나님의 말씀을 의미하는 헬라어를 보면 하나는 '로고스'(*logos*)이고, 또 하나는 '레마'(*rhema*)입니다. 하나님의 말씀은 다 '로고스'입니다. 원리(原理), 즉 하나님의 원리라는 뜻입니다. 그리고 자신이 어떤 특수한 상황에 처했을 때 하나님께서 특별하게 주시는 말씀은 '레마'라고 합니다.

레마는 "오늘 네가 이것 해라. 이것 하지 말라"처럼 성경말씀을 통해 하나님의 음성이 친히 나의 귀에 들리는 것입니다. 하지만 이 말씀이 개인에게 해당하는 말이 아니라면 그것은 로고스이지 레마는 아닙니다. 성령님만이 이 상황에 해당되는 말인지 아닌지 알려 주실 수 있습니다. 그래서 성령의 충분함을 받는 것이 중요한 것입니다. 주의 뜻을 알기 위해서는 주의 뜻을 행하고자 하는 마음이 있어야 합니다.

여기서 기적을 바라는 것은 성령의 능력, 즉 외적 성령에 관해 이야기하는 것입니다. 마귀가 외적 성령을 이야기하고 기적을 행하라고 유혹했지만, 예수님은 마음속에 계신 성령께 하나님의 뜻이 무엇인지 물었습니다. 그리고 하나님은 성령을 통해 어느 구절이 그 상황에 해당하는 구절인지 알려 주셨습니다. 바로 "네 하나님을 시험하지 말라"는 말씀입니다.

종교인들이 하나님의 일을 하려고 보면 복잡한 문제가 참 많습니다. 왜 그렇습니까? 성령의 인도하심을 받기 위해 가만히 기다리지 않고, 이 순간 나에게 해당하는 주의 말씀이 무엇인지 분명하게 물어보지 않기 때문입니다. 이처럼 종교적인 오류를 범하지 않으려면, 순간순간 성령의 인도하심을 받아 성경을 올바르게 해석해야 합니다.

셋째 시험은 세속적인 방법으로 하자는 요구입니다. 기적도 그만두고 세속적인 방법으로 하자는 것입니다. 교회도 이런 시험에 자주 빠집니다. 먼저 세력부터 잡아야 하니 한국이 기독교 국가가 되어야 한다고 생각합니다. 기독교 정부가 들어서야 한다는 것이지요. 교회가 정치 세력을 잡았던 적은 많았습니다. 하지만 결국은 하나님의 사업이 잘되지 않았을뿐더러 교회가 부패하기 시작했습니다.

며칠 전에 영화 〈미션〉(The Mission)을 보았습니다. 거기 등장하는 사람들은 다 교인이었습니다. 그런데 아무런 세력도 없이 조용히 고생만 하며 주의 복음을 전파하는 사람이 있는가 하면, 다른 한편에서는 하나님의 사업을 한다는 핑계로 정치 세력과 무력을 사용해서 얼마나 많은 잘못을 저지르고 더러운 일을 하는지 모릅니다. 특히 살인죄, 무죄한 자의 피를 흘린 죄 등 갖가지 죄를 지었습니다. 그 시대 유럽은 모든 정부가 다 기독교 정부였습니다. 영화에 재미있는 대사가 나옵니다. 유럽의 한 추기경이 남미 정글에 들어갔습니다. 정글은 온통 바위며 나무 넝쿨로 빽빽이 들어차 있었습니다. 추기경이 그 모습을 보고 이렇게 말하더군요.

"이 정글보다 정치의 정글은 더 흉하다. 그것에 비하면 이곳은 아름다운 화원과 같다."

영적인 정글이 생긴 것은 세력을 잡고 싶어 했기 때문입니다. 마귀의 시험에 완전히 빠진 것이지요.

우리가 약할 때에는 그런 시험에 별로 빠지지 않습니다. 하지만 성공하기 시작하면서 세속화하기 시작합니다. 바울은 세력을 잡지 않기로 결정했습니다. 그래서 어떻게 살았습니까?

"오직 모든 일에 하나님의 일꾼으로 자천하여 많이 견디는 것과 환난과 궁핍과 곤난과 매 맞음과 갇힘과 요란한 것과 수고로움과 자지 못함과 먹지 못함과 깨끗함과 지식과 오래 참음과 자비함과 성령의 감화와 거짓이 없는 사랑과 진리의 말씀과 하나님의 능력 안에 있어 의의 병기로 좌우하고 영광과 욕됨으로 말미암으며 악한 이름과 아름다운 이름으로 말미암으며 속이는 자 같으나 참되고 무명한 자 같으나 유명한 자요 죽은 자 같으나 보라 우리가 살고 징계를 받는 자 같으나 죽임을 당하지 아니하고 근심하는 자 같으나 항상 기뻐하고 가난한 자 같으나 많은 사람을 부요하게 하고 아무것도 없는 자 같으나 모든 것을 가진 자로다"(고후 6:4-10).

그러나 세상의 방법은 정반대입니다. 오늘날 하나님의 일꾼이 어떻게 하고 있습니까? 오늘날 교회에서 하나님의 일꾼이라고 하면, 바울과 같은 사람으로 봅니까, 아니면 세상과 같은 사람으로 봅니까? '일꾼'(deacon)이라는 단어는 재미있는 말입니다. 섬김, 봉사, 하나님의 일, 직분 등 여러 가지로 번역할 수 있습니다. 하나님의 일이면 하나님의 방법대로 해야 한다는 뜻이 내포되어 있습니다. 하나님의 일이니 어떤 방법으로 하든지 괜찮습니까? 그럴 수 없습니다. 하나님께서 보여 주신 방법이어야 합니다. 세상에서 배운 방법은 안 됩니다. 세상의 길을 가면 마귀의 길을 가는 것과 똑같아요. 하나님의 사업을 망하게 할 뿐입니다.

사순절 기간 40일은 절제를 통해 항상 하나님의 음성을 듣는 기간입니다. 더욱더 훈련을 받아서 무조건 복종하는 태도, 무조건 하나님의 방법으로 하나님의 일을 하기 위한 기간입니다. 그리고 우리가 얼마나 자기 자신만을 위해 사는지, 얼마나 세속의 방법으로 사는지, 하나님의 말씀을 얼마나 억지로 해석하는지 깨닫고 회개하는 기간입니다. 성부와 성자와 성령의 이름으로 하나이다.

이어서 사순대재에 대해 잠시 설명하겠습니다. 성공회와 천주교, 동방교회, 그리스정교 등 여러 교회에서 부활절 전 40일 동안 예수님이 금식하셨던 의미를 살려 금식합니다. 주야로 아무것도 먹지 말고, 마시지 말라는 법을 완전하게 지킬 수 없기 때문에 교회가 간단한 금식을 하며 자기 원하는 것을 부인하는 뜻으로 지킵니다. 하나님의 인도하심대로 사순대재를 지킵시다.

제가 알고 있는 한 신부는 자기의 영적인 지도자에게서 "너는 40일 동안 금식을 하거나 사순대재를 지키지 않아도 된다. 너는 일생 동안 대재를 지킨 사람이기 때문이다"라는 말을 들었다고 합니다. 사실 그 사람은 죽지 않을 만큼 먹고 죽지 않을 만큼 일해서, 일을 더하거나 덜 먹으면 곧 쓰러질 수밖에 없는 상태였습니다. 항상 주를 위해 여유 없는 생활을 하고 있으니 특별히 또 사순재를 지킬 필요는 없다고 한 말이었습니다. 그런데 우리 일반 교인들은 대체로 호화롭게 생활하므로, 40일 동안 호화로운 생활을 다 버리고 엄숙한 생활을 하도록 권하는 기간입니다.

죄와 마귀의 일에서 해방된 우리

성경말씀 에스더 3:6-7, 12-14; 4:7-17; 요한일서 3:2-10; 마태복음 15:21-28

기도 전능하신 하나님, 우리가 스스로 구원하지 못함을 아시나이다. 비오니, 우리를 안팎으로 보호하사, 육신이 당할 환난과 영혼을 해치는 모든 악한 생각을 막아 주소서. 성부와 성령과 함께 영원히 사시며 다스리시는 한 하나님 우리 주 예수 그리스도를 통하여 기도하나이다. 아멘.

사순절 제2주의 주제는 '해방'입니다. 해방을 잘 보여 주는 성경은 위기에서 풀려난 유대인의 이야기를 기록한 에스더서가 있습니다. 유대인들은 대적의 손을 벗어나, 슬픔이 변하여 기쁨이 되고 환난이 변하여 복이 된 날을 부림절로 지킵니다. 한국 달력으로는 음력 정월 보름에 해당합니다. 유대인들이 사용하는 성경의 음력은 한국의 음력과 꼭 한 달하고 하루 차이가 납니다. 따라서 유대인들의 부림절인 성경의 음력 12월 14일은 한국의 음력 정월 15일, 즉 대보름날과 꼭 같습니다. 한국에서나 이스라엘에서나 이날은 즐거운 날입니다. 우리 기독교 신자들이 유대교를 따르지는 않지만, 유대인들이 유업으로 받은 구약의 모든 것은 우리에게도 똑같이 해당되므로 부림절은 우리에게 의미가 있습니다. 구약성경에 이날을 지키라고 하였으므로 성경대로 뜻 깊게 지켜야 합니다.

우리는 에스더 이야기를 잘 알고 있습니다. 비록 왕후라도 왕의 부르심 없이 왕 앞에 나오면 죽을 수밖에 없었습니다. 자기 마음대로 왕 앞에 나올 수 없는 엄격한 법이 있었으니까요. 에스더는 대단히 겸손하였고 수줍음 많은 여자였습니다. 그런데도 죽으면 죽으리라고 기도한 다음, 함께 죽을 위험에 처한 모든 유대 백성에게 사흘 동안 금식 기도를 하라고 부탁하고는 왕 앞으로 나아갔습니다. 만일 왕이 홀을 내밀지 않으면 에스더는 죽을 수밖에 없는 형편이었습니다. 다행히도 왕은 기쁘게 홀을 내밀었고, 에스더는 자기와 모든 유대인을 죽이려고 하는 원수 하만의 이야기를 왕에게 할 수 있었습니다.

원수 하만은 상징적으로 마귀를 뜻합니다. 이 일은 역사 속의 에피소드로 끝나지 않고, 마귀에 대한 가르침을 담고 있습니다. 마귀는 하나님을 미워하고 예수님을 미워하고 온 인류를 죽이려고 합니다. 예수님은 온 인류를 섬기기 위해 오셨는데 예수님이 해방을 이루신 것은 능력으로만 하신 것이 아니었습니다. 온유함과 자신의 약함을 통하여 우리를 해방하셨습니다. 에스더가 천성이 활발한 여자라 발 벗고 나서서 문제를 해결한 것이 아니었습니다. 조용하고 수줍고 온유한 여자인데도 해방을 이루었습니다.

에스더는 교회를, 하만은 마귀를 의미합니다. 에스더가 온 유대인의 해방을 이룬 것처럼, 교회는 온 인류의 해방을 이루어야 할 책임이 있습니다. 그것은 기도의 책임입니다. 온유함을 통해 위험한 일을 극복하는 것입니다. 그래서 우리는 에스더의 아름다운 이야기를 좋아합니다.

마태복음에 등장하는 가나안 여인의 이야기도 마찬가지입니다. 그 여인은 대단히 겸손했습니다. 심지어 자신을 개로 비유할 정도로 온유하고 겸손하였습니다. 개도 주인의 상에서 떨어지는 부스러기를 먹지 않느냐고 예수께 간청하였기 때문에 예수님은 너의 믿음이 크다고 하시며 믿음대로 될 것이라고 하셨습니다. 이 이야기도 마귀에게서 해방되는 이야기입니다. 온유함을 통하여 해방을 얻는 이야기입니다.

그래서 사순절 제2주일과 부림절을 관련 지어 기도 제목을 삼습니다. 이에 해당하는 기도문을 보면 "우리가 스스로 구원하지 못함을 아시나이다"라는 말이 있습니다. 사실 에스더 당시의 유대 백성들은 자기 힘으로 구원을 얻을 수 없었습니다. 모르드개는 높은 장관이었지만 유대인이었으므로 다른 유대인들과 함께 죽을 수밖에 없는 운명이었습니다. 왕후도 유대인이어서 죽어야 한다는 사실을 왕은 몰랐습니다. 왕이 문서에 서명하면 사랑하는 아내가 죽게 된다는 사실을 몰랐던 것입니다. 마침내 그 전모를 알게 되었을 때 그 놀라움은 이루 말할 수가 없었습니다. 그래서 왕은 문제를 해결할 방법을 마련하였습니다.

우리 역시 스스로 구원할 수 없습니다. 에스더가 자기 스스로 구원할 수 없음을 알고 왕에게 빌 수밖에 없었던 것처럼, 우리도 마귀에게서 우리 자신을 스스로 구원할 수 없습니다. 오직 하나님께 보호하심을 청할 수밖에요. 그래서 항상 '안팎으로 보호해' 달라고 기도합니다.

에스더의 이야기는 밖으로부터 오는 위험에서 보호해 달라고 청하는 내용입니다. 밖에 있는 원수가 그들을 죽이려고 했고, 모든 재산을 빼앗으려 하였습니다. 그런데 하나님께서 그들을 보호하셔서 자유를 주셨습니다. 오늘날 우리도 육신이 당할 환난 때문에 기도합니다. 육신이 당할 환난에는 질병도 포함됩니다. 특별히 요즈음 우리 형제자매들 가운데 건강하지 못한 분이 여럿 있습니다. 그 가운데는 몹시 아픈 분도 있습니다. 그분들을 위하여 열심히 기도해야 합니다. 또 밖으로부터 오는 위험에는 가난과 같은 경제 문제도 있습니다.

그런데 안팎으로 보호해 달라고 기도할 때는, 이처럼 밖으로부터 육신에게 오는 환난에서 보호해 달라고도 청해야 하지만, 동시에 영혼을 해치는 모든 악한 생각을 막아 달라고도 간구해야 합니다. 마귀는 밖에서 핍박하기도 하지만, 마음속에 악한 생각을 불어넣기도 합니다. 마음속에 잘못된 생각을 불러일으킴으로써 우리 속사람을 죽이는 것입니다. 그런데 잘 살펴보면 마귀는 상상력도 없고 창조적이지도 못합니다. 그저 똑같은 짓을 반복만 할 뿐입니다. 성경을 보면 마귀가 즐겨 사용하는 방법을 잘 알 수 있습니다. 그런데 많은 사람들이 깊이 생각하지 않고 깨닫지 못하는 것 같습니다.

아주 큰 바보인 것이지요.

　대개 마귀는 사람들에게 먼저 밖으로부터 오는 환난을 겪게 합니다. 경제 문제나 질병 같은 여러 가지 환난으로 사람들을 고통스럽게 합니다. 그래도 주를 부인하지 않으면 그 다음에는 안에서 욕심을 불러일으킵니다. 탐욕스럽게 만드는 것입니다. 사순절 제1주 설교에서 주님이 겪으신 세 가지 시험에 대해 나누었는데, 첫째와 둘째 시험이 바로 밖으로부터 오는 환난에 해당합니다. 그리고 마지막 시험, 즉 하나님께 영광을 돌리기 위해 '네가 뛰어내리면 천사들이 너를 보호할 것'이라는 거룩함에 대한 시험은 안으로부터의 시험입니다.

　마귀는 이런 식으로 세 가지 시험을 되풀이합니다. 대개 밖으로부터 오는 시험은 비교적 잘 견딥니다. 그러나 그 다음에 자기 안에서 악한 생각을 보내고 욕심을 일으킬 때에는 정말 조심하지 않으면 안 됩니다. 물론 우리는 그것까지도 이길 수 있습니다. 그렇게 하면 마귀는 거룩한 욕심을 가져다 줍니다. 하나님의 영광을 위해 일하자고 마음먹게 합니다. 그것이 잘못된 것일까요? 그 자체는 틀린 것이 아니지만 하나님의 때에, 하나님의 방법으로 하지 않으면 틀린 것입니다.

　하나님께 영광을 돌려야 합니다. 하지만 무엇보다 하나님의 명령에 따라서 해야 합니다. 하나님의 명령을 무시하고 성급한 마음으로 내가 하겠다고 나선다면, 이것이 곧 마귀의 시험임을 알아야 합니다. 하나님의 명령을 따르지 않으면, 좋은 일을 하면서도 때가 맞지 않고 방법이 틀려서 하나님의 영광을 가리게 됩니다. 우리도 부끄러움을 당하고 실패하고 말 것입니다. 마귀만 좋아서 헤헤거리며 웃을 일입니다.

'부림'이라는 말은 '제비를 뽑는다'는 뜻입니다. 재미있는 것은 하만이 유대인을 죽이기 위하여 제비를 뽑았는데—바로 12월 13일 어제입니다—참 좋은 날을 잡았습니다. 그런데 그 좋은 날이 하만 쪽에 해당되는 것이 아니라 하나님 편에 해당되는 것이어서 그날(13일)과 그 다음날(14일) 이틀 동안, 유대인들은 큰 승리를 경험하였습니다. 하만은 이날을 고대하며 11개월을 준비했습니다. 결정적인 때에 모르드개와 온 유대인에게 철저히 복수하겠다고 별렀습니다. 그러나 결과는 하만의 때가 아니라 하나님의 때로 뒤바뀌었습니다. 왕후가 된 에스더가 그 일을 놓고 사흘 동안 금식으로 기도하며 왕에게 나아갔을 때, 결국 그날은 뒤바뀌어 버렸습니다.

부림, 즉 '제비를 뽑는 것'은 때와 시기를 결정하기 위해 하는 일입니다. 우리는 하나님의 때를 잘 알 수 없을뿐더러 승리할 수도 없습니다. 그러나 성령의 인도하심을 받기만 하면 하나님의 때를 알 수 있습니다. 만약 주님의 때를 기다리지 않고 주의 일을 하려고 하면 실패할 수밖에 없습니다.

또 하나님의 때를 놓쳐도 실패합니다. 반드시 하나님의 때가 언제인지 알아야 합니다. 성령을 통하면 하나님의 때를 알 수 있습니다. 마귀를 대적할 때 우리 힘으로 하지 않고 하나님의 도우심으로 한다는 것은 우리가 죽어야 한다는 말입니다. 우리 스스로는 하지 못하지만 하나님의 도우심을 힘입어 밖에서 닥치는 환난과 안에서 일어나는 악한 생각을 물리칠 수 있습니다.

요한일서 3장 말씀은 죄에서 해방되는 것과 관계있는 말씀입니다. 지금은 우리가 하나님의 자녀이지만 나중에 어떤 모습이 될지는 아무도 모릅니다. 그러나 다시 오실 예수님을 그 모습 그대로 볼 수 있을 테니 우리도 그분과 같이 될 것이라고 합니다. 비록 마귀가 우리를 사로잡아 더럽히려고 여러모로 시도했지만, 예수님이 오셔서 교회를 세우시고 그분의 신부인 교회를 통해 우리에게도 복음이 전해졌습니다. 우리가 예수님을 알게 된 것은 바로 교회를 통해서입니다. 교회는 예수님의 신부요 그분의 왕후입니다. 왕후인 교회를 통하여 우리가 복음을 알게 된 것입니다.

마귀는 십자가에서 예수님을 죽이면 온 인류를 죽일 수 있다고 생각하였습니다. 그러나 바로 이 마귀의 방법과 마귀의 때가 뒤바뀌어서 하나님의 방법으로 하나님의 때가 되어 해방의 날이 되었습니다. 원수 하만이 택했던 날이 이스라엘 백성 해방의 날이 된 것처럼, 마귀가 우리에게 환난을 주려고 할 때마다 하나님은 그것을 변화시켜서 복의 날로 삼으실 것입니다.

그리하여 우리는 마침내 하나님의 자녀가 되었고 하나님의 백성이 되었습니다. 그렇지만 더 나아가 때가 이르면 우리는 지금보다 더 나은 상태가 되리라고 하였습니다. 예수님이 친히 하나님을 뵈옵는 것처럼 우리도 하나님을 볼 것이라고 했습니다. 이런 소망을 가진 사람은 자기를 스스로 깨끗하게 해야 합니다. 에스더가 왕 앞에 나아가기 전에 며칠 동안 자신을 깨끗하게 했고, 온 유대인들도 자신을 깨끗하게 하여 함께 준비한 것처럼 말입니다.

유대의 옛 율법을 보면 깨끗하지 못한 사람은 하나님의 제사에 참여할 수 없었습니다. 예수님은 성령을 통하여 우리를 깨끗하게 하셨습니다. 우리는 성령의 역사로 깨끗함을 얻은 줄 압니다. 따라서 곧 예수님을 뵙게 된다는 소망 가운데 우리 자신을 계속해서 깨끗이 해야 합니다.

요한일서 3장 4절 말씀에 스스로 깨끗하게 하지 않고 습관적으로 죄를 범하는 사람이 있다고 기록했습니다. 바로 마귀에게 속한 사람입니다. 우리는 모두, 때때로 죄에 빠졌다가 다시 회개하고, 하나님의 도우심을 힘입어 앞으로 나아갑니다. 그런데 습관적으로 죄를 짓는 사람은 다릅니다. 그 사람은 근본적으로 마귀에 속한 사람입니다. 때때로 예수께 속한 사람들도 죄에 빠지기는 하지만, 죄 사함을 받고 다시 깨끗해질 수 있습니다. 그렇지만 마귀에 속한 사람은 그저 습관적으로 죄를 짓기만 합니다. 우리의 습관은 사랑의 습관이어야 합니다. 그러한 습관을 통해 스스로 거듭났다는 확신을 가질 수 있습니다.

요한일서 3장 10절 말씀을 보면, 하나님의 자식과 마귀의 자식을 어떻게 구별하는지 알 수 있습니다. 의를 행하는 것이 습관화된 사람은 하나님의 사람이고, 형제를 사랑하지 않는 것이 습관화된 사람은 마귀에게 속한 사람입니다. 하나님은 우리에게 마귀의 환난을 이길 수 있는 힘뿐만 아니라 악한 생각과 미움, 형제를 사랑하지 않는 태도 등을 이길 수 있는 힘도 주셨습니다.

사순절을 지키면서 자신을 깨끗하게 하는 것은 서로 사랑하기 위해서입니다. 하나님께서 그 옛날 유대인들을 경제와 정치와 민족적으로 해방시키심으로써 우리가 죄에서 해방을 얻고 마귀의 모든

궤계에서 해방되었음을 보여 주셨으니 우리도 기쁜 마음으로 이날
을 기억합시다.

말의 절제

성경말씀 에베소서 5:1-14; 누가복음 11:14-28

기도 전능하신 하나님, 비옵나니 비천한 종의 간절한 소원을 돌아보시고, 위엄 있으신 오른손을 펴사, 우리 모든 원수를 막아 주소서. 이는 성부와 성령과 한 하나님으로 영원히 사시며 다스리시는 성자 우리 주 예수 그리스도를 인하여 기도하나이다. 아멘.

세상 어느 누구라도 회개하여 성령을 받지 않으면 다시 죄에 빠질 수밖에 없습니다. 많은 사람들이 죄악을 벗어 버리고 회개하여 새 출발을 하려고 하지만, 성령의 도우심을 얻지 못해서 더 깊은 죄에 빠질 때가 있습니다. 또 어떤 사람들은 술이나 음란함 같은 죄를 잘 이겨 내지만 그 다음에 교만의 죄에 빠지기도 합니다. 죄를 지으며 죄악 속에서 살다가 회개하고 성직자가 되어 주의 일을 하겠다고 열심을 내다가 악한 교만의 죄에 빠지기도 합니다. 한 귀신이 나갔다가 일곱 귀신이 다시 들어왔다는 비유와 같은 말입니다.

사실 사람이 몸으로 지은 죄를 다 해결하고 나서 다시 머리로, 영으로 짓는 교만의 죄에 빠지면 상태는 더 악화될 수밖에 없습니다. 누구나 다 그것이 죄인 줄 알 때에는 미혹이나 유혹에 넘어가지 않습니다. 그런데 사람이 착한 척하고 주의 종이 되어 교만의 죄에 빠지면, 더 심하게 남에게 해를 끼치게 됩니다. 사람이 도둑질을 하면 누구든지 그 사람이 죄인인 것을 알기 때문에 그로 인해 다른 사람이 미혹되지는 않습니다. 그런데 주의 종이라고 하면서 교만한 말을 하고 교만하게 행동하면 다른 사람들이 쉽게 미혹당할 수밖에 없습니다.

그러므로 우리가 죄인을 위하여 기도할 때도 그 죄를 회개할 뿐만 아니라 성령충만함을 받아서 마음속에 주를 사랑하는 겸손함이 생기도록 해야 합니다. 겸손함이 가장 중요합니다.

오늘 읽은 누가복음 본문 말씀에 예수님이 귀신을 쫓아내시고 말씀을 다 마치신 후에 한 여자가 "당신을 밴 태와 당신을 먹인 젖이 복이 있다"(눅 11:27)고 했습니다. 이는 예수께 영광을 돌리는 말로서 예수님이 훌륭한 사람이라는 칭찬의 말이었습니다. 그러나 예수님은 오히려 주의 말씀을 듣고 실행하는 것이 가장 중요하다고 말씀하셨습니다. 그러면 무엇이 주의 말씀입니까?

오늘 읽은 에베소서 말씀에 주의 말씀이 많이 나옵니다.

"겸손하라, 사랑하라, 사랑으로 행하라."

사랑으로 행한다는 것은 무슨 뜻입니까? 에베소서 본문에서는 다른 죄에 대해 언급하기도 하지만 특별히 '말'에 대해 가장 많이 기록하였습니다. 더러운 죄에 대해서는 입에도 올리지 말라고 합니다. 에베소서 5장 3절을 보면, 성도들끼리 그런 말은 입 밖으로 꺼내지도 말라고 하였고, 4절에는 여러 가지 좋지 않은 말은 하지도 말라고 하였으며, 5절에는 악한 사람들이 어떻게 되는지 이야기하고 있습니다. 그렇게 악한 사람들은 주의 나라에서 유업이 없는 줄 알면서도, 돈에 대한 욕심 때문에 돈 있는 사람들에게 아부를 합니다.

탐욕이 많은 사람들도 두 종류가 있습니다. 탐하여 실패하는 사람이 있는가 하면, 탐하여 성공하는 사람이 있습니다. 물론 탐하여 성공하는 사람은 큰 부자가 되지요. 그런데 우리 교역자들이 그런 부자들에게 얼마나 아부를 하는지 모릅니다. 하지만 그런 부자들은 천국에 들어갈 수 없습니다. 물론 그런 부자들 역시 천국에 들어가기 위해 노력합니다. 여기에 돈 내고 저기에 돈 내고, 목사에게 돈을 주기도 하고 신부에게 돈을 주기도 하고, 교회나 성당도 짓는 등 이렇게 저렇게 돈을 많이 냅니다. 하지만 무엇보다 중요한 사실을 잊고 있습니다. 이들의 생활 목적은 하나님의 뜻을 행하기 위한 것이 아닙니다. 이들의 삶의 목적은 돈 벌고 권력을 잡아서 잘 살다가, 죽은 뒤에도 천국에 가는 것입니다. 이처럼 양쪽 세상의 복을 다 원합니다.

그러나 그것은 욕심입니다. 그렇게 될 수 없습니다. 내세에 복을 받는 것과 이 세상의 물질적 복은 상관이 없습니다. 탐하는 사람들은 천국과 상관이 없다는 말입니다. 그런데도 오늘날 많은 교회가 탐하는 사람들에게 얼마나 아부를 하는지 모릅니다. 그렇다 보니

이 구절을 싫어하고, 이와 같은 제목으로 설교하기를 꺼려합니다.

에베소서 5장 6절을 보면, 헛된 말, 뜻없는 소리에 속지 말라고 합니다. 이것 역시 말에 대한 것입니다. 교회 안에 쓸데없는 말이 얼마나 많은지 모릅니다. 12절에서는 사람들이 비밀스럽게 하는 것들을 보면 대부분 말하기도 부끄러운 일이라고 하였습니다.

사실 말 때문에 얼마나 많은 문제가 생깁니까? 어떤 말을 합니까? 누구에 대한 말을 합니까? 서로 비판하는 말은 쓸 데가 없습니다. 희롱하는 말은 피하고 건설적인 말, 감사하는 말, 남을 잘 지도할 수 있는 말을 해야 합니다.

잘 알다시피 야고보서에는 자기 입을 자갈로 다스릴 수 있는 사람이 온몸을 다스릴 수 있다고 합니다. 우리는 왜 자기 몸을 다스리지 못합니까? 바로 혀를 다스리지 못하기 때문입니다. 혀를 다스려서 모든 말이 건설적인 말이 되면 생각도 건설적으로 변하고, 행동도 건설적으로 하게 됩니다. 그러나 이 말도 하고 저 말도 하고, 남들이 싫어하는 말도 하고 핍박하는 말도 하고, 이렇게 저렇게 생각 없이 말하면 좋지 않은 생각이 자꾸 떠올라 좋지 않은 행동도 따라 나오고 맙니다.

에베소서 5장 10절에도 중요한 말이 나옵니다.

"주께 기쁘시게 할 것이 무엇인가 시험하여 보라."

'시험하여 보라'는 것은 '확인해 보라'는 뜻입니다. 확실히 알고, 생각에만 머무를 것이 아니라 실제로 해 봐서 하나님께서 원하시는 것인지 아닌지 확인해 보라는 말입니다. 우리의 신앙은 이론적인 신앙이 아닙니다. 확인할 수 있는 신앙입니다.

항상 객관적으로 모든 것을 판단하고 실제로 확인해서 이것이 좋은 것인지 알아볼 책임이 우리에게는 있습니다. 그래서 우리가 죽은 행실, 죽은 말을 버리고, 살아 있는 것을 찾되 죽음에서 깨어 그리스도의 빛을 받아야 합니다.

사순대재 동안에 절제한다는 것은 무엇을 뜻합니까? 특히 말을 절제하는 일은 결코 쉽지 않습니다. 제가 신학생 시절의 일입니다. 저는 사순재 동안 말을 절제하기로 결정하였습니다. 하지만 완전히 실패하고 말았습니다. 4주 동안 조금도 말을 절제하지 못했습니다. 달라진 것이 없었던 것이지요. 옛날과 똑같이 말하고, 말이 많아지고, 무책임한 말이 계속 입에서 나왔습니다. 마침내 하나님께서 '그렇게 하려면 말을 아예 하지 마. 일체 말하지 마' 하고 말씀하셨습니다. 그래서 2주 동안 말을 아예 금했어요. 얼마나 부끄러웠는지 모릅니다. 사람 앞에서 말을 못하니 부끄럽고, 더 안타까운 것은 꼭 해야만 하는 중요한 말이 있는데도 어떻게 할 수 없었다는 것입니다. 그런데 이상하게도 말없이 그냥 조금만 기다리면 다른 사람이 대신 내 할 말을 다 해 주는 것이었습니다. 그래서 굳이 내가 말하지 않아도 된다는 것을 그때 깨달았습니다.

또 학교에서 강의를 들을 때, 때때로 중요한 말이라고 생각해 말하고 싶어서 노트에 적어 가지고 옆자리 친구에게 보여 주던 일이 있었습니다. 그런데 그 친구가 별로 대수롭지 않게 여기는 통에 제가 얼마나 부끄러웠는지 모릅니다. 나는 중요하다고 생각했지만 다른 사람은 별로 중요하게 여기지 않는 것을 보고 내가 얼마나 필요 없는 말을 많이 하는 사람인지 깨달았습니다.

나 없이도 세상은 잘 움직입니다. 내가 말을 안 하면 마치 세상이 끝날 것 같지만, 절대 그렇지 않습니다. 물론 어떤 사람은 너무 말이 없어서 아쉽습니다. 그런 분들의 경우에는 책임 의식을 가지고 권면 말씀이나 건설적인 말씀을 좀더 하면 좋겠다는 생각을 합니다. 하지만 대개는 말을 너무 많이 해서 문제가 생깁니다.

말을 절제하는 것, 건설적인 말과 감사하는 말만 하고 좋지 않은 문제는 입에 담지 않으려고 노력하라는 의미입니다. 죄가 많지만 죄를 지적하고 나무라지 말라는 뜻입니다. 그렇게 하면 하나님을 본받는 사람이 되어, 그리스도께서 우리를 사랑하시고 우리를 위하여 자기를 바치신 것과 같이 우리도 서로 사랑하는 가운데 행할 수 있고, 그리스도의 빛을 받게 될 것입니다.

성령의 자유

성경말씀 갈라디아서 4:21-5:1; 요한복음 6:1-14

기도　전능하신 하나님, 비오니 우리가 악행을 인하여 벌받음이 마땅하오나 인자하신 은혜를 베푸사, 우리를 용서하시고 안위하소서. 이는 성부와 성령과 한 하나님으로 영원히 사시며 다스리시는 성자 우리 주 예수 그리스도를 통하여 기도하나이다. 아멘.

오늘 읽은 갈라디아서 말씀은 율법과 복음의 차이에 대해 말합니다. 율법은 '멍에'이고 복음은 '자유'라고 합니다. 하나님께서 시내산에서 이스라엘 백성에게 십계명을 주셨고, 이스라엘 백성은 가나안 땅에서 십계명을 지키며 살았습니다. 그러나 너무 경직되어서 율법이 그들에게 도움이 되지 못했습니다. 사람을 위해 율법이 있는 것이 아니라, 오히려 사람이 율법을 위하여 살았습니다. 예를 들어, 율법에 따르면 안식일에는 병든 자를 고칠 수 없습니다. 그런데 예수님을 찾아온 병든 자들에게는 기회가 그때밖에 없습니다. 율법대로라면 고침을 받을 수 없습니다. 그렇지만 예수님은, 율법은 사람을 위한 것이어야 하고 융통성이 있어야 한다고 말씀하시며 그들을 치유하셨습니다. 이때 바리새인들은 절대로 그럴 수 없다고 했고, 결국 큰 마찰이 생겼습니다.

이삭은 초자연적으로 태어난 아들입니다. 그는 영적인 예루살렘을 표현하는 것이라고 합니다. 이에 반해 이스마엘은 자연적으로 계집종에게서 태어났고, 지금의 유대교와 같다고 할 수 있습니다. 이삭은 성령으로 태어났습니다. 또 우리도 성령으로 태어난 사람이기 때문에 자유롭습니다. 하나님은 성령을 통해 율법을 해석할 수 있도록 하셨습니다. 실행할 때 융통성 있게 올바르게 실행할 수 있도록 하신 것입니다.

성령이 가르치시는 율법의 기초는 '사랑'입니다. 사랑이 없이는 율법을 이룰 수 없습니다. 그러면 그 사랑은 어디에서 나옵니까? 성령님께서 나오는 초자연적인 것입니다. 이삭은 초자연적으로 태어난 사람이며, 우리도 초자연적으로 거듭난 사람입니다. 따라서 우리는 사랑으로 사는 사람입니다.

"그리스도께서 우리로 자유케 하시려고 자유를 주셨으니 그러므로 굳세게 서서 다시는 종의 멍에를 메지 말라"(갈 5:1).

그런데 현대 교회에는 다시 멍에를 지려는 사람이 얼마나 많은지 모릅니다. 옛날 율법의 멍에가 아닌 새로 만든 교회법이라는 멍에를 지려고 하는 사람들입니다. 성령을 받았다면 성령님이 주신 자유를 가지고 하나님의 법을 자유롭게 이루고, 사랑의 법을 이루어야 합니다. 서로 방법이 달라도 서로를 인정할 수 있습니다. 서로를 인정한다는 것이 가장 중요합니다. 나는 이렇게 주의 사랑을 나타내겠다, 또 저 사람은 저렇게 하겠다 하여 서로 다툰다면, 둘 다 율법주의자일 뿐입니다. 그러나 서로 인정하고 서로 용납한다면 그것이 바로 사랑의 법으로 사는 것입니다. 서로의 차이점을 인정할 때 비로소 참된 자유를 얻을 수 있습니다.

어떤 사람들은 우리 예수원의 예배 형태를 보고 자기네 예배 방식과 다르다면서 "큰일났다. 이단이다"라고 화들짝 놀라서는 떠나곤 합니다. 융통성이나 다양성을 전혀 찾아볼 수 없는 태도입니다. 또 성공회에서 온 사람들은 예수원이 융통성이 너무 많아서 개신교와 같아졌다며 큰일이라고, 이단이라고 떠나가기도 합니다. 양쪽 모두 이런 문제를 제기하는 것은 성령을 통한 사랑이 없기 때문입니다. 이런 사람들 역시 율법주의자일 뿐입니다.

법에 어긋나거나 행함이 없는 경우라 하더라도 저 사람이 나와 다르기 때문에 그럴지도 모른다고 생각해야 합니다. 그렇지 않고 곧바로 그 사람을 불법자요, 불이행자로 판단해서는 안 됩니다. 성령님이 판단력을 주셔서, 융통성 있게 대해야 할 문제인지, 하나님의 법에 어긋난 문제인지 알 수 있게 하실 것입니다. 성령을 통하여 자유를 얻어서 또다시 멍에를 메는 어리석음을 저지르지 말라고 성경은 가르칩니다.

이런 문제에 대하여 오늘의 요한복음 말씀은 어떤 가르침을 주는지 살펴보겠습니다. 요한이 이 이야기를 할 때 우선 유월절이 가까웠다는 말이 나옵니다. 이것은 예수님이 유월절 어린양으로 자기 자신을 세상 모든 사람을 위해 내어주는, 다시 말해 성찬을 의미합니다.

다른 복음서에서는 비유 말씀을 다룰 때 순수하게 비유만으로 가르치지만, 요한복음에서는 실제 사건에 담긴 비유적인 뜻까지 설명합니다. 말하자면 배고픈 사람이 먹게 되었을 때 일차적으로는 배고픔을 해결했다는 실제적인 의미가 있지만, 거기에는 또한 영적이고 비유적인 의미도 있다는 것입니다.

유월절에 예수님이 유월절 어린양으로서 당신 몸을 우리를 위해 바치셨습니다. 유월절은 이스라엘 백성이 애굽에서 자유를 얻은 것을 기념하여 지키는 절기입니다. 따라서 그들이 애굽에서 자유를 얻었듯이 우리도 율법에서 자유를 얻었다는 의미가 있습니다.

이것은 완전히 초자연적인 일입니다. 다섯 덩어리의 떡과 두서너 마리의 생선을 가지고 만 명 정도 먹었지요? 남자만 오천 명이었으니까 아마 전체 인원은 만 명이 넘었을 것입니다. 그 일은 실제로 사람들을 먹였다는 사실과 아울러 성찬에 대한 비유도 담겨 있습니다. 성찬에 쓰이는 조그만 떡(면병)과 적은 양의 포도주로 온 세상을 먹일 수 있겠습니까? 이것은 바로 그리스도의 몸 된 교회를 통하여 온 세상에 가서 복음을 전파하고 영적으로 신령한 양식을 줄 수 있다는 것을 의미합니다. 우리가 가진 것은 적은 물질, 작은 능력, 적은 인원이지만 하나님의 능력으로 온 세계의 문제를 해결할 수 있습니다. 온 세계에 자유를 전할 수 있습니다. 그래서 유월절은 자유의 명절입니다.

그리스도께서 자유를 주시되 사람을 통하여 하십니다. 그리스도께서 만 명 이상 먹이신 것은 빈손으로 하신 일이 아니었습니다. 당신이 손수 무엇을 만들어서 하신 것이 아니라, 어린아이가 가져왔던 적은 양의 음식을 축사하심으로써 문제를 해결하셨습니다. 하나님은 우리 없이는 아무 일도 안 하십니다. 우리가 하려고 하지 않으면 예수님도 그저 손 놓고 계실 뿐입니다. 하지만 우리가 가진 조그만 능력, 조그만 지혜, 조그만 힘을 주께 바치면, 곧 우리가 가진 것을 바치면 주께서도 온 세상 문제를 해결할 수 있고, 온 세상에 자유를 주실 수 있습니다. 온 세상이 죄의 종노릇에서 해방될 수 있습니다. 성령의 자유 안에 들어갈 수 있습니다.

그러나 우리가 그 어린아이와 같이 가진 것을 바치지 않으면 예수님은 꼼짝도 하지 않으십니다. 무엇이 되었든지 우리에게 있는 것을 주께 바치면, 주께서 못하실 일은 하나도 없습니다. 주께서 우리를 사용하셔서 온 세상에 자유를 주시도록 기도합시다.

자기를 비우신 왕

성경말씀 빌립보서 2:5-11; 마태복음 26:36-27:60

기도　　전능하시고 영원하신 하나님, 세인을 지극히 사랑하시므로 성자 우리 구주 예수 그리스도를 보내사, 우리 육신을 취하시고, 십자가에 수난케 하심은 세상 만민으로 그 크신 겸손을 본받게 하심이로소이다. 비옵나니, 우리에게 자비를 베푸사, 그 인내심을 본받아, 부활하심에 참예케 하소서. 이는 성부와 성령과 함께 지금과 영원히 사시며 다스리시는 한 하나님 우리 주 예수 그리스도로 통하여 기도하나이다. 아멘.

성경에 기록된 대로, 고난주간인 일주일 동안 생긴 일을 생각해 보고 싶습니다. 토요일에 예수님은 베다니에 계셨으며 마리아, 마르다, 나사로가 잘 아는 사람의 집에 식사 초대가 있었습니다. 많은 사람이 그곳에 모였는데, 식사 도중에 마리아가 들어와서 예수님의 머리에 아주 값진 나드 향유를 부었습니다. 이를 지켜보던 유다가 "이 값비싼 것을 어떻게 그렇게 낭비할 수 있는가?" 하고 화를 내었습니다. 하지만 예수님은 "그것은 나의 죽음을 예비한 귀한 일이라"고 대답하셨습니다. 머리에 기름을 부어 드린 마리아의 행위에는 그보다 깊은 뜻이 한 가지 더 있습니다.

'메시아'(그리스도)라는 말은 '기름 부음을 받았다'는 뜻인데, 예수님이 메시아가 되기 위해서는 선지자에게 기름 부음을 받아야 하는 법이 있었습니다. 마리아가 그 법을 이룬 것입니다. 그녀가 선지자의 역할을 한 것입니다. 마리아는 집에서 기도하고 깊이 묵상하면서 예수님의 가르침을 깨달았습니다. 마리아는 예수님이 왕이 되셔야 하는 줄을 알았습니다. 어쩌면 예수님이 산 제물이 되고 대제사장 역할까지 감당해야 하는 것을 깨달았는지도 모르겠습니다. 그렇지만 왕이 되려고 하면 죽을 수밖에 없었습니다. 세상과 타협할 수 없으니까 왕이 되면 죽임을 당할 수밖에 없었습니다. 그래서 예수님은 마리아의 행위를 두고 "나의 죽음을 위하여 준비했다"고 말씀하셨습니다.

예수님은 왕이 되시고 정식으로 기름 부음을 받은 메시아, 즉 그리스도가 되셨습니다. 이 사실을 깨달은 사람은 많지 않았지만, 있기는 있었습니다. 깨달은 사람들 가운데는 여리고까지 내려가서 종려가지를 준비한 사람들이 있었는데, 이는 여리고 말고 다른 곳에는 종려나무가 없었기 때문입니다. 성경을 살펴보면, 일반 나뭇가지를 많이 들고 왔는데 어떤 이들은 종려가지를 가졌다고 기록되어 있습니다. 그날을 위해 미리 준비한 것입니다. 예수님의 왕

되심을 환영하려고 벌써부터 마음먹었던 것입니다.

또 유월절을 지키기 위해 갈릴리에서 온 사람들이 상당히 많았는데 그들 가운데 대부분은 가난해서 여관에 들지 못하고 감람나무 숲속에 천막을 치거나 그냥 자리만 깔고 바깥에서 잠을 잤습니다. 다들 예수님이 유월절에 왕이 되시리라고 기대하고 있었던 것입니다. 3년 동안 예수님이 행하신 크신 능력과 기적을 보고 그분이 분명 하나님께서 보내 주신 메시아라고 생각했기 때문입니다. 예수님이 왕이 되시면 희년을 선포하여 모두 토지를 얻고, 로마의 압제에서 벗어나 경제적인 자유를 누릴 것입니다. 뿐만 아니라 헤롯이나 아주 부패한 대제사장 밑에 있지 않아도 되고, 모든 일이 깨끗하게 되리라고 다들 기대에 부풀었습니다.

사람들의 마음은 너무나 단순합니다. 한 사람이 왕이 된다고 해서 어떻게 모든 사람의 마음이 변하겠습니까? 악한 사람은 그대로 악하고, 더러운 사람은 그대로 더러워서 변함이 없습니다. 예수님은 그것을 아셨지만 다른 제자들은 그 문제를 깊이 생각하지 않았습니다. 다만 외적인 정치·경제 문제만 생각하고 마음 문제에는 관심이 없었습니다. 그래서 예수님이 나귀를 타고 예루살렘으로 올라가기 시작하자 때가 왔다고 큰소리로 외쳤습니다.

"호산나!(원뜻은 '이제 구원하소서'인데 '만세'와 같은 찬양의 외침으로 사용되었음) 우리 왕 만세! 다윗의 아들 호산나!"

예수님을 하나님의 이름으로 오신 분으로 환영하면서 예수님과 같이 예루살렘으로 올라갔습니다.

그러나 바리새인들과 대제사장들은 예수님을 반대하였습니다.

이유는 두 가지입니다. 첫째, 그들은 예수님이 메시아가 아니라고 결정했습니다. 둘째, 예수님이 로마를 대적한다고 생각했으며, 그 대로 두면 로마인들과의 사이에서 큰 문제가 생길 것이라고 겁을 먹었습니다. 혹시 예수를 따르는 무리가 로마인들과 싸우기라도 하면 큰 민란이 일어날 수도 있는 일이었으니까요. 그래서 무리들을 향해 외쳤습니다.

"'호산나! 우리 왕 만세!'라고 그렇게 크게 외치면 안 된다."

하지만 예수님은 말씀하셨습니다.

"이 사람들이 조용하면 돌들이 외칠 것이다."

예수님은 성전으로 들어가 성전 안의 물건 파는 사람들을 쫓아내 버리셨습니다. 그것은 마지막으로 세속과 대적하는 표시였습니다. 세속 사람들이 하나님의 집인 성전을 차지하고 이용해서 가난한 사람들의 돈을 빼앗고, 부자가 되기 위하여 강도 역할을 했습니다. 그래서 예수님이 "이 집은 기도하는 집인데 너희들이 강도의 굴혈로 만들었다"고 책망하셨습니다. 그 일이 또 다른 적대자를 낳았습니다. 그때까지도 예수님을 잡으려는 마음이 없었던 사람일지라도 "이 사람을 그냥 두면 안 되겠다, 위험한 인물이니 없애 버리자"고 결정했을 것입니다.

하지만 일반 백성들은 예수님이 성전을 깨끗하게 하신다고 아주 기뻐했습니다. 부패한 제사장 밑에서 제사를 바치는 일이 무척이나 고통스러웠기 때문에 하나님께서 메시아를 보내셔서 모든 문제를 해결하실 것으로 알았습니다. 그리고 확실하지는 않지만 당시 로마 군대가 가이사랴 지역에 제일 많이 주둔했음을 짐작할 수 있

습니다. 민란이 생겨도 군대를 동원하려면 이삼 일은 족히 걸려야
올 수 있었습니다. 로마 군대가 지원하지 않으면 민란을 견딜 수 없
기 때문에 빌라도는 민란이 생기지 않도록 아주 조심했습니다.

또 한 가지 빠뜨릴 수 없는 중요한 대목이 있습니다. 요한복음에
보면, 빌라도가 예수께 "당신이 왕(王)이냐?" 하고 물어보자 예수
님은 "진리에 대한 증인으로 왔다"고 대답하셨습니다. 하지만 빌라
도는 "진리란 무엇인가?"라고 빈정대며 예수님의 답변을 기다리지
않고 무시해 버렸습니다. 빌라도는 진리보다는 세력만 생각하는
사람이었습니다. 진리가 무엇인지 모릅니다. 민란이 생기면 혹시
자기 세력이 없어질까 봐 걱정할 뿐입니다. 그래서 유대 민족이 자
신을 반대하지 않도록 하기 위해 조심스럽게 예수님께 질문하고,
유대 민족의 뜻을 확인하려고 진땀을 뺐습니다. '바라바를 예수 대
신 넘겨줄까 말까?' 생각도 해 보았습니다. 나름대로 신중하게 결
정하기 위해 애가 바짝바짝 탔을 것입니다.

빌라도가 예수를 재판한 것은 새벽이었습니다. 갈릴리에서 왔던
사람들과 일반 사람들이 베다니 밑의 감람나무 산에서 아침식사를
준비하고 있었습니다. 성전에 있던 사람들은 제사장과 관계가 있
는 사람이거나 예루살렘 성 내에 있는 사람들이었습니다. 우리도
그때 그곳에 있었다면 아마 흥분한 무리들과 함께 주님을 십자가
에 못박으라고 소리쳤을 것입니다. 자신이 십자가에 못박혀 죽임
을 당할 수밖에 없는 줄 알고, 예수님은 제자들과 마지막 만찬 때
빵을 축사하시고 "이것은 나의 몸이라", 또 잔을 가지고 "이것은 나
의 피라"고 말씀하셨습니다.

여러 해 후에 사도 바울이 "우리가 한 빵을 먹기 때문에 한 몸입니다"라고 말한 바 있습니다. "이것은 나의 몸이라"는 데는 두 가지 뜻이 있습니다(고전 10:17). 축사한 이 빵은 희생 제물로 바쳐질 나의 몸이라는 것과 이 모임 또한 나의 몸이라는 뜻입니다. 한 빵을 먹으므로 우리가 한 몸입니다. 아울러 바울이 강조한 것은 교회가 그리스도의 몸이니까 몸을 분변치 못한 사람은 주의 성찬에 참여할 때 자기 죄를 먹고 마시는 것이라는 사실입니다. 다시 말하면 사랑 없이 나만 복 받겠다는 이기적인 마음으로 참여한다면, 죄를 먹고 마시는 것일 뿐입니다. 사랑하는 마음과 그리스도와 한 몸임을 인정하는 마음으로 이 모든 사람이 나의 지체인 줄 알고 참여해야 합니다. 나를 다른 지체보다 귀히 여기지 않는 정신을 가지고 성찬에 참여하는 것이 올바른 일이라고 바울은 가르칩니다.

그리고 바울은 무엇보다도 우리에게 예수님의 마음을 품으라고 했습니다. 예수님의 마음을 품는다는 것이 무슨 뜻입니까? 예수님은 하나님이시고, 영원부터 하나님과 함께 계시고, 세상을 창조하신 하나님의 말씀이셨습니다. 그런데 말씀이 육신이 되기 위하여 한 여자의 몸 안에 한 세포가 되셨습니다. 스스로 아무것도 할 수 없는 상태의 아주 약한 자리에 들어갔습니다. 쉬운 일이 아닙니다.

예를 들어, 정신은 있는데 몸이 아파 마취 주사를 맞았다고 생각해 봅시다. 마취가 되면 정신이 없어지고 스스로 무슨 말을 하는지도 모릅니다. 게다가 나의 몸을 남이 마음대로 다룬다고 생각하면 얼마나 부끄럽고 불안합니까? 그런데 창조주 하나님께서 자신을 사람의 손에 맡기셨습니다. 유아 시절 예수님은 마취당한 환자같이 스스로 누구인지 알 수 없었을 것입니다. 언제부터 예수님이 당신이 하나님의 아들인 것을 알기 시작했는지는 알 수 없습니다. 그만큼 주님은 자신을 철저하게 비우셨습니다. 그 다음에도 금방 자기 할 일을 하지 못하고 어린아이로서 더 자라나야 했습니다.

젊은 청년으로 가족을 위하여 일해야 했기 때문에 서른 살이 될 때까지 하나님의 일을 하지 못했습니다. 여기서 한 가지 짚고 넘어가야 할 것이 있습니다. '하나님의 일'이란 무엇일까요? 예수님이 공생애를 시작하시기 전에 행하신 모든 일을 깊이 생각해 보면 모두가 하나님의 일이었습니다. 사람의 생활에 참여하는 것도 하나님의 일이었습니다. 빨리 나가서 복음 전파 사역을 하고 싶은 마음도 있었겠지만 '하나님의 때'를 기다렸습니다. 그래서 목수 일을 하고 다른 사람들과 똑같은 생활을 하면서 기다리고 기다리셨습니다. 이 모습을 통해 한 가지 더 생각할 것은, 예수님의 인내입니다. 그래서 우리에게도 "그 인내를 가지라. 그 정신을 가지라"고 하십니다.

오늘 기도문의 말씀은 예수님의 인내를 닮기 위하여 기도하라는 내용입니다. 우리는 인내심이 많이 부족합니다. 서로 복종하며 참아 주는 인내도 부족하고, 받은 사명을 이루기 어렵다고 쉽게 낙심하고, 아니면 너무 바쁜 나머지 빨리빨리 하나님의 일을 하겠다고 서두르면서도 지금 하는 것이 하나님의 일인 줄 깨닫지 못합니다. 인내가 부족한 우리가 다시 한 번 오늘 기도문대로 예수님의 본을 받아 인내하며 부활의 기대 속에 주의 일에 힘써야겠습니다.

주의 일은 무엇입니까? 전도하고, 교회 봉사하고, 기도하는 일도 주의 일이지만 소소한 일상도 곧 주의 일입니다. 예수님이 모범을 보여 주셨습니다. 하나님께서 예수께 부탁하신 일은 30세가 되기까지 다른 이들과 조금도 다름없이 일상 생활에 충실하라는 것이었습니다. 물론 기도하고, 토요일에 회당에 나가서 성경공부도 조금 할 수 있었지만, 일요일부터 금요일까지는 다른 사람과 똑같이 살았습니다. 기도도 일하는 틈틈이 할 수밖에 없었습니다. 너무 피곤한 나머지 기도 시간을 거른 적도 있었습니다. 물론 그래도 기도하셨을 것입니다. 때때로 밤에 나가 기도하셨으니까요.

"너희 안에 이 마음을 품으라 곧 그리스도 예수의 마음이니"(빌 2:5).

자기를 버린다고 하는 것은 기독교와 불교의 공통점입니다. 불교에도 '사람이 자기를 비워 공(空)이 되어야 한다', 즉 비워야 한다는 가르침이 있습니다. 그런데 불교에서는 왜 그렇게 해야 하는지 충분히 깨닫지 못하고, 한평생 그렇게 하려고 애쓰지만 어떻게 그것이 가능한지 알지 못합니다. 그러나 기독교는 왜 그래야 하는지 어떻게 해야 하는지 압니다. 예수님의 본을 받아 개인뿐만 아니라 세상 구원문제를 해결하기 위하여 근본 하나님의 본체이지만 자기를 비워 종의 형체를 입어 낮추신 것같이 우리도 왕이신 그분의 자녀이지만 비운 마음으로 주의 일에 참여해야 하는 것입니다. 예수 그리스도의 빈 마음을 가지고 자기를 내어놓고 하나님을 위하여 살아야 합니다. 90퍼센트만 하나님을 위해 살아도 안 됩니다. 100퍼센트 하나님과 남을 위하여 살아야 합니다. 그래서 기도할 때마다 성부와 성령과 한 가지로 주관하시는 예수님의 이름으로 기도하는 것입니다.

성령님이 계시지 않으면 우리는 예수님처럼 자기를 비울 수 없습니다. 그러나 성령을 통하여 그 힘을 받아 자기를 비울 수 있는 줄 알고 부활을 기대하며, 이 모든 일을 완전히 이루기 위하여 날마다 성령 충만을 받아야 합니다. 우리가 거룩한 교제인 성령의 코이노니아, 즉 주님의 몸에 참여하기 위하여 성령을 받았다는 것, 부활의 소망을 위해 하나님께서 얼마나 값비싼 대가를 치르셨는지를 잊어버려서는 안됩니다. 또 예수님이 일생 동안 고난을 당하시고 마지막 수난하신 일도 잊어서는 안됩니다. 그것은 우리의 자유, 우리의 사명, 우리의 영원한 생명을 위하여 내어놓은 값이기 때문입니다.

한 몸인 교회

성경말씀 고린도전서 11:23-29; 요한복음 17:1-26

기도 전능하시고 영생하신 하나님, 세상 사람을 지극히 사랑하시므로 성자 구주 예수 그리스도를 보내사 우리 육신을 취하시고, 십자가에 수난케 하심은 세상 만민으로 그 크신 겸손을 본받게 하심이로소이다. 비옵나니 우리를 긍휼히 여기사, 예수님의 인내하심을 본받아, 그 부활하심에 참예케 하소서. 이는 성부와 성령과 한 하나님으로 영생하시고, 영원히 다스리시는 성자 우리 주 예수 그리스도를 인하여 기도하나이다. 아멘.

주의 성찬에 대한 말씀은 사복음서와 고린도전서에 나옵니다. 마태, 마가, 누가복음에서는 예수님이 떡을 가지사 축사하시고 "이것은 나의 몸이니 나를 기념하여 이를 행하라"고 하셨습니다. 그리고 식사 후에 포도주를 가지시고 축사하신 후 "이것은 나의 피요, 새

언약의 피니 나를 기념하여 이를 행하라"고 하셨다는 기록이 있습니다. 고린도전서 12장에는 같은 내용이 다시 나옵니다. 그런데 요한복음에는 그에 대한 말씀은 없고, 대신 발 씻는 이야기가 나옵니다. 그 다음에는 예수님의 가르침이 길게 이어집니다. 예수님은 많은 가르침을 주시고 긴 기도를 하신 다음 겟세마네 동산으로 가셨습니다. 그곳에서 하나님 앞에 나아가 간절히 기도드렸습니다. 그때 제자들은 피곤해 그만 잠들어 버렸지요.

이 내용은 깊이 묵상해야 할 필요가 있습니다. 잘 알다시피 식사 후에 주님은 겟세마네 동산에서 기도하셨습니다. 그런데 그때 가룟 유다가 사람들을 이끌고 와서 예수님은 잡히셨고, 먼저 안나스에게로, 그 다음 가야바에게로 이리저리 끌려 다니시며 불법적인 재판을 받았습니다. 결국 법적 절차를 밟기 위해 새벽에 다시 한 번 정식 재판을 받았는데, 채 5분도 안 걸렸습니다. 벌써 결정을 다 내려놓았기 때문입니다. 그러나 유대인의 율법에 따르면 새벽에 재판하는 것은 불법이었기 때문에 해가 뜨기를 기다렸다가 해가 떠오르자마자 판결을 내리고 예수님을 빌라도 앞으로 보냈습니다.

이러한 사건의 흐름 속에서, 특히 주님이 그날 저녁에 하신 말씀과 행동을 중심으로 두 가지를 생각하고자 합니다.

예수님이 제자들의 발을 씻어 주신 것은 세속의 습관과는 정반대되는 행위입니다. 예수님은 제자들에게 교회생활의 모든 것을 세속과는 정반대로 하고, 높은 위치에 있는 사람이 오히려 섬기는 사람이 되어야 한다고 가르치셨습니다. 선생이 되려면 교만해서는 안 되고 다른 사람들의 종이 되어야 하며, 주인의 역할을 맡았거든 남에게 자기를 주장하기보다 남을 섬겨야 한다고 하셨습니다.

성공회에서는 이것이 형식으로 남아 있어서 순행할 때 주교님이 맨 뒤에 나옵니다. 그러나 순행이 길어지자 맨 뒤가 가장 높은 위치로 바뀌었습니다. 원래는 제일 낮은 위치라고 해서 그렇게 한 것인데 지금은 제일 높은 위치가 되었습니다.

마귀는 자꾸 이런 일들에서 중요한 본래 뜻은 없애고 사람을 교만하게 하려고 애를 씁니다. 그렇게 하려다 안 되면 이번에는 남보다 겸손하게 보이도록 합니다. 사실 자신이 참으로 겸손한 사람인지는 스스로 알 수 없습니다. 하나님만이 아십니다. 사람들은 겸손한 척하기를 잘합니다. 그러나 마음속으로는 겸손하지 않습니다. 우리는 단지 겸손하게 행하려고 노력할 따름이고, 하나님만이 그가 참으로 겸손한지 판단하실 것입니다.

어떤 사람들은 섬기기만 바라고 섬김 받는 것은 거절합니다. 이것도 일종의 교만입니다. 섬김을 받아들일 줄도 알아야 합니다. 성경에 보면 어떤 과부가 적은 돈이지만 자기가 가진 전부를 바친 일이 있습니다. 때때로 목회 현장에서 아주 가난한 사람이 자신의 모든 재산을 목회자에게 드리겠다고 하는 경우가 있습니다. 그럴 땐 참 곤란합니다. 그 사람은 받아 주기를 바라지만 목회자 입장에서는 도리어 그 사람을 도와주고 싶기 때문입니다. 그러나 그런 경우에 받아 주지 않는다면 그 사람의 마음은 상처를 입습니다. 그럴 때는 받아들여야 합니다. 그래서 받아야 할 때도 있고 주어야 할 때도 있으며, 섬겨야 할 때도 있고 섬김을 받아야 할 때도 있습니다. 성령님이 판단력을 주시면, 언제 섬겨야 할지, 언제 섬김을 받아야 할지 깨달을 수 있습니다. 그렇지만 마귀가 항상 사람을 교만하게 하든지 게으르게 하여서 서로 오해하고 분열시키므로, 늘 깨어서 조심하고 마귀의 꾀에 빠지지 않도록 해야 합니다.

예수님은 식사 후에 제자들에게 여러 가지로 가르치고 기도하셨습니다. 요한복음 17장 4절에 "아버지께서 내게 하라고 주신 일을 내가 이루어 아버지를 이 세상에서 영화롭게 하였사오니"라고 하셨습니다. 또 13장 31-32절을 보면, 가룟 유다가 나간 다음 예수님은 다시 가르치실 기회가 없을 줄 아시고 "지금 인자가 영광을 얻었고 하나님도 인자를 인하여 영광을 얻으셨도다"라고 하셨습니다. 예수께 영광이란 십자가의 영광이었습니다. 제자들과 많은 사람들을 위해 자기 자신의 목숨을 버리는 것을 '영광'이라고 보셨습니다. 그리고 때가 오면 죄 문제가 다 해결되고, 새 하늘과 새 땅 위로 고생이 없는 영광, 피 흘리지 않는 영광, 십자가를 넘어선 영광이 임할 것입니다. 그때까지 우리 신자들이 받을 영광은 주를 위해 고생당하는 것, 형제자매들을 위해 목숨을 버리는 것임을 알아야 합니다. 요한복음에 영광이라는 말이 거듭해서 나옵니다. 이 영광이 죽음의 영광, 곧 고통의 영광이며 남을 위하여 목숨을 버리는 영광임을 알아야 합니다.

요한복음 15장 14절 말씀을 보면, '너희가 나의 친구'라고 하셨습니다. 사람이 자기 친구를 위하여 목숨을 버리는 것보다 더 큰 사랑은 없습니다. 그래서 예수님은 아버지께 영광을 구할 때, 천사들을 보내 주셔서 찬양을 받게 해 달라고 하지 않으셨습니다. 또 영광의 광채가 둘러서 모든 사람에게 경외의 대상이 되게 해 달라는 것도 아니었습니다. 십자가 위에서 올바른 하나님의 사랑을 보여 줄 수 있도록 구하는, 그런 영광을 위한 기도였습니다.

계속해서 예수님은 제자들을 위하여 기도하셨습니다. 요한복음 17장 21절을 보면, 20절의 기도가 제자들만을 위한 기도가 아님을 알 수 있습니다. 예수님을 믿는 모든 사람, 즉 우리를 위한 기도이기도 합니다. 우리는 다른 사람의 말을 전해 듣고 믿게 된 사람들입니다. 제자들이 말씀을 전하여 많은 사람들이 믿고, 그 다음에 그 사람들이 또 전하고, 그리고 다른 사람들이 전하고 전하고 해서 우리에게까지 복음이 전해진 것입니다. 우리는 그들의 말씀을 통하여 믿게 되었습니다. 그러므로 그날의 기도는 예수님이 오늘의 우리를 위해 친히 하신 것이나 다름없습니다.

예수님은 그들 모두가 하나 되기를 원하셨습니다. 아버지께서 예수님 안에 계시고 예수님이 아버지 안에 계신 것처럼, 아버지께서 우리 모두 안에도 계시기 때문에 온 세상이 아버지께서 예수님을 보내셨다는 것을 알게 하십니다.

그렇지만 오늘날 교회에는 하나님께서 어디 계십니까? 서로 비판하고, 이단으로 몰아세우고, 교제하기를 거절하고, 자기네만 구원이 있다면서 싸우지 않습니까? 그래서 믿지 않는 사람들에게 복음을 전하면서 예수님 믿으라고 하면, 그들은 "예수 믿는 것은 좋은데, 도대체 어느 교회에 나가야 하느냐"고 되묻습니다. 그럴 때 "아, 어느 교회에 다니시든 아무 상관없습니다. 예수님을 인정하는 교회라면 다 괜찮습니다"라고 하면 좋은데, 그렇게 하지 못합니다. 사람들은 "교회에 나간 적이 있지만 서로 싸우기만 하고 다른 교회

는 틀렸다고 합니다. 마음이 혼란해서 못 가겠더군요"라고 말하곤
합니다. 많은 사람들이 교회 때문에 오히려 예수님을 믿지 못하게
되고 말았습니다.

예수님의 기도는 믿는 사람들이 하나가 되면 온 세상이 믿을 수
있다는 것입니다. 반대로 하나가 되지 못하면 세상이 믿지 않습니
다. 그래서 이 성만찬이 교회 안에서 복잡한 문제를 일으켰습니다.
교인들이 성만찬 때문에 서로 갈라지고 싸운 것이지요. 서로 자기
해석이 옳다고 주장하며 자기네 입장과 같지 않으면 교제할 수 없
다고 하는 바람에 통일의 성사가 분열의 성사가 되고 말았습니다.

너무 슬픈 일입니다. 하나님의 진리를 어린아이처럼 받아들이지
않으면 천국에 들어갈 수 없다고 하셨는데, 우리는 어린아이처럼
되지 않았습니다. 다들 철학자가 되고 말았습니다. "나의 철학이
옳고 너의 사상은 틀렸다"고 하며 싸웁니다. 철학자들이야 자신의
사상을 위해 논쟁할 수 있겠지만, 예수 믿는 신자들은 철학자도 아
니고 정치인도 아닙니다. 그저 어린아이일 따름입니다. 하나님의
어린아이로서 서로 사랑하는 것밖에는 할 일이 없습니다. 발을 씻
어 주는 것이 바로 그러한 표시입니다. 우리가 주 안에서 하나가 되
어 서로 섬기는 사랑을 나누어야 합니다. 발을 씻는다는 것은 외적
인 것이고, 예수님은 성령으로 우리를 씻어 깨끗케 하십니다. 그래
서 우리는 하나가 된 것입니다. 그런데 서로를 인정하지 않는다면
성령의 씻음을 받지 않은 것이 되겠지요.

발 씻음을 받던 제자 가운데 베드로가 순간 교만해져 주님은 나
의 발을 씻을 수 없다고 하다가 곧 깨닫고 씻김을 받았습니다. 그런

데 다른 제자 가운데 하나는 아무런 말도 없이 발 씻음을 받고는 나가서 예수님을 배반했습니다. 만일 예수님보다 우리의 생각이 중요하다고 여긴다면, 가룟 유다와 같은 사람이 되기 쉽습니다. 예수님보다 우리의 체면이 중요하다고 여긴다면, 씻음을 받았지만 나가서 주님을 배반하는 사람이 될 것입니다.

우리도 그날 주님이 하셨듯 기도드려야 합니다. 모든 신자들이 주 안에 하나 되게 해 달라고 기도해야 합니다. 이것은 교회 조직의 문제가 아닙니다. 지체는 여럿이지만 한 몸인 것처럼, 교회도 여러 교파가 있지만 한 교회입니다. 한 몸인 것입니다. 그리스도의 몸은 두 개, 세 개가 아닙니다. 그리스도의 몸은 오직 하나밖에 없습니다. 예수님이 포도나무라면 포도나무는 하나밖에 없습니다. 나머지는 다 그 나무에서 나온 가지입니다. 그래서 서로 사랑하고, 서로를 위하여 기도하고, 서로 비판하지 않기로 결정하면 예수님이 영광을 받으십니다.

어떤 의미를 가지고 이 성찬에 참여하느냐는 그리 큰 문제가 아닙니다. 문제는 우리가 하나이냐 하는 것입니다. 우리가 서로 인정한다면 예수님을 섬기는 사람으로서, 예수님의 제자로서, 하나님의 자녀로서 같이 한 식탁에 앉아서 식사합시다.

5 부활의 **확증**

부활의 확증

성경말씀 고린도전서 5:7-8; 요한복음 20:1-10

기도   전능하신 하나님, 독생 성자 예수 그리스도로 사망을 이기시고 우리를 위하여 영생 문을 열어 주셨나이다. 겸손히 빌건대 주의 특별한 은혜로 우리 마음에 착한 소원을 주셨으니, 항상 주의 도우심으로 이를 이루게 하소서. 이는 성부와 성령과 함께 영원히 사시며 다스리시는 성자 예수 그리스도의 이름으로 기도하나이다. 아멘.

"할렐루야! 주께서 살아나셨다. 과연 살아나셨다!"

세상 역사상 예수님이 다시 살아나셨던 사건보다 더 큰일은 없습니다. 그래서 교회에서는 십자가를 강조하고, 기독교의 상징으로 사용합니다. 만일 예수님이 다시 살아나시지 않았다면 십자가는 아무 의미 없는 실패의 표시일 뿐입니다. 예수님이 다시 살아나셨기 때문에 또 살아서 지금도 우리에게 역사하시기 때문에, 우리가 십자가를 통해 승리를 얻는 것입니다.

역사 기록은 보통 한 사람의 입을 통해 나온 것입니다. 이 말이 입에서 입으로 전해지다 기록된 것입니다. 그래서 나중에 고고학자들이 연구하다 보면 책 내용과 다르게 밝혀지는 경우도 있습니다. 그럼에도 우리는 그 말을 믿습니다.

하지만 예수님의 부활 사건은 한 사람이 보고한 것이 아닙니다. 사복음서는 각기 다른 네 명이 따로따로 보고하여 각 사람의 보고 내용이 조금씩 다릅니다. 서로 의논해서 기술한 것이 아니기 때문입니다. 각 사람이 자기 입장에서 기록하였습니다. 그러나 엄밀한 의미에서 약간의 차이는 있지만, 예수님이 참되게 몸으로 부활하셨다고 하는 사실에 모두 초점이 맞춰져 있습니다.

바울의 서신도 부활을 증거하는데, 입장이 조금 다릅니다. 바울은 예수님이 부활하신 다음에 친히 목격한 자들의 이름을 밝힙니다. 목격자 대부분이 그 당시까지 살아 있었기 때문에 확인이 가능했습니다. "예수님이 살아나신 다음에 당신이 분명 보았습니까?" 하고 얼마든지 물어볼 수 있었던 것이지요. 두 사람 또는 여러 사람이 뵙기도 하고, 또 500명이 한꺼번에 본 적도 있었습니다. 바울이 편지를 쓸 때 그들 대부분이 그때까지 살아 있었습니다. 사도행전을 보면 초대 교회 시대에는 어디를 가든지 예수님이 다시 살아난 것을 강조했고, 또 직접 만났다고 증거하는 구절들이 많습니다.

예수님은 하루만 나타난 것이 아니고 40일 동안 여러 번 나타나셨습니다. 이 사람 저 사람 가지각색의 사람들이 예수님을 직접 보았습니다. 꾸민 이야기라면 도저히 있을 수 없는 일입니다. 세상 역사에서 예수님이 다시 살아나셨던 사건만큼이나 증거가 많은 사건은 없을 것입니다.

어느 교회를 가든지 예수님의 부활을 중심으로 복음을 전했습니다. 이것이 바로 복된 소식입니다. 이것이 우리의 참 복음입니다.

'예수님이 다시 살아나셨도다!'

그런데 슬프게도 교회가 예수님이 다시 살아나신 것에 대해 흥미를 잃고 있습니다. 흔히 성탄절을 더 크게 지킵니다. 왜 그렇습니까? 아기가 태어난 것은 누구든지 이해할 수 있고 믿을 수 있기 때문입니다. 본 사람이 있든지 없든지 간에 살았던 사람이라면 분명히 출생 과정이 있었을 테니까 문제 될 것이 없습니다. 성탄절 날짜를 분명히 알지 못해도 상관이 없습니다. 또 예수님이 유명한 선생으로 사셨다는 것도 믿기 쉽습니다. 그러나 죽은 사람이 다시 살아났다는 것은 누구든지 쉽게 믿지 않습니다. 어느 성공회 주교님은 말씀하시기를, 저명한 학자 가운데 예수님이 몸으로 부활하신 사실을 믿는 사람이 거의 없다고 합니다. 요즘도 그런 소리가 들립니다. 그만큼 교회가 중심을 잃어버렸습니다.

사도 바울은 예수님이 다시 살아나지 않으셨다면 예수님을 믿는 자들은 정말 불쌍한 이들이라고 말했습니다. 정말 그렇습니다. 예수님이 십자가에서 죽으셨다가 다시 살아나지 않으셨다면 큰일입니다. 착하게 살 필요가 없지요. 그렇게 되면 착한 사람은 다 실패하고, 세상에는 강포만이 남을 것입니다. 예수님이 죽고 다시 살아나지 않으셨다면 우리도 다시 살아날 소망이 없으니까, 할 수만 있으면 강포를 사용하고, 폭력도 쓰고, 서로 도둑질 하고, 서로 압제하고, 제멋대로 살며 더러운 생활을 해도 좋다는 결론이 나옵니다.

예수님이 부활하신 사실을 인정하지 않는다면 착한 사람이 될 이유는 전혀 없으니까요. 또 세상에 대한 소망도 없을 것입니다. 오늘날 우리가 눈으로 보는 세상, 신문에서 읽는 세상이 얼마나 심하게 타락했는지 말도 못할 정도입니다. 예수님이 죽음에서 부활하지 않으셨다면 어디에 우리의 소망이 있겠습니까?

하나님의 도우심 없이 착하게 살려고 노력한 사람은 인류 역사상 많이 있습니다. 그런데 지금 세상이 어떻게 되었습니까? 타락해 가는 세상이 우리 눈앞에 있습니다. 초자연적인 하나님의 능력이 예수님을 살아나게 하시고, 우리도 살게 하십니다.

예수님이 다시 오실 것을 우리는 압니다. 예수님이 세상을 심판하러 오시겠다는 확인을 받았습니다. 우리는 예수님의 제자가 되고 예수님이 우리를 위하여 열어 놓으신 문을 통과하여 그 안에 들어감으로써 천국 생활을 시작합니다.

노래 가사 가운데 "어떻게 다시 살아나신 줄을 아느냐고 누군가가 묻는다면 내 마음속에 계시기 때문에 안다"라는 대목이 있습니다. 역사적인 증거뿐 아니라 우리 각 사람의 개인적인 증거도 있습니다. 어떻게 성령을 받을 수 있습니까? 예수님의 부활을 통해 성령을 받은 것입니다. 우리는 변화되었습니다. 이제 옛사람이 아닙니다. 하나님을 섬기고자 하는 마음이 있습니다. 이 마음이 어디서 나왔습니까? 예수님이 보내 주신 성령으로부터 나옵니다. 죽음에서 부활하신 예수님이 보내 주신 성령이지요. 살아 계신 하나님께서 성령을 보내 주신 것입니다.

그런데 어떻게 학자들이 예수님이 살아나지 않으셨다고 할 수 있습니까? 고린도전서 5장 7-8절 말씀에서 바울은 그 문제를 '누룩'이라고 표현했습니다. 옛날에 이스라엘 백성들이 애굽에서 도망간 날 밤에 너무 바쁜 나머지 빵에 누룩을 넣어 부드럽게 만들 시간이 없었습니다. 누룩이 없는 빵은 딱딱합니다. 그런데 그날 밤 너무 바빠 누룩을 넣지 못해 크래커처럼 딱딱한 빵을 먹을 수밖에 없었습니다. 나중에 하나님께서 명령하셨습니다.

"이제부터 해마다 이때가 되면 누룩 없는 빵만 먹어라. 그리고 너희가 애굽에서 급히 도망했던 일을 기억하라."

나중에 생각해 보니 그 말씀에 영적인 의미가 있었습니다.

누룩은 죄의 표시입니다. 누룩 없는 빵은 죄 없는 생활을 상징하는 것입니다. 그 뒤부터 해마다 유월절을 지킬 때면 집 안에서 누룩을 없애기 위해 부모와 자녀들이 돌아다니면서 혹시 누룩이 있는 빵 부스러기라도 떨어져 있지 않나 살펴보고 찾아서 밖으로 내던지는 풍습이 있습니다. 지금 유대교 신자의 가정에 가 보면 어머니가 일찌감치 누룩 있는 빵을 여기저기 조금씩 떼어 놓고 아이들에게 찾으라고 시킵니다. 그러면 아이들이 다 찾아서 없앱니다. 무엇을 가르치기 위한 것일까요? 바로 우리 안에 죄가 조금이라도 있어서는 안 된다는 것을 보여 주기 위해서입니다. 그래서 사도 바울도 우리에게 누룩 없는 빵이 되라고 말씀했습니다.

그런데 학자들은 세상의 영광을 누리고 싶어 합니다. 세상의 인정을 받고 싶어서 세상의 사상을 깊이 연구해 세상 방식대로 합니다. 결국 세상의 누룩이 정신 세계를 침범해서 누룩 있는 빵이 되어

버렸습니다.

공기 안에도 누룩이 있습니다. 그래서 반죽을 만들어서 그냥 두어도 조금씩 조금씩 누룩이 들어옵니다. 시간이 한참 걸리긴 하지만 누룩이 들어와서 발효를 시킵니다. 포도주도 마찬가지입니다. 포도즙을 만들어 두면 누룩을 넣지 않았는데도 며칠 되지 않아 누룩이 들어가 맛이 달라집니다. 공기 안에 누룩이 있기 때문입니다. 우리도 이와 같습니다. 오늘날 세상에 악한 사상이 가득 차서 조심하지 않으면, 곧 세속의 정신이 안으로 들어와 우리를 부패시킵니다. 모르는 사이에 누룩 있는 빵이 되고 마는 것입니다.

학자들은 누룩 없는 빵이 되려고 힘쓰지 않습니다. 왜 그렇습니까? 누룩 없는 빵은 이상하기 때문입니다. 학자들은 세상에게 인정받고 싶어 합니다. 결국 성경말씀을 믿지 않을 뿐만 아니라 성령을 마음속에 받아들이지도 않습니다. 세상 사람과 다를 바 없고, 의심만 가득합니다. 그런데 단지 생활을 해결하기 위해 신학교에 가서 "일자리를 주시겠습니까? 저는 공부 많이 했습니다" 하며 약력과 학위를 내보입니다. 신학교 측에서도 학자가 부족하기 때문에 "예, 들어와서 같이 일하시지요"라고 합니다. 그 결과 학생들까지도 믿음이 없이 양성되고 있습니다.

몇 년 전, 어떤 신학생이 이런 말을 했습니다.

"우리 학교는 입학생의 삼분의 이 정도가 믿는 학생이고, 나머지 삼분의 일은 안 믿는 사람들입니다. 그런데 다음 학년을 보면 삼분의 일밖에 믿는 사람이 없고, 최종 학년에는 믿는 사람이 아예 없습니다."

결국 몇몇 신학생이 '우리에게 누룩이 섞일까 염려해서 다른 곳으로 가겠다'면서 그 신학교를 떠났습니다.

'누룩 없는 빵이 되라'는 말씀은 하나님의 권면의 말씀입니다. 처음에는 예수님의 부활을 믿고 예수님을 친히 만나 예수님의 살아 계심을 체험을 통해 믿게 되었더라도 죄를 용납하기 시작하면서 의심이 생겨 차츰 세상 사람과 같아집니다. 히브리서 6장의 말씀처럼 사람이 이것저것을 다 맛보고, 직접 체험도 하고, 성령도 받고, 내세의 능력도 맛보았지만 믿지 않는다면 어떻게 되겠습니까? 내가 눈으로 본 것을 시인하지 못하고, 내가 몸으로 체험한 것을 그렇지 않다고 한다면 그보다 더 큰 거짓말이 어디 있겠습니까?

옛날 어느 학자는 지구가 돈다고 말했습니다. 그러나 다른 학자들은 하나님을 모독하는 짓이라며 믿지 않았습니다. 성경말씀에 '해가 떴다가 진다'고 기록되어 있으니까 지구가 돈다는 것은 말이 안 된다는 것이었습니다. 급기야 "당신이 한 말을 부인하지 않으면 당신을 죽이겠다"고 협박하기에 이르렀습니다. 그러자 그 사람은 이렇게 대답했습니다.

"좋아요. 당신들이 그렇게 말한다면 하는 수 없지만 그래도 지구는 돌고 있습니다."

우리도 확인을 받은 것이 있으므로 잊어버리면 안 됩니다. 그러면 어떻게 생활해야 할까요? 살아 계신 예수님의 초자연적인 능력으로 산다면 갈수록 더 강해질 것입니다. 반면 죄를 지으며 생활하기로 마음먹으면 그 다음에는 마음이 의심으로 가득 차고, 곧 원래 받은 확인마저도 사라져 버릴 것입니다.

사도 바울은 "우리 가운데 누룩을 없애고 누룩 없는 빵이 되라"
고 하였습니다. 성령의 도우심을 힘입으면 우리도 할 수 있습니다.
성령님이 우리에게 깨끗한 마음을 주십니다. 성령님은 우리가 예
수님과 함께 십자가까지 질 수 있는 힘을 주실 것입니다.

"할렐루야! 예수님이 살아나셨다. 참으로 살아나셨도다!"

아멘.

물과 피와 성령의 증거

성경말씀 요한일서 5:4-12; 요한복음 20:19-23

기도　전능하신 하나님, 독생 성자를 보내사, 우리 죄를 위하여 죽으시고, 우리를 의롭게 하기 위하여 부활케 하셨나이다. 구하노니 우리가 누룩 같은 죄악을 버리고, 정결한 생활로 주님을 진실히 섬기게 하소서. 이는 성부와 성령과 한 하나님으로 영원히 사시고 다스리시는 성자 우리 주 예수 그리스도의 이름으로 구하나이다. 아멘.

요한일서 5장에 '증거하는 이가 셋'이라는 말이 나옵니다. 먼저 '영과 물과 피'라는 말을 생각해 봅시다. 물은 모든 대자연 가운데 꼭 필요한 것입니다. 물이 없으면 어떤 생명체도 살 수 없습니다. 물론 돌은 물 없이 존재하지만 이와 같이 생명 없는 것을 제외하고 생명이 있는 것은 무엇이나 물이 꼭 있어야 합니다. 한편, 식물에게는 물이 필요하지만 피는 없습니다. 피는 동물들에게만 있습니다. 더 나아가서 모든 동물에게 피는 있지만 영은 사람에게만 있습니다. 우리 사람만이 하나님의 형상대로 지음 받았기 때문입니다.

여기서 하나님의 창조의 세 단계를 살펴볼 수 있습니다. 첫 단계는 대자연입니다. 그 다음 단계는 동물 세계, 그리고 최종적으로 영적인 삶을 누리는 우리 인간이 있습니다. 우리는 이 세 단계를 모두 다 포함하고 있기 때문에 물 없이는, 피 없이는, 더 나아가 영 없이는 살지 못합니다.

또 하나의 순서가 있습니다. 사람이 죄에 빠져서 하나님의 형상에서 멀어졌고, 하나님의 뜻에서 벗어나 죽을 수밖에 없는, 짐승과 다를 바 없는 상태가 되었습니다. 오히려 짐승보다도 더 형편없이 되었다고 해야 할 것입니다. 왜냐하면 짐승들은 죄를 지을 수 없기 때문입니다. 식물도 마찬가지입니다. 오직 사람만 죄를 지을 가능성이 있고, 이미 죄를 지었습니다.

그러므로 성경의 중심 주제는 죄 문제를 해결하는 것입니다. 창조 문제, 즉 새 창조의 문제가 바로 이 죄 문제에서 비롯됩니다. 성경에 기록된 모든 것은, 처음의 창조가 인간의 타락으로 부패해졌기 때문에 이 문제를 해결하는 것과 관련이 있습니다.

구약 시대에는 물로 씻으면 깨끗함을 얻을 수 있었습니다. 그렇지만 실상 마음까지는 깨끗하게 하지 못하였지요. 세례 요한도 많은 사람들에게 세례를 베풀었으나 그들 마음에는 변화가 없었습니다. 물론 그래도 좋은 의미가 있습니다. 그것은 세례를 통하여 이제부터 죄를 짓지 않겠다고 굳게 결심하는 것이니까요. 그렇지만 그리 큰 효과는 없었습니다. 세례를 받고 죄 짓지 않으려고 노력하는 사람들도 있겠지만 그렇게 노력해서 죄 문제가 해결된다면 예수님의 십자가가 필요 없었겠지요. 그러므로 물로는 죄의 문제를 해결하지 못합니다. 물과 더불어 예수님의 피로써 죄 문제를 해결할 수 있습니다.

이것과 연관해서 '보낸다'는 말을 생각해 봅시다. 요한복음 20장에 보면 '보낸다'는 말이 나오는데 사람이 죄사함을 얻고, 과거에 지은 모든 죄가 예수님의 피로 말미암아 씻겼다 해도 그것은 새 창조를 위한 길을 닦는 것에 불과합니다. 그 길을 온전히 가서 새 창조를 이루려면 성령의 도우심이 있어야 합니다. 우리가 영으로 된 피조물로서 죄사함을 얻은 다음에는 영적인 생활을 하게 되는데, 이 영적인 생활은 성령의 도우심 없이는 불가능하기 때문입니다. 성령과 우리의 영이 하나가 될 때만이 가능합니다.

그러므로 물과 피와 영 이 세 가지는 각각 대자연의 창조주이신 하나님과, 예수님이 사람을 위하여 희생을 통해 이룩하신 구원의 역사와, 구원받는 사람들을 인도하시고 보호하시는 성령을 말하는 것입니다.

요한일서 5장 10절을 보면 "하나님의 아들을 믿는 자는 자기 안에 증거가 있다"고 하였습니다. 이 말은 두 가지로 해석할 수 있습니다. 첫째, 사람이 믿게 된 것은 벌써 증거를 받았기 때문입니다. 어떤 사람이 믿는다면 그 사람은 마음속에 증거를 가지고 있기 때문이라고 해석할 수 있습니다. 둘째, 먼저 믿고 그 다음으로 마음속에 증거가 생긴다는 해석입니다. 요한의 사상을 따르는 사람들과 히브리어를 사용했던 사람들이 이처럼 두 가지로 해석해 왔다면, 두 가지 다 옳다고 보아야 합니다. 그 말씀의 뜻을 완전히 깨닫기 위해서는 두 가지 해석법을 다 알아야 합니다.

즉 믿음에는 두 가지 측면이 있습니다. 우선 하나님께서 자기 아들을 보내셨음을 인정하고 받아들이면 그것이 믿음입니다. 인정하는 것이 곧 믿음인데 그 신앙을 가지면 마음속에 증거가 생깁니다. 그리고 그 증거를 통해 더 깊고 성숙한 믿음인 충성이 뒤따르게 됩니다. 마음속에 확인이 있으니까 자기 멋대로 살지 않고 예수 그리스도께 충성을 바치는 것입니다. 하나님의 뜻대로 살기로 마음먹은 것입니다. 그것 또한 믿음입니다. 다시 말하면 참된 믿음이란 그냥 믿는 것이 아니라, 그 믿음을 가지고 충성된 삶을 살며 하나님을 의지하는 것입니다.

예를 들어 집을 떠받치고 있는 기둥이 정말 튼튼한지 알지 못한다면, 그것이 나무로 되었는지, 종이로 되었는지, 심지어는 기둥이 있는지 없는지조차 알지 못한다면 어떻게 마음 놓고 집 안에 있겠습니까? 먼저 기둥이 있는지 보고 아주 튼튼한 나무로 만들어진 것을 확인한 다음에는 거기 기댈 수도 있고 의지할 수도 있습니다. 내용을 알고 나면 의지할 수 있는 것이지요. 여기에서 내용을 아는 것과 의지하는 것이 바로 믿음의 두 가지 측면과 같습니다. 먼저 머리로 이해하면서 마음속에 확신이 생겨야 하고, 그 다음에 의지하며 충성을 바치는데, 이때에는 두려움이 없습니다.

따라서 성령님이 마음속에 주시는 증거를 구해야 합니다. 어떻게 하면 그 증거를 받을 수 있습니까?

"사람이 하나님의 뜻을 행하려 하면 이 교훈이 하나님께로서 왔는지 내가 스스로 말함인지 알리라”(요 7:17).

이 성경말씀이 바로 해답입니다. 하지만 어떤 사람이 하나님께서 계신지 안 계신지 알 수 없고, 설령 계신다 하더라도 자기 나름대로 살겠다고 마음먹는다면, 그는 증거를 얻을 수 없습니다. 그렇게 마음먹는데도 하나님께서 증거를 주신다면 하나님은 그분이 스스로 하신 말씀을 어기는 거짓말쟁이가 되고 말 테니까요. 그러나 사람이 하나님께서 살아 계신 증거만 받는다면, 내가 무조건 복종하겠다고 한다면, 하나님은 그 마음에 확인을 주실 것입니다.

이제 요한복음 말씀을 살펴봅시다. 어떻게 이 증거를 받았습니까? 사람의 말을 통하여 받았습니다. 사람이 우리에게 와서 예수님이 다시 살아나신 것, 죽으셨다가 부활하신 것을 믿으면 구원을 얻을 수 있다고 증거하면서 우리가 복음을 접하게 되었습니다. 천사들이 직접 전해 준 것이 아니라, 사람이 전했습니다. 몇 년 전 아프리카에서 어느 족장이 환상을 보았답니다. 환상에서 천사가 나타나 말하였습니다.

“때가 오면 얼굴 흰 사람이 너희 마을에 와서 하나님의 진리인 복음을 전하게 될 것이니 그 사람이 오면 영접하라.”

그래서 그 족장은 이삼십 년 동안 얼굴이 흰 사람을 기다렸습니다. 마침내 한 선교사가 왔습니다. 좋은 소식을 전하러 왔다고 말하자 그 족장이 “삼십 년이나 기다렸습니다. 왜 이리 늦으셨습니까?” 하면서 영접했습니다.

이처럼 천사들은 직접 복음을 전하지 못합니다. 복음은 ‘보냄을 받은 사람들’이 전하는 것입니다. 재미있는 것은 ‘심부름꾼’이라는 말은 헬라어로 '앙겔로스'라고 하는데, 천사도 똑같이 '앙겔로스' 라고 합니다. 천사는 '하나님의 심부름꾼'이라는 말입니다. 이 심부름꾼은 복음을 전달하는 사명을 맡은 대사가 아닙니다. 정작 중요한 소식은 심부름꾼이 아닌 대사를 통해 말씀하십니다. 그래서 예수님은 "너희들을 보낸다"고 하셨습니다. 이렇게 보냄을 받는 사람들을 나타낼 때는 '앙겔로스'라는 말을 쓰지 않습니다. 한편 교회에서 바울에게 심부름하는 사람을 보낼 때 그 사람을 '앙겔로스'라고 하였습니다. 다시 말하면 단순히 심부름만 하는 사람은 '앙겔로스'라고 하지만, 복음을 전하는 사람은 사도 혹은 대사라는 뜻을 가진 '아포스틀'이라고 불렀던 것입니다.

그러면 누가 사도의 직분을 받았습니까? 바로 우리 모두 받았습니다. 여기에서 예수님은 재미있는 말씀을 하십니다.

"아버지께서 나를 보내 신 것같이 나도 너희를 '보내노라'"(요 20:21).

뒷부분의 '너희를 보낸다'고 할 때 '보낸다'는 말은 '출발시키다' 라는 뜻의 다른 말을 사용하셨습니다.* 이것은 '나가게 하다'라는 말입니다. 예수님은 하늘로부터 하나님의 대표로 우리에게 오셨습니다. 그리고 우리는 또한 예수님의 대표로 보냄을 받았습니다. 그렇지만 똑같은 단어를 사용하지 않습니다. '아포스틀'이라는 단어는 요한복음에 여러 번 나오지만 한 번도 '사도'라고 번역되지 않았습니다. 그것은 누구든지 보냄을 받는다면 대표자가 되어 전도

---

* πέμπω(펨포): 출발점에서 '파송하다' 즉 '출발시켜 내보내다'라는 뜻.

하는 것이기 때문에 특별한 지위를 나타내는 것이 아닙니다. 모든 신자에게 주어진 것입니다. 그러므로 예수님의 좋은 소식을 전할 책임은 우리 모두에게 있습니다.

그 다음 20장 23절에 '보낸다'는 말이 두 번 나옵니다. 죄를 사한다고 할 때에도 '보낸다'는 말이 쓰이는데, 위의 경우와 다른 단어를 사용합니다.* 사람이 어떻게 죄를 보내겠습니까? 예수님을 통해 죄사함을 얻을 수 있음을 알려 주기만 하면 그 사람은 죄사함을 얻을 수 있습니다. 사람들이 복음을 듣고서 새사람이 되는 것입니다.

어떤 경우 죄를 사한다는 말로 '유월'이라는 단어를 쓰기도 합니다. 그것은 해방을 의미합니다. 또 '희년'이라고 하여 종이 되었던 모든 사람이 해방을 얻는 법이 있습니다. 땅을 잃었던 사람들은 자기 땅을 다시 찾고, 가난과 사슬에서 풀려 해방을 얻었습니다. 그러나 이러한 법이 있어도 실행하지 않으면 사람들은 해방을 얻을 수 없습니다. 실행하기 위해서는 우리가 나가서 사랑으로 전하고, 사랑을 확인시켜 주고, 성령이 우리 마음속에 계신 것을 보여 주어야 합니다.

성령의 역사에는 두 가지가 있습니다. 하나는 말하는 능력을 주시는 역사로서 제자들이 오순절에 받은 것이고, 다른 하나는 능력과 상관없이 마음속에 생명을 주셔서 원수라도 사랑할 수 있게 하는 역사입니다. 그래서 성령의 능력의 역사와는 조금 다르게 '숨'에 대한 말씀을 하셨습니다(요 20:22). "성령을 받으라"고 하셨을 때

---

* ἀφίημι (아피에미) : '보내다', '용서하다' 라는 뜻.

원어로는 '안으로 숨을 내쉰다'는 말을 사용했습니다.

"성령을 받으라, 그리하면 네 죄가 사하여질 것이다"라는 말씀은 이것은 '네가 사랑으로 네 원수를 용서하면 그 사람이 해방될 것'이라는 의미입니다.

가장 좋은 예가 스데반과 바울의 경우입니다. 바울은 스데반을 대단히 미워하였습니다. 스데반이 착하다는 것이 이유였지 그가 잘못이 많아서 미워한 것이 아닙니다. 그러고 보면 이유 없이 미워한 게 아니라, 사실은 마귀의 유혹 때문인 것이지요. 요즘도 세상에 그러한 문제가 있습니다. 어떤 사람이 착하게 살면 그것을 이유로 미워하는 사람이 있게 마련입니다. 자기가 부끄럽다 보니 착한 누군가가 미워지는 것입니다. 그때까지는 자기가 착한 척했는데 드디어 정말 착한 사람을 만나니까 착한 척했던 게 탄로 나니 그럴 수밖에요.

진정으로 착한 사람은 누구입니까? 마음속에 성령을 받은 사람입니다. 진정으로 마음속에 성령이 계시면 나에게 죄지은 사람이나 이유 없이 나를 미워하는 사람들을 어떻게 대하겠습니까? 반면 스스로 착한 척하는 사람이라면 나를 미워하는 사람을 어떻게 대하겠습니까? 그 사람이 정말 착하다면 그 사람 스스로 착한 것이 아니라, 하나님의 능력으로 착한 것입니다. 그렇다면 우리를 미워하는 사람을 어떻게 대해야 할까요? 누가 무슨 죄를 지었든 용서해야 합니다. 그 사람의 죄를 보내야 합니다.

스데반은 바울을 위하여 어떻게 기도했습니까? 그 사람은 살인하는 나쁜 사람이니 정죄해 달라고 하였습니까? 사실 구약 시대에는 그런 기도가 있었습니다. 사가랴 선지자가 돌에 맞아 죽을 때 마지막 기도로 "주여 용서하지 마소서"라고 하였습니다. 그러나 스데반은 마지막까지 "주여, 이 죄를 그들에게 돌리지 마소서" 하고 기도하였습니다. 성령의 능력이 나타나서 한 말입니까? 아닙니다. 마음속에 계신 성령으로 말미암은 사랑의 능력입니다. 결과적으로 바울은 가시채를 뒷발질하는 격이 되었습니다(행 26:14). 가시채란, 옛날 마차에 있던 장치로, 말이 뒷발질하는 버릇을 고치기 위해 쇠로 만든 가시채를 장치해서 말이 뒷발질을 하면 호되게 고통을 당하도록 하였습니다. 바울이 바로 하나님의 말씀을 외면하고 스데반을 인정하지 않았기 때문에 가시채를 심하게 걷어찬 꼴이 되었습니다. 그러나 결론적으로 바울은 회개하였습니다. 스데반의 사랑으로 바울의 죄는 이미 보냄을 받은 상태였기 때문입니다.

원수를 사랑하는 것은 곧 원수의 죄를 보내 버리는 것입니다. 그러나 기분이 상해서 용서하기를 거부하고, 나가서 좋은 소식 전하기를 싫어하고, 혹은 자기 생활 문제나 사업을 생각하느라고 바빠서 봉사하지 않는다면 그 사람은 결국 주의 사랑을 알 수 없게 됩니다. 주의 사랑을 알지 못하기 때문에 그대로 죄 가운데서 살 수밖에 없습니다. 죄에 사로잡힌 자가 되고 맙니다. 우리가 게으르고 관심이 부족하고 사랑이 없어서 복음 전도를 하지 않는다면, 사람들은 여전히 죄에 사로잡힌 채 살 수밖에 없습니다. 세상 사람들은 대부분 죄에 사로잡혀 있습니다. 덫에 걸려 있습니다. 어떻게 해야 그들을 덫에서 구할 수 있겠습니까? 우리 마음속에 있는 예수님의 사랑만이 구할 수 있습니다.

우리에게는 예수님이 받으신 것과 똑같은 책임이 있습니다. 그렇지만 예수님이 죽었다가 부활하셨고, 또 성령을 보내 주셨기 때문에 우리는 성령을 의지하여 책임을 완수할 수 있습니다. 이것이 바로 좋은 소식입니다. 더러는 책임지기 싫어하고 놀기만 바라는 신자도 있습니다. 만일 대통령께 미국 대사로 일해 달라는 편지를 받는다면 다들 좋아할 것입니다. 감당할 능력이 없는 사람이라도 일단 감사하고 볼 일입니다.

우리 신자들도 하나님께 똑같은 편지를 받습니다. 그런데 싫다고들 합니다. 집에서 놀겠다는 것입니다. 우리는 책임을 받은 줄 알고, 그 책임을 완수하기 위하여 힘을 받은 줄도 알고 기뻐해야 합니다. 부활하신 예수님의 능력으로 부활하신 주님의 증인이 되고 하나님을 위하여 자유를 전파하는 사람들이 됩시다.

목자와 양

성경말씀 베드로전서 2:19-25; 요한복음 10:11-16

기도 전능하신 하나님, 독생 성자를 보내
사 우리를 위하여 속죄의 희생이 되시고, 또한 선행의 모본이 되게 하셨나
이다. 비옵나니, 우리에게 은혜를 베푸사 항상 감사한 마음으로 주의 무한
하신 은혜를 받게 하시고, 날로 힘을 다하여 주의 거룩하신 생활의 자취를
따라가게 하소서. 이는 성부와 성령과 한 하나님으로 영원히 사시고 다스리
시는 성자 우리 주 예수 그리스도의 이름으로 구하나이다. 아멘.

오늘은 특별히 '선한 목자 주일'이라고 일컫는 날입니다. 예수님
이 부활하셔서 우리의 목자가 되셨습니다. 베드로전서 2장 25절
에 "이제는 너희 영혼의 목자와 감독 되신 이에게 돌아왔느니라"라
는 구절과 함께 예수님이 목자가 되시기 전에 먼저 고난당하셨다
는 말씀이 나옵니다.

오늘의 기도문을 보면 예수님의 삶과 죽음에는 두 가지 목적이 있습니다. 한 가지는 우리를 위해 속죄의 희생이 되신 것이고, 또 하나는 우리에게 선행의 모본이 되신 것입니다. 그래서 우리의 기도 제목은 우리를 위해 속죄의 희생 제물이 되신 분께 은혜를 청하고, 항상 감사하는 마음으로 주의 무한하신 은혜를 힘입어 주님의 거룩하신 생활의 자취를 따라갈 수 있도록 구하는 것입니다.

목자가 있으면 양들은 그를 따르는 법입니다. 예수님의 자취를 따라가기 위해서는 무엇보다 그분의 은혜가 필요합니다. 우리는 죄인이기 때문에 아무리 노력해도 실패할 수밖에 없습니다. 그러나 속죄의 희생이 되신 주님의 은혜에 힘입어 그분의 거룩한 삶을 따라갈 수 있습니다.

예수님은 요한복음 10장 8절에서 "나보다 먼저 온 자는 다 절도요 강도니 양들이 듣지 아니하였느니라"고 말씀하셨습니다. 많은 사람들이 양을 거느리는 지도자가 되고자 합니다. 하지만 그들 가운데 대다수가 돈을 위하여 양 무리를 지도합니다. 지금도 농촌 마을에 가 보면 교회 이야기가 나올 때마다 "저 사람, 도둑놈이야!" 하는 말을 듣곤 합니다. 근거 없는 말이 아니지요. 그때나 지금이나 사람이 양 무리를 인도하려는 것은 제 양이기 때문도 아니고, 양을 사랑하기 때문도 아닙니다. 단지 삯꾼으로서 돈을 벌기 위해 하는 것뿐입니다. 그래서 이리가 달려오면 삯꾼은 도망가 버리는 것입니다.

실제로 어떤 나라에서 정부가 갑자기 바뀌면서 교회가 심한 핍박을 받게 되었는데, 목자들은 도망가기 바빴습니다. 그 결과 교회도 약해졌습니다. 반면에 어떤 나라에서는 똑같은 핍박과 억압을 받았지만, 목자들이 양들과 더불어 고난을 함께 당했습니다. 그러자 오히려 교회가 더욱 건강해졌습니다.

목자의 책임은 이처럼 무겁습니다. 그러므로 제일 먼저 우리의 목자 되신 분을 진심으로 따라갈 수 있는 사람이 되게 해 달라고 기도하고, 그 다음에는 목자 역할, 좀더 정확히 말하자면 부목자 역할을 하는 모든 성직자를 위해 기도해야 합니다. 그들이 담대함으로 두려워하지 않고, 돈 때문이 아니라 오직 양을 사랑하는 마음으로 선한 목자의 본을 받아 충성스러운 목자가 될 수 있도록 열심히 기도해야 합니다.

우리가 그들을 위해 기도하지 않으면 그들은 실패할 수밖에 없습니다. 마귀는 누구보다도 목자들을 파괴하려고 합니다. 마귀는 양들보다 목자에게 관심이 더 많거든요. 그래서 사도 바울이 편지를 쓸 때마다 '나를 위해 기도해 주시오!'라고 거듭 부탁했던 것입니다. 참으로 우리는 양으로서 목자들을 위하여 열심히 기도할 책임이 있습니다. 왜 그렇습니까? 교회의 목자 되신 예수님은 부목자 역할을 맡은 사람들을 통해 일하시기 때문입니다.

선한 목자는 양들을 위하여 자기 목숨까지 버리는 사람입니다. 우리에게도 이런 정신이 있는지 돌아보아야 합니다. 베드로는 일반 신자들에게 "너도 목숨을 버릴 수 있는 정신을 가져야 한다"고 말했습니다. 물론 목자 역할 하는 분들이 모범이 되어야 하지만, 좋은 모범을 봤든 못 봤든 상관없이 우리 각 사람에게 책임이 있습니다.

일이 잘 될 때 감사하고 찬미드리기는 쉽습니다. 그렇다면 억울함을 당할 때, 핍박을 당할 때, 불의를 당할 때, 감사드릴 수 있습니까? 그래도 찬미할 수 있습니까? 그것이 바로 우리가 예수님의 참된 양인지 구별하는 기준입니다. 베드로전서 2장 20절에서는 "죄가 있어 매를 맞고 참으면 무슨 칭찬이 있으리요"라고 합니다. 누구든지 잘못이 있어 매를 맞는다면 견디어야 합니다. 그렇지만 선을 행했는데 오해를 받고 핍박을 당한다면, 주의 뜻대로 살려고 하는데도 불구하고 억울함과 고난을 받는다면 어떻게 하겠습니까? 그런 일로 고난을 받을 때 참으면, 하나님께서 기뻐하십니다. 우리는 선을 행하고 고난을 견디기 위해 부르심을 받았습니다. 이는 실로 놀라운 말씀입니다.

어떤 교회에 가면 우리가 왕의 자녀요, 부자로 살기 위해 부르심을 받았다고 하는 말을 듣게 됩니다. 그런데 성경의 가르침은 달라요. 우리가 왕의 아들이라면 그와 같은 신분을 얻게 하신 목자의 본을 따라야 하지 않겠습니까? 독생자 예수님은 세상에 계실 때 가난하게 살면서도 자신을 위해 자기 권리, 자기 능력을 쓰신 적이 한 번도 없으셨습니다. 철저하게 남을 위해 사셨습니다. 그러므로 우리 역시 왕의 자녀라 할지라도 왕의 자녀로 떵떵거리며 살아서는 안 됩니다. 우리를 부르신 것은 고난을 견디게 하려는 이유에서입니다. 왜 그렇습니까? 이 세상이 아직 죄에 깊이 빠져 있기 때문에 예수님과 함께 고난을 당하지 않으면 죄 문제를 해결할 수 없기 때문입니다. 교만해서 자랑을 일삼고, 특권을 휘두르기만 하면 죄 문제는 영영 해결할 수 없습니다. 고난을 견디어야만 죄 문제를 해결할 수 있습니다. 이것이 주님이 우리를 부르신 까닭입니다. 우리의 사명은 고난을 당하는 것입니다.

그러므로 공동체생활에서 다른 신자들에게서 오해를 받고 억울함을 당한다면 '아, 이거 좋은 연습이구나!' 하고 웃어넘길 수 있어야 합니다. 죽는 연습인 줄 알고 감사함으로 잘됐다고 생각합시다. 자꾸 자기 입장만 강조해서는 안 됩니다. 내 입장은 한 번만 말하고, 다른 사람들이 받아들이지 않으면 그만두고 고난을 감수하는 것이 원칙입니다. 그렇게 하면 죄 문제를 해결할 수 있습니다. 그렇지 않으면 죄 문제가 더욱 악화되고 복잡해져서 아름다운 공동체생활을 할 수 없습니다.

우리가 전에는 양과 같이 길을 잃었지만 이제는 우리 영혼의 감독자와 목자에게로 돌아왔습니다. 목자의 보살핌을 받게 된 양은 특별한 혜택을 누릴 수 있습니다.

"저가 채찍에 맞음으로 너희가 나음을 얻었나니"(벧전 2:24).

베드로 사도의 말인데요, 무슨 뜻일까요? 나음을 얻지 못하면 우리 잠재의식 속에 있는 복잡한 문제 때문에 자꾸 좋지 않은 행동이 나타납니다. '나음을 얻었다'는 말씀은 '더 이상 잠재의식의 종이 될 필요가 없으며, 정신적인 문제가 치유되어 건강한 삶을 살게 되었고, 예수님의 자취를 따라갈 수 있는 사람이 되었다'는 뜻입니다. '나음을 얻었다'는 것은 이처럼 중요합니다. 죄사함을 받는 것뿐만 아니라 나음을 얻는 것입니다. 그래서 몸의 병만 아니라 잠재의식의 문제, 복잡한 심리 문제도 해결할 수 있습니다.

요한복음 10장 16절 말씀은 아주 중요합니다.

"또 이 우리에 들지 아니한 다른 양들이 내게 있어 내가 인도하여야 할 터이니 저희도 내 음성을 듣고 한 무리가 되어 한 목자에게 있으리라."

한국말에서 '우리'라는 말은 두 가지 뜻을 나타냅니다. '울타리'라는 뜻도 있고, 일인칭 복수 대명사 '우리'라는 의미로도 쓰입니다. 이 둘은 서로 밀접한 관련이 있습니다. '한 울타리 안에 사는 사람들'을 '우리'라고 할 수 있으니까요. 그렇다면 우리란 누구를 가리키는 말입니까? 하나님의 양, 즉 하나님의 울타리 안에 사는 하나님의 양이 바로 '우리'입니다.

그런데 거기에서 끝나는 것이 아닙니다. 하나님께서는 다른 양들을 애타게 기다리고 계십니다. 울타리 밖에 있는 양들을 찾아 헤매십니다.

"내가 그들을 찾아야 한다. 저희도 내 음성을 듣고 한 무리가 되어 한 목자에게 있으리라."

우리는 예수님이 잃은 양을 찾아 나서시게 해서는 안 됩니다. 우리가 나가서 들어오시라고 청해야 합니다. 믿는 사람끼리만 어울리면서 우리끼리만 아름다운 교회생활을 해서는 하나님의 뜻을 이룰 수 없습니다. 우리도 선한 목자의 애타게 기다리는 마음을 닮아야 합니다. 우리는 목자로서 밖에 나가 양들을 찾아다니며 그들이 목자의 음성을 들을 수 있도록 해야 합니다. 우리의 목소리를 통해 목자의 음성을 듣게 해야 합니다. 우리가 소리를 내지 않으면, 이 땅에 예수님의 음성을 전파할 수 없습니다.

그럼 우리 목소리가 목자에게 돌아오기만을 바라는, 사랑으로 가득 찬 소리입니까? 긍휼히 여기는 소리입니까? 진정으로 예수님의 음성이 우리를 통해 전달됩니까? 주님은 잃어버린 양들을 찾기 위하여 우리의 다리와 우리 음성을 사용하셔야 합니다. 그러므로 우리는 우리의 다리를 기꺼이 사용해서 주님의 말씀을 전파하고 흩어진 양들을 모아 이 우리 안에 들어오도록 인도해야 합니다.

그들과 함께 한 무리가 되어 한 목자의 돌보심 아래 있도록 하는 것이 신자들이 생활하면서 이루어야 할 목표입니다. 이것을 이루기 위해 고난을 당하기로 결심해야 합니다. 왜 그럴까요? 이 양들이 어디에 흩어져 있는지 아시겠습니까? 바로 거칠고 넓은 광야에 흩어져 있습니다. 그래서 그들을 찾기 위해서는 숱한 고생을 감당해야 합니다. 고생이 큰 만큼 잃어버린 양을 애써 찾아 무사히 우리까지 몰고 왔을 때의 기쁨 또한 클 것입니다. "양을 찾았다!"고 외치며 기쁨으로 충만하겠지요. 그렇지만 그 순간 하늘에서의 기쁨은 이에 비할 수 없이 크다고 하였습니다.

우리는 하나님께 속한 양이 될 뿐만 아니라, 선한 목자의 자취를 따라가는 부목자가 되어야 합니다. 나가서 잃은 양을 찾는 것, 그것은 하나 된 그리스도의 몸인 교회의 책임입니다. 그냥 울타리 안에서 안전하게만 있으려는 양이어서는 안 됩니다. 우리는 양일 뿐만 아니라 그리스도의 몸을 이루는 지체임을 명심해야 합니다. 우리 다 함께 그리스도의 몸으로서 우리 다리를 사용하고, 우리 음성을 사용해서 광야에 흩어져 있는 잃어버린 양들을 찾도록 합시다.

창조주의 법을 존중하라

Reuben Archer Torrey

성경말씀 베드로전서 2:11-17; 요한복음 16:16-22

기도 전능하신 하나님, 길을 잃은 자에게 주의 빛을 보이사, 바른길로 돌아오게 하시나이다. 비오니, 그리스도 교회에 들어온 자들을 돌아보사 저희 직분에 거스르는 일을 버리고 올바른 일만 행하게 하소서. 성부와 성령과 함께 지금과 영원히 사시며 다스리시는 한 하나님 우리 주 예수 그리스도를 통하여 기도하나이다. 아멘.

기도문 이야기부터 하겠습니다.

"길을 잃은 자에게 주의 빛을 보이사 바른 길로 돌아오게 하시나이다."

우리가 양과 같이 길을 잃어버렸지만 선한 목자요 감독 되신 예수님이 오셔서 옳은 길로 인도하셨습니다. 그리고 "그리스도 교회에 들어온 자들을 돌아보사"라고 기도하였는데, 바로 부활절에 새로 들어온 사람들이 많기 때문입니다.

그리고 "저희 직분에 거스르는 일을 버리고 올바른 일만 행하게 하소서"라는 기도를 드립니다. 사실 그리스도인은 저마다 받은 직분이 있습니다. 사람마다 직분이 다르지만 어떤 형태로든 그리스도를 위해 일하는 일꾼입니다. 그러므로 우리 모두 다 성직자인 셈이지요. 그런데 교인들이 올바른 행동을 하지 못한다면, 이는 자기 직분을 거스르는 것입니다. 결국 외부인이 보면 '무슨 사람이 저러냐'고 할 것이고, 예수님께 영광이 될 수 없습니다.

베드로전서에서는 "너희 선한 일을 보고 권고하시는 날에 하나님께 영광을 돌리게 하려 함이라"(벧전 2:12)라고 말씀합니다. 외부인이 우리를 보고 나중에 하나님께 영광이 되겠다는 말입니다. 많은 신자들이 입으로 그리스도를 믿는다고 증거하는 것은, 우리가 마땅히 감당해야 할 일입니다. 이런 경우 행동과 말이 같지 않으면 안 됩니다. 왜냐하면 사람들은 말보다 행동을 보기 때문에 그런 좋지 않은 모습을 본다면 '나는 신자가 되지 않겠다'고 할지도 모르기 때문입니다.

다시 기도문을 보면, "올바른 일만 행하게 하소서"라고 합니다. '올바른 일'이란 하나님께서 허락하시는 일입니다. 올바른 일을 하기 위해서는 성령의 인도하심을 받아야 합니다. 그래서 육체의 정욕과 싸우는 것입니다. 그 결과 외부 사람들이 볼 때 '올바른 사람이다'라고 할 것입니다.

"선행으로 어리석은 사람들의 무식한 말을 막으시는 것이라 자유하나 그 자유로 악을 가리우는 데 쓰지 말고"(벧전 2:15-16).

우리가 어떤 자유를 얻었습니까? 첫째는 마귀로부터 자유를 얻었습니다. 둘째는 하나님께서 원하시는 대로 살기 위한 자유를 얻었습니다. 그전에는 우리에게 자유가 없었습니다. 죄의 종, 마귀의 종으로서 하나님께서 원하시는 대로 하려고 해도 그럴 자유가 없었습니다.

하지만 이제는 예수님의 부활의 능력에 힘입어 자유를 얻었으므로 아름다운 행동을 할 수 있습니다. 그런데 어떤 신자들은 그것을 미처 깨닫지 못하고, 그저 자유를 얻은 것이 자랑스러운 나머지 "내 마음대로 할 수 있다. 남의 눈치를 보지 않아도 된다. 구약성경은 옛날이야기이고 우리와는 상관이 없다"고 말합니다. 자기 악행을 가리기 위해 자유라는 말을 남용하는 것이지요. 세상에 이런 일이 얼마나 많은지 모릅니다. 아나니아와 삽비라 시대부터 지금까지 교회 안에서 자유를 구실 삼아 남을 이용하고, 도둑질하고, 남의 땅과 남의 자유를 빼앗는 사람들이 점점 더 많아지고 있습니다. 결국 많은 사람들이 예수님을 믿지 않고 공산당이나 세상을 믿겠다고 떠나버렸습니다. 교회 역사상 두 번의 큰 재앙이 있었는데 한 번은 이슬람 때문이고, 또 한 번은 공산당 때문입니다. 그 이유는 그리스도인들이 자기 자유를 구실로 남을 이용했기 때문입니다. 우리는 그런 사람이 되지 맙시다.

"뭇사람을 공경하며 형제를 사랑하며 하나님을 두려워하며 왕을 공경하라"(벧전 2:17).

중요한 말씀입니다. 왕도 공경하면서 모든 인간을 공경하라는 말씀입니다. '민주주의'라는 말은 성경에 나오지 않지만 뭇사람을 공경하고 왕을 공경하는 것이 올바른 민주주의 정신이라 볼 수 있습니다. 우리는 인간을 존중하고, 더 나아가 형제들을 사랑해야 합니다. 형제 사랑에서 한층 더 나아가 하나님을 두려워해야 합니다. 왜 하나님을 두려워해야 합니까? 현대 교회를 보면 마치 하나님을 두려워하라는 말을 잊은 것 같습니다. 하나님은 창조주이십니다. 많은 사람들이 예수님 하면, 역사적으로 좋은 일을 많이 하시고 병을 고치신 것만 생각하지, 창조주 예수님으로는 생각하지 않습니다. 예수님은 이 세상을 창조하신 분입니다. 그러므로 하나님의 법을 지키지 않는 것은 도덕법이나 자연법에서 벗어나는 것과 마찬가지입니다.

창조주와의 관계가 어그러져서 창조의 법을 벗어나면 복잡한 문제가 생깁니다. 그런데 안타깝게도 많은 신자들이 그것을 깨닫지 못합니다. 창조주께서 세상을 창조하셨을 때 자연법을 만드셨습니다. 여러 면으로 실제적이고 유일한 법인데, 사람들은 조금도 관심이 없습니다. 오늘날은 인본적인 성향이 강해서 사람이 무엇을 원하든지 과반수만 옳다고 하면 옳은 것이 됩니다. 하나님의 법에는 조금도 관심이 없습니다.

어떤 사람이 절벽 아래로 떨어지면서 "하나님, 살려 주세요. 나 살려 주세요" 땅에 떨어졌을 때 어떻게 되겠습니까? 죽습니다. 하나님은 그분이 만드신 자연법을 무시하지 않으십니다. 하나님을 두려워하라는 말은 그러한 법을 알라고 하는 것입니다.

하나님의 사랑을 강조하다 보니 하나님을 두려워하는 것을 잊어버리는 때가 많습니다. 하나님의 법은 엄연히 존재합니다. 하나님의 법을 일부러 무시하는 사람은 재앙을 당할 수밖에 없습니다. 하나님을 두려워한다는 것은 하나님께서 만드신 율법을 존중한다는 것입니다. 물론 우리는 율법주의자가 아닙니다. 신자들은 율법으로부터 자유로워졌기 때문에 율법주의자는 되지 않습니다. 도리어 우리는 과학자에 가깝습니다. 그런데 과학 지식에만 의존하고 대자연의 법을 따르지 않으면 성공하지 못합니다.

왜 자동차가 자주 고장납니까? 죄가 있기 때문입니다. 무슨 죄입니까? 대자연의 법을 지키지 않는 죄입니다. 지나치게 많은 돌을 실어서 스프링이 나갔습니다. 대자연의 법, 곧 하나님의 법에 어긋났기 때문입니다. 그러면 하나님께서 미안해하시며 "너희들이 나를 사랑하니까 내가 스프링을 튼튼하게 해 주겠다"고 말씀하십니까? 그런 일은 없습니다. 법을 지켜야지요.

모든 하나님의 법이 마찬가지입니다. 하나님을 두려워한다면 무슨 기계를 쓰든지 올바르게 사용해야 합니다. 짐승을 기를 때에도 올바르게 길러야 합니다. 농사에도 올바르게 농사짓는 법이 있고, 건강해지려면 건강법에 따라 올바르게 행동해야 합니다. 물론 때때로 병에 걸릴 때 하나님께서 기적을 행하셔서 고치시기도 합니다. 어떤 때는 고쳐 주시지 않을 때도 있습니다. "왜 내 법을 지키지 않았느냐? 왜 나를 두려워하지 않았느냐?"고 꾸중하시는 때가 있습니다.

독일의 마리아 자매회 자매들이 처음 집을 지을 때 철도가 있어서 레일 있는 차를 사용했습니다. 돌들이 너무 무거워서 그냥 옮길 수 없었기 때문입니다. 그런데 자매들의 관계가 삐걱거릴 때마다 그 차가 탈선했습니다. 회개한 다음에야 다시 사용할 수 있었습니다. 하나님께서 자연법을 통해 영의 법을 가르쳐 주신 것입니다.

영의 법과 자연법 모두 하나님으로부터 나온 법입니다. 다만 창조주 하나님은 우리를 불쌍히 여기셔서 우리가 법을 어긋나게 행할 때에도 용서해 주십니다. 그렇지만 '무슨 일을 해도 용서받을 수 있다'는 태도로 일관한다면 큰일납니다. 믿는 자들이 일부러 하나님의 법을 무시한다면, 하나님은 "그럼 어디 해 봐라. 더 이상 은혜를 주지 않겠어"라고 하실지도 모를 일입니다.

은혜를 얻기 위해서는 먼저 회개해야 합니다. 회개하는 마음은 곧 하나님의 법대로 사는 마음입니다. 알면서도 하나님의 법을 무시하는 사람은 회개하는 사람이 아닙니다. 회개하지 않으면 은혜받을 자격이 없습니다. 거저 주시는 은혜를 받고 싶어 하지 않고, 이용할 생각만 있다면 어떻게 하나님께서 주시겠습니까? 아이들에게 선물을 주고 싶은데 아이들이 일부러 그 선물을 가지고 딴 데 쓰거나 파괴하려고 하고, 다른 아이들을 때린다면 그 선물을 주고 싶겠습니까?

거저 주시는 은혜를 어떻게 받아들이겠습니까? 감사하는 마음으로 받겠습니까, 아니면 남을 이용하는 데 사용하겠습니까? 교회 안에서 남을 이용하는 데 은혜를 사용하는 일이 많아서 교회가 부패하고 재앙을 많이 당했습니다. 이상한 것은 이스라엘 사람들은 재앙을 당할 때 울면서 회개했지만, 우리 교회는 자기가 옳다는 소리만 계속합니다. 아직까지 회개하지 못한 우리 모습이 하나님 앞에 얼마나 부끄러운지 모릅니다. 이 교회가 저 교회보고 "너희가 틀렸다. 우리가 옳다”고 주장하는 소리가 무성합니다. 하나님은 그런 것을 인정하지 않으십니다. 하나님을 두려워하는 사람은, 겸손하고 사랑하는 마음으로 형제를 대하는 사람입니다.

요한복음 말씀을 보겠습니다.

“조금 있으면 너희가 나를 보지 못하겠고 또 조금 있으면 나를 보리라”(요 16:16).

예수님이 죽으셨다가 부활하신다는 예언의 말씀입니다. 그리고 예수님은 너희들이 근심하나 여자가 애기를 난 후에는 자기 근심을 잊어버리는 것과 같이 너희도 근심을 잊어버리겠다고 하셨습니다(요 16:21). 사실 부활절 전에 제자들이 제자들이 얼마나 근심했는지 모릅니다. 그리고 부활하신 예수님을 만났을 때 얼마나 기뻐했는지요. 그 기쁨이 2천 년 동안 우리에게 내려왔습니다.

요한복음 16장 13절에 “진리의 성령이 오시면 그가 너희를 모든 진리 가운데로 인도하시리니”라는 말씀이 나옵니다. 성령께서 오시면 성령을 통하여 지혜를 얻을 수 있습니다. 무슨 지혜입니까? 하나님의 뜻이 무엇인지 알고 실행하는 지혜입니다. 성령께서 당신의 뜻을 알려 주시겠다는 것입니다. 성령의 역사에는 세 가지 중요한 역사가 있습니다. 하나는 마음을 고쳐서 우리가 남을 사랑하고 기뻐하며 무슨 일이 있든지 감사드리고 절제하는 힘이 생기게 하십니다. 이것은 성령께서 속사람에게 역사하시는 것입니다. 또 다른 한 가지는 능력을 주시는 일입니다. 방언도 주시고, 예언도 주시고, 병든 자도 고치게 하시고, 기적과 여러 가지 능력을 행하게 하십니다. 이것은 외적 성령의 역사입니다. 세 번째 성령의 역사는 지혜를 주시는 역사로, 주님의 뜻을 알려 주십니다.

각 사람마다 내게 어떤 성령의 역사가 필요한지 살펴보면 좋겠습니다. 만약 내가 능력이 하나도 없다면 능력을 구하고, 사랑이 없다면 사랑을, 절제가 없다면 절제를, 주의 뜻이 무엇인지 깨닫지 못한다면 지혜를 구하도록 하십시오. 어떤 성령의 역사가 필요한지 깊이 생각해서 그것을 위해 기도하되, 기대하는 마음으로 기도하면 하나님께서 역사하실 줄 믿습니다.

말씀의 잉태

Reuben Archer Torrey

성경말씀 야고보서 1:17-21; 요한복음 16:5-15

기도　전능하신 하나님, 죄인의 완악한 심정을 오직 주께서 다스리시나이다. 비옵나니, 주의 백성들이 분부하신 바를 사랑하며, 약속하신 바를 바라게 하사, 천변만화하는 세상에서 마음을 굳게 정하여 참된 복지를 바라게 하소서. 성부와 성령과 함께 지금과 영원히 사시며 다스리시는 한 하나님 우리 주 예수 그리스도를 통하여 기도하나이다. 아멘.

오늘 기도문은 우리에게 아주 특별하고 또 매우 유익합니다. '천변만화하는 세상'이라는 말처럼 이 세상은 계속 변해 갑니다. 그런데 오늘 읽은 야고보서 말씀을 보면, 하나님은 변함도 없으시고 회전하는 그림자도 없으시다고 합니다. 즉 변함이 없으신 하나님이 계시기에 우리는 이 변화 많은 세상에 살면서도 굳세게 생활하며 안녕할 수 있는 것입니다. 또 "죄인의 완악한 심정을 오직 주께서 다스리시나이다"라고 기도합니다. 사실 인간의 마음은 완악합니다. 우리는 죄인입니다. 야고보서 말씀에는 "사람의 성내는 것이 하나님의 의를 이루지 못함이니라"(약 1:20)고 합니다.

며칠 전에 한 형제가 정의를 위해 화를 낸 적이 있었답니다. 그런데 깊이 생각해 보니 아무런 유익이 되지 않는 일이었다는군요. 그래서 회개하고 다음부터는 인간적인 화를 내지 않기로 결심했다고 합니다. 우리가 완악한 고로 오직 하나님만이 우리 마음, 우리 심정을 다스릴 수 있습니다.

또한 "주의 백성들이 분부하신 바를 사랑하며"라고 기도했습니다. 하나님께서 우리에게 분부하신 일이 있습니다. 각 사람이 명령을 받았습니다. 하나님께 받은 사명이 있지만, 그 사명을 사랑하지 못하면 재미가 없습니다. 그러므로 하나님께서 분부하신 바를 사랑하게 해 달라고 구해야 합니다. 구하면 주십니다.

저는 6년 동안 하나님께서 분부하신 대로 행했습니다. 하지만 하나님께서 저에게 맡기신 일을 충실히 하면서도 사랑하지 않았기 때문에 얼마나 재미가 없었는지 모릅니다. 제가 순종해서 하나님께서 저를 쓰시기는 하였습니다. 그렇지만 사랑이 부족해서 정작 저에게는 유익이 없었습니다. 그러다 마침내 깨달은 바가 있었습니다.

"주여, 제게 분부하신 일을 사랑하게 하여 주소서."

주님은 저를 보고 웃으셨습니다.

"어리석기는, 6년 전에 그 기도를 했어야지?"

저는 기도했습니다.

"주님, 지금이라도 그렇게 해 주시겠습니까?"

주님은 대답하셨습니다.

"물론, 내가 해 주지."

그 다음날부터 그 일을 사랑하게 되었습니다. 구하기만 하면 하나님께서 우리에게 분부하신 바를 사랑하게 하십니다.

"약속하신 바를 바라게 하사"라는 기도문 구절처럼 하나님은 우리에게 여러 가지를 약속하셨습니다. 성경을 처음부터 끝까지 보면 수많은 약속들이 있습니다. 그런데 옛날 우리 동방에서는 하나님은 지극히 높으신 분이기 때문에 사람들과는 약속하지 않는다고 했습니다. 다른 말로 '허락한다'고 표현했습니다. 그래서 오래전 기도문에는 '허락한다'는 말이 많이 나옵니다. 하지만 성경에는 허락한다는 말이 없습니다. 그냥 약속이라고 합니다. 하나님께서 자기를 낮추셔서 우리 인간에게, 아주 낮은 피조물인 우리에게 약속을 하십니다. 그리고 약속을 지키십니다.

그런데 일반 사회에서 높은 사람은 약속을 지키지 않아도 무방하다는 생각을 가지고 있습니다. 부모는 아이에게 무슨 말이든 해도 좋고, 필요하면 거짓말을 해도 괜찮다고 생각합니다. 이렇게 저렇게 하겠다고 해 놓고 지키지도 않습니다. 하나님은 그런 부모가 아닙니다. 하나님은 한 번 약속하면 끝까지 지키십니다. 낮은 인간과 하신 약속이라도 반드시 지키십니다. 그래서 그 약속을 믿고 바라고 기대할 수 있는 것입니다. 그렇지만 많은 사람들이 하나님의 약속을 알면서도 기대하지 않습니다. 따라서 기대하는 마음, 바라는 마음, 소망하는 마음을 주시도록 기도해야 합니다.

지금 우리가 하는 일을 사랑하고, 앞으로 생길 일을 기대하며 소망을 품는다면 얼마나 재미있게 살 수 있을까요? 그 결과 우리는 굳게 설 수 있을 것입니다. 흔들리지 않습니다. 세상이 천변만화하고, 자꾸 변해 흔들린다 해도 우리는 굳게 설 수 있습니다. 그러니 지금 하나님께서 분부하신 일을 사랑하고, 앞으로 주신다고 약속하신 바를 믿고 기대해야 합니다. 그런 마음으로 살면서 현실의 문제들이 우리를 흔들지 못하게 합시다.

이 기도문은 상당히 유익한 기도문입니다. 성경의 가르침이 그 안에 있기 때문입니다. 특별히 오늘의 설교 본문인 야고보서 말씀이 그렇습니다. 변함이 없으신 하나님을 의지하면 우리는 굳게 설 수 있습니다. 야고보서에 재미있는 말씀이 나옵니다.

"우리로 한 첫 열매가 되게 하시려고 자기의 뜻을 좇아 진리의 말씀으로 우리를 낳으셨느니라"(약 1:18).

'낳으셨다'는 말은 여자가 잉태하여 열 달 동안 아기를 배고 마침내 낳는다는 말입니다. 우리는 하나님께서 피조물을 창조하실 때 사람으로 지어졌습니다. 그리고 이후부터 오랫동안 예수님이 오실 때까지 마치 뱃속에 있는 아기와 같았습니다. 마침내 하나님이신 말씀이 육신이 되시어 예수님으로 나오시자 우리도 예수님을 통하여 태어났습니다. 그렇게 우리를 낳으셔서 모든 피조물의 첫 열매가 되게 하셨습니다. 나중에는 모든 피조물이 다 변화 받고 영화롭게 될 것입니다. 우리는 그 첫 열매일 뿐입니다.

"내 사랑하는 형제들아 너희가 알거니와 사람마다 듣기는 속히 하고 말하기는 더디 하며 성내기도 더디 하라"(약 1:19-21).

이 얼마나 유익한 말씀입니까? 일반 사람들은 정반대여서 말하기를 무척 빨리 하고, 듣기는 싫어합니다. 남의 의견에 귀 기울이기보다는 내 생각을 더 많이 말하고 싶어 합니다. 하지만 하나님께서 원하시는 것은 다릅니다.

"듣기는 속히 하고 말하기는 더디 하며 성내기도 더디 하라 사람의 성내는 것이 하나님의 의를 이루지 못함이니라 그러므로 모든 더러운 것과 넘치는 악을 내어 버리고 능히 너희 영혼을 구원할 바 마음에 심긴 도를 온유함으로 받으라"(약 1:19-21).

여기서 '도'는 하나님의 말씀을 가리킵니다. 말씀 되신 예수님이 우리 마음에 계실 뿐만 아니라, 귀로 하나님의 말씀을 자주 들으면 우리는 구원, 곧 건강함을 얻을 것입니다.

야고보서 1장 15절에 '잉태'라는 말이 있는데, 죄를 가리키는 말입니다. 욕심에서 벗어나지 못하면 죄를 잉태할 수밖에 없습니다. 그리고 그 죄가 성장해서 열 달이 지나면 죽음이 태어납니다.

우리는 두 가지 가운데 하나를 택할 수 있습니다. 하나는 하나님으로 잉태하여 예수님의 말씀으로 태어나 하나님의 자녀가 되는 것이고, 또 하나는 욕심으로 시작해서 죄가 자라나 죽음으로 태어나는 것입니다. 우리가 가장 먼저 할 일은 욕심을 버리는 것입니다. 욕심이 있으면 죄가 잉태됩니다. 하지만 욕심이 없으면 죄는 발붙일 곳이 없습니다.

며칠 전에 한 형제가 찾아와서는 세상살이가 어렵다고 말하였습니다. 욕심이 부족한 탓이라고 하더군요. 일반 사회에서 살려면 욕심이 필요합니다. 현대 세계 경제의 기초는 욕심입니다. 욕심 없는 사람은 살아가기가 힘듭니다. 그런데 사실 하나님은 모든 자녀들이 욕심 없는 사람이 되기를 원하십니다. 욕심을 부리기 시작하면 죄가 잉태되고 죽음이 태어나기 때문입니다.

요한복음 16장 5-15절에 성령에 관한 말씀이 나옵니다. 예수님은 바로 하나님의 말씀입니다. 하나님의 말씀으로 태어났다고 하면 성령께서 역사하신 것입니다. 그런데 예수님이 제자들에게 "내가 떠나야 한다"고 하시자 제자들은 슬퍼했습니다. 저희 예수원에서도 3개월 지원 생활을 마친 형제자매들이 떠날 때마다 슬퍼합니다. 그런데 한 달여 뒤 한 자매가 다시 찾아와서는 하나님의 인도하심을 믿고 1년 수련하겠다고 했을 때, 얼마나 기뻤는지 모릅니다. 마찬가지로 제자들도 예수님이 떠나신다고 할 때 슬펐습니다. 그렇지만 성령께서 오시거든 내가 아주 돌아온 줄 알고 기뻐하라고 하는 의미로 예수님은 말씀하셨습니다.

성령께서 오시면 세상에 대하여, 죄와 의와 심판에 대하여 정죄하겠다고 하십니다. 정죄한다는 말은 몇 가지 뜻으로 해석할 수 있는데, 하나는 죄를 인정한다는 것입니다. 재판에서 유죄 판결을 내린다고 하지 않습니까? 정죄한다고 할 때 죄가 있다고 인정한다, 혹은 판결을 내린다고 하는 기본적인 뜻이 있습니다. 성령께서 오시면 죄 문제가 확실히 나타날 것입니다.

사람들은 하나님을 믿는다고 하면서, 또 하나님의 법대로 산다고 자랑하면서 예수님을 죽였습니다. 이것이 죄인지 옳은 일인지는 성령께서 오시면 판결날 것이었습니다. 그래서 제자들은 오순절이 되기까지 예수님의 십자가에 대해 한마디 말도 하지 않았습니다. 그런데 성령을 받자마자 베드로가 일어나서 "너희가 악한 사람의 손으로 하나님의 아들을 죽였다"라고 정죄하였습니다. 판결하는 말이 나온 것입니다. 성령께서 오시자마자 '예수님이 하나님의 아들이셨구나' 하고 인정하게 되었습니다. 그래서 많은 사람들이 성령을 받았고, 구경하는 자들도 모두 인정할 수밖에 없었습니다. 이것이 기적입니다. 예수님의 이름으로 생긴 일이라는 것을 모두들 인정할 수 있었어요. 한편 지도자들은 죄를 지었다고 판결이 났습니다. 지금 현대 교회에도 길을 잃거나 부패한 지도자들이 있습니다. 자꾸 이것이 옳지 않다, 저것이 옳지 않다고 하는데 판결은 성령을 통해 나옵니다. 성령께서 친히 역사하실 때 누가 잘하고 잘못하는지 알 수 있습니다.

'의에 대해 책망하신다'는 말씀(요 16:8)은, 예수님이 지상에 계시지 않아도 우리가 의롭게 살 수 있게 되었다는 뜻입니다. 예수님이 친히 우리 가운데 계시지 않아도 우리가 예수님처럼 생활할 수 있다는 것입니다. 우리는 의인으로 살 수 있습니다. 왜냐하면 성령께서 우리 마음속에 계셔서 열매 맺는 역사를 하시기 때문입니다. 그렇게 의인이 되고 누구든지 우리의 의로운 행동을 보고 하나님께 영광을 돌리게 되는 것입니다.

심판에 대해 책망하신다는 말씀은 마귀를 심판하신다는 의미입니다. 세상에서 주인 노릇하는 이는 성령께 심판을 받을 것입니다. 세상의 세력을 본다면 쉽게 속아 넘어갈 수밖에 없습니다. 세상의 것은 너무나 보기 좋고, 세력도 무척 크고, 크게 성공한 것 같습니다. 하지만 이는 모두 마귀에게 속한 것입니다. 이 세상에서 주인 노릇하는 것은 마귀입니다. 그런데 그 마귀가 심판을 받았습니다. 어떻게 알 수 있습니까? 성령께서 우리 마음 안에 들어오시자마자, '그래, 이것은 다 헛된 것이야. 벌써 이 세상은 심판을 받았어. 이건 다 실패한 거야. 앞으로도 실패할 거야' 하고 판결을 내리게 됩니다. 마귀가 심판받았음을 인정하는 것입니다.

이와 같이 성령께서 세 가지를 판결하십니다. 지금까지는 세상을 판결하시는 부정적인 면에 대해 살펴보았습니다. 그런데 13절을 보면 "진리의 성령이 오시면 그가 너희를 모든 진리 가운데로 인도하시겠다"고 말씀하십니다. 성령께서는 계속해서 우리의 인도자가 되셔서 우리로 가만히 있지 않고 앞으로 앞으로 나아가게 하십니다. 바로 개척자가 되는 것입니다.

그런데 구약 시대 사람들은 이런 면에 대해 기도할 때마다 다음과 같이 고백했습니다.

"주여, 우리가 조상보다 낫지 못하나이다."

동양 사회에서는 조상보다 더 나은 점이 없다고 해야 겸허하다고 생각합니다. 내가 조상보다 낫다고 하면 큰 죄를 지은 듯이 생각합니다. 하지만 성경에서는 하나님의 뜻에 따라 조상보다 더 앞으로 나아가지 못하면, 그것이 부끄러운 일이라고 기록하고 있습니다.

우리가 스승보다, 노인보다 더 앞으로 나아가지 못한다면 이보다 부끄러운 일은 없습니다. 주의 말씀을 묵상하는 사람은 스승보다 지혜가 많을 수 있다고 합니다. 시편 119편 99-100절 말씀에 그렇게 기록하고 있습니다. 주의 법을 실행하는 사람 또한 오래 산 노인보다 지혜가 많다고 합니다. 왜냐하면 성령께서 앞으로 앞으로 인도하시기 때문입니다. 그렇다고 과거에 있던 사람을 낮게 보는 것은 아닙니다. 교만해서는 안 되지요. 신자들이 알아 두었으면 하는 것은, 우리가 앞으로 나아가게 된 것을 고맙게 생각했으면 하는 것입니다. 동시에 마음이 겸손하고 언제나 고침 받을 준비가 돼 있어야 합니다. 하나님의 말씀을 잘 듣고 바르게 깨달았는지 항상 스스로를 돌아보면서 겸손한 마음으로 앞으로 앞으로 나아갈 때 성령의 인도하심을 받을 수 있습니다.

하나님께서 우리에게 무엇을 약속하셨습니까? 성령을 주겠다고 하셨습니다. 성령께서 모든 진리 가운데로 인도하시겠다고 한 약속이 여기에 나옵니다. 따라서 하나님께서 하신 약속을 바르게 사용해야 합니다. 우리를 항상 앞으로 나아가도록 인도하신다고 기대해야 합니다. 기대하는 마음으로 기뻐합시다. 오늘 할 일을 기뻐하고, 주어진 일을 사랑하며, 재미있게 일합시다. 주를 사랑하는 마음, 주의 일을 사랑하는 마음, 주의 약속을 기대하는 마음이 있으면 항상 기쁨이 있지 않겠습니까. 세상이 아무리 어려워도, 천변만화해도 우리는 흔들리지 않습니다. 그래서 믿는 자들이 기쁠 수 있습니다. 언제든지 약속을 지키시는 하나님인 줄 알고 기쁘게 살 수 있습니다.

또 찬송을 하자고 하면 금방 기쁨으로 크게 찬송할 수 있는 사람이 됩니다. 할 일이 많고, 일이 고되고, 기쁜 일도 그리 없는 것 같지만 그래도 마음속에는 그와 같은 기쁨이 있습니다. 그래서 엄숙한 생각에 빠져 있다가도 갑자기 찬송하자 하면 그냥 기쁨이 터지

기도 합니다. 특별 찬양 집회에 참석해서 한 시간 동안 흥미를 돋우
어야만 그런 사람이 되는 것은 아닙니다. 우리 마음속에 이와 같은
성령의 역사가 있으면, 일 분도 되지 않아서 금방 기쁨이 넘쳐날 것
입니다. 금방 찬양이 터져 나올 것입니다. 그러한 사람이 되도록
하나님께서 우리 모두에게 성령을 주셨습니다. 성부와 성자와 성
신의 이름으로 말씀드렸습니다. 아멘.

주의 이름으로 구하는 기도

성경말씀 야고보서 1:22-27; 요한복음 16:23-33

기도 주 하나님, 모든 선과 모든 덕의 근원이 되시나이다. 구하오니, 비천한 종을 감화하사, 선한 것을 생각하게 하시고, 저희를 항상 인도하사, 선한 일만 행하게 하소서. 성부와 성령과 함께 지금과 영원히 사시며 다스리시는 한 하나님 우리 주 예수 그리스도를 통하여 기도하나이다. 아멘.

오늘 주일은 '구하라'고 하는 설교 제목을 가진 특별한 주일입니다. 영어로는 '로게이션 선데이'(Rogation Sunday)*라고 합니다. 전통적으로 봄에 찾아오는 주일이기 때문에 나가서 모든 곡식을 위

---

* 로게이션 데이즈(Rogation Days)는 농작물을 위해 특별 기도를 드리는 종교 축제로, 4월 25일에 열리는 대(大) 로게이션과 구주 승천일 전 사흘 동안 열리는 소(小) 로게이션이 있다. 로게이션 선데이는 로게이션 전 주일을 말한다.

해, 모든 농사를 위해 기도하는 특별한 날입니다. '구하라'고 하는 것은, 농사는 물론 모든 일에서 하나님의 이름이 영화롭게 되도록 구하라는 뜻입니다.

우리는 예수님의 이름으로만 구합니다. 예수님의 이름 외에는 하나님 앞에 아무것도 요구할 권리나 자격이 없습니다. 예수님이 아니었다면 우리는 영영 죄인일 수밖에 없습니다. 예수님이 아니었다면 우리는 하나님 앞으로 다가가지 못했을 것입니다. 하나님께서 우리를 창조하시고, 사랑하시며, 당신 자녀로 삼으신 것은 오직 예수님을 통해서입니다.

우리는 무엇을 구하든지 예수님의 이름으로 구합니다. 그런데 한 가지 구할 수 없는 것이 있습니다. 바로 세속에 속하는 평화입니다. 평화에는 세속의 평화와 하나님께서 주신 평화, 두 가지가 있습니다. "세상에서 너희들이 환난을 당하겠다"고 분명하게 말씀하십니다. 환난을 피하려고 기도하면 문제가 생기게 마련입니다.

"이것을 너희에게 이름은 너희로 내 안에서 평안을 누리게 하려 함이라 세상에서는 너희가 환난을 당하나 담대하라 내가 세상을 이기었노라"(요 16:33).

그래서 우리는 이 세상에 살면서도 마음속에 하나님께서 주시는 평안을 얻을 수 있습니다. 하지만 모든 환경이 평화롭게 되기만을 구하는 것은 아닙니다. 사실 2천여 년에 걸친 교회사를 보면 교회가 환난을 당할 때, 더 건강하고 더 뜨겁고 더 뜻있게 살며 서로 사랑하고 봉사하였습니다. 오히려 교회가 평화로울 때에는 부패하기가 무척 쉬웠습니다. 교회가 세속과 더불어 평화롭게 지낼 때에는 거짓 선지자뿐만 아니라 거짓 신자들이 아주 많아져서 참된 신자를 보기가 어렵습니다.

예수님은 가라지 비유를 드셨습니다. 예수님은 마귀가 곡식 가운데 가라지를 심었다고 말씀하셨습니다. 마귀가 일부러 가라지를 심었기 때문에 참된 신자와 거짓 신자를 구별하기 어렵습니다. 그럼 어떻게 구별할 수 있을까요? 환난을 당하면 거짓 신자들은 중도에 그만둡니다. 그런데 이런 환난이 없으면 추수할 때까지 기다려야 합니다. 예수님이 추수할 때 천사들이 와서 구별하겠다고 하셨습니다. 구별하는 것은 우리 몫이 아닙니다. 우리는 참된 곡식이 되기 위해 성령의 도우심을 구하기만 하면 됩니다.

오늘 읽은 야고보서 말씀은 참된 곡식이 무엇인지 아주 간단하게 설명하고 있습니다. 그런데 먼저 하시는 말씀이, 많은 사람들이 하나님의 말씀을 듣기는 들어도 싹 잊어버리고 실행하지 않는다고 합니다. 자기 얼굴을 거울에서 보았어도 깨끗한지 더러운지 잊고 맙니다. 거울을 본 다음에는 나가서 얼굴을 씻어야 하는데 씻지 않습니다. 면도도 안 하고 사는 사람과 같습니다. 하나님의 말씀은 거울과 같아서 우리의 부족한 점을 보여 줍니다. 우리가 고쳐야 할 점을 보여 주는 것입니다. 그런데 많은 사람들이 "예, 은혜 많이 받았습니다"라고 말하며 듣기만 하지 그 자리를 떠나면 모두 잊어버립니다. 하나님은 변화되기를 원하십니다. 하나님은 우리가 성장하기를 원하십니다.

그렇다면 어떻게 해야 성장할 수 있습니까? 어떻게 어른이 될 수 있습니까? 어떻게 앞으로 나아갑니까? 주의 말씀을 듣고 소화해야만 합니다. 주의 말씀 안에서 계속 성장하라는 말입니다.

"자유하게 하는 온전한 율법을 들여다보고 있는 자는 듣고 잊어버리는 자가 아니요 실행하는 자니 이 사람이 그 행하는 일에 복을 받으리라"(약 1:25).

당시 사회에는 성경말씀을 읽고 듣는 사람은 많았지만, 실행하는 사람은 많지 않았습니다. 오늘날도 많은 사람들이 성경은 실제적이지 않다고 여기기 때문에 실생활에서는 세상 법대로 살아야 한다고 생각합니다.

많은 신자들이 기도 생활이 유익하다는 걸 알지만 실생활로까지 연결하지 않는 것 같습니다. 많은 신자들이 주일에는 성경을 믿지만, 월요일부터 토요일까지는 신문과 잡지, 학교에서 배운 책과 일반 사회 관습대로 생활합니다. 같이 일하는 믿지 않는 사람들과 지내고, 성경 외에 다른 여러 가지를 믿고 성경은 믿지 않습니다. 많은 신자들이 주일에는 성경을 믿지만 월요일부터는 세상을 믿습니다. 일반 사회의 모든 관습을 더 믿습니다. 이런 모습을 하나님께서 좋아하실 리 없습니다.

성경을 쓰신 분은 세상의 창조주로서 모든 신학자, 과학자, 기업가보다 똑똑하십니다. 그리고 모든 정치인보다도 똑똑하십니다. 우리가 하나님께 영광을 돌리고자 한다면 일주일 내내 성경대로, 하나님의 자유의 율법인 성경대로 살아야 합니다. 성경 66권 가운데 실제적인 것 두 가지만 간단히 소개하겠습니다.

"하나님 아버지 앞에서 정결하고 더러움이 없는 경건은 곧 고아와 과부를 그 환난 중에 돌아보고 또 자기를 지켜 세속에 물들지 아니하는 이것이니라"(약 1:27).

이 말씀 앞에는 '자기 혀를 재갈 먹여야 한다'는 구절이 나옵니다. 다시 말해 입을 다스리고 입술을 잘 지켜서 쓸데없는 소리 말고 고아와 과부를 돌봐 주라는 말씀입니다. 말만 무성하고 행동으로 옮기지 않는다면, 결국 자기를 속이는 사람밖에 되지 않습니다.

말부터 앞세울 것이 아니라 실천해야 합니다. 어려운 사람, 집 없는 사람, 도움이 필요한 사람을 도와주어야 합니다. 구약에서도 우리의 도움 없이는 살 수 없는 사람을 도와줘야 한다고 말씀합니다. 우리가 자주 금식하지만, 왜 하나님께서 인정하지 않으십니까? 어째서 하나님께서 우리 기도를 듣지 않으십니까?

오늘 본문인 요한복음 말씀에 나온 대로 우리 욕심대로 금식하며 기도하기 때문입니다. 그저 부자가 되려는 마음으로 남을 이용하려고만 드는데, 어떻게 하나님께서 기도를 들으시겠습니까? 하나님께서 원하시는 금식과 기도는 집 없는 사람을 자기 집에 들어오게 하는 것입니다. 고아나 과부에게 몇 푼 집어 주고, 십일조를 나눠 주는 일은 쉽습니다. 하지만 자기 집에 들어와서 살게 한다면 그것은 간단한 일이 아닙니다. 이것이 바로 금식입니다.

우리는 고아와 과부를 우리 집에 들이지 않고 대신 고아원과 양로원을 만듭니다. 남에게 돈을 주고 우리 대신 그 사람들을 돌보라고 합니다. 그래서 직원 한 사람이 고아 열 명을 담당합니다. 하나님께서 원하시는 것은 각 교인이 집에 고아 한 명씩을 들이는 것입니다. 한 가정이 한 아이를 맡습니다. 우리가 한 사람에게 시켜서 아이 열 명을 지키라고 하면, 그 사람은 돈 때문에 아이들을 지킬 뿐 아이들을 사랑하지 않을 수도 있습니다. 그런 환경에서 자라다 보면 아이들은 결국 사랑이 뭔지도 모르게 됩니다. 양로원도 마찬가지입니다. 자신이 직접 노인들을 돌보지 않고, 불편한 게 많으니 남에게 돈을 주고 돌보도록 합니다. 이것은 진정 교회가 할 일은 아니라고 생각합니다.

야고보서에서 하는 말이 바로 이것입니다. 그리스도인이라면 각자 자기 집에 그런 사람들을 받아들여야 한다고 말합니다. 교회 부흥을 위하여 기도한다면, 그런 일이 더 많아지도록 기도해야 합니다. 일상 속에서 하나님의 사랑을 끊임없이 보여 주어야 합니다. 우리가 예수 그리스도의 이름으로 기도하나 그분의 가르침을 실행하지 않는다면, 그분의 이름을 헛되이 하는 것입니다. 그건 거룩하게 하는 것이 아닙니다. 이름을 더럽히는 것이지요. 많은 신자들이 '예수, 예수' 자꾸 말하지만 행함이 없으면 그 사람 때문에 예수님의 이름이 더럽혀지고 맙니다.

예수님의 이름으로 기도할 때 하나님께서 들으신다고 믿는다면, 먼저 예수님의 이름으로 실행할 수 있는 사람이 되게 해 달라고 기도합시다. 성부와 성자와 성신의 이름으로 하나이다. 아멘.

6 성령의 **선물**

지금도 계속 되는 예수님의 사역

성경말씀 사도행전 1:1-11; 마가복음 16:14-19

기도　전능하신 하나님, 우리가 독생 성자 예수 그리스도의 승천하심을 믿나이다. 비옵나니 우리가 마음으로 하늘에 올라가 항상 주와 같이 거하게 하소서. 이는 성부와 성령과 한 하나님으로 영원히 사시며 다스리시는 성자 우리 주 예수 그리스도의 이름으로 구하나이다. 아멘.

구주 승천일은 우리에게 많은 것을 생각하게 합니다. 그 가운데에서도 사도행전 1장 2절 말씀은 너무 놀라운 사실이라서 성경 번역자들이 사실 그대로 번역하지 않고 자꾸 고쳐 적었습니다.

성경 기록을 그대로 보면, 예수님의 탄생부터 승천까지는 예수님의 사역의 시작에 불과합니다. 그때부터 지금까지 예수님은 교회를 통하여 계속 역사하고 계시니까요. 그런데 성경학자들은 그렇게 생각하지 않고 예수님의 사역은 이미 오래전에 끝났다고 생각하고 그 부분을 달리 해석해 버렸습니다. 저는 성경을 읽다가 그 부분이 의아해서 원전을 참조해 보았습니다. 그런데 원전에는 모두 '예수께서 시작하신 일을 승천 후에도 교회를 통하여 계속해서 이루고 계시다'라는 뜻으로 나옵니다.

그러므로 구주 승천일을 기념하며 제일 먼저 생각해야 할 것은 예수님이 지상에 오셔서 시작하신 일을 지금도 우리를 통하여 이루고 계신다는 것입니다. 또 지금도 일하실 때에는 성령을 보내셔서 하신다는 것을 분명히 깨달아야 합니다. 구주 승천일에 해당하는 마가복음 16장에는 성령에 대한 말이 없지만, 성령으로부터 나오는 능력에 대해 기록한 내용은 있습니다. 믿는 자들에게 어떤 능력이 주어지는지에 대한 말씀이지요. 오늘날 많은 교회들이 능력은 없으면서 말만 앞세우기 때문에 사람들이 믿기 어려워합니다. 본래 하나님의 뜻은, 하나님의 뜻을 따르는 자들이 행하는 일을 보고 사람들이 주를 믿도록 하는 것이었습니다.

오늘 읽은 마가복음 말씀을 보면 예수님이 하나님 우편에 앉으셨다고 하였습니다. 아주 천한 사람으로 세상에 오셔서 천한 일을 하며 가난하게 사셨고, 마침내 3년 동안 가르치시다가 버림을 받아 죽으셨습니다.

당시 지도자나 신학자들은 두 사람을 제외하고 모두 예수님을 배척하였습니다. 예수님을 따르던 많은 보통 사람들도 십자가에 못 박으라고 외치며 버렸습니다. 예수님의 제자들도 요한과 두 여자를 제외하고는 다 도망가 버렸습니다. 유다는 배신하고 베드로는 부인했습니다. 이보다 더한 실패가 어디 있겠습니까?

그런데 그 완벽한 실패 이후 3일 만에 부활하시고, 40일 후에는 승천하셔서 하나님 우편에 앉으셨습니다. 지금 우리는 그분이 누구이신지 분명히 압니다. 만왕의 왕, 만주의 주, 그래서 무수한 면류관을 쓰고 계신다고 찬양합니다. 예수님이야말로 면류관을 쓰신 우리의 왕입니다. 그러한 예수님이 승천하시기 전에 제자들에게 명령하셨습니다.

"온 세상 땅 끝까지 가서 복음을 전하라. 그러나 성령을 받기까지는 예루살렘을 떠나지 말라."

그리고 승천하신 후에 하나님 우편에 앉으셨습니다.

그러면 오늘날 우리는 어떻게 예수님의 명령을 받습니까? 성령을 통하여 받을 수 있습니다. 명령을 받는 것뿐만 아니라 실행할 능력을 주시겠다고도 약속하셨습니다. 또한 제자들이 지켜보는 가운데 하늘로 올라가셨습니다. 구름 속으로 들어가셔서 가려져 보이지 않는데도 제자들은 계속 하늘만 쳐다보고 있었습니다. 그때 흰옷을 입은 두 사람이 나타나서는 갈릴리 사람들을 보고 말하였습니다. 왜 하늘만 쳐다보고 있느냐, 지금 승천하신 예수님은 올라가신 것과 똑같이 다시 오실 것이라고 말입니다. 그래서 예수님의 승천일은 재림에 대한 기대를 담고 있습니다. 우리도 깊이 기억하도록 합시다.

이미 우리에게 이루어 주셨고, 그렇게 일으켜 놓으신 일을 계속 하도록 부탁하셨지만 우리가 꼭 끝내야 하는 것은 아닙니다. 완성하시는 것은 주님이 직접 오셔서 하실 일입니다. 우리는 단지 맡은 대로 주님의 일을 하고, 그에 대한 능력을 임시로 받았을 뿐입니다. 비록 임시로 맡은 일이라 해도 이를 통해 예수님이 다시 오시리라는 큰 소망을 품습니다. 승천일은 예수님의 다시 오심을 나타내는 날입니다.

보혜사 성령의 도우심

성경말씀 베드로전서 4:7-11: 요한복음 15:26-27, 16:1-4

기도 영광의 왕이신 주 하나님, 개선하신 독생 성자 예수 그리스도를 높이사, 하늘 나라에 오르게 하셨나이다. 비오니, 우리를 외롭게 버려두지 마시고, 성령을 보내 주사 위로하시며 우리 구주 그리스도께서 먼저 오르신 처소에 우리도 오르게 하소서. 성부와 성령과 함께 영광 중에 영원히 사시며 다스리시는 한 하나님 우리 주 예수 그리스도를 통하여 기도하나이다. 아멘.

승천 후 주일이면 이미 승천하신 예수님을 생각하기보다 승천하시기 직전에 약속하신 말씀을 생각합니다. 하나님께서 보혜사 성령을 보내 주겠다고 약속하셨기 때문입니다. 바로 며칠 못 되어 너희들이 성령으로 세례를 받겠다고 하셨지요.

예수님은 승천하시기 직전에 이 약속을 새롭게 하셨습니다. 예수님은 이미 십자가에 돌아가시기 전에 보혜사를 보내 주겠다고 약속하신 적이 있으십니다.

"내가 너희를 고아와 같이 버려두지 아니하고 너희에게로 오리라"(요 14:18).

그 다음 승천하시기 직전에 다시 한 번 그 약속을 새롭게 하셔서 다음 주일이 성령께서 강림하시는 오순절이 되는 것입니다.

따라서 오늘 우리는 한껏 기대에 부풀어 있습니다. 무엇을 기대합니까? 성령께서 우리에게 임하시면 어떤 역사가 일어날까요? 오늘 읽은 요한복음 말씀은 보혜사가 오시면 예수님에 대해 증거하실 것이라고 합니다. 어떻게 보혜사가 예수님의 증인이 될 수 있습니까?

먼저 '보혜사'라는 말 자체를 생각해야 합니다. 그 뜻은 '옆에 계신 분'이라는 말입니다.* '옆으로 부르는 자'라는 뜻이지요. 내가 도움이 필요할 때 오라고 하고, 내 옆으로 가까이 오는 자를 나의 보혜사라고 하는 것입니다. 내가 위로받고 받고 싶을 때 내 곁에 계신 분을 '위로자'라고 합니다. 내가 일할 때, 힘이 부족할 때, 옆에서 같이 일하면 보혜사이십니다. 또 내가 심판받을 문제가 있어서 심판관 앞에 나아갈 때, 내 옆에 이미 와 계신 분 또한 보혜사이십니다. 영적으로나 법적으로, 심리적으로, 여러모로 일하는 데 도움을 주시는 것을 다 보혜사의 역사라고 볼 수 있습니다.

여기 말씀에서는 증거하는 역사를 강조합니다. 보혜사 성령께서

---

* παράκλητος(파라클레토스) : '옆으로 부르다', '가까이 부르다', '초청하다'라는 뜻의 'παρακαλέω'(파라칼레오)의 명사형으로 '중보자', '위로자', '보혜사'라는 뜻이 있음.

오시자마자 말하는 힘을 주셨습니다. 보혜사가 오시기 전에 베드로는 사람들 앞에서 '예수님을 모른다, 누군지 모른다, 그와 관계가 없다'고 부인하였습니다. 자기 힘으로 말할 때에는 사람 앞에서 예수님을 부인했습니다. 그러나 보혜사가 오시자마자 담대하게 외쳤습니다.

"너희들이 십자가 위에서 죽인 이 사람은 하나님의 메시아라. 그분은 부활하셨고 지금 살아 계셔서 하나님의 우편에 앉아 계신다. 곧 돌아오셔서 이 세상을 심판하실 것이다."

베드로는 이제 죽어도 상관이 없었습니다. 담대한 사람이 되었습니다. 보혜사가 오셨기 때문입니다. 보혜사께서 베드로를 통하여 증거하셨습니다. 베드로는 보혜사의 도우심을 힘입어 증인이 된 것입니다. 그것으로 끝나지 않았습니다. 며칠 후 베드로와 요한이 성전에 들어갈 때 마흔 살쯤 된 앉은뱅이를 보고 "일어나 걸어가라"고 말한 것 또한 보혜사께서 시킨 일입니다. 그들이 미리 생각하고 준비한 것이 아니었습니다. 그 순간 갑자기 하나님의 뜻을 깨닫고, 하나님께서 역사하실 줄 믿고 보혜사의 도우심을 힘입어 담대하게 명한 것입니다. 그리고 앉은뱅이는 일어나 걸었습니다.

기적을 통해 증거가 되었습니다. 당시 그 앉은뱅이를 모르는 사람이 없었습니다. 매일같이 성전 앞에서 구걸하는 아주 유명한 거지였으니까요. 그런 그에게 기적이 나타난 겁니다. 고침 받은 그가 성전 안으로 걸어 들어가 뛰놀며 기뻐하고 주께 영광 돌렸습니다. 그 소리를 듣는 사람들은 누구든지 하나님께서 하신 줄 알 수 있었습니다. 사람이 한 일이 아니었습니다. 누구의 이름으로 일어났습니까? 예수님의 이름이었습니다. 예수님을 위한 증거가 나온 것입니다. 행동을 통해 증거가 나오고, 말로도 증거가 나왔습니다. 보혜사가 증인이 되었고, 제자들도 증인이 되었습니다. 물론 제자들이 처음부터 예수님과 함께 있었기 때문에 예수님에 대해서 자기 눈으로 본 것과 귀로 들은 것, 손으로 만진 모든 것을 직접 말할 수 있었습니다. 보혜사가 그들에게 담대함만 주시면 되었습니다.

그들은 알고 있는 것을 증거하였습니다. 그러면 우리는 어떻게 증거해야 합니까? 우리는 예수님을 직접 뵌 적이 없지 않습니까? 그럼 우리는 무엇을 보았습니까? 바로 예수 그리스도의 몸 된 교회를 봤습니다. 상처 많고, 부패하고, 뿔뿔이 흩어진 교회를 보았습니다. 그런 모습을 바라보노라면 정말로 그리스도의 몸인지 의심스럽습니다. 우리는 열두 제자와는 엄연히 다릅니다. 하지만 성령께서 우리 가운데 계신다면 우리도 증인이 될 수 있습니다. 증인이 되는 것은 바로 우리의 할 일입니다. 성령의 도우심을 힘입어 깨닫고, 보고, 그리스도와 교제할 수 있습니다. 그 결과 개인적인 생활을 통해 예수님을 증거하게 되는 것입니다.

많은 사람들이 증인이 되려면 먼저 신학을 공부해야 한다고 생각합니다. 그런 말은 성경 어디에도 없습니다. 증인이란 자기 체험, 자기가 직접 확실하게 알고 있는 것, 남한테 배운 것이 아니라 직접 아는 것을 증거하는 것입니다. 누구든지 예수님을 만났다면 증인이 될 수 있습니다. 신자라면 누구나 성령의 도우심을 받아 증거할 수 있다는 말입니다.

교회가 빨리 성장할 수 있었던 까닭은 신학을 공부한 사람들 때문이 아닙니다. 평신도들이 나가서 증거했기 때문입니다. 중국 교회를 보면, 공부했던 사람들은 죽지 않으면 감옥에 갇혔고, 그렇지 않으면 교회생활을 그만두고 정부 관리인이 되었습니다. 정부에 공부한 관리인이 부족했기 때문에 많은 성직자들을 관리인 자리에 앉혔던 것입니다. 살기 위해서는 관리인 일을 할 수밖에 없었습니다. 결국 더 이상 교회 일을 하지 않았습니다. 그런가 하면 어떤 사람들은 교회 일만 하겠다고 끝까지 주장하다 여러 해 동안 감옥 생활을 하기도 했습니다. 하여간 공부한 지도자 없이도 중국 교회는 확장에 확장을 거듭했습니다. 왜 그렇습니까? 일반 신자들이 증인이 되었기 때문입니다. 성령의 힘으로 증인이 되어서 교회가 확장된 것입니다. 하나님께서 원하시는 것은 그것입니다.

베드로전서 4장 7-11절에서는 보혜사가 우리에게 오시면 어떤 일이 나타난다고 합니까? 첫째는 만물의 마지막이 가까웠다고 합니다. 그러므로 우리가 항상 예수님의 재림을 기대하는 사람이 되자는 것입니다. 승천하신 예수님이 똑같은 모양으로 돌아오시겠다고 약속하셨습니다. 그러므로 언제나 예수님의 재림을 기다려야 합니다. 승천하신 예수님이 다시 오실 것입니다. 그렇다면 우리는 어떻게 해야겠습니까?

‘그러므로 너희는 정신을 차리라’(벧전 4:7)고 합니다. 모두들 정신을 차려야 합니다. 정신 없는 사람이 되어서는 안 됩니다. 머리를 잘 쓰고, 올바르게 판단하고, 모든 것을 주의 깊게 살펴보면서 하나님의 뜻대로 살고, 일해야 합니다.

다음은 ‘근신하여 기도하라’(벧전 4:7)고 합니다. 기도하는 사람이 되어야 합니다. 성령의 힘으로 항상 기도하는 사람이 되어야 합니다. 기도하기 위하여 근신하라. 가벼운 마음이 아닌, 근신하는 마음으로 기도하라는 것입니다.

앞서 말한 '정신을 차린다'는 것은 성령을 통해 판단력을 갖는 것이고, '근신하여 기도한다'는 것은 기도하는 능력을 갖추는 것입니다. 마지막 세 번째는 '사랑, 서로 사랑하라'(벧전 4:8)입니다. 무엇보다 서로 열심히 사랑하라는 의미겠지요.

각자 이렇게 자문해 봅시다.

"나는 내 형제자매를 사랑하는가?"

"그렇다."

"열심히 사랑하는가? 아니, 그렇지 않다."

열심히 사랑한다고 말하기는 쉽지 않습니다. 그렇지만 성령께서 열심으로 사랑할 수 있도록 힘을 주실 것입니다. 사랑은 허다한 죄를 덮어 줍니다(벧전 4:8). 서로서로 상대방의 죄를 덮어 주곤 합니까? 그렇지 않고 자꾸 남의 허물을 이야기하기 좋아합니까? 서로 용서합니까, 아니면 비판합니까? '덮는다'는 말은 상당히 중요한 의미가 있습니다.

"서로 대접하기를 원망 없이 하고"(벧전 4:9).

서로 얼마나 잘 대접합니까? 서로 얼마나 용납합니까? 아무런 원망도 없이 서로 용납합니까? 성령께서 우리 가운데 역사하시면 원망 없이 서로 대접하기를 즐거워하는 마음이 생길 것입니다.

"각각 은사를 받은 대로 하나님의 각양 은혜를 맡은 선한 청지기같이 서로 봉사하라"(벧전 4:10).

‘봉사하라’는 말은 섬긴다는 말이 아닙니다. ‘디아코노스’, 즉 ‘일하라’, ‘교회 일을 하라’는 말입니다. ‘일꾼이 돼라’는 말입니다.

어떠한 일꾼을 말하는 것이겠습니까? 여러 가지 받은 은혜 가운데서도 사람마다 받은 은사가 각기 다릅니다. 그 은사는 나를 위한 은사가 아닙니다. 서로를 위해 일하는 일꾼이요, 청지기로서 남을 위해 은사를 사용하여야 합니다.

하나님께서 우리에게 돈을 주셨다면 그것은 내 것이 아니고 하나님의 돈이므로 청지기의 입장에서 사용해야 합니다. 그러기 위해서는 “주님, 이 돈을 어떻게 써야 합니까?” 하고 기도로 물어야겠지요. 그런 다음 주님이 명령하신 대로 사용해야 합니다. 집을 장만했다면 그것 또한 자신의 집이 아니므로 “주님, 이 집을 어떻게 다스려야 합니까?” 하고 물어보아야 합니다. 무슨 책임을 맡았든지 스스로 청지기임을 잊지 말고, 주님의 뜻을 따라야 합니다.

마찬가지로 은사를 받았다면 그 은사는 나를 축복하기 위한 것이 아니고, 남을 축복하기 위한 것입니다. 우리는 청지기일 뿐입니다. 그러므로 내가 받은 방언의 은사, 예언의 은사를 남을 위해 써야 합니다. 병 고치는 은사를 받았습니까? 그것 또한 남을 위해 써야 합니다. 모든 은사는 남을 위한 것입니다. 우리는 여러모로 하나님의 청지기입니다. 성령께서 우리에게 주신 은사를 남을 위해, 서로를 위해 쓰는 일꾼입니다.

“만일 누가 말하려면 하나님의 말씀을 하는 것같이 하고 누가 봉사하려면 하나님의 공급하시는 힘으로 하는 것같이 하라”(벧전 4:11).

이 말씀에서는 말하는 것과 일하는 것을 따로 구분합니다. 하나님께서 우리에게 말하는 은사와 직임을 주셨다면 무슨 말을 하든지 하나님의 말씀을 하듯이 해야 합니다. 성령께서 주시는 말씀으로 말해야 하는 것입니다. 마찬가지로 일하는 책임도 성령께서 주신 것입니다. 하나님의 청지기로서 하나님을 위해 일해야 합니다. 하나님을 위해 일하는 것이므로 하나님의 힘으로, 성령의 힘으로 일해야 합니다. 자신의 힘으로 일하려고 들면 실패할 수밖에 없습니다. 우리 자신의 힘으로 할 수 있는 일이 아니며, 할 만한 일도 아닙니다. 오직 성령의 힘으로 해야 합니다. 그래서 무슨 일을 하든지 성령의 도우심을 받아야 합니다. 따라서 보혜사가 같이 일하셔야 합니다. 나 스스로 할 수 있는 일이 아닙니다. 하나님께서 내게 맡기시는 일은 성령님 없이는 불가능한 일입니다. 만약 성령님 없이도 일할 수 있다면 그것은 하나님의 일이 아닙니다. 하나님께서 부탁하신 일이 아닙니다. 하나님께서 우리에게 주신 일은 너무 어려워서 도저히 스스로 해낼 수가 없습니다. 보혜사, 곧 도와주는 이 없이는 불가능합니다.

여기에는 두 가지 뜻이 있습니다. 개인적으로 성령께서 도와주시지 않으면 내가 일하지 못한다는 것뿐만 아니라, 공동체 삶 즉 '코이노니아'라는 뜻도 있습니다. 형제자매가 곁에 없으면 일할 수 없다는 의미입니다. 혼자서 감당할 수 있는 일이 아닙니다. 하나님은 우리가 형제자매와 더불어 일하기를 원하십니다. 성령께서 친히 도우시는 것도 형제들과 함께 연합해서 코이노니아를 이룸으로써 하나님의 힘으로 둘이 함께 일하라는 뜻에서 비롯된 것입니다.

하지만 공동체생활을 하다 보면 간혹 서로 부딪치는 일이 많습니다. 그렇다 보니 저 같은 경우 혼자 일하는 것을 얼마나 좋아하는지 모릅니다. 고백하자면 저는 개인 사무실을 좋아합니다. 다른 사람과 부딪칠 필요가 없으니까요. 혼자 앉아서 편지를 쓰든지, 기도를 하든지 하면 남과 부딪칠 일이 없습니다. 또 비서 형제가 사무실에 들어와서 나와 같이 일해도 그 형제는 그저 명령만 받으면 끝납니다. 나와 부딪치는 일은 없습니다. 비서 형제의 경우에는 은혜가 많이 필요합니다. 혹시 자신이 좋아하지 않는 일을 시켜도 해야 하니까요. 그렇지만 저는 다른 은혜가 별로 필요 없습니다. 그래서 사무실에 있는 것을 좋아합니다. 사실 다른 일을 피하고 하기 쉬운 일만 하고 싶어 하는 마음이 제게는 있습니다.

다른 형제자매들도 마찬가지일 겁니다. 예수원 농장부를 담당하는 형제는 밭에서 혼자 일해도 아무 문제가 없습니다. 거뜬히 잘해 내죠. 그런데 느닷없이 농사에 대해 아무것도 모르는 사람이 와서 도와주겠다고 하면 참 곤란할 겁니다. 그래도 그냥 돌려보낼 수 없어서 받아들여 함께 일합니다. 아무리 가르치고, 설명해도 솜씨가 영 시원치 않습니다. 게다가 그 사람이 실수할 때 "미안합니다만 그것은 안 됩니다" 하고 말해야 하니 여간 곤란한 게 아닙니다.

보혜사와 함께 성령님만 오시는 것이 아닙니다. 성령을 받은 형제자매들도 함께 옵니다. 물론 함께 일하기가 쉽지는 않습니다. 하지만 참된 코이노니아가 있다면 서로 사랑하고, 서로 용납하며, 서로 대접하는 정신으로 재미있고, 뜻 깊고, 기쁜 시간을 가질 수 있습니다.

이 모든 일의 목적이 무엇입니까? 왜 하나님의 말씀으로 말해야 합니까? 왜 하나님의 힘으로 일해야 합니까? 다름이 아니라 하나님께서 모든 면에서 예수 그리스도를 통해 영광을 받으시도록 하기 위해서입니다. 세세 무궁토록 그분께 영광과 능력이 있게 하기 위해서입니다. 성령께서 무슨 일을 시키시든지, 무슨 힘을 주시든지, 무슨 도움을 주시든지, 그 목적은 나의 재미를 위한 것도 나의 편리를 위한 것도 아닙니다. 예수 그리스도를 통해 하나님 아버지께 영광을 돌리기 위한 것입니다. 예수님의 영광에도, 하나님 아버지의 영광에도 관심이 없다면 성령을 받아도 올바르게 쓰지 못할 것입니다. 하지만 참으로 예수님의 영광을 원하고 하나님 아버지의 영광을 바란다면, 보혜사께서 오셔서 승천하신 예수 그리스도, 하나님 우편에 좌정하신 예수 그리스도께 영광을 돌리도록 힘을 주실 것입니다. 성부와 성자와 성령의 이름으로 하나이다. 아멘.

성령의 선물

성경말씀 사도행전 2:1-11; 요한복음 14:23-31

기도 주여, 성령의 빛을 내리사 신자의 마음을 교훈하셨나이다. 구하노니 우리도 성령의 임하심으로 범사를 진리대로 판단하며, 또한 성령의 공동의 힘으로 항상 기뻐하게 하소서. 이는 성부와 성령과 한 하나님이신 우리 주 예수 그리스도의 이름으로 구하나이다. 아멘.

오늘은 특별히 우리 예수원 식구들에게 기쁜 날입니다. 성령강림절은 원래 교회에서 크게 지키는 절기입니다. 그리고 우리는 30여 년 전 바로 이날(1965년), 이곳 산골짜기에서 첫 미사를 드렸습니다. 다 아시는 바와 같이 교회력은 대림절부터 시작합니다. 아기 예수의 탄생을 기념하며 다시 오실 영광의 주님을 바라고 기대하는 것입니다.

장차 주님의 재림이 이루어질지 그 여부를 확인하는 것은 또 다른 문제입니다. 그런 문제는 우리 스스로 확인할 수 없지만 성령을 받기만 하면 우리 마음 중심에 확신이 생깁니다. 성탄절에 대해서도 예수님이 이렇게 저렇게 태어나셨다는 남의 말을 일방적으로 들을 수밖에 없습니다. 사실 말씀이 육신이 되신 것은 상당히 중요한 일이지만 직접 확인할 수는 없습니다. 부활절을 지키는 것도 그렇습니다. 예수님이 부활하시지 않았다면 우리 믿음이 다 헛된 것인 줄 알지만, 그분께서 부활하셨다는 사실을 어떻게 진심으로 받아들이느냐 하는 것이 문제입니다.

세상 사람들도 성탄절을 즐깁니다. 베들레헴 말구유에서 한 아기가 태어난 사건을 이해하기란 별로 어렵지 않습니다. 그렇지만 부활절은 예수님을 믿지 않으면 진심으로 지킬 수 없습니다. 예수님이 죽으셨다가 무덤에서 살아났다고 사실 그대로 믿는 사람들은 많지 않습니다. 세상 여러 종교마다 유명한 성인들의 생일은 기념하지만, 어느 종교가 죽음에서 부활하신 분을 기념하는 명절을 지킵니까? 만약에 예수님이 부활하시고 승천하시면서 모든 게 끝났다면 그 사건이 우리 그리스도인들에게 무슨 영향을 미치겠습니까? 아무런 확증도, 체험도, 변화도 없을 것입니다. 만약 거기까지만 믿는다면 우리도 세상 사람들과 별반 다를 것이 없습니다. 어떤 사람은 스스로 노력해서 성공하지만 좀더 많은 사람들이 노력이 부족해 어렵게 생활하면서 실패만 거듭하고 재미없게 삽니다. 다른 종교에는 사실 궁극적으로 사람을 변화시킬 만한 힘이 없습니다. 사람의 힘만으로는 거듭날 수 없습니다. 왜? 성령이 없기 때문입니다. 성령이 임하시면 사람이 거듭나고, 성령이 임하시면 능력을 받아 전파할 수 있고, 성령이 임하시면 서로 사랑하며 공동체생활을 할 수 있습니다. 예수원이 성령을 믿지 않았다면 공동체생활을 해 보려고 하지 않았을 것입니다. 또한 기적을 행하시는 성령의 능력이 오늘날에도 변함없이 역사하신다고 기대하지 않았다면 시작조차 하지 않았을 것입니다.

예수원을 오순절에 시작한 데는 이유가 있습니다. 물론 시간표가 우연히 그렇게 맞았던 것도 있지만, 무엇보다 하나님께서 주신 뜻 있는 날짜라는 것을 알았습니다. 우리에게 성령의 임재하심과 역사하시는 능력을 전파하는 사명보다도 실행하는 책임, 성령의 나타나심을 생활을 통해 보여 주는 사명이 있음을 알았습니다. 나가서 전하는 것보다 여기 있으면서 찾아오는 누구에게나 성령의 임재하심과 능력이 나타나는 것을 보여 주는 것이 우리의 부르심인 줄 믿었던 것입니다.

그리고 기적을 행하시는 성령의 능력으로 이 집을 세울 수 있다는 사실도 믿었습니다. 사실 집을 세우기로 결정했을 때 돈이 한 푼도 없었습니다. 그런데 결정하고 얼마 안 있어 아주 우연히 땅을 구입할 수 있을 만큼 돈이 들어왔습니다. 누가 왜 우리에게 돈을 보내 주었는지 전혀 아는 바가 없었습니다. 하나님께서 성령의 인도하심을 통하여 우리에게 필요한 돈을 보내 주신 것입니다. 그렇게 해서 땅 살 돈은 생겼지만 먹을 것이 없었습니다. 그것 또한 하나님께서 해결하실 줄 믿고 담대히 시작했습니다. 실제로 짐을 정리하고 이 산까지 올라와 천막을 칠 때에는 모두 열두 명이 올라와서 땅을 개간하기 시작했는데 우리에게는 밭도 없고 집도 없었습니다. 당시 가진 돈으로는 겨우 3개월 정도 먹을 수 있었습니다. 성령의 도우심을 믿지 않았다면 세상에서 그보다 더 큰 바보는 없었을 거예요! 남자가 아내와 아이가 있는데 일자리를 버리고 돈 없이 나가서 황무지를 개간하는 일이 어디 쉽습니까? 그런데 하나님께서 3개월이 지나기 전에 필요한 돈을 계속 채워 주셔서 그때부터 지금까지 30여 년 동안 우리를 살게 해 주셨습니다. 우리 힘으로 자급하는 부분이 조금씩 많아졌지만 아직 충분하지 못합니다. 아직 전체 수입의 3분의 1밖에 안 됩니다. 약 80명에 달하는 우리 식구들이 매일 살아가는 데 필요한 액수의 3분의 2는 하나님의 능력으로 오는 것입니다. 기도의 응답이요, 성령의 역사라는 것을 압니다.

요즘 교회마다 '감화 감동'이라는 말을 자주 사용합니다. 감화 감동은 성령의 역사라기보다 심리적인 데 있습니다. 재능만 있으면 누구나 훌륭한 설교를 해서 많은 사람들을 감화 감동시킬 수 있습니다. 그렇지만 그것은 일시적인 심리 현상일 뿐 성령의 역사라고 보기는 힘듭니다.

오늘 읽은 요한복음 말씀에 의하면 성령이 오신 주된 목적은 사람들에게 사랑할 수 있는 힘을 주기 위해서입니다. 우리가 서로 사랑할 수 있게 하기 위해서 보혜사 성령이 임하신 것입니다. 사람의 자연적인 본성만으로 어떻게 처음 만난 사람, 나와 아무런 관계도 없는 사람을 내 친척보다 더 사랑할 수 있을까요! 우리 힘만으로는 도무지 할 수 없는 일입니다. 또한 여러 교파 사람들이 이 집에 함께 모여 사는데 어떻게 서로 사랑할 수 있겠습니까? 싸움이 날 수 있는데도 늘 평화롭습니다. 성령이 역사하시기 때문입니다. 병 고치는 능력, 성령의 역사입니다. 기적 행하는 것, 성령의 역사입니다. 사람의 마음을 고치는 것, 성령의 역사입니다. 지혜 주시는 것, 성령의 역사입니다. 하나님의 계획이 무엇인지 보여 주시는 것, 그리고 우리를 한 걸음씩 한 걸음씩 앞으로 인도하시는 것, 모두 성령의 역사입니다.

이러한 일들은 감화 감동이 아닙니다. 영어로 인스피레이션(inspiration)이란 말이 있는데, '입김을 받는다'는 뜻입니다. 성령, 즉 '하나님의 입김'이 내 안에 들어왔다는 말입니다. 그런데 현대어로 '인스피레이션'이라는 말을 사용할 때는 '감화받았다'고 합니다. 본래 의미가 왜곡돼 현대화되고, 세속화된 것입니다.

그리고 '성령의 위로'(comfort of the Holy Spirit)라는 말도 자주 쓰는데, '위로'(comfort)의 원뜻은 '함께 힘을 받는다'는 말입니다. 그런데 어떻게 번역하느냐 하면 '안위(혹은 위안)받았다'고 해요. 물론 서로 안위하는 일이 있습니다. 그러나 '성령의 힘'과 '성령의 위로하심'은 다른 것입니다. 기도문에 나오는 '공동의 힘'이라는 말에는 그보다 많은 실제적인 의미가 담겨 있습니다. 공동체생활을 하는 모든 힘은 곧 성령의 힘입니다. '공동의 힘'이란 말은 안위(위안)라는 말보다 훨씬 더 강한 말입니다. 그런데 왜 교회가 성령에 대한 가르침을 그렇게 약하게 만들었을까요? 왜 그렇게 무시하고 중요하게 여기지 않습니까? 아마 이유가 있을 것입니다.

사도행전 2장 말씀을 계속 읽으면 모든 믿는 자들이 한 사람도 빠짐없이 물건을 서로 통용했다는 말이 나옵니다. 이런 사실은 교

회에게 너무나 큰 도전이 되어서 믿고 싶지 않을 것입니다. '내 것
은 내 거다', '아무도 내게 필요 없다'는 식의 이기적인 생각이 현
대 교회에 꽉 차 있습니다. 성령 없이는 인간이 이기적일 수밖에 없
습니다. 많은 신자들이 "우리는 인간일 뿐이오!"라고 하는데, 그것
은 곧 "나는 이기주의자요!"라는 말과 다를 바 없습니다. 주님의
뜻을 실행하지 않는 것에 대한 핑계요, 거짓말일 뿐입니다.

성령을 받고 거듭났다면 우리는 보통 인간이 아닙니다. 성령의
충만함을 받았다면 하나님의 자녀로서 서로 사랑하고 모든 것을
함께 나누며 살 수 있습니다. 모든 것을 자발적으로 서로 공용할 수
있습니다. 그런데 정작 교회에서 이 소리를 듣기 싫어합니다. 그래
서 감화 감동이라는 말만 하고 끝내 버리는 것입니다.

사도행전 2장 말씀에서 베드로의 입을 통해 결론적인 말씀을 합
니다. 모든 무리가 베드로의 설교를 듣고 마음이 찔렸습니다. 그래
서 베드로가 다른 사도들에게 물었습니다.

"형제들아, 우리가 어찌할꼬?"

'어떻게 믿을꼬?'가 아니고 '어찌할꼬?'라고 물었습니다. 무엇인
가 해야 한다고 생각했던 것입니다. 베드로는 아주 간결하게 대답
합니다. 하지만 아주 중요한 말입니다.

"너희가 회개하고 예수 그리스도의 이름으로 세례를 받으라. 그
리하면 구원을 얻으리라."

베드로가 정말 그렇게 말했을까요? 그렇지 않습니다! 현대 교회
에서는 베드로가 그렇게 말했다고들 전하는데, 베드로는 그렇게
말하지 않았습니다. "너희가 회개하여 각각 예수 그리스도의 이름

으로 세례를 받고 죄사함을 얻으라. 그리하면 성령을 선물로 받을 것이다"라고 했습니다. 결론은 구원이 아닌 성령을 선물로 받겠다는 것입니다. 누구든지 회개하고 물세례를 받으면 성령을 받습니다. 그럼에도 불구하고 교회마다 구원받으라는 말만 자꾸 합니다. 그럼 구원은 무슨 뜻으로 씁니까? 바로 '죽은 다음에 천당에 간다'는 뜻으로 씁니다. 이걸 어떻게 확인할 수 있습니까? 만일 죽은 다음에 천당 못 가면 큰일나지 않겠습니까? 어떻게 확인할 수 있을까요? 시험해 볼 수 있습니까? 할 도리가 없지요.

제가 어떤 농촌 교회에 가서 설교를 한 적이 있습니다. 그때 그 교회 목사님이 큰 소나무 한 그루를 보여 주시면서 제게 말하기를 "작년에 부흥사가 와서 회개하고 예수 믿기만 하면 지금 죽어도 금방 천당에 갈 수 있다"고 말했답니다. 그 말을 듣고 어떤 사람이 나가서 목을 매달아 자살했어요. 천당 가기 위해서요.

그것이 복음인 줄 알았던 것입니다. 복음의 참뜻은 천당 가는 것이 아닙니다. 이 땅에 살면서 지금 성령 받을 수 있다는 사실이 기쁜 소식입니다. 성령을 받으면 뜻있는 삶을 살 수 있고, 하나님과 그리고 지체들과 진정으로 사귀며 서로 사랑할 수 있습니다. 지금 하나님과 사귀던 사람은 이 다음에 죽어서도 하나님과 계속 사귈 것입니다. 하지만 지금 하나님과 사귐이 없다면 죽어서 하나님과 사귐이 있을지는 참으로 대답하기 어렵습니다.

베드로는 "너희가 회개하고 세례 받고 죄사함을 얻으라. 그리하면 성령을 선물로 받겠다"고 말했습니다. 이는 "너희는 우리 사도들과는 달리 능력 행함이나 방언은 받을 수 없고 오직 감화 감동만 받으라"는 말입니까? 성령 세례에 어떤 조건을 달았습니까? 베드로는 어떤 조건도 달지 않았습니다. '우리와 조금도 다를 바 없이 너희도 성령을 받을 수 있다'고 하였습니다. 고넬료 집에 성령이 임하셨을 때에도 베드로는 "이 이방인들이 우리와 같이 성령을 받았는데 누가 능히 물로 세례 주는 것을 금하리요"라고 말했습니다. 그래서 지금 우리가 받는 성령은 사도행전 2장의 바로 그 성령입니다. 조금도 다를 바 없습니다.

우리도 그들처럼 기적을 행하는 능력과 방언을 받을 수 있습니다. 그런데 왜 현대 교회 안에서는 그런 일이 통 일어나지 않습니까? 흔히들 이렇게 대답합니다.

"아, 그것은 사도 시대를 위한 것이고 우리 시대에 해당하는 일이 아닙니다. 병원도 있고 신학교도 있는데 무슨 성령의 능력이 필요합니까? 성령의 감화 감동을 받기만 하면 됩니다. 그러면 이 어려운 생활을 능히 견딜 수 있습니다."

그것이 복음입니까? 그것이 기쁜 소식일까요? 힘이 없고 문제를 해결할 수도 없는데 겨우겨우 견디기만 하면서 죽은 다음에 천당 가겠다고 하는 것입니까? 그 말을 일반 사람들이 들으면 어떻게 생각할까요? 복음이라고 생각하지 않을 것입니다. '복음', 즉 '좋은 소식'의 참 의미는 무엇입니까? 내가 죽을 때까지 이 상태로 견뎌야 한다는 것이 좋은 소식입니까? 아무런 변화도 받지 못하고, 돈이 없어 병원도 못 가고, 문명의 혜택도 받지 못한다면 어떻게 좋은 소식이 될 수 있습니까?

현대 교회 대부분이 스스로 복음주의 교회라고 하면서 한편으로는 성령의 능력이 지금 이 시대에 없다고 강조합니다. 그것이 무슨 복음주의입니까? '복음'이란 문자 그대로 '좋은 소식'이라는 뜻입니다. 좋은 소식이란 무엇입니까? 지금도 병 나음을 얻을 수 있다. 지금도 성령의 능력으로 문제를 해결할 수 있다. 지금도 성령의 능력으로 서로 도와주면서 궁핍한 사람들을 더 이상 없게 할 수 있다. 다시 말해서 지금도 성경 시대와 똑같이 살 수 있다! 이것이 좋은 소식입니다.

그래서 오늘 이 기쁜 소식을 들은 우리가 이 자리에 함께 모여 즐겁게 할렐루야 찬양 부르며 오순절 성령 강림절과 더불어 예수원 설립 기념일을 지키는 것입니다. 성부와 성자와 성신의 이름으로 하나이다. 아멘.

보혜사를 보내신 하나님의 뜻

성경말씀 창세기 11:1-9; 시편 104:22-32; 사도행전 2:1-21; 요한복음 14:8-17, 25-27

기도 주 하나님, 이날에 성령의 빛을 보내사 당신 백성의 마음을 깨우치시오니, 우리로 하여금 주님의 성령 안에서 모든 일을 올바로 판단하고, 성령의 거룩한 위로를 받아 항상 기뻐하게 하소서. 성부와 성령과 함께 영원히 사시며 다스리시는 한 하나님, 우리 주 예수 그리스도를 통하여 기도하나이다. 아멘.

교회 절기 가운데 어느 절기가 제일 큰지 생각해 보겠습니다. 예수님이 태어나신 날은 사실 몇 명밖에 알지 못했습니다. 은밀하게 일어난 일이었으니까요. 천사들만이 아기 예수의 탄생을 기뻐하며 경축했습니다. 천사들은 이 일이 무엇을 의미하는지 알고 있었으니까요. 반면 땅에서는 목자들과 몇 명의 동방박사들 외에는 예수 탄생을 아는 사람이 거의 없었습니다. 하지만 그 사람들조차도 예수 탄생의 의미를 충분히 깨닫지는 못했습니다.

그 다음에 삼십 몇 년이 지나 예수님이 죽으셨다가 부활하신 큰 사건이 일어났습니다. 하지만 그때도 한 120명 정도밖에는 이 사건을 목도하지 못했습니다. 널리 알려진 사건이 아니었으니까요. 120 문도(門徒) 외에는 아는 사람들이 별로 없고, 그때까지 부활 사건이 세상에 별다른 영향을 주지도 않았습니다. 그런데 50일 뒤 오순절이 되자, 3천 명이 그날 믿고 또 믿고, 또 퍼지고 퍼져서 온 세상에 복음이 전파되어 온 우주를 위한 큰 사건이 되었습니다. 물론 말씀이 육신이 되셔서 예수님이 탄생하지 않았다면, 이 일은 생기지 않았겠지요. 또 예수님이 죽으셨다가 부활하지 않으셨다면 보혜사 성령의 부으심이 없었을 것입니다. 그래서 예수님의 탄생과 그분의 죽으심 및 부활하심이 다 관계가 있고 중요한 사건입니다. 그 가운데서도 오순절, 즉 성령강림일은 매우 중요한 날입니다.

성령의 네 가지 역할을 누누이 강조해 왔습니다. 먼저 성령께서는 우리 마음 안에 역사하셔서 열매를 맺게 하고, 또한 그것을 통해 코이노니아를 실행하여 공동체생활을 할 수 있는 힘을 주십니다. 그리고 외적 능력과 여러 가지 기적 및 은사를 통해 주님을 증거하게 할 뿐 아니라, 지혜를 주셔서 우리가 매일매일 성령의 인도하심을 받고 주님의 일을 잘 감당하게 하십니다. 거듭난 신자들은 더 이상 인간이 아닙니다. 초자연적인 하나님의 자녀가 되었으므로 하나님께서 우리 마음속에 계시고, 항상 우리를 인도하실 뿐만 아니라, 우리 위에 임하심으로써 초자연적인 능력을 주시고 초자연적인 삶을 영위하게 하십니다.

이 네 가지 성령의 역사가 오늘 본문 말씀에 다 나옵니다. 먼저 창세기의 바벨탑 사건이 있습니다. 그때 온 세상 사람들은 한 가지 언어만 사용했습니다. 서로 이해하며 흩어지지 말자는 취지에서 함께 모여 큰 탑을 쌓기 시작했지요. 탑을 세우려면 노동자가 상당히 많이 필요했을 텐데 그 많은 사람들이 다 어디에서 왔는지 참 놀라운 일입니다. 제가 생각하기로는 지주에게 땅을 빼앗기는 바람에 더 이상 농사를 지을 수 없게 된 농민들이 도시로 온 것이 아닐까 싶습니다. 그렇게 상경해서는 생계를 유지하기 위하여 어떤 일이라도 해야 하는 현대 도시인들처럼 탑 쌓는 노동자로 전락한 것이지요. 성경에는 자세한 설명이 없습니다. 다만 한 곳에 모여서 크게 일하기 시작한 것인데 지도자들이 보통 사람들을 이용해서 그 일을 추진한 것 같습니다. 많은 수가 모였으니 서로 생각만 맞으면 무슨 일이라도 쉽게 할 수 있는 힘이 있었으니까요.

그 모습을 잠자코 지켜보시던 하나님께서 마침내 서로 말을 이해하지 못하게 만드셨습니다. 그 결과 온 우주는 혼란스러워졌고 차츰 분리되었습니다. 원래 하나님께서 인간을 지으실 때 온 우주에 퍼지고 온 지구에 퍼져서 생육하고 번성하라고 명령하셨습니다. 그런데 그들은 그 명령을 받들지 않았습니다. 언어가 같다 보니 퍼지지 않고 한 곳에서만 살려고 했던 것이지요. 게다가 성령까지 함께하시지 않으니 같이 사는 것은 점점 더 힘들 수밖에요. 그래서 하나님께서 서로 이해하지 못하도록 하셨고, 비로소 사람들이 온 지구에 퍼져 살게 된 것입니다.

그렇다면 오늘날은 어떻습니까? 그 옛날 바벨탑과 같이 성령 없이 서로의 말을 배울 수 있는 방법을 또다시 알아냈습니다. 온 민족의 대표라고 하는 사람들이 브라질에 모여 '지구정상회담'이라는 이름으로 회의를 한 적이 있습니다. 바벨탑과 똑같은 모습이 아닌가 생각합니다. 하나님의 방법은 우주만물을 창조하시고 온 세상을 만들어 사람에게 맡기신 다음에, 성령을 통하여 서로 이해할 수 있고 주 안에서 서로 교통하며 사랑하고 겸손한 마음으로 하나가 되어 섬기게 하는 것입니다. 그런데 그 대신 서로 이용하려는 의도로 연락하고, 서로 이용하는 데서 나오는 큰 힘을 모아서 이 세상을 다시 한 번 미움으로 가득 채우고자 합니다. 그래서 또다시 흩어지게 되었습니다.

"오순절, 필요 없다. 하나님, 필요 없다. 우리 스스로 해 보겠다!"

옛날에도 그랬던 것처럼 하나님의 방법을 버리고 하나님의 법을 떠나려는 것입니다.

하나님의 법이 무엇인지 알아야 합니다. 십계명에 하나님의 기본적인 뜻이 충분히 나타나 있습니다. 십계명 또한 오순절에 주신 것입니다. 모세가 십계명을 이스라엘 자손에게 전했던 그날이 오순절이었습니다. 그 뒤 성령을 통하여 하나님의 계명이 우리 마음속에 기록되면서 서로 주를 알기 위해 가르치지 않아도 직접 하나님을 알게 되었습니다. 바로 오순절에 그 같은 역사가 이루어졌습니다. 성령을 통하여 하나님의 법을 머리로도 알고, 실행하려는 마음도 갖기 위해서는 성령의 역사가 있어야 합니다. 그런데 오늘날은 "그 따위는 필요 없다! 흥, 하나님의 법이 무슨 소리야. 우리가 법을 만들자"고 야단들입니다.

오늘 읽은 시편 말씀에 '주께서 자기 영을 보내 주셔서 다시 창조하시고 지면을 새롭게 하신다'(시 104:30)는 말씀이 있습니다. 앞에서 언급한 대로, 브라질에서 환경에 관심 있는 사람들이 모였습니다. 하나님의 성령 없이 지구의 환경 문제를 해결하려고 했던 것이지요. '지구정상회담', 다시 말해서 유엔환경개발회의는 그들이 지구의 문제를 해결하기 위해 모인다고 선전했습니다.

얼마 전에 비행기를 타 보니 좌석에 잡지가 비치되어 있는데, 아주 아름답고 비싸 보였습니다. 〈절망적인 생존 경쟁〉이라는 책인데, 자연계의 생존 경쟁이 얼마나 심한지 다룬 것이었습니다. 그런데 거기 인간에 대한 얘기는 한마디도 없었습니다. 온통 동물과 식물에 대한 얘기뿐이었습니다. 어떤 새가 현재 4-5마리밖에 없으니까 멸종되기 전에 다시 한 번 관심을 가지고 살려야 한다, 이 생물이 조금밖에 없으므로 잘 보존하고 번식시키기 위하여 노력하자 등의 내용이었습니다. 그 과정은 매우 복잡했고, 비용 또한 어마어마하게 필요한 일이었습니다. 하지만 책 어디에도 오늘날 수없이 죽어 가는 사람에 대한 말은 한마디도 없습니다.

인간의 창조력은 어디서 나올까요? 하나님의 영에서 나옵니다. 그런데 민족 간에 서로의 말을 이해하게 되고, 하나님 없이 대도시를 조직하고 놀라운 일을 하다 보니 세상에 못할 일이 없을 것처럼 보이나 봅니다. 하지만 사실 지금도 인간이 못 할 일은 없습니다.

진보한다고 하지만 그것이 진정 진보일까요? 갈수록 불의가 많아지고, 갈수록 사람을 이용하고, 갈수록 가난한 사람들이 많아지고, 갈수록 음란이 얼마나 많은지 이루 다 말할 수 없어요. 갈수록 하나님의 법을 버려서 세상은 점점 더 더러워지고 형편없습니다.

그렇다면 하나님의 방법은 무엇입니까? 예수님을 알고 영접한 사람들을 통하여 성령께서 역사하시면 이 세상은 진정 새로워질 수 있습니다. 우리는 새 피조물이 되어서 다시금 하나님의 창조 능력을 알게 될 것입니다. 참으로 온 지면을 충분히 새롭게 할 수 있습니다. 그리고 이런 일은 성령으로 해야 합니다.

만일 성령으로 한다면 누구를 통해서 하게 될까요? 오순절 성령이 처음 임하실 때 누구에게 임하셨습니까? 많이 공부하고, 세력 있는 사람들에게 성령이 임하셨습니까? 아닙니다. 무명의 사람들, 힘없고 돈 없는 사람들, 세상이 주목하지 않는 사람들에게 임하셨습니다. 그들을 통해 하나님께서 놀라운 역사를 시작하시고, 그때부터 지금까지 퍼지고 또 퍼져 왔습니다. 이 작은 무리가 하나님의 초자연적인 능력을 얻었습니다. 그 사람들이 성령께서 주신 결심, 성령께서 주신 합력과 성령께서 주신 지혜로, 그리고 성령께서 주신 초자연적인 능력으로 지면을 새롭게 할 수 있습니다. 그것 말고 다른 가능성은 없습니다.

하나님 없이, 성령 없이 시도하는 유엔기구의 정상회담 같은 것은 실패할 수밖에 없을 뿐만 아니라, 무슨 결정이 나오든지 하나님의 뜻을 거스르는 것들뿐입니다. 할 수 없습니다. 그들은 하나님을 믿지 않습니다. 그들은 '하나님이 필요 없다!'고 생각합니다. 하나님 없이 스스로 해 보겠다는 것입니다. 인간은 너무 우둔합니다. 오래전부터 하나님은 없다고 하는 사람이 많았고, 그들이 큰 제국을 만들어 보기도 했지만 다 무너졌습니다. 소련도 큰 제국을 세웠다가 무너졌지요. 다음에는 누가 무너질지 모르겠지만 지금 많은 나라들이 무너지는 중입니다. 그래도 어리석은 인간들은 깨닫지 못합니다. '하나님 없이 살 수 없다. 하나님 없이 아무것도 성공하지 못한다'는 교훈을 저버립니다. 여전히 하나님은 없다고 하면서 새로운 시도를 합니다. 그러나 엄밀히 말해 그것은 새로운 일이 아닙니다. 바벨탑부터 지금까지 하나님 없이 살려고 노력한 인간들의 문제입니다.

사도행전 2장 말씀을 생각해 봅시다. 첫째 '그들은 다 한 마음 한 뜻으로 함께 있었다고 합니다. 어떻게 하나가 되었을까요? 예수님이 부활하신 날 밤에 그들은 내적 세례를 받았습니다. 성령이 그들 마음 안에 들어가서 서로 사랑하고 같이 있기를 원하는 마음, 즉 코이노니아가 생겼습니다(요 20:22-23). 사도들에게는 이미 코이노니아가 있었습니다. 그리고 오순절에 이르러 3천 명이 믿은 다음에 그들도 사도들의 코이노니아에 참여하였고, 계속해서 코이노니아가 퍼져 나갔습니다. 그런데 내적 세례로 성령이 제자들 안에 역사해서 다 같이 한 곳에 모였던 당시 오순절 이전만 해도 그들에게는 능력이 없었습니다. 신자들에게 사랑은 많았지만 영적인 능력은 없었던 것이지요. 부활은 증거했지만 아무도 믿지 않았습니다.

마침내 오순절 새벽에 큰 바람 소리가 나고, 불이 생기고, 성령이 임하면서 방언이 터졌습니다. 여러 나라 방언이 다 나왔는데 각 사람이 자기가 태어난 곳의 말을 들었다고 했습니다. 또 베드로가 능력 있게 설교했고 많은 사람이 믿었습니다. 사실 그때까지는 아무도 그의 말을 믿지 않았습니다. 하지만 그날은 성령의 능력으로 길게 설명할 수 있었습니다. 무엇을 설명했을까요? 옛날부터 구약 시대 선지자들이 예언한 그 내용이었습니다. 하나님의 약속의 말씀에 근거해서 성령이 임하신 것이고, 백성들이 못박아 죽게 한 예수님이 우리의 주요 그리스도이시라고 증거했던 것입니다. 그 말씀에 능력이 있었기에 베드로의 설교를 듣고 마음에 찔림을 받아 회개하여 세례를 받은 사람들이 하루에 3천 명이나 되었습니다. 사도들의 코이노니아에 외적인 능력이 임하자, 모인 무리들이 그리스도를 힘있게 증거하는 살아 있는 교회가 되었습니다. 오늘날도 이 기쁜 소식을 듣기 원하는 사람들이 많습니다. 문제는 믿은 우리가 성령 안에서 힘있게 복음을 전하고 있느냐는 것입니다.

"무릇 하나님의 영으로 인도함을 받는 그들은 곧 하나님의 아들이라"(롬 8:14).

성령이 내주하셔서 지혜를 주시고 인격적으로 인도하신다면, 우리는 하나님의 자녀입니다. 하나님을 이용할 생각으로 예수님을 믿겠다고 한다면, 그것은 잘못된 신앙입니다. 하나님께서 우리를 사용하시도록 우리 자신을 기꺼이 주께 바치고 그분의 인도하심을 받기로 결정해야 합니다. 인도하심을 받는 사람이 하나님의 자녀입니다.

하나님의 자녀는 곧 기업을 받은 자입니다. 온 세상뿐만 아니라 온 우주가 우리의 기업입니다. 우리의 소유인 것입니다. 우리 믿는 성도들이 얼마나 중요한 사람인지 깨달아야 합니다. 우리가 세상에서 가장 중요한 사람입니다. '정상회담'이라는 거창한 이름으로 모인 그들이 아닙니다. 그 사람들은 아무것도 아닙니다. 이 조그만

산골짜기에 모인 우리들, 또 어디에서나 예수 이름으로 모인 사람들이 하나님의 자녀요, 하나님의 기업을 받는 자, 즉 유업을 받은 자입니다. 세상에 이보다 중요한 사람은 없습니다.

다만 여기에는 조건이 하나 있습니다.

"그와 함께 영광을 받기 위하여 고난도 함께 받아야 될 것이니라"(롬 8:17).

예수님도 부활하시고 승천하시기 전에 십자가의 고난을 당하셨습니다. 십자가 후에야 영광이 있었습니다. 사도 바울이 말씀하신 것도 '예수님과 함께 고난을 받을 마음이 없으면 영광도 없다'는 내용입니다. 교회는 이것을 잊어서는 안 됩니다. 예수님을 믿기 싫어하는 사람, 세력을 가지고 자기 힘을 행사하겠다는 사람들에게 교회가 복음을 전한다면, 그들은 이것은 복음이 아닌 나쁜 소리라고 비난할 것입니다. 심지어 조용히 하지 않으면 죽이겠다고 위협할 수도 있습니다.

현충일에는 전쟁에서 나라를 위해 목숨을 버린 사람들을 기억합니다. 하나님의 나라를 위하여 자신의 목숨을 버린 하나님의 군사들도 참 많습니다. 스데반의 순교 이래 지금까지 중국, 아프가니스탄, 이집트 등지에서 수많은 사람들이 주를 위해 죽었습니다. 이 나라 저 나라에서 지금도 핍박받고, 고문당하고, 목숨을 버리는 사람들이 있습니다. 잘 살고, 잘 지내고, 안정된 생활을 하는 것이 원칙이라고 생각하지 마십시오. 물론 세상과 타협하기만 하면 안전합니다. 하지만 신자라면 그렇게 해서는 안 됩니다. 그렇다면 이 악한 세상에서 주의 말씀, 주의 법을 지키고 실행하기 위해 어떤 대가를 치러야 할까요? 아름다운 주의 계획을 이루기 위한 조건은 무엇입니까? 하나님 없이 못 한다는 것, 바로 겸손입니다. 하나님 없이 혼자 할 수 있다고 생각하는 사람들에게 좋은 소식을 전하면 그들의 입장에서는 좋은 소식이 아닙니다. 왜냐하면 그들은 인간 스스로 할 수 없는 것은 아무것도 없다고 생각하기 때문에 우리가 계속 얘기하면 우리를 죽이려고 할 것입니다.

요한복음 14장 12절을 보면 예수님이 '내가 한 일보다도 나를 믿는 사람들이 더 큰 일을 하겠다'고 하셨습니다. 교회는 이것을 명심해야 합니다. 예수님은 보혜사로 이 땅에 오셨습니다. 우리 곁에 계신 분, 돕는 자라는 의미의 보혜사라는 말은 참 재미있습니다. 변호사와 같아요. 예수님은 우리의 변호사이십니다. 하나님 앞에서 우리를 변호해 주시는 분이고, 우리를 위하여 중보자가 되신 분입니다. 우리를 잘 지도하기 위해 오셨지요. 그런데 예수님은 한 분이시니까 다른 보혜사를 보내겠다고 약속하셨고, 마침내 성령이 오셔서 예수님이 한 곳에 있지 않고 온 지구 위에 퍼져서 우리와 함께 있게 되었습니다. 다른 보혜사! 얼마나 놀라운 하나님의 방법인지 깨달을 수 있습니다. 그래서 이 큰일을 이루시는 능력은 성령의 외적 역사입니다. 성령의 부으심을 받았다면 우리도 큰일을 할 만한 능력을 받을 수 있습니다.

요한복음 14장 15절에 '나의 계명을 지키라'는 말이 나오는데, 이것은 심령의 내적 관계를 말합니다. 성령이 우리 마음속에 계시기만 하면 하나님의 계명을 지킬 마음이 생기고, 하나님의 계명을 지킬 능력이 나옵니다. 그래서 16절에 '다른 보혜사'라는 말이 나오고 이 다른 보혜사를 통하여 하나님의 계명을 지킬 수 있습니다. 그럼 또 다른 보혜사는 누구입니까? 17절에서 ‘진리의 영’이라고 합니다.

환경 문제로 브라질에 모였던 사람들이 진리에 대한 이야기를 많이 했을 것입니다. 그런데 예수님이 말씀하시기를 세상이 진리의 영을 받을 수 없다고 합니다. 그를 알지 못합니다. 알고 싶어 하지도 않습니다. 다만 진리의 영이 우리 안에 들어오시면 우리에게 지혜를 주실 수 있습니다. 우리에게 판단력을 주실 것입니다. 우리는 바보가 아닙니다. 과거에는 바보였지만 오늘 지혜로운 사람이 되었습니다. 그런데 정말 하나님의 지혜인지 알기 위하여 서로 의논하고, 하나님의 뜻을 올바로 깨닫고 있는지 확인해야 합니다. 그런데 마귀가 교회를 이용해 바벨탑 사건을 다시 만들려고 합니다. 서로가 옳다고 주장해서 서로 이해하지 못하게 만드는 것입니다. 같은 한국말을 해도 교회가 서로 이해하지 못합니다. 마귀가 다시 한번 바벨탑 사건을 만들려고 합니다.

세상은 하나님의 지혜를 받을 수 없습니다. 세상 사람들이 교회 안에 들어와서 마귀의 일을 하고 교회를 갈라놓아 서로 오해하게 한 뒤 ‘내가 옳다, 네가 이단이다’라고 합니다. 큰일났습니다. 성령이 누구입니까? 요한복음 14장 27절을 보면, ‘화평을 주시는 분’이라고 합니다. 개인의 마음속에 있는 평안뿐만 아니라 성도들 안에서 화평을 이루시는 것은 성령의 역사입니다. 물론 내가 하나님의 자녀인 줄 알고, 하나님께서 나를 택하신 줄 알고, 내가 성령 받은 줄 알면 마음속에 평안이 있겠지요. 그런데 거기서 끝나는 것이 아니고 성령 안에서의 화목, 평화, 샬롬이 지체와의 상호 관계 속에 이루어질 때, 더 깊은 의미의 평화가 이루어지는 것입니다. '샬롬'이라는 말은 '서로 화목하는 코이노니아'라는 뜻입니다.

그리스도의 몸이 각 마디와 힘줄로 연결되어 영양을 공급받아서 하나님께서 원하시는 대로 성장하는 것은 오직 성령 안에서만 가능합니다. 서로 인정하고 합력하여 하나님의 의와 하나님의 뜻을 이루어 가는 것이 교회의 사명입니다. 자기 나름대로 하겠다는 태도나 자기만 옳다고 고집하면서 상대방을 배척하는 분리주의를 버려야 합니다. 이것들은 다 육에 속한 일입니다. 우리는 하나님의 존귀한 자녀임을 깨닫고, 서로 용납하고, 그리스도 안에서 한 지체를 이루어 성도의 코이노니아를 실행하도록 합시다. 이 그리스도의 몸을 통하여 초자연적인 성령의 능력이 나타날 때, 비뚤어지고 거슬리는 이 세대에 주님의 기쁜 소식을 증거할 수 있을 것입니다. 이것이 오순절날 성령께서 이 땅에 임하신 이유이며, 오늘날 하나님께서 성령을 통하여 우리에게 요구하시는 것입니다. 성부와 성자와 성령의 이름으로 하나이다. 아멘!

성령의 열매

성경말씀 사도행전 2:1-11; 요한복음 14:23-31

기도   주여, 성령의 빛을 내리사 신자의 마음을 교훈하셨나이다. 구하노니, 우리로 성령의 바람(입김)으로 범사를 진리대로 판단하며 또한 성신의 안위하심으로 항상 희락하게 하소서. 이는 성부와 성령과 한 하나님으로 영원히 사시며 다스리시는 성자 우리 주 예수 그리스도를 통하여 기도하나이다. 아멘.

할렐루야! 성령이 임하셨습니다. 아멘!

위의 기도문은 성공회 말고 천주교에서도 사용할 것입니다. 이 기도문에는 성령의 빛과 신자에 대한 교훈이 있고, 또 우리로 범사에 진리대로 판단하도록 기도하는 내용과 성령이 공동 힘을 주셔서 항상 희락하는 생활을 하게 해 달라는 기도 내용이 있습니다. '공동 힘'이란, '안위'라고도 하고 혹은 '보혜사'라고도 합니다. 영

어로는 컴포트(comfort)*, 곧 위로라는 말인데 옛날 영어의 의미와
는 매우 다릅니다.

대영 박물관에 가면 옛날 여인들이 기다란 천에 수를 놓은 유명
한 그림이 하나 있습니다. 커튼식으로 벽에 걸 수 있는데, 영국 윌
리엄 왕의 군대가 전쟁에서 승리하는 역사적인 사실을 자수로 표
현해 놓았습니다.

그림 밑에는 설명이 있습니다. 한 부분에 윌리엄 왕이 군대를 위
로한다는 말이 있습니다. 그가 어떻게 군대를 위로하는지 아십니
까? 창을 가지고 군대에게 "돌격! 돌격!"이라고 명령합니다. 공동
힘을 내도록 명령하는 것입니다.

마찬가지로 성령께서는 우리를 위로하시기도 하지만, 한편으로
는 "가, 앞으로 가라. 복음을 전파하라!" 하고 명령하시기도 합니
다. 우리는 그 명령을 통하여 '공동 힘'을 받습니다. 성령이 우리 옆
에 오셔서 격려하시거나, 우리가 서로에게 힘을 주는, 즉 '코이노
니아'라는 뜻이 포함됩니다. 성령은 개인에게 힘을 주실 뿐 아니라,
공동의 힘을 주시고, 지혜와 판단력을 주시며, 희락도 주십니다.

성령의 열매 가운데 첫째는 사랑입니다. 사랑이 무엇입니까? 서
로에게 힘을 주는 것입니다. 같이 힘을 합하는 것입니다. 코이노니
아는 사랑의 표현입니다. 사랑이 없는 곳에는 코이노니아도 있을
수 없습니다. 코이노니아하는 모습이 있고, 공동체의 모양이 있어
도, 사랑이 없으면 그것은 참된 코이노니아가 아닙니다. 성령의 코

---

* com(공동의)+ fort(힘) : '공동의 힘' 이라는 뜻.

이노니아는 서로 사랑하고 서로 도와주고 서로 힘을 주고받으며
다 같이 합력하여 하나님의 일을 하는 것입니다. 영적인 힘뿐만 아
니라 경제적인 힘이나 심리적인 힘 등 모든 힘이 포함됩니다. 여기
서 심리적인 힘이란 위로를 주실 때를 말합니다.

대언 말씀 속에는 권면 말씀과 건설적인 말씀, 위로의 말씀이 다
포함됩니다. 어떤 사람들은 성령에 대하여 기도할 때 그저 위로받
을 생각만 합니다. 생활이 어렵고 고생스러우니까 감화 감동을 받
고 위로받기만을 원합니다. 그러나 성령이 위로하는 역할만 한다
면 술과 다를 게 무엇이겠습니까? 성령의 주요 역할은 감동 감화가
아닙니다. 성령은 우리 마음을 고쳐서 서로 사랑하고 서로 합력하
기를 원하십니다.

어느 나라보다도 한국에서 성령의 감화 감동이라는 말을 제일 많
이 씁니다. 축도할 때마다 '성령의 코이노니아'라는 말 대신에 '성
령의 감화 감동'이라는 말을 씁니다. 죄송한 말씀이지만 한국 신자
들이 외국에 나가서 선교 사업을 할 때 가장 유명한 특징 가운데 하
나가 합력할 줄 모른다는 것입니다. 개인별로 나가서 자기만 옳다
고 주장하고, 자기가 원하는 프로그램만 운영합니다. 둘만 모여도
함께 일을 못하고, 따로따로 분열하고 맙니다.

얼마나 부끄러운 일입니까? 왜 그런 문제가 자꾸 생깁니까? 성
령의 감화 감동을 받았지만 성령의 코이노니아를 받지 못했기 때
문입니다. 성령께서 주시는 공동의 힘을 받지 못했기 때문입니다.
공동 정신이 전혀 없습니다. 개인적으로 감화 감동을 받으면 그만
이라고 생각합니다.

사실 이 문제는 한국 교회 자체 내에서만 생긴 것이 아닙니다. 한국 교회가 50-75년 동안 외국 선교사 밑에 있었으므로 선교사들의 잘못이 큽니다. 선교사들이 잘못 가르친 탓입니다. 그렇기 때문에 예수원에서는 성령에 대하여 올바르게 가르치는 것을 매우 중요하게 생각합니다. 우리가 하지 않으면 누가 하겠습니까?

그럼 어떻게 해야 합니까? 말이 아닌 생활로 해야 합니다. 실제로 공동체생활을 하면서 성령의 코이노니아가 무엇인지 먼저 우리가 발견하고 확인한 다음에 남에게 보여 주어야 합니다. "당신들이 얘기하는 성령이 이것입니다. 감화 감동이 아니고 공동체생활을 통해서 나온 것입니다"라고 말할 수 있어야 합니다. 물론 우리가 초자연적인 힘을 받았다는 것을 알면 무척 기쁠 것입니다. 공동체로 살고, 서로 안위하며 도와주고 힘을 주고받는 공동체생활을 하면 얼마나 기쁜지 말할 수 없습니다. 그러다 보면 감화 감동이 자연스럽게 나옵니다. 분명히 말하지만 그 감화 감동은 부산물입니다.

제가 신학교에 있을 때 학생들과 같이 울산 정유 공장에 간 적이 있습니다. 여러 가지 종류의 기계와 건물, 파이프들이 참 많더군요. 석유를 원유로 들여와서 그것으로 여러 가지 다른 것들을 만들었습니다. 아스팔트도 만들고, 기름도 나오고, 휘발유도 나오고, 디젤도 나왔습니다.

그런데 한쪽에 있던 큰 굴뚝에서 불이 타고 있었습니다. 문득 이스라엘 백성을 인도한 불기둥이 생각났습니다. 그 불기둥이 무엇인지 알아보니 프로판 가스를 태우는 것이라고 했습니다.

"왜 프로판 가스를 태워 버립니까?"

“필요 없기 때문입니다. 프로판 가스는 한국에서 사용하지 않아서 팔 수도 없습니다.”

“너무 아깝습니다. 아주 유익한 것인데요.”

“하지만 우리나라에는 시설이 없어서 사용하지 못합니다.”

그런데 지금은 프로판 가스 시설이 얼마나 많습니까? 그 일로 깨달은 것이 있습니다. 프로판 가스를 태워 버릴 때는 불기둥처럼 보기는 아주 좋지만 그대로 낭비하는 것입니다. 마찬가지로 사람들이 성령을 받기 원할 때도 보기에 좋은 것만 원하면 낭비만 할 뿐입니다. 성령께서는 힘을 내는 연료를 주고 싶으신데, 우리가 감화 감동만 원하기 때문에 연료로 쓰지 못하는 것입니다. 연료를 낭비하는 것이지요. 그렇다고 감화 감동이 나쁘다는 말은 아닙니다. 그렇지만 그 말이 너무 강조되니까 저는 다른 것을 강조해야 한다고 생각했습니다.

이번에 마을에서 효도 관광을 갈 때 할아버지와 할머니 모두 합해서 50분 정도 되었습니다. 차 안에 카세트가 있었는데 거기서 북소리, 꽹과리 소리, 트라이앵글 소리 등 별별 악기 소리가 다 나왔습니다. 가사는 없었지만 사람들이 가사를 만들어 붙였습니다. 영국 찬트(chant)식의 노래와 아주 비슷했습니다. 물론 영국식의 찬트는 아닙니다. 영국식의 찬트는 천천히 부르고, 감정도 리듬도 없습니다. 그런데 한국의 찬트는 아주 생동감 있고 빠르고 경쾌합니다. 똑같은 찬트지만 리듬이 있으니까 무척 즐겁습니다. 물론 서양 노래도 박자가 빠르기는 하지만 서양 사람들은 리듬을 잘 사용하지 않습니다. 교회가 오랫동안 너무나 엄숙하게 지내왔기 때문입니다.

몇 년 전 미국에서 〈다윗이 주님 앞에 춤을 추었네〉라는 내용의 노래가 나왔습니다.

다윗이 주님 앞에 춤을 추었네, 온 힘을 다해 춤추었네.

오! 성령이 자유케 하셔서 춤추게 하시리.

충만하고 충만하게 하시리.

오! 성령이 자유케 하셔서 춤추게 하시며 마음 또한 춤추게 하시리.

David danced before the Lord, he danced with all his might.

Oh! The Holy Ghost will set you free to dancing.

The Holy Ghost will fill you through and through.

Oh! The Holy Ghost will set you free to dancing and set your heart a dancing too.

성령을 받으면 즉시 춤을 출 수밖에 없다는 내용입니다. 물론 마음도 춤을 출 것입니다.

효도 관광차에 탔던 할머니와 할아버지들 가운데에는 80세가 넘은 분들이 꽤 많았는데, 관광 버스 통로에 약 20명쯤 나와서 거의 3시간 정도 노래하면서 춤을 추었습니다. 물론 소주를 좀 마신 상태였지요. 저는 '소주를 조금 마시고도 저렇게 기쁠 수 있을까?' 하고 의아했습니다. 그래서 한 분에게 물었습니다.

"왜 이렇게 기쁘십니까?"

"살아서 기쁘죠."

오직 그 이유였습니다.

그들은 예수님도 성령도 모르고, 죽으면 어디로 가는지도 모릅니다. 그래도 80이 넘도록 살았기 때문에 기쁜 것입니다. 손바닥을 치면서 얼마나 재미있게 지냈는지 모르겠어요. 저도 그분들 사이에 끼어서 춤을 추었습니다. 그분들이 놀란 듯 말씀하시더군요.

"아하! 술을 안 먹어도 춤출 수 있구나."

"예, 성령 받았기 때문에 할 수 있죠. 성령 받은 사람들은 언제나 춤출 수 있어요."

덩실덩실 춤을 추며 대답했습니다. 성령 받은 사람들은 언제든지 춤을 출 수 있습니다. 그런데 신기하게도 우리 교인들이 영국인들의 나쁜 습관을 배워서 손뼉도 치지 않고, 발도 움직이지 않고, 그냥 가만히 앉아서 슬픈 노래만 합니다. 그것은 성령 받은 표시가 아닙니다.

첫 오순절에 신자들이 너무 기뻐하는 모습을 보고 구경하는 사람들은 그들이 술 취한 줄 알았습니다. 그러나 절대 술 취한 것이 아니었습니다. 성령의 지혜와 능력을 받고 성령의 기적을 체험하고 성령의 위로와 사랑을 받아서 서로 간에 코이노니아가 생기면 기쁠 수밖에 없습니다. 춤추고 싶고 손뼉치고 싶은 마음이 절로 나옵니다. 그것이 원칙입니다.

여기 기도문을 보면 교인들로 희락하게 하라고 기도합니다. 왜 성공회 교인들에게 희락이 없습니까? 아마 일 년에 한 번밖에 기도

하지 않기 때문이 아닐까 생각합니다. 52주간은 계속 다른 얘기만 하고 오순절 하루만 "희락하게 해 주소서!" 하고 기도하기 때문일 것입니다. 또 그렇게 힘없이 "희락하게 하여 주소서!" 하고 기도하는데 어떻게 희락할 수 있겠습니까? 성령 받으면 체면이 떨어지고 바보가 된다고 생각하기 때문에 받지 않으려고 합니다. 목에다 힘만 주고 "에헴, 나는 양반이다" 하고 앉아 있기만 합니다. 그런데 이번 효도 관광 때 보니까 양반이라고 하는 할아버지와 할머니들이 춤추고 손뼉치고 노래하는데, 누구든지 기쁜 마음으로 했습니다. 우리도 성령 받았으니 당연히 그렇게 해야 한다고 생각합니다.

복음성가 가운데 〈나는 연약하오나 주 예수는 강하다〉는 노래가 있습니다. 거기에 한국 리듬만 붙이면 한국 노래가 됩니다. 또 성령강림절에 부르는 노래로 "오순절 거룩한 성령께서……"라는 가사로 시작하는 찬양도 있습니다. 이 또한 한국적인 가락이지요. 찬송가 204장도 한국곡 아리랑의 곡조를 붙여서 부를 수 있습니다. 처음에는 이상하게 들렸는데 갈수록 좋더군요. 이것은 토착화에 관한 문제입니다.

지난번 동남아시아 성공회에서 큰 모임이 있었는데, 미사 시간마다 각 나라별로 주교와 신부들이 나와서 미사를 드렸습니다. 한국 주교 차례가 되었기에 저에게 한국식으로 노래해 달라고 했는데 너무 부끄러웠습니다. 한국 노래를 몰랐기 때문이지요. 제게 다시 부탁하셔서 다른 신부님과 같이 연구해 보았습니다. 그래서 성가 가운데 〈아리랑〉과 〈도라지〉 곡을 붙여 할 수 있는 것을 찾았습니다. 〈감사하세〉라는 노래도 하고 또 미사에서 나오는 몇 가지 노래도 했는데 한국적인 맛이 강하게 느껴져서 모두 기뻐했습니다. 다른 나라 사람들은 아리랑의 배경을 모르기 때문에 별 느낌 받지 않고 '아름답구나'라고만 생각했습니다. 하지만 한국 사람들은 '아리랑 고개'를 생각하고 '십 리도 못 가서 발병 난다'는 생각을 자꾸 해서 노래에만 몰두하기가 어렵습니다. 배경은 모두 잊고 노래를 해 봅시다. 찬송가 〈예수로 나의 구주 삼고〉에 아리랑 곡을 붙여서 노래해 봅시다.

하나님은 이스라엘을, 남편이 부인을 사랑한 것처럼 사랑해서 이스라엘이 잘못된 길로 갈 때 '간음질한 여자'라고 책망했습니다. 사랑하기 때문에 화를 내신 것입니다. 그만큼 사랑했습니다. 신약에 나오는 하나님의 사랑은 아버지의 사랑이 중심입니다.

성령의 중심은 코이노니아입니다. 하나님과 사귀고 서로와 사귀는 코이노니아를 말합니다. 요한일서에서 우리에게 하시는 말씀은 '너희는 우리와 사귈 수 있다'는 것입니다. 우리는 하나님 아버지와 그의 외아들 예수 그리스도와 사귀는 것입니다. 은혜를 생각하면 개인적으로 은혜를 받을 수 있습니다. 하나님의 사랑만 생각하면 '아버지께서 날 사랑하신다'는 것을 아는 것으로 끝날 수 있습니다. 그러나 성령을 받으면 코이노니아를 이루게 됩니다. 다 같이 하나님의 사랑에 참여하고 전파하여 서로 나누게 됩니다.

'서로', '피차'라는 말이 신약성경에만 약 70번 나옵니다. 얼마나 중요한 말이면 그렇겠습니까? 성령의 역사는 서로서로 올바른 관계를 맺게 합니다. 성령의 역사가 없으면 가족 간에도 사랑이 없고, 공동체에서도 서로 사랑하지 못하며, 국가 간에도 서로 사랑하지 못합니다.

성령의 중요한 역사는 코이노니아로, 공동 힘을 내는 것입니다. 오순절에 성령에 대해 생각하되, 성령의 능력과 은사와 기적과 지혜와 지식만이 아니라 '합력'에 대해서도 생각해야 합니다. 코이노니아를 생각해야 하는 것입니다. '서로, 서로, 서로'라는 말을 기억해야 합니다. 범사에 서로 섬기고, 일하고, 도와주며 위로해야 합니다. 교회 공동체에서, 예수원 공동체에서, 가족 공동체에서 성령의 코이노니아를 이루어야 합니다. 그렇게 할 때 희락과 사랑과 화목과 화평이 나오게 됩니다.

성령의 첫째 열매는 사랑, 즉 공동체의 사랑입니다. 하나님과 개인적으로만 사랑하는 것이 아니고 서로 사랑하는 것입니다. 어떤 사람은 사랑하고 어떤 사람은 사랑하지 않는 것이 아니고 모두 사랑해야 합니다.

어떤 사람이 한국인이 가장 많이 사용하는 단어를 연구했는데, 바로 '우리'라는 말이랍니다. 참된 우리가 되기 위하여는 사랑이 있어야 합니다. '우리'라는 말은 코이노니아를 표현한 것입니다. 재미있게도 영어나 헬라어에는 한국어에서처럼 '우리'라는 단어에 깊은 의미를 내포하고 있지 않습니다. 그러나 한국말의 '우리'에는 두 가지 뜻이 있습니다. 그 하나는 양이나 다른 짐승을 가두어 두는 '우리'입니다.

"이 우리에 들지 아니한 다른 양들이 내게 있어 내가 인도하여야 할 터이니 저희도 내 음성을 듣고 한 무리가 되어 한 목자에게 있으리라"(요 10:16).

예수님이 말씀하신 것처럼 성령께서는 먼저 신자들끼리 한 무리가 되기를 원하십니다. 그 다음에 이 우리에 속하지 않은 다른 양들을 불러서 같이 사귀라고 하십니다.

참으로 좋은 소식은 인간이 하나님과 사귈 수 있다는 것입니다. 원수처럼 지내던 사람도 서로 사귈 수 있고, 서로 사랑하여 하나가 될 수 있습니다. 우리나라의 통일 문제가 자주 거론되는데, 그럼 통일은 어디에서 나옵니까? 참된 통일은 하나밖에 없습니다. 성령이 주시는 통일입니다. 만약 집집마다 성령께서 주시는 통일이 없으면 어떻게 나라가 통일될 수 있을까요? 기독교가 통일되지 않는데 어떻게 나라가 통일을 이룰 수 있겠습니까? 하나님께서 성령을 보내 주신 것은 기독교를 통일하기 위해서입니다. 통일의 모범이 되고, 통일의 모양을 보여 주고, 통일을 이룸으로써 나라가 통일을 이루는 데 영향을 끼쳐야 합니다.

나라를 위하여 기도할 때, 혹은 자기 자신이나 서로를 위하여 기도할 때 코이노니아와 합력과 공동 힘을 위하여 기도해야 합니다. 그러면 희락이 분명히 나옵니다. 참된 희락은 성령께서 주시는 통일을 통하여 나옵니다.

성공회 성가의 한 구절 가운데 "온 우주에 계신 성신이여, 우리 안에 거처하옵소서"라는 내용이 있습니다. '우리 안에' 라는 노랫말에는 참 놀라운 뜻이 있습니다. 온 우주에 계시는 성령이 우리 안에 거하고 싶어 하십니다. 성령이 내 안에 거하고 네 안에 거하면 서로 하나 될 것입니다. 서로 이해하고, 서로 용서하고, 서로 용납하고, 서로 사랑하는 것은 성령의 역사입니다. 성령이 없으면 교회도 없고 기독교도 없습니다. 모든 것이 옛날이야기일 뿐입니다. 그러나 성령을 통하여 예수님이 계신 것을 확실히 알고, 살아 계신 줄을 압니다. "예수~ 예수는 살아 계셔서~"라는 노래 가사도 있지 않습니까?

우리는 성령을 통하여 예수님이 살아 계신 것을 알았습니다. 성령은 하나 되기를 원하시는데, 어떤 이들은 성령의 감화 감동만 원하고 하나 되기는 원치 않습니다. 그것은 안 될 말입니다. 성령을 통하여 하나 되고, 또한 그것이 우리의 기도 목표가 되고 생활의 목표가 되도록 기도합시다. 성부와 성자와 성신의 이름으로 하나이다. 아멘.

7 우리 안에 거하시는 **하나님**

누가 우리를 위하여 갈꼬?

성경말씀 이사야 6:1–8; 시편 29편; 로마서 8:12–17; 요한복음 3:1–17

기도 전능하시고 영원하신 하나님, 당신 종들에게 은총을 베푸사, 참된 신앙고백을 통하여, 영원하신 성삼위의 영광을 알게 하시며, 또한 일체이신 하나님을 신성한 권능으로 공경케 하셨나이다. 비오니, 우리의 믿음과 경배를 견고케 하사 마침내 영화로우신 한 분 하나님을 뵙게 하소서. 성자와 성령과 함께 영원히 사시며 다스리시는 한 하나님께 기도하나이다. 아멘.

오늘은 삼위일체 주일입니다. 1년에 한 번밖에 없는 교리 주일이지요. 다른 주일은 다 어떤 일을 기념하는 주일입니다. 그런데 오늘은 예수님의 부활을 지키고 승천과 성령 보내신 것을 기념한 뒤, 하나님께서 삼위일체로 계시다는 결론과 함께 그것이 우리와 무슨 관계가 있는지 생각하는 날입니다.

관계있는 성경말씀을 보겠습니다. 먼저 이사야서 6장에서 이사야가 하나님의 거룩함을 보았을 때 "거룩하다, 거룩하다, 거룩하다"는 말을 세 번 들었습니다. 그런데 이사야는 너무 놀라서 '큰일 났구나. 나는 입술이 더러운 사람이다. 입술이 더러운 사람들과 같이 살고 있는데 하나님을 뵙다니"라고 하면서 무서워했습니다.

이제 우리를 돌아봅시다. 아직도 스스로 입술이 더러운 사람인 줄 깨닫지 못하고, 우리 교인들이 아직까지 입술이 더러운 줄 알지 못한다면, 우리는 하나님을 보지 못한 사람입니다. 하나님을 보았다면 우리가 얼마나 더러운지 알 수 있을 것입니다.

이사야가 하나님을 뵙고 이렇게 응답한 뒤 스랍 하나가 와서 숯불로 입술을 깨끗하게 했습니다. 깨끗함을 입은 뒤에는 무슨 일이 있었습니까? 하나님의 음성이 있었습니다.

"누가 우리를 위하여 갈꼬?"(사 6:8).

하나님께서 '나'라고 말씀하시지 않고 '우리'라고 하셨습니다. 성부, 성자, 성신께서 계셨기 때문에 "누가 우리를 위하여 갈꼬"라고 하신 것입니다. 그래서 이사야는 대답했습니다.

"내가 여기 있나이다 나를 보내소서"(사 6:9).

우리도 하나님을 뵙는다면 그렇게 응답할 수 있습니까? 하나님은 지금도 누가 우리를 위하여 가겠느냐고 물어보십니다. 우리도 하나님의 거룩함을 본다면 "나를 보내소서"라고 응답해야 합니다. 하지만 그렇게 말하기는 쉬운 일이 아닙니다.

오늘 읽은 시편 말씀에 대해 이야기하겠습니다. 하나님의 소리가 얼마나 큰지, 얼마나 능력이 있는지 시편 29편 말씀에 나와 있습니다. '하나님의 소리'란 무엇입니까? 아마도 성령 이야기가 아닌가 싶습니다. 오순절에 '강한 바람 같은 소리'가 있었는데(행 2:2) 소리는 바로 성령님이셨습니다. 그런데 모든 것이 하나님께 영광을 돌린다고 말씀합니다(시 29:9).

또 '하나님께서 자기 백성에게 힘을 주시겠다'(시 29:11)는 말씀은 무슨 뜻입니까? 만약에 우리가 하나님을 위하여 "내가 여기 있나이다. 나를 보내소서" 하고 가기로 결정했다면, 능력 없이는 못 갑니다. 따라서 이 말씀은 하나님께서 자신의 크신 능력을 우리에게 나눠 주신다는 뜻입니다. 우리가 오순절을 강조하는 까닭은 성령으로 하나님의 초자연적인 능력을 받을 수 있을 뿐만 아니라, 오늘 읽은 요한복음 3장 1-17절과 같이 성령으로 새사람, 새 피조물이 될 수 있기 때문입니다. 이전 사람이 아니고 새로운 사람이며, 육적인 사람이 아니고 바람에 속한 사람이며, 영에 속한 사람이 될 수 있기 때문입니다.

하나님은 성령을 통하여 자기 백성에게 두 가지 능력을 주십니다. 하나는 깨끗한 생활을 할 수 있는 능력이고, 또 하나는 일을 하는 능력, 곧 하나님의 말씀과 하나님의 증인이 되는 데 필요한 능력입니다. 그럼 평화를 주신다는 말은 무슨 뜻입니까. 가만히 있으면서 평화를 얻는다는 말입니까? 아닙니다. 로마서를 보면 우리가 세상과 부딪치는 일이 있을 것이라고 합니다. 충돌 일어나면 일이 복잡해지고 핍박을 받을 수밖에 없습니다. 그런 가운데서도 평화를 얻을 수 있습니다. 우리가 세상에서 어려움을 당해도, 세상과 싸우고 세상과 충돌해도, 마음속에는 하나님의 평화가 있습니다.

로마서 8장 12절을 봅시다. 누가 하나님의 자녀입니까? 교회에 나오는 사람이 하나님의 자녀입니까? 성령의 인도함을 받는 사람이 하나님의 자녀요, 예수님과 함께 기업을 얻는 사람입니다. 우리가 성령의 인도함을 받는다면 성령께서 우리 영 속에 확신을 주십니다. 우리는 참으로 하나님의 자녀입니다.

"자녀이면 또한 후사 곧 하나님의 후사요 그리스도와 함께한 후사니 우리가 그와 함께 영광을 받기 위하여 고난도 함께 받아야 될 것이니라"(롬 8:17).

기업이 무엇입니까? 천당이요, 생명이요, 영생이지요. 그런데 바울의 말은 우리가 그리스도와 함께 고난을 당해야 그리스도와 함께 영광을 받을 것이라고 합니다. 도대체 신자들이 왜 고난을 당해야 합니까? 고난 가운데 평화를 주시고, 고난을 통하여 기업을 얻는다고 하는데, 이 '고난'은 무슨 말입니까?

우리는 하나님의 자녀가 아닌 사람들 속에서 살고 있습니다. 이사야는 "자신이 입술이 더러운 사람일 뿐만 아니라 입술이 더러운 백성 가운데 산다"고 하였습니다. 우리는 이 세상에 살지만 세상에 속하지 않은 사람입니다. 그렇다 보니 세상과 충돌할 수밖에 없습니다. 세상과 부딪치며 복잡한 일을 당하고 고난을 겪을 수밖에 없습니다. 고난 받기 싫다면 세속과 타협하는 길밖에는 없습니다. 그리고 안타깝게도 이미 많은 그리스도인들이 세상과 타협하기로 결정했습니다. 많은 신학자들도 세상과 타협하기로 결정했습니다. 어떤 신학교는 처음부터 끝까지 세상과 타협하는 분위기입니다.

이틀 전, 기차에서 어느 목사님이 제가 누구인지 알아보고 찾아와 대화를 좀 나누었습니다. 그 목사님은 신학교에서 논문을 쓰는 중이었는데 그 신학교에서 자기 논문을 싫어한다고 하더군요. 그 논문대로라면 세상과 부딪치게 되고, 세상 사람들이 그런 논문을 좋아하지 않는다는 이유였지요. 토지문제를 다룬 논문이었습니다. 그 목사님이 어느 농촌에 가서 목회할 때도 그곳에 대지주가 많았습니다. 대지주가 있으면 소작농도 있겠지요? 그 목사님이 시무하는 교회는 그곳에서 으뜸가는 교회였기 때문에 교인들 가운데도 지주가 많았습니다. 아니나 다를까, 하나님의 토지법을 설교하자 그들은 듣기 싫어했습니다. 급기야 얼마 뒤 집으로 가라며 목사님을 내쫓았다고 하더군요. 이처럼 세상을 대적하고 하나님의 진리를 전하려고 하면, 세상과 부딪치는 일이 없을 수 없고, 고난을 피할 수 없는 법입니다.

세상과 타협하기를 거절하고 고집을 꺾지 않는다면 세상이 우리를 미워할 것입니다. 맨 처음에는 같은 그리스도인이라고 좋아합니다. 교회 다니는 것을 반대하지 않습니다. 그런데 참으로 하나님의 뜻대로만 살고, 그 뜻을 전하기로 결정한 것을 알게 되면 처음에는 비웃으며 "흥, 네가 바보다. 공부 많이 한 사람도 그렇게 믿지 않는다!" 하고 손가락질합니다. 그런데도 계속 고집하면 여러모로 핍박하기 시작합니다. 심지어 죽이려고까지 합니다. 지금도 예수님을 따르려면 고난당할 마음의 준비를 해야 합니다.

예수님이 친히 말씀하셨습니다.

"아무든지 나를 따라오려거든 자기를 부인하고 자기 십자가를 지고 나를 좇을 것이니라"(마 16:24).

십자가가 무엇입니까? 세상과 충돌하는 것입니다. 세상 사람들에게 미움 받고 부딪쳐서 심한 어려움을 당한다는 뜻이지요. 믿지 않는 사람들과의 문제만이 아닙니다. 세상이란 무엇입니까? 하나님을 존경하지 않고 자기 나름대로 살기로 결정한 사람들입니다. 교회 안에도 벌써 들어와 있습니다. 많은 교인들이 마귀의 영향을 받아서 세상적인 사고에 젖어 있습니다.

대개 세상적인 사고라면 각 나라의 관습과 관련이 있습니다. "대신부님, 우리나라 관습 모르십니까?"라고 하지요. '우리나라 관습'이라는 말은 어느 나라를 가든지 세속적인 관습을 말합니다. 미국이든지 한국이든지 아프리카든지 똑같은 식으로 이야기합니다.

"우리는 현대화된 사람들입니다. 그건 옛날 사고방식입니다. 우린 문화인입니다."

문화가 도대체 무엇입니까? 문화는 하나님과 아무런 관계가 없습니다. 하나님을 싫어하고 문화인이 되려고 한다면, 교회 다니는 것을 그만두십시오. 그런 문화인들이 교회에 많이 들어와서 좋지 않은 영향을 주고 교회 안에 계급주의를 만들어서 '형제'라는 말이 의미를 잃어버립니다.

섬긴다는 말을 잘 쓰는데, 섬긴다는 것은 곧 스스로 낮춰 하인이 된다는 말입니다. 그런데 우리는 그 참뜻을 깨닫지도 못하고, 깨닫기도 싫어합니다. 남의 발을 씻어 주어야 한다고 말은 하면서도 실제로 남의 발을 씻기기보다 남을 대적하고 남을 누르고 남을 부끄럽게 만드는 세상적인 사고에 깊이 젖은 교인들이 있습니다. 하나님의 뜻대로 올바르게 살고자 하면 핍박을 피할 수 없습니다. 그런 세속적인 교인들이 반대할 때에는 걱정하지 말고, 우리가 하나님의 뜻대로 살기 때문이라고 생각해야 합니다. 타협하지 말고 계속해서 굳은 마음으로 나아가면 때가 되어 승리를 얻을 것입니다.

요한복음 말씀에 니고데모가 나옵니다. 그 사람은 성령으로 거듭나야 한다는 말이 도대체 무슨 말인지 몰랐습니다. 그는 성령이란 말이 무엇인지 몰랐습니다. 예수님은 니고데모에게 "바람이 있지 않느냐"고 하셨습니다. '바람'이라는 말과 '영'이라는 말이 헬라어로는 같은 단어입니다.* 성령은 곧 '하나님의 거룩한 바람'입니다. 오순절에 거룩한 바람이 임해서 그 바람 소리가 우리를 지나갔습니다. 오순절에 강한 바람 소리가 있었습니다.

하나님의 소리가 날 때도 마치 이러한 바람 소리 같은 것이 들릴 것입니다. 성령이 바람입니다. 우리는 성령의 바람으로 다시 태어나야 합니다. 그렇지 않으면 우리는 죽어 갈 뿐입니다. 예수님이 바람으로 거듭나야 한다고 말씀하시자 "어떻게 그럴 수 있습니까?"라고 누군가 물었습니다. 예수님은 광야에서 있었던 모세의 뱀 이야기를 들려주셨습니다. 상당히 재미있는 이야기지요. 대부분 기억하실 줄 압니다.

광야에서 죄를 지은 사람들이 불뱀에 물린 일이 있었습니다. 뱀이 많이 나타나서 사람들을 물었을 때 몇 분도 채 지나지 않아 사람들이 죽기 시작했습니다. 많은 사람들이 죽은 다음, 모세가 하나님께 "백성이 죽게 되었습니다. 어떻게 하면 좋습니까?" 하고 구했습

---

* πνεῦμα(프뉴마): '영'이라는 뜻으로, '바람이 불다'라는 뜻의 'πνέω'(프네오)에서 유래.

니다. 그래서 하나님은 놋뱀을 만들어 막대기에 올리고 누구든지 놋뱀을 바라보기만 하면 낫겠다고 하셨습니다. 너무나 간단한 치료법이지요. 바라보기만 하면 될 텐데, 그럴 수 없다며 그저 미신이라고 말했던 사람들은 죽었습니다. 그러나 겸손한 사람들은 놋뱀을 바라보고 금방 나았습니다. 예수님이 십자가에 달리신 것은 모세가 놋뱀을 매단 것과 똑같습니다. 누구든지 예수님을 바라보기만 하면 치료받을 수 있습니다. 마귀가 우리를 물은 것은 죽이려는 마음에서입니다. 그러나 우리가 마귀한테 물려 죽어 가고 있음을 깨닫고 두려워서 예수님을 바라보기만 하면 치유를 받을 수 있습니다.

성경에서 치유라는 말과 구원이라는 말은 똑같은 단어입니다.* 그런데 어떤 사람들은 죽어 가는 것을 인정하지 않고 외면해 버립니다.

"흥! 내게는 아무 문제없어. 십자가 위에 달려서 피를 흘렸다고? 흥! 우린 그런 사람 필요 없다."

몇 달 전 교회 지도자들과 신학자들이 미국 시카고에서 모였습니다. 그 가운데 미국에서 제일 크고 제일 유명한 신학교 교수로 있는 어느 여자 신학자가 나와서 이렇게 말했습니다.

"우리 현대인들은 십자가에 달릴 필요도, 거기서 흘린 피도 필요 없습니다. 그런 소리는 이제 그만둡시다."

그 사람 어떻게 되겠습니까? 죽을 수밖에 없습니다. 자기가 죽어 가고 있다는 걸 알지 못합니다. 자기가 병자라는 것을 몰라요. 마

---

* σωζω(소조): '구원하다'라는 뜻으로 '고치다', '건강하게 하다'라는 뜻이 있음.

귀에게 물린 줄 모르는 것입니다. 예수님 바라보기를 거절하면 죽을 수밖에 없습니다. 고집 부리고 우리를 위해 십자가에서 죽으신 예수님을 바라보기 싫어하면 죽을 수밖에 없습니다. 하나님께서 자기 아들을 세상에 보내신 것은 우리가 해결하지 못하는 문제를 해결하시기 위해서입니다. 병 문제만이 아니라 사회의 복잡한 문제와 우리 마음속의 복잡한 문제 등, 마귀에게 물린 모든 문제를 해결하기 위해 오셨습니다.

'세상을 이처럼 사랑하셨다'는 말씀은 현대의 제도나 이 시대를 사랑한다는 말이 아닙니다. 어느 나라 사람이든, 어느 문화에 속하든, 어느 민족에 속하든, 어느 방언에 속하든지 모든 인간을 사랑하셔서 자기 아들을 보내셨다는 말씀입니다.

오늘 설교 본문인 이사야서 6장 말씀과 시편 29편, 로마서 8장, 요한복음 3장 말씀 속에서 아버지와 아들은 협력하고 있습니다. 이것이 바로 코이노니아입니다. 성경에 코이노니아라는 말이 많이 나오는데, 여러 가지 단어로 번역이 되어서 정확한 뜻을 알기는 어렵습니다. 그렇지만 "주 예수 그리스도의 은혜와 하나님의 사랑과 성령의 교통(코이노니아)"(고후 13:13)이라는 말씀에 핵심이 담겨져 있습니다.

코이노니아란 무엇입니까. 협력하는 것, 서로를 위하여 책임지는 것입니다. 하나님은 우리를 책임지시기로 결정하셨습니다. 얼마나 놀라운 일인지 모릅니다. 우리가 개미집의 개미들을 보면서 그 개미를 책임지려고 합니까? 그렇지 않지요. 어쩌면 그냥 무심히 밟아 버릴 수도 있습니다. 하나님께서도 우리 인간을 보실 때 충분히 그러실 수 있지만, 그렇게 하지 않으셨습니다. 우리를 책임지기로 결정하셨습니다. 그래서 자기 아들을 세상에 보내셨습니다. 십자가에서 끔찍스러운 죽음을 당하게 함으로써 아들에게 책임을 지우셨습니다.

우리가 서로서로 책임지고 하나님에 대해 책임을 다하려면 하나님 뜻대로 해야 합니다. 그런데 하나님의 뜻대로 행하면 세상과 부딪칠 것입니다. 그러므로 하나님에 대해 책임을 다하는 것은 결코 쉽지 않습니다. 하지만 하나님의 바람을 받으면 하나님에 대해 책임을 다할 수 있습니다. 하나님께서 우리를 책임지시고, 우리가 하나님에 대해 책임을 다하는 것, 그것이 코이노니아입니다.

뿐만 아니라 땅에 있는 우리 신자들이 서로 책임을 지는 것도 코이노니아라고 합니다. 하나님께서 인간을 처음 창조하실 때 '우리'라고 말씀하시며 "우리가 사람을 우리의 형상대로 창조하자"고 하신 것은 코이노니아를 하자는 이야기입니다. 삼위일체가 무엇입니까. 하나님 안의 코이노니아를 말합니다. 하나님을 뵈었다면 나아가야 합니다.

이제 우리는 자연적인 사람이 아닙니다. 초자연적인 사람이 되었습니다. 육체에 속한 사람이 아니고 하나님의 영으로 영적인 사람이 되었습니다. 그래서 세상과 부딪치고 교회 안에서 세상적인 사고를 가진 사람과 충돌한다 해도 우리는 기뻐할 수 있습니다. 낙심하지 않습니다. 고난 받는 것이 이상한 일이 아니기 때문입니다. 도리어 영광이라 할 수 있습니다. 우리는 예수님의 이름으로 그분의 사역에 참여하는 중이고, 그 효과가 영원한 효과인 줄 알기 때문

에 기뻐할 수 있습니다. "누가 우리를 위하여 갈꼬?" 물으시면 "내
가 여기 있나이다, 나를 보내소서"라고 응답합시다.

주의 뜻을 행하려는 마음

성경말씀 사무엘상 16:14-23; 시편 57편; 고린도후서 4:3-5; 마가복음 3:20-35

기도 주 하나님, 우리의 가치를 보지 마시고, 주께서 우리 안에 지어 주신 것을 기억하소서. 오로지 주께 봉사하도록 부르셨으니 우리가 주의 부르심에 합당한 자가 되게 하소서. 성부와 성령과 함께 지금과 영원히 사시며 다스리시는 한 하나님 우리 주 예수 그리스도를 통하여 기도하나이다. 아멘.

오늘의 주제는 주의 뜻을 행하는 것입니다. 예수님이 말씀하시기를 "누구든지 주의 뜻을 행하면 나의 형제요, 나의 자매요, 나의 모친이라"고 하셨습니다(막 3:35). 다른 성경 구절에도 같은 내용이 있습니다.

사무엘상 16장 말씀을 보면, 하나님께서 사울에게 악신(惡神)을 보내셨습니다. 사울이 하나님의 뜻을 행하기 싫어했기 때문입니다.

그 시대는 누구든지 모세의 율법을 통하여 하나님의 뜻을 대강 알 수 있었지만, 자세한 일은 선지자를 보내셔서 하나님 당신의 뜻을 알려 주셨습니다. 사울은 선지자의 말씀을 들었습니다. 사무엘 선지자를 통하여 하나님의 뜻이 무엇인지 알았지만 사울은 그대로 행하지 않았습니다. 그대로 했다고 말했지만 거짓말이었습니다. 또 사무엘도 분명히 거짓말인 줄 알고 있었습니다. 그러나 사울은 회개하지 않았고, 결국 악신이 그를 괴롭히기 시작했습니다. 그래서 신하들이 "그러면 수금 잘 타는 사람을 찾아서 악신이 괴롭힐 때마다 아름다운 음악으로 해결합시다"라고 제안했습니다. 마침 이새의 아들 다윗이 훌륭한 음악가였으므로 그를 불렀던 것입니다. 다윗이 수금과 비파로 아름다운 음악을 연주하여 그 귀신이 나갔습니다.

그런데 시편을 보면, 사울이 다윗을 시기해서 쫓아내고 핍박하기 시작합니다. 핍박받을 때 다윗이 어떤 말을 합니까? "영광, 영광" 하며 하나님의 영광을 계속해서 찬양하였습니다. 원망하는 말을 하지 않았습니다. 문제가 많아도 하나님께서 하늘에 계시기 때문에 "찬양받기에 합당하시다. 비파와 수금으로 찬미하겠네"라고 노래합니다. 사실 그 시대 비파와 수금이 어떻게 생긴 악기인지 모르지만, 우리가 많이 쓰는 기타와 비슷합니다. 기타로 아름다운 노래를 했던 것입니다.

"하나님께 영광!"

그러나 하나님께 영광을 돌리고 찬미하며 아름다운 노래를 계속해서 한다 해도 하나님의 뜻을 행하지 않으면 어떻게 됩니까? 다

거짓말이 되고 맙니다. 참으로 하나님께서 우리의 찬양을 받으시기에 합당한 분이라면 복종할 마음이 절로 생길 것입니다. 하나님은 우리에게 당신 뜻대로 살 것을 마땅히 요구하실 수 있는 분입니다.

시편에는 고생에 대한 말이 나옵니다. 다윗은 고생하는 중에도 찬미하고 하나님께 영광을 돌렸습니다. 바울도 고생을 상당히 많이 했습니다. 그래서 몸이 점점 약해졌지요. 그런데도 그는 이런 순간적인 고생은 가볍고 대단치 않다고 하였습니다. 나중에 오는 무거운 영광과 비교할 수 없다는 것입니다. 고생은 가볍고 영광은 무겁습니다. 뿐만 아니라 우리 몸이 약하면 약할수록 우리의 영은 더 강해집니다. 하나님께 더 가까이 나아가게 됩니다.

우리 몸은 '천막'일 뿐입니다. 천막집은 오래가지 못하고 금세 낡아 버립니다. 천막집이 없어져도 우리에게는 영원한 집이 있습니다. 그 집은 하나님께서 손으로 지으신 한없는 영광의 집입니다. 이 땅에 살면서 겪는 문제들은 우리가 책임질 수밖에 없지만 거기서 끝나지 않습니다. 땅의 일을 하면서도 항상 그보다 더 먼 길, 더 먼 목표, 더 먼 집이 있다는 것을 알아야 합니다. 그래서 땅의 일을 하다가도 핍박을 받을 수 있고, 주의 뜻대로 살다가도 핍박받고 죽을 수 있습니다. 그래도 기쁩니다. 왜 그렇습니까? 불안한 천막집을 버리고 영원한 집에 들어가기 때문입니다.

사울은 땅에 있는 것만 보았고, 순간적인 것만 보았습니다. 더 먼 훗날은 보지 못했습니다. 하나님의 일을 생각하지 않았습니다. 싸우기는 잘 싸웠지요. 전쟁터에서도 아주 용감했고요. 그런데 하늘을 바라볼 줄 몰랐습니다. 사회 문제를 해결하려고 노력하였고 하나님도 사울을 크게 쓰셨습니다. 하지만 그것으로 다 된 줄 알고 하나님의 일을 더 이상 생각하지 않았습니다. 다윗이 항상 하늘을 바라보고, 땅의 문제를 해결하려고 노력하면서도 그보다 더 높은 것, 더 영원한 것이 있다고 믿는 것과는 달랐습니다.

재미있게도 '하나님의 뜻'이라는 말은 구약에 거의 나오지 않습니다. 대신 '하나님의 법'이라는 말이 많이 나옵니다. 하나님의 '뜻'이라는 말은 시편에 두 번 나오는데, "나를 가르쳐 주의 뜻을 행케 하소서"(시 143:10)라는 다윗의 기도가 그 예입니다. 다윗은 그런 정신을 가진 사람이었습니다. 율법만 지키고 선지자의 계시만 따른 것이 아니라, 하나님의 뜻이 무엇인지 이해하려고 계속 힘썼습니다. 또 하나님의 뜻을 행하는 것이 자기 힘만으로 되지 않는 줄 알고 그렇게 할 수 있도록 힘을 달라고 기도하였습니다. 이런 다윗도 때때로 죄에 빠졌습니다. 자기 마음대로 행하며 하나님의 뜻을 생각하지 않았던 것입니다. 그러다 선지자가 "네가 잘못했다"고 꾸짖자 그 자리에서 회개하였습니다. 왜냐하면 하나님의 뜻대로 살고자 하는 기본 정신이 있었기 때문입니다.

예수님이 세상에 왜 오셨습니까? 무슨 목표를 가지고 오셨습니까? 하나님의 뜻을 행하려고 오셨습니다. 그러면 하나님의 뜻이 무엇입니까? 병든 자를 고치고 귀신을 쫓아내는 것입니다. 일반 사람들은 그런 역사를 볼 때 '잘되었다. 하나님께서 우리에게 선지자를 보내 주셨다'라고 생각했지만, 서기관들은 비난하였습니다.

"흥, 우리는 인정할 수 없다. 공부도 하지 못한 촌뜨기 목수가 어떻게 이런 일을 할 수 있는가? 귀신의 왕 바알세불에 지펴서 하는 것이다."

서기관들이 누구입니까? 오늘날로 말하면 신학자요, 목사요, 신부, 교회 지도자, 공부를 많이 한 사람들입니다. 그들이 소문을 듣고 일부러 갈릴리까지 올라가서 예수께서 하시는 일을 구경하고 트집을 잡았습니다.

"마귀의 능력으로 한다."

그러자 예수님이 말씀하셨습니다.

"마귀가 서로 싸웁니까? 나라 안에서 분쟁이 일어난다면 어느 나라가 설 수 있겠습니까? 가족이 서로 싸우면 같이 살 수 있습니까? 내가 마귀의 힘으로 쫓아낸다면 마귀가 자기 자신을 핍박하는 것이지요? 하지만 내가 하나님의 힘으로 하는 것이라면 하나님 나라가 이미 여러분 가운데 온 것입니다."

여러 가지 죄는 다 용서받을 수 있지만, 성령을 모독하는 죄는 용서받을 수 없습니다. 성령으로 일한 것인데 마귀의 힘으로 했다고 하면, 성령을 거절하는 것입니다. 성령을 인정하지 않는 사람은 진리에 관심이 없는 사람입니다. 성령 안의 진리를 따라 살고 싶은 마음이 없는 사람입니다. 하나님의 뜻대로 살고 싶지 않은 것이지요. 하나님의 뜻이 무엇인지도 알고 싶어 하지 않습니다. 입으로만 '하나님' 할 뿐이지 자기 마음대로 삽니다. 자기 지위, 자기 명예, 자기 유익, 자기만 생각하는 사람입니다. 그 시대의 일부 교회 지도자들은 돈을 위해 교회 일을 하고, 높은 지위를 얻기 위해, 체면 때문에, 사회에서 인정받으려고 교회 일을 하였습니다.

현대 교회에는 그런 사람이 없습니까? 있습니다. 신학교에 왜 다닙니까? 하나님의 뜻을 다른 사람들에게 가르치기 위해서입니다. 하나님의 뜻을 어떻게 실천하고, 하나님의 뜻을 행하기 위하여 어떻게 힘을 얻을 수 있는지 배우고 알기 위해서입니다. 그런데 실제로는 어떻습니까? 사회에서 인정받기 위하여, 자기 명예를 위하여 공부합니다. 돈이 없는 가난한 학생이나 공부 잘 못하는 학생이라도 교회에 나와서 "신부 되고 싶다"거나 "목사 되고 싶다"고 하면 "학비를 대줄 테니 공부하시오"라고 하기도 합니다. 그러면 '잘되었다. 신부가 되면 사회에서 인정받을 수 있다'는 생각을 합니다. 틀린 목표로 하나님의 일을 하는 사람들은 예수님 시대의 바리새인이나 서기관과 다를 바 없습니다.

왜 성경에 바리새인 이야기가 많이 나옵니까? 왜 사두개인과 서기관 이야기가 많습니까? 그 문제는 성경 시대에서 끝나지 않고 지금까지 계속되고 있습니다. 일시적인 문제나 그 시대에 국한된 문제는 성경에 나오지 않습니다. 장기적인 문제, 지금까지 계속되는 문제들은 성경에 반드시 나옵니다. 지금도 우리 시대에 하나님의 뜻을 알고 싶어 하는 마음 없이 자기 뜻대로 살려는 사람이 많습니다. 성령에 대해서도 "흥, 성령? 그건 이단이다"라고 하며 성령의 역사를 인정하지 않는 사람들이 있습니다. 왜냐하면 자신에게 성령의 능력이 없기 때문입니다. 부끄러워하고 시기합니다. 자기보다 능력이 많은 사람을 보면 '이단'이라고 합니다. 혹은 마귀의 능력으로 한다고 합니다. 이렇게 이야기하는 사람들은 용서받을 수 없다고 예수님은 말씀하셨습니다. 다른 죄는 다 용서받을 수 있습니다. 간음도 회개하면 용서받을 수 있고, 술 취했어도 후에 회개하면 용서받을 수 있고, 도적질도 회개하면 용서받을 수 있습니다. 하지만 성령을 모독하는 사람은 용서받지 못합니다.

왜 그 죄만 용서받지 못할까요? 성령을 모독하는 사람은 하나님의 뜻에 전혀 관심이 없고 행하고자 하는 마음도 없기 때문에 진심으로 회개하지 않습니다. 교만해서 자기 체면만 생각하고 회개하는 것을 부끄럽게 생각합니다. 부끄러움을 감추기 위하여 자기가 옳다고 강조합니다. 그러한 사람은 회개하지 않기 때문에 용서받지 못합니다. 그 사람의 마음속에는 하나님이 없고 다른 우상이 있습니다.

구약에서 에스겔이 환상을 볼 때, 이스라엘 장로들의 마음속에 있는 우상들이 보였습니다. 겉모습만 보면 아주 정상적인 신자들 같습니다. 점잖고 경건합니다. 그런데 하나님께서 보시기에는 전혀 그렇지 않습니다. 그들 마음속에 우상이 많았습니다. 에스겔이 예언 말씀을 전하자 그 사람들은 기분 나빠 하였습니다. 누구든지 자기 이익을 위하여 하나님의 일을 하면 우상숭배하는 사람입니다. 마음속에 우상이 있는 사람입니다.

하나님의 일을 하는 동기는 하나밖에 없습니다. 하나의 목적뿐입니다. 주의 뜻을 행하려는 마음입니다. 예수님이 그 사람들을 책망하신 뒤에 다음과 같은 일이 벌어졌습니다. 예수님의 어머니 마리아가 찾아왔습니다. 남동생 유다와 야고보와 시몬도 같이 왔습니다. 누이동생도 왔습니다. 예수님이 미친 줄 알고 데려가려고 찾아온 것입니다. 그런데 사람들이 많아서 도저히 집 안으로 들어갈 수가 없었습니다. 할 수 없이 바깥에 서서 '어머니와 동생들이 기다리는 중이다. 보고 싶으니 나와라' 하고 전갈을 보냈습니다. 예수님은 그 말을 듣고 어떻게 하셨습니까? '아, 어머니, 오셨어요? 제가 곧 나가겠습니다'라고 하셨습니까? 아닙니다. 가만히 앉아 계셨습니다. 그리고 말씀하셨습니다.

"보라, 이 사람들 보라. 여기 나의 형제, 여기 나의 자매, 나의 동생, 나의 어머니라. 누구든지 하나님의 뜻을 행하는 자가 나의 어머니요, 나의 자매요, 나의 형제라."

하나님의 일을 행하는 우리는 예수님의 집에 속하는 자들입니다. 바울은 집이 둘 있다고 하였습니다. 천막집과 영원한 집입니다. 영원한 집에 나만 살 것입니까? 아닙니다. 형제자매가 다 같이 영원한 집에서 살아야 합니다. 우리는 모두 한 집에 속한 사람들입니다. 그러니 한 집에 있는 사람들이 서로 분쟁하면 그 집은 무너질 수밖에 없습니다. 왜 성령을 받았습니까? 하나님께서 왜 우리에게 귀한 선물을 주셨습니까? 나 개인의 유익을 위해 주셨습니까? 아닙니다. 내가 하나님의 뜻을 알고 행할 수 있도록 주셨습니다. 그래서 간단한 기도이지만 다음과 같은 기도가 얼마나 중요한 모르겠습니다.

"주여, 당신의 뜻을 알려 주시고, 당신의 뜻을 행할 수 있도록 성령을 주옵소서. 아멘."

우리 안에 거하시는 하나님

성경말씀 요한일서 3:13-24; 누가복음 14:16-24

기도 주 하나님, 주의 교육하심을 받아 주를 경애하는 자를 항상 보우하시고 다스리시나이다. 비옵나니, 인자하심으로 우리를 항상 보우하사, 주의 거룩하신 이름을 경외하고 사랑하게 하소서. 성부와 성령과 함께 지금과 영원히 사시며 다스리시는 한 하나님 우리 주 예수 그리스도를 통하여 기도하나이다. 아멘.

누가복음에 나오는 잔치 비유 같은 일이 어디 있느냐고 생각하실 수도 있습니다. 잔치에 초대받았다면 대개 사람들은 잔뜩 들떠 좋아합니다. 큰 부자가 특별히 성대한 잔치를 준비했는데 어떻게 핑계를 대고 안 갈 수 있겠습니까?

만약 그렇다면, 그건 분명 그 주인을 미워해서일 것입니다. 사실 일반 사회에서는 초대한 사람이 미워도 잔치에는 참석합니다. 주인 말고도 다른 중요한 사람들이 많이 참석하기 때문이지요. 그런데 이 말씀에서는 그 초대한 사람이 얼마나 싫은지 쓸데없는 핑계를 대고 가지 않습니다. 그때 주인은 대노하며 대신 제일 보잘것없고 버림받고 멸시당하는 사람들을 일부러 불러다가 자리를 채웠습니다.

사실 세상에서는 이와 같은 일을 찾아볼 수 없습니다. 하나님의 사고방식과 세상의 사고방식이 너무나 다릅니다. 정반대입니다. 하나님은 이 세상의 위대한 사람, 유명한 사람, 똑똑한 사람, 재능 많은 사람, 공부 많이 한 사람, 재산 많은 사람을 다 초대했습니다. 그런데 그 사람들이 하나님과 사귀기를 싫어했습니다. 하나님의 잔치를 원치 않았습니다. 자기 일만 하고 싶어 합니다. 잔치 비유에 나오는 소 다섯 겨리를 산 사람은 소를 시험해 보지도 않고 샀겠습니까? 분명히 시험해 보았을 것입니다. 그러므로 소를 시험하러 간다는 말은 바보 같은 소리지요. 또 밭을 산 사람은 먼저 가서 밭을 보지 않았겠어요? 그런데도 밭을 샀으니 불가불 나가 보아야겠다고 합니다. 그들은 모두 자기 일만 생각하고 쓸데없는 이야기만 늘어놓습니다.

기독교 사회, 기독교 문화에서 자라난 사람 가운데도 왜 교회에 나가지 않느냐고 물으면 쓸데없는 대답만 합니다. 왜 하나님과 사귀는 시간을 내지 못하냐고 하면 쓸데없는 핑계를 댑니다. 그래서 하나님께서 화를 내십니다. 사랑이 없는 사람들은 하나님과 아무 상관이 없으며, 그런 사람에게는 관심도 없고 관계도 맺지 않으시겠다고 말씀하십니다. 그 대신 고맙게 생각할 사람들을 모으시겠다고 하셨습니다. 그래서 세상에서 싫어 버림 당한 사람, 멸시당하는 사람들을 일부러 모으신 것입니다.

예수 시대에서 바로 그러한 것을 볼 수 있습니다. 예수 시대에 니고데모와 아리마데 요셉을 제외하고는 높은 사람들, 공부 많이 한 사람들, 세력 있는 사람들 가운데 예수님의 제자가 된 사람은 한 명도 없었습니다. 비교적 일찍 초대를 받은 바나바 같은 사람은 부자였지만, 오랜 기간 동안 교회 안에서 지도자 역할을 하지 않았습니다. 조용하고 겸손한 마음으로 교회 안에서 살기만 했고 공부하지 못한 베드로와 요한과 야고보가 지도자가 되었습니다.

현대 교회에도 똑같은 문제가 있습니다. 많은 사람들이 예수님을 믿는다고 합니다. 특히 미국과 같은 나라는 예수님을 믿는다는 사람들이 많아서 인구의 절반이 넘어 4분의 3 정도가 예수님을 믿습니다. 스스로 거듭난 사람이라고 칭합니다. 그런데도 그들은 하나님께서 부탁하신 일을 하지 않습니다. 하나님께서 원하시는 생활을 하지 않습니다. 세상 생활을 하느라 너무 바쁘고, 세속 정신과 사상이 강해서 하나님의 사상이 무엇인지 깨닫지 못합니다. '길과 산으로 가서 사람들을 억지로 데려오라'(눅 14:21)는 하나님의 말씀도 들었습니다. 하지만 미국인들이 여러 나라로 나가 선교 사업을 할 때 누구에게 전도합니까? 제일 가난한 사람, 제일 불쌍한 사람들에게 전도하는 경우도 있지만, 대부분 소위 중류 계층입니다. 지주들인 것이지요. 자기와 똑같은 계층의 사람에게 가서 전도하고, 싫어 버린 바 된 불쌍한 사람들에게는 거의 관심이 없습니다.

사도 요한은 우리에게 말하기를 그런 태도를 가진 사람들은 사망에 거한다고 합니다. 요한일서 3장 13절부터 보면 '거한다'는 말씀이 여섯 번 나옵니다. 우리가 어디에 거하느냐는 중요한 문제입니다. 어디에 사느냐, 네 집이 어디냐 하는 것입니다. 또 '네 안에 거하는 것이 무엇이냐, 네 안에 하나님의 성령께서 거하시느냐 하는 것입니다.

그리고 제일 먼저, 형제를 사랑하지 않는 사람은 사망에 거한다고 하십니다. 그리고 살인하는 사람, 곧 형제를 미워하는 사람에게는 생명이 그 안에 거하지 않는다고 하십니다. 이어서 재물을 많이 가지고 있으면서 어려운 사람을 돕지 않으면, 하나님의 사랑이 그 사람 안에 거한다고 볼 수 없다고 말합니다. 그리고 그의 계명을 지키는 사람은 하나님 안에 거하고 하나님도 그 사람 안에 거하신다고 합니다.

하나님께서 우리 안에 거하시는지 어떻게 알 수 있습니까? 바로 성령을 받음으로써 알 수 있습니다. 그래서 '거한다'는 말씀이 중요합니다.

'거한다'는 말의 핵심은 실제 문제에 있습니다. 재물을 가진 사람이 형제의 궁핍함을 보고 도우려는 마음을 막고 있는지, 열고 있는지 보면 됩니다. 현대 교회에는 부자가 상당히 많습니다. 한편 가난한 사람도 많습니다. 그렇지만 가난한 사람들은 제대로 도움도 받지 못하고 환영도 받지 못합니다. 때때로 어려움을 많이 당한 사람들이 예수원에 찾아와서 하는 말이, 교회에 가 보았지만 "너와 같은 사람 필요 없다"고 했다는 것입니다. 어떤 때는 이렇게 말은 안 하지만 너무 냉담하게 대해서 다시는 나가고 싶지 않다고 하더군요. 그 분위기를 도저히 견딜 수 없었다고 합니다. 하나님께서 거하시는 집인 줄 알지만 하나님의 백성들이 가난한 사람들을 원치 않고 환영하지 않는 것입니다.

그렇게 냉담한 교회가 있는 것은 알았지만, 직접적으로 "당신 같은 사람 필요 없다"고 말하는 교회가 있다는 말에는 정말 놀랐습니다. 교회 건축을 위해 헌금하지 못하는 사람은 필요 없다고 합니다. 목사 월급을 보조하지 못하는 사람은 필요 없다고 합니다. 이 얼마나 놀랍고 부끄러운 일입니까? 그런 교회가 어디 거하겠습니까? 사망밖에는 거할 곳이 없을 것입니다.

우리 예수원에서는 날마다 교회를 위하여 기도합니다. 또 주의 성찬을 나눌 때마다 교회를 생각합니다. 왜냐하면 교회는 그리스도의 몸이기 때문입니다. 바울 사도는 이렇게 말하였습니다.

"성찬식을 하는데 늦게 오는 사람이 누구입니까? 늦게까지 노동하기 때문에 일찍 오지 못하는 사람은 가난한 사람들입니다. 그들을 그리스도의 몸의 지체로 인정하지 않고 기다리지 못한다면 여러분은 그리스도의 몸을 분별하지 못한 사람들입니다. 그리스도의 몸을 나누는 것인데 한 지체라도 인정하지 않고 환영하지 않으면 그 몸을 분별하지 못한 것입니다. 따라서 여러분이 먹는 성찬은 죽이는 것이 될 것입니다. 여러분은 심판을 먹는 것입니다. 은혜를 받는 것이 아닙니다. 심판을 받는 것입니다."

성경에는 이와 같은 가르침이 얼마나 강하게, 또 자주 나오는지 모릅니다. 그런데도 신학자들은 쉽게 무시해 버립니다. 성경에는 가난한 사람의 문제를 해결할 수 있는 경제 문제를 많이 가르칩니다. 그리스도를 믿지 않는 나라가 하나님의 법을 지키지 않는다면 이해할 수 있지만, 미국과 같이 모든 국회의원이 그리스도인이라고 하고 대통령도 그리스도인이라고 하는 나라들이 하나님의 법을 지키지 않는지 모르겠습니다.

예수님이 형제를 위해 자기 목숨을 버리셨는데, 어떻게 우리가 형제를 위해 목숨을 버리지 않을 수 있겠습니까? 만일 공산당이 와서 우리를 핍박하고 죽이려고 한다면 예수님을 위해 죽을 수 있습니다. 그런데 하나님은 지금 순교자가 되라고 말씀하십니다.

"지금 너의 모든 재물을 나누어라. 지금 너의 시간을 내어라. 그것들이 네 목숨이 아니냐? 형제를 위해 목숨을 버려라. 네 체면을 버리고, 네 편리를 버리고, 네가 개인적으로 고독을 즐기는 것을 버려라."

리비아에서 일한 어느 형제의 이야기입니다. 창고 책임자로 일하면서 물건이 들어오고 나가는 것을 기록하기만 하면 되었다고 합니다. 그래서 개인 시간이 많아 성경을 많이 볼 수 있었다고 하더군요. 기도하는 시간도 많았답니다. 그런데 예수원에서는 공동체생활을 하다 보니 개인 시간을 내기가 좀 어렵습니다. 성경을 보는 시간이나 기도하는 시간이 충분하지 않습니다. 그렇지만 이 모든 것보다 코이노니아가 중요하다는 걸 우리는 더욱 분명히 압니다.

공동체생활을 하다 보면 개인 시간을 내기가 어렵습니다. 내가 하고 싶은 것을 하지 못합니다. 기도도 많이 하고 싶고, 성경도 많이 읽고 싶고, 책 보는 시간도 많았으면 하지만 그렇게 하지 못합니다. 형제자매들과 항상 사귀면서 서로 대화해야 하고 언제나 상대방의 입장을 생각해야 하기 때문입니다. 어려움이 많고 재미도 없습니다. 하지만 그렇게 함으로써, 형제를 위해 목숨을 내놓는 것입니다. 개인 시간을 전혀 갖지 못해도 상관없습니다. 왜 개인 시간이 없습니까? 형제자매를 위해 시간을 내야 하기 때문입니다. 그것은 목숨을 내놓는 일입니다. 나의 시간은 곧 나의 목숨과 같은 것이니까요.

서로를 위하여 목숨을 버리지 못하면 하나님의 사랑이 우리 안에 거하지 않는다고 합니다. 내가 하나님을 사랑한다고 말하고, 기도하고 성경 읽기를 좋아한다고 해도 우리 안에 거하는 것은 하나님의 사랑이 아닙니다. 그것은 내가 스스로 만든 우상일 뿐입니다. 참된 하나님이 아닙니다. 참된 하나님께서 내 안에 거하시면 나에게 형제자매에 대한 사랑이 있을 것입니다. 형제자매를 위한 사랑이 있다면 자신의 입장보다 상대방의 입장을 생각하고, 자신의 시간보다 상대방의 시간을 생각할 것입니다.

예수원에서 공동체생활을 시작하면서 벌써 우리의 재물을 나누었습니다. 우리에게 남아 있는 것은 각자의 시간밖에 없습니다. 날마다 시간이 생기기 때문에 언제든지 마음만 먹으면 자신의 개인 시간을 마련할 수 있습니다. 우리가 날마다 죽어야 한다고 하는 것은 바로 이 때문입니다. 나의 입장에 대해 죽고, 나의 시간에 대해 죽는 것입니다.

그런데 일반 교회를 보면 재물이 많고 세력이 많은 신자들이 가난한 사람들의 문제를 해결하려고 노력하지 않습니다. 어느 한 부분만 조금 구제하면 된다고 생각할 뿐 근본적인 문제를 해결하려고 하지 않았습니다. 어디서 근본적인 문제가 비롯되었는지 묻지도 않습니다. 어떻게 그 사람이 그렇게 가난하게 되었는지, 어떻게 근본적인 문제를 해결할 수 있는지 묻지 않습니다. 근본적인 문제는 오늘 먹을 것이 부족하다는 문제가 아닙니다. 사회 문제가 복잡해서 그 사람에게 오늘만 아니라 내일, 모레, 글피……, 앞으로 계속해서 먹을 것이 부족하다는 문제입니다. 왜냐하면 그 사람은 수확할 땅이 없기 때문입니다.

하나님은 그 사람에게 땅이 있어야 한다고 하십니다. 그런데 사회가 허락하지 않아서 땅을 사기 어렵습니다. 일자리를 구하기가 어렵습니다. 그에게 일자리를 주는 사람이 없습니다. 근본적인 문제를 해결하려는 사람이 없습니다. 복잡해서 우리가 다룰 수 없다고 합니다. 구제만 하면 된다고 생각합니다.

그런가 하면 다른 쪽 신자들은, 근본적인 문제인 사회 문제부터 해결해야 한다고 주장합니다. 그렇지만 경제 문제를 해결하는 방법론을 어떻게 이야기합니까? 성경적인 방법이나 하나님의 방법이 아니고 세속적인 방법만 생각해 냅니다. 공포와 미움, 정부를 대적하는 태도를 가지고 믿지 않는 정부로 하여금 해결해야 한다고 생각합니다.

왜 정부가 해야 합니까? 교회가 충분히 할 수 있는데 어째서 교회가 해야 할 일을 정부에게 시킵니까? 그런 법이 어디 있습니까? 교회가 하기 싫어하기 때문입니다. 교회는 "우리가 취급할 바가 아니다. 우리는 영적인 문제만 취급한다"라고 말합니다. 그러나 성경

말씀은 영적인 문제만 취급하고 형제의 문제를 취급하지 않는 사람은, '하나님의 사랑이 그 사람 안에 거하지 않는 것'이라고 말합니다. 아울러 하나님의 사랑이 그 사람 안에 거하지 않으면 그 사람은 사망에 거하는 사람이라고 말합니다.

현대 교회가 어려운 사람에게 무관심하고 마음을 닫은 것은 사망에 거한다는 표시입니다. 누가 사망에 거하는 교회를 믿겠습니까? 믿으라고 전해야 하는 것은 주님의 명령입니다. 우리는 하나님의 아들 예수 그리스도의 이름을 믿어야 합니다.

믿는다는 말은 무슨 뜻입니까? 우선 충성한다, 의지한다는 뜻이 있습니다. 말하자면 내 모든 것을 버려도 하나님께서 나를 지키시니까 내가 주만 의지하고 살겠다고 하는 것입니다. 나의 돈과 나의 지위, 사회나 정부를 의지하지 않고 하나님만 의지하겠다는 것입니다. 하나님의 명령대로 모든 것을 버려도 상관없다고 하는 마음이 예수님의 이름을 믿는 것입니다. 그리고 '하나님께서 시키시는 대로 무조건 하겠다. 하나님의 명령대로 살겠다'고 하는 것이 충성입니다.

"아, 물론 구약에는 하나님의 명령이 나오고 여러 가지 복잡한 법이 있지만 우리 시대에는 해당되지 않습니다. 그러니 연구하지 않아도 돼요. 그것 다 옛날 얘기일 뿐입니다."

신학교에서 이런 말을 많이 합니다. 충성이 없기 때문입니다. 하나님을 믿는다면서 하나님의 뜻대로 살 마음이 하나도 없습니다. 자기 뜻대로 살고, 유명해지기 원하고, 자기가 편리한 대로 살고 싶어 합니다. 하나님의 뜻대로 살고자 하는 마음이 없습니다.

이런 것을 보면 마음속에 화가 치밀겠지만 도리어 눈물을 흘려야 합니다. 생명 안에 거하는 줄 알지만 실상은 사망에 거하는 불쌍한 교회들을 위해 울어야 합니다. 불쌍히 여겨야 합니다. 예수님은 이 모든 말씀을 하신 다음에 예루살렘을 보시면서 우셨습니다. "네가 알았더라면 좋았을 텐데, 내가 방문한 날을 너희가 몰랐구나"라고 말씀하셨습니다(눅 19:42, 44). 하나님께서 너희를 방문하셨는데 너희가 몰랐다는 것입니다. 그래서 재앙이 온다고 합니다.

'방문'이란 말은 참 재미있습니다. 우리말 성경에는 '권고'라고 번역했는데, 영어로는 비지테이션(visitation)입니다. 하나님께서 '너희를 방문하러 오셨다'는 것입니다. 그런데 너희가 받아들이지 않았기 때문에 때가 오면 재앙이 찾아와서 '돌 하나도 돌 위에 남지 않겠다'고 하셨습니다. 정말로 그렇게 되었습니다.

이 말씀이 예루살렘에게만 해당되겠습니까? 우리나라에도 해당하는 말입니다. 하나님께서 우리에게 기회를 주고 계십니다. 하나님께서 우리를 방문하셨습니다. 우리가 받아들이지 않고 나중에 하겠다고 미루거나, 우리와 관계없는 일이라고 쓸데없는 핑계만 대면 재앙이 찾아올 것입니다.

"재앙이 가까이 왔다. 전보다 가까웠다. 회개하라"는 광야의 도리가 있습니다. 그런데 우리는 회개하라는 말을 듣기 싫어합니다. 회개할 줄 모르는 교인들을 위해 기도할 때, 예수님이 하신 것과 같이 우리도 울면서 기도해야 합니다.

우리가 참으로 성령을 받았다고 하면 생명 안에 거하는 것이고, 하나님께서 우리 안에 거하십니다. 그러니 참으로 하나님께서 원

하시는 대로, 하나님의 계명대로 형제를 위하여 목숨을 버릴 수 있
는 사람이 되도록 성령께서 도와주시기를 기도합시다. 성부와 성
자와 성신의 이름으로 하나이다. 아멘.

회개와 겸손

성경말씀 베드로전서 5:5-11; 누가복음 15:1-10

기도 주 하나님, 우리가 기도드리기를 간절히 원하게 하시나이다. 비옵나니, 인자하심으로 우리 기도를 들으사, 위험과 환난 가운데 크신 능력으로 보우하시고 안위하소서. 이는 성부와 성령과 한 하나님으로 영원히 사시며 다스리시는 성자 우리 주 예수 그리스도를 통하여 기도하나이다. 아멘.

예수님은 죄인과 세리들과 사귀고, 그들과 함께 식사하신다는 이유로 비판을 받으셨습니다. 비판한 사람들은 제일 보수적인 율법주의자들로, 성경공부를 가장 많이 한 사람들이었습니다. 그 가운데 대부분은 평신도로서 율법을 지키기 위해 힘써 노력하는 사람들이었습니다. 또한 서기관들은 신학자들로서 성경말씀을 준행하려고 노력했던 자들인데, 그들은 사랑이 없고 교만했습니다. 자기

사상만 옳고 자기 행동만 옳다고 생각하는 사람들로, 자아 도취에
빠져 있었습니다.

　사회로부터 버림받고 멸시당하는 사람들 가운데는 죄가 많은 사
람들도 있었겠지만, 가난하고 환경이 너무 어려운 탓에 율법을 지
키지 못한 사람들도 있었을 것입니다. 사실 율법은 매우 복잡했기
때문에 부자들은 쉽게 지킬 수 있었지만, 가난한 사람들로서는 지
키기가 여간 어려운 게 아니었습니다. 그렇지만 무슨 이유에서건
율법을 지키지 못할 경우에는 누구나 죄스러운 마음이 있게 마련
입니다. 그런데 바리새인들은 그들에게 소망도, 기대도 없다면서
하나님은 그러한 사람들과 사귀기를 싫어하신다고 하였습니다.

　그러나 가난하고 죄인으로 취급당하는 사람들과 사귀기 위해 오
신 예수님으로 인해 그들에게 비로소 소망이 생겼고 하나님께서
'사랑의 하나님'인 줄 느낄 수 있게 되었습니다. 그들은 예수님의
부드러운 태도와 용납하는 태도를 보자마자 같이 사귀고 싶어 했
고, 주님의 말씀을 듣고자 하였습니다. '우리에게도 소망이 있구
나!'라고 생각해서 때때로 예수님을 자기 집으로 초대하기도 했습
니다. 예수님도 기꺼이 그들을 방문하셨습니다. 그러나 깨끗하고
엄숙하게 율법을 지키는 사람들로서는 도저히 용납할 수 없는 일
이었지요.

　그래서 예수님은 두 가지 비유를 말씀하셨습니다. 사실 탕자의
비유도 이때 말씀하신 것이지만 오늘 읽은 말씀에는 잃어버린 양
과 잃어버린 드라크마의 비유만 나옵니다. 바리새인들은 스스로
회개할 필요가 없다고 생각했습니다. 하지만 실제로는 그 누구보

다 더 회개할 거리가 많은 사람들이었습니다. 왜냐하면 교만했으니까요. 모든 죄 가운데 가장 큰 죄는 교만입니다. 교만한 사람은 행동이 깨끗하고, 틀린 점이 하나도 없고, 교리도 잘 믿고, 성경도 많이 읽고, 기도도 많이 하는데, '자기만 의롭다'고 만족함으로써 자신이 누구인 줄 모릅니다. 이러한 사람을 하나님은 용납할 수 없다고 하셨습니다. 오히려 이런 사람보다 자기가 죄인인 줄 아는 사람이 하나님 보시기에는 더 낫습니다.

회개할 것이 없는 아흔아홉 명보다 회개한 사람 한 명을 하늘에서 더 기뻐한다는 말씀은 그 아흔아홉 명도 그다지 좋은 사람이 아니기 때문입니다. 사실 아흔아홉 명도 회개할 것이 있는 사람입니다. 실제로 회개할 것이 없는 사람은 이 세상에 아무도 없습니다. 사람들이 예수님께로 올 때면 온 세상에서 회개할 것이 없는 유일한 분 앞에 서게 되는 겁니다.

예수님 앞에 나아오면 두 가지를 느끼게 됩니다. 첫째는, "나는 죄인이로소이다. 나는 하나님만큼 깨끗하지 못하고 부족한 인간입니다" 하고 고백하며, 흠이 없는 어린양 앞에 진실로 겸손하게 된다는 것입니다. 둘째는, 그럼에도 불구하고 '예수님이 나를 용납하시니 나에게도 소망이 있구나, 나도 변화될 수 있구나' 하는 희망을 얻게 된다는 것입니다. 죄를 깨닫는 동시에 소망을 얻게 되는 것이지요! 그래서 사람들이 예수께 가까이 나아가기를 좋아했습니다. 그러나 어떤 경우에는 죄인인 것을 느끼면서도 자신이 죄인이라는 사실을 인정하기 싫어합니다. 또 자신이 죄인이라는 사실이 드러날 때 순순히 시인하지 않고 오히려 예수님을 더 미워하는 사람도 있습니다.

우리는 모두 다 죄인이지만 예수님이 오실 때는 서로 다른 죄인으로 서게 될 것입니다. 즉 회개하는 죄인과 회개하기를 거절하는 죄인입니다. 회개할 것이 없는 사람은 이 세상에 아무도 없습니다. 회개할 것이 없다는 사람은, 자신에게 회개할 것이 없는 줄 아는 사람, 다시 말하자면 교만한 사람이라는 뜻입니다. 물론 회개한 다음, 하나님의 양 우리에 들어가서 선한 목자를 따라다니며 안정을 찾은 뒤에는 문제가 없습니다. 그때에는 하나님께서 기뻐하십니다. 우리가 바쁘게 해야 할 일은, 바깥에 있는 어린양을 찾아 나서는 것입니다. 하나라도 더 찾으면 하나님께서 얼마나 기뻐하실까요? 우리 안으로 들여보내고 친구들에게도 잃은 양을 찾았다고 연락합니다. 회개하고 돌아온 사람을 보시면서 하늘에도 기쁨이 넘칠 것입니다. 뿐만 아니라 땅에서도 그 사람을 다시 찾은 기쁨으로 예수님과 함께 모두들 기뻐할 것입니다.

예수님을 알고 죄사함을 얻었다고 해서 회개할 것이 아주 없다고는 말할 수 없습니다. 기본적으로 죄사함은 얻었지만 날마다 다시 한 번 잘못을 발견해서 바로 회개하고 고침을 받아 점점 더 좋아져야 합니다. 양 우리에 들어왔다고 끝난 것은 아닙니다. 양이 우리 안에 들어온 다음에는 먹고 자라나서 건강하게 사는 것처럼, 우리도 하나님 가족의 일원이 된 것으로 다 됐다고 안심해서는 안 됩니다. 주님이 우리를 사랑하시고, 우리에게 성령을 보내 주셔서 성장할 수 있습니다. 그러므로 염려할 필요는 없지만 그렇다고 방심해서도 안 됩니다. 모두에게 날로 성장해야 하는 과제가 남아 있기 때문입니다.

짐승이나 사람의 성장과, 나무의 성장에는 차이가 있습니다. 짐승이나 사람은 어느 정도 자라면 더 이상 자라지 못하지만, 나무는 계속 더 높이 자라나고 더 크고 더 많은 열매를 맺을 수 있습니다. 우리 신자들도 나무와 같이 계속 성장하여 더 많은 열매를 맺을 수 있습니다. 그러니 나무와 같이 계속해서 성장하여 더 많은 열매 맺기를 원해야 합니다.

오늘 읽은 누가복음 말씀에서 예수님이 강조하시는 것은 '회개'와 '겸손'입니다. '회개하고, 의인이 되었을지라도 만족하지 말고 더 겸손한 마음을 가지라'는 것이지요. 베드로전서 5장 5-11절 말씀에서도 겸손을 강조하고 있음을 알 수 있습니다.

베드로전서 5장 말씀은 삼강오륜(三綱五倫) 가운데 장유유서(長幼有序)와 관계가 있다고 생각합니다. 1절부터는 장로, 즉 노인들에게 권면하는 말이 나오고, 그 다음에는 젊은 사람을 위한 가르침이 나옵니다. 5절 상반절까지는 유교의 가르침과 유사합니다. 그리고 5절 하반절부터가 중요한 내용입니다. 그런데 많은 사람들이 깊이 생각하지 않는 것 같습니다. 나이나 지위 고하를 막론하고 "서로 겸손으로 허리를 동이라"고 했습니다. '허리를 동이라'는 말은 '종의 옷을 입는다'는 뜻입니다.

이스라엘에서 손님들을 청해 같이 식사할 때에는 종이 허리에 띠를 두르고 손님들을 섬기는 관습이 있었습니다. 우리 예수원에서 교대로 식사 당번을 하면서 다른 지체들을 섬기는 것처럼 모든 신자가 서로 섬겨야 한다는 말입니다. 나이가 많든 적든 모두 다 서로의 종이라고 생각하고 치마를 입고 띠를 두르는 것입니다. 겸손의 치마를 입고서 일할 준비를 해야 합니다.

"하나님이 교만한 자를 대적하시되 겸손한 자들에게는 은혜를 주시느니라"(벧전 5:5).

겸손한 사람이란 어떤 사람일까요? 너무 부족해서 하나님의 은혜 없이는 바로 설 수 없다는 사실을 깨달은 사람입니다. 그러한 사람에게 하나님은 "그래! 필요한 것이기에 거저 주겠다"라고 말씀하십니다. 조건은 하나밖에 없습니다. 겸손한 마음으로 나의 약한 것과 부족한 점을 인정하면 하나님은 더 큰 은혜를 주십니다. 그런데 '더 이상 아무것도 필요 없다. 나는 다 있다'고 생각하는 사람은 하나님께서 은혜를 주실 수 없습니다. 하나님께서 아무리 주고 싶으셔도 우리가 받아들이지 않기 때문에 아무 소용이 없는 것입니다. 하나님은 교만한 사람을 대적하시고 겸손한 사람에게 은혜를 주십니다.

"하나님의 능하신 손 아래서 겸손하라"(벧전 5:6).

'능하신 손'이라는 말에는 두 가지 뜻이 있습니다. 벌을 줄 수 있는 손, 아이를 때릴 수 있는 손, 악인들을 멸망시킬 수 있는 능한 손을 의미합니다. 한편 나를 도와주실 수 있는 능한 손을 의미하기도 합니다. 비록 내가 부족해도 하나님께서 도와주셔서 나를 대신할 수 있습니다. 내가 나를 위해 싸울 필요 없이 하나님께서 친히 나를 위하여 싸우실 것입니다. 하나님의 손은 우리의 문제를 충분히 해결할 수 있는 손입니다. 또한 그분께 자기를 낮춘 사람은 때가 되면 높임을 받을 것입니다. 사실 성경 전체를 보면 이 땅에서 높임을 받은 사람들이 나중에는 높임을 받지 못하게 된다는 것을 알 수 있습니다. 예수님은 "먼저 된 자가 나중 되고 나중 된 자가 먼저 되리라"고 말씀하셨지만(마 19:30;막 10:31), '모든 자'가 그렇게 된디고는 말씀하시지 않았습니다. 지금도 진심으로 겸손한 모본을 보여서 다른 신자들이 그를 겸손한 사람인 줄 알고 높이 인정하는 경우가 있습니다. 그렇지만 그러한 경우는 흔치 않습니다.

그러나 대개는 지금 높임을 받는 사람들이 나중에는 낮아질 것이고, 지금 낮은 위치에 있는 사람들이 나중에는 높임을 받게 될 것입니다. 물론 낮은 사람들 중에서도 겉으로만 겸손한 척하며 중심에 겸손이 없는 사람은 나중에 높임을 받지 못할 것입니다. 진정으로 자신이 부족한 줄 알고, 하나님의 은혜가 없으면 아무것도 할 수 없다고 느끼는 사람이야말로 때가 되면 높임을 받을 것입니다. 그때가 언제인지 우리는 알지 못합니다. 세상에 사는 동안 경험할 수도 있고, 어쩌면 부활한 후에 적당한 때가 되어서 정말 누가 겸손하며, 누가 교만한지 알게 될 수도 있습니다. 서로를 판단해서는 안 됩니다. 오직 자기 자신만 점검해야 합니다.

내가 진심으로 주의 은혜 없이는 아무것도 할 수 없다고 느끼는지, 아니면 다 있다고 만족하는 마음으로 방심하고 있는지 분별해야 합니다. 내가 진심으로 주님을 의지하고 순종하고 있다면 장래에 대해 염려할 필요가 없겠지요. 하나님은 그의 자녀들에게 관심이 많으시고, 필요한 모든 것을 공급해 주시며, 우리의 문제를 친히 해결하시기 때문입니다. 그러나 우리가 우리의 문제를 해결하느라고 바빠서 하나님을 바라보지 못하면, 하나님은 가만히 기다리시기만 하고 '그래, 한번 해 봐라' 하실 것입니다. 그러다가 결국 우리가 '내 문제를 스스로 해결할 힘이 없구나, 큰일났다!' 라고 생각하고 도움을 청하면 주님께서 기다렸다가 말씀하실 것입니다.

"그래, 내가 기다리고 있었다. 네가 일찍 내게 청하였다면 오래 전에 해결해 주었을 것을 네가 스스로 해결하겠다고 해서 내가 참견하지 않았다. 그러나 이제 네가 원하니 해결해 주겠다."

하나님은 우리에게 항상 깊은 관심을 갖고 계시며, 우리 문제를 해결해 주고 싶어 하십니다. 문제를 하나님께 맡기기만 하면 그분이 직접 해결하실 것입니다.

베드로전서 5장 8절 하반절의 "우는 사자같이 두루 다니며 삼킬 자를 찾나니"라는 구절도 겸손에 대한 말씀입니다. 교만한 사람은 사자의 입맛에 좋기 때문에 사자가 그를 삼키려 듭니다. 그러나 겸손한 사람은 마귀가 좋아하지 않고 먹지 못하니까 먼저 교만하게 만든 후에 먹으려고 들 것입니다. 살찌지 않은 닭은 맛이 없어서 잡아먹기 전에 이것저것 먹여 살을 찌우는 것처럼 마귀도 성도들을 맛있게 먹기 위해 교만으로 살찌웁니다. 그렇기 때문에 베드로 사도는 근신하라, 깨어 있으라고 권면합니다.

9절의 "너희는 믿음을 굳게 하여 저를 대적하라 이는 세상에 있는 너희 형제들도 동일한 고난을 당하는 줄을 앎이니라"는 말씀에서 "세상에 있는 너희 형제들"이란 무슨 뜻일까요? 아마 공동체생활을 하는 사람들에게 적용될 수 있는 말씀이 아닐까 생각합니다.

예수원에 사는 우리와 바깥 세상에 사는 형제들 사이에는 차이가 있습니다. 세상에 있는 형제들이 우리보다 훨씬 많은 시험을 받습니다. 그러니 자연히 우리보다 유혹이 많고, 걱정할 것이 많고, 불평할 것이 많을 수밖에 없습니다. 예수원 가족들에게도 시험이 있고 어려움이 많은데 그들에게는 얼마나 더 많겠습니까? 우리는 우리보다 세상에 있는 형제들이 더 많은 고난이 있으리라 생각하고 그들을 위해 기도해야 합니다.

잠깐 동안 고난을 당하는 우리를 하나님은 친히 높이셔서 영원한 영광에 참여하게 하실 것이며, 또한 우리를 온전케 하시고, 굳건케 하시며, 강하게 하셔서 터를 견고하게 하실 것입니다. 하나님께서 우리를 위하여 이 모든 것을 준비하고 계시므로 우리가 겸손한 마음으로 "주님, 저는 온전치 못하고, 굳게 서지도 못하고, 강하지도 못해서 터가 견고하지 않습니다"라고 고백하면, 하나님께서 은혜를 주시고 친히 모든 문제를 해결해 주실 것입니다. 우리에게는 다만 중심에 '주의 도우심이 필요하다'는 가난한 심령이 있기만 하면 됩니다. 무엇보다 겸손한 마음으로 서로 섬기는 태도를 가지라는 것이 이 말씀의 핵심입니다.

'이제 다 왔다'고 방심하거나 '나는 섬김을 받을 자격은 있지만 섬길 필요는 없다'고 하는 교만한 태도를 내려놓고, 종의 치마를 입으면서 서로 섬기는 사람이 됩시다. 성부와 성자와 성령의 이름으로 하나이다. 아멘.

피조물의 탄식

성경말씀 로마서 8:18-23; 누가복음 6:36-42

기도 주 하나님, 주를 의지하는 자를 다 보호하시나이다. 사람이 주를 떠나면, 굳셈과 거룩함이 없사오니, 빌건대 인자하심을 베푸사, 우리가 주의 다스리심과 인도하심으로 금세를 평안히 지내고, 후세에 영복을 잃지 말게 하소서. 성부와 성령과 함께 영원히 사시며 다스리시는 한 하나님 우리 주 예수 그리스도를 통하여 기도하나이다. 아멘.

누가복음, 로마서 순서로 말씀드리겠습니다.

"먼저 네 눈 속에서 들보를 빼어라 그 후에야 네가 밝히 보고 형제의 눈 속에 있는 티를 빼리라"(눅 6:42).

요즘 사람들은 남의 잘못을 비판하기를 좋아합니다. 특별히 정부의 잘못을 그리스도인들이 곧잘 비판합니다. 그리스도인들이 먼저 회개하고, 먼저 자기 잘못을 인정한 다음에야 비로소 정부에게 말할 거리가 있을지도 모르는데 말입니다.

물론 아주 옛날에도 이런 문제가 있었습니다. 이슬람교가 생길 때 교회는 회개하지 않았습니다. 교회의 잘못 때문에 이슬람교가 생겼습니다. 그런데 교회가 지금까지 잘못을 회개하지도 않고 이슬람에게 말도 꺼내지 않았습니다. 결국 이슬람은 더 완고해져서 더 큰 원수가 되었습니다. 우리가 회개했더라면 그들이 원래는 그리스도인들이었으니까 다시 본집으로 돌아왔을지도 모릅니다. 그런데 교회가 전혀 회개할 것이 없다고 해서 그들이 그리스도의 말씀을 완전히 버리고 말았습니다.

그런데 20세기에 똑같은 문제가 다시 생겼습니다. 교회가 하나님께서 명령하신 대로 하지 않았기 때문에 공산당이 생긴 것입니다. 공산주의는 그리스도인들을 비판하는 운동이었는데, 비판의 목소리가 그토록 큰데도 결코 회개하지 않았습니다. 지금까지 그 잘못에 대해 회개한 적이 별로 없습니다. 여기저기 개인별로 회개한 사람이 있기는 하지만, 교회 전체가 전혀 회개할 것이 없다고 자랑합니다. 그래서 공산당이 더욱더 강해지고 우리 원수가 되어 교회를 더 크게 위협하고 있습니다.

예수님의 말씀은 먼저 네 눈에 있는 들보를 뺀 다음에 밝히 보고, 형제의 눈에 있는 티를 뺄 수 있다고 하십니다. 너무 슬픈 말씀입니다. 그러면 이제 기쁜 소식으로 꽉 찬 서신 말씀을 보겠습니다.

로마서 8장 18-23절 말씀은 참으로 놀랍습니다. 우리가 아는 이 세계는 썩어짐의 종노릇하는 데 빠진 세계입니다. 열역학 제2법칙은 썩어짐의 종노릇하는 데 빠졌다는 것과 똑같은 의미를 가진 법칙입니다. 현대 과학자들이 그 말씀을 사용하고 있습니다.

모든 것이 썩어 가고 있습니다. 무슨 일을 하든지 에너지와 열이 있어야 하는데, 그 열은 어디서 나오든지 점점 없어집니다. 집에서도 그 현상을 찾아볼 수 있습니다. 집을 따뜻하게 하려고 연탄을 아무리 많이 때도 결국 조금씩 조금씩 식어 갑니다. 그래서 나중에는 재밖에 남지 않습니다. 그 연탄을 만들기 위해 땅에서 석탄을 캐지만, 다 쓴 다음에는 다시 새롭게 되지 않습니다. 없어지고 맙니다. 이것은 단편적인 예에 불과합니다.

온 우주가 이와 똑같은 과정을 밟고 있습니다. 우주가 자기 빛을 내기 위해 모든 별이 에너지를 사용하여 빛을 내는 중입니다. 때가 되면 이 모든 별이 재밖에 남지 않을 것입니다. 온 우주가 추워서 열이 하나도 남지 않을 것입니다. 우리가 아는 추위는 아무것도 아닙니다. 영하 10도 아래로만 내려가도 춥다고들 야단이지만, 우주의 온도에 비교할 때 더없이 따뜻한 기온입니다.

우주는 썩어짐의 종노릇하는 데 빠져 있습니다. 그것은 하나님의 원칙이 아닙니다. 내가 알기는 바울 외에 이 사실을 깨달은 사람이 아무도 없는 것 같습니다. 짐작도 하지 못했습니다. 물론 진화론을 믿는 사람들이 이 법칙에 예외가 있다고 말하지만 보여 줄 수는 없습니다. 이론적으로 믿는 것이기 때문에 진화가 있다고 하면서도 증명할 수 없습니다. 한 가지 예도 찾지 못합니다. 어느 것이든지 더 복잡한 구조가 되고 더 진보하기 위해서는 더욱 많은 에너지를 써야 합니다. 게다가 한 그루의 나무가 탄생하기 위해, 그리고 사람이 만들어지기 위해 써야 하는 에너지는 훨씬 더 큽니다. 그런데 아무도 진화론에 대한 증거를 찾지 못했습니다.

그렇지만 바울은 새롭게 탄생하겠다고 말합니다. 왜냐하면 창조주께서 계시기 때문입니다. 피조물을 창조하신 분께서 일부러 피조물들을 썩어짐의 종노릇 하도록 정하셨습니다. 그러나 "피조물이 허무한 데 굴복하는 것은 자기 뜻이 아니요 오직 굴복케 하시는 이로 말미암음이라"(롬 8:20)는 말씀처럼 처음부터 소망이 있었습니다.

그렇다면 왜 이렇게 피조물이 썩어 가게 되었습니까? 한 사람의 죄 때문입니다. 그러나 때가 오면 해방을 얻을 것이라고 합니다. 나무나 돌이나 별은 하나님의 자녀가 될 수 없습니다. 우리는 하나님의 자녀로서 해방을 얻고 자유를 얻었으며, 앞으로는 온 우주가 그와 같은 자유를 얻게 될 것입니다.

참으로 놀라운 말씀입니다. 지금까지는 우주가 해산하는 고통 가운데 있었습니다. 이제 피조물도 종노릇하는 데서 해방되어 하나님의 자녀들의 영광의 자유에 이르게 되기를 바랍니다. 피조물 또한 우리와 함께 탄식하며 고통 받고 있습니다. 무슨 고통입니까? 해산하는 고통입니다. 우리 집사람이 말하기를 아기를 낳으면 고통이 회오리바람처럼 올라갔다가 아주 말할 수 없는 기쁨이 되어 내려온다고 합니다. 아기가 태어났기 때문입니다. 사람을 낳은 것입니다. 새 피조물이 생겼습니다.

사회의 고통 또한 해산하는 고통과 같습니다. 그렇지만 그와 같은 중에도 아기가 태어난다, 사람을 낳는다, 새사람이 탄생한다는 소망을 가지고 성령 받은 우리는 탄식합니다. 아직 이루어지지 않았고, 아직 태어나지 않았지만 때가 되면 이루어질 것을 믿습니다. 더 크고 더 아름답고 더 뜻있고 더 좋은 것이 오리라고 소망을 품는 것은 성령께서 하시는 일입니다.

우리는 속으로 탄식하여 양자 될 것, 곧 우리 몸이 해방되기를 기다립니다. 지금 썩어짐의 종노릇하는 데 빠진 이 몸도 장차 사차원의 몸이 될 것입니다. 썩지 않을 몸, 영원한 몸이 될 것입니다. 온 우주도 다른 법칙으로 들어갑니다. 썩어짐에 빠지는 법칙이 아니라 진보하는 법칙, 창조와 관계있는 법칙, 항상 발전하는 법칙으로 들어갈 것입니다. 우리도 하나님과 같이 손잡고 영원토록 창조의 일을 할 것입니다.

유명한 영국 시인이 이 문제에 대해 아주 아름다운 시를 썼습니다. 아직 한국말로 번역이 되지 않은 것 같은데, 그 내용은 우리가 모두 미술가라는 이야기입니다.

미술가가 죽으면 잠시 쉬었다가
그 다음엔 영원토록 별을 사용해서
붓 대신 꼬리 있는 별로
혜성의 꼬리 붙여 가지고 그림을 그리겠네.
참된 것의 주인을 위해 그리겠네.
우리는 다 미술가요 음악가요 시인이 되어
하나님을 위해 하늘의 영광,
영원토록 아름답게 보여 주고

앞으로 앞으로 앞을 향해 가는 그것,
하나님의 뜻이고 우리 소망이라.

그것을 위해 우리는 지금 탄식 중입니다. 이 땅에서 나누는 기쁨은 장차 누릴 기쁨을 조금 맛보는 것뿐입니다. 때가 오면 썩어짐은 모두 없어지고 창조밖에 남지 않을 것입니다. 우리는 모두 창조자가 될 것입니다. 온 우주가 우리와 함께 하나님께 영광의 찬미, 기쁨의 찬미를 드릴 것입니다. 성부와 성자와 성신의 이름으로 하나이다. 아멘.

사람을 낚는 어부로의 부르심

성경말씀 베드로전서 3:8-15; 누가복음 5:1-11

기도   주 하나님, 구하노니, 주의 다스리심으로 이 세상을 태평케 하사, 주의 교회로 하여금 평안히 지내며, 주를 즐거이 섬기게 하소서. 이는 성부와 성령과 한 하나님으로 영원히 사시며 다스리시는 성자 우리 주 예수 그리스도를 통하여 기도하나이다. 아멘.

예수님의 제자 가운데 어부들이 있습니다. 예수님은 그들이 고기를 잡고 있을 때 부르셨습니다. 당시 그들은 밤새도록 일을 하였지만 아무것도 잡지 못했습니다. 그런데 예수님의 말씀을 듣고 그물을 던졌더니 그물이 찢어질 만큼 고기가 잡혔습니다.

예수님이 부활하신 다음에 비슷한 일이 다시 있었는데 그물은 찢어지지 않았습니다. 이 두 사건의 차이가 주는 의미는 무엇입니까? 우리 힘으로 하면 설령 성공했다 하더라도 실패에 불과하지만, 그리스도의 부활이라는 초자연적인 능력으로 일하면 실패하지 않습니다. 더러는 교회들이 고기를 많이 잡은 것 같아 보입니다. 하지만 교회가 역할을 잘 감당하지 못해 빠져나가 버리는 사람이 너무 많습니다. 솔직히 우리 성공회에 입회했던 사람들 숫자를 헤아려 보면, 현재 신자로 다니는 사람들보다 다섯 배는 많을 것입니다. 5분의 4는 빠져나간 것이지요. 그물이 찢어진 것입니다.

왜 그렇습니까? 초자연적인 그리스도의 부활의 능력으로 일하지 않고 인간의 지혜로 하려고 했기 때문입니다. 사실 우리 한국의 모든 교회도 비슷한 문제를 안고 있습니다. 공부를 자꾸 강조해서 공부만 중요하게 생각하면서 성령의 초자연적인 능력을 강조하지 않아, 결국은 인본주의에 빠져 성공하는 듯하면서도 실패로 돌아가고 맙니다. 부활하신 예수님이 보내 주신 성령의 능력으로 일하면 실패할 염려가 없습니다.

그런데 예수님은 제자들을 보고 이제부터는 고기 잡는 사람이 되지 말고 사람을 낚는 사람이 되라고 하셨습니다. 사실 그들이 계속해서 예수님의 지시를 따라 능력으로 고기를 잡았다면 큰 부자가 되었겠지요. 그런데 다 버리고 사람을 낚는 어부가 되어 죽을 때까지 부자가 되지는 못했습니다. 그러나 그들은 보람을 느꼈습니다. 하나님께서 시키신 일을 하니까 부자가 되든 안 되든 아무 상관이 없었던 것입니다.

이런 어부들의 으뜸이 되는 베드로가 우리에게 편지를 보냈습니다. 베드로의 편지를 보면 몇 가지 실질적인 문제가 나오는데 특별히 공동체생활에 유익합니다.

우리가 하나님의 고기라면, 그래서 하나님의 그물 안에서 서로 모였다면 우리는 어떤 관계입니까? 그냥 고기처럼 서로 부딪치는 관계입니까? 그렇지 않습니다. 단순한 고기가 아니라 하나님의 자녀입니다. 그리고 하나님의 자녀라면 서로 사랑해야지요. 가족 간에 형제자매들이 서로 사랑하는 것과 같이 우리도 같은 형제자매로서 서로 사랑해야 합니다. 그래서 베드로전서 3장 8절부터 서로 사랑하라는 말이 나옵니다.

그런데 그 문장의 첫 단어 '마지막'이라는 말은 헬라어로 '텔로스'(τέλος)입니다. '목적을 이룬다'는 뜻이지요. 예수님이 세상에 오신 목적을 이루기 위하여 십자가에서 돌아가실 때 다 이루었다고 하지 않으셨습니까? 바로 그것과 같은 말입니다. 다 이루기 위해 이렇게 하라는 말씀입니다. 곧 우리의 부르심을 이루기 위해 사랑해야 한다는 것입니다. 제자들이 부르심을 받았지만 각각 서로 부딪치는 일이 많아서 자신들의 부르심을 이루지 못했습니다. 그러나 성령을 받은 다음에는 형제를 서로 사랑했기 때문에 부르심을 잘 이루었습니다.

그물이 찢어진 이유는 사랑이 부족했기 때문입니다. 일반적인 사랑이 아닌 성령만이 주시는 초자연적인 사랑 말입니다. 자연적인 입장에서 보면 우리는 형제자매가 아닙니다. 그러나 초자연적인 입장에서는 성령의 능력으로 형제자매가 되었습니다. 모든 신자가 서로 만날 때마다 사랑으로 인해 혈통이 같은 친척보다 더 가깝다고 느낄 수 있어야 합니다. 그런데 왜 실제로는 그렇지 않을까요? 부활하신 예수님에 의한 성령의 초자연적인 능력이 부족하기 때문입니다.

그러면 사람을 낚는 어부로 부르심을 받은 우리는 그 부르심을 어떻게 이루어야겠습니까? 먼저 '체휼'이라는 말이 나오는데, 이 말은 사람의 상태를 체험하며 동일한 체험 가운데 훈련을 받는다는 뜻입니다. 히브리서 4장을 보면, 예수님이 우리와 같은 상태로 똑같이 체휼하셔서 우리 입장을 이해하신다고 하였습니다. 예수님은 30년 동안 훈련을 받으셨습니다. 어려움에 처한 다른 사람들과 똑같이 체험하며 30년 동안 훈련받으셨습니다. 학교에서 공부한 것이 아니라 생활 속에서 훈련받으신 것입니다. 그러므로 예수원에서는 강의를 통해 훈련하지 않습니다. 서로 같이 살면서, 서로에게 관심을 가지면서, 서로의 문제에 참여하면서 체휼, 곧 체험하면서 훈련합니다.

체휼한 사람은 상대방의 입장을 잘 이해하고 부드럽게 대합니다. "너희가 다 마음을 같이하여 체휼하며 형제를 사랑하며 불쌍히 여기며 겸손하며"(벧전 3:8)라고 했는데, 이것은 형제로서 사랑한다고도 번역할 수 있습니다.

'불쌍히 여기며'에서 '불쌍히'는 참 재미있는 단어입니다. 많은 사람들이 자기 자신을 불쌍히 여깁니다. 무시당하고 멸시당하는 것이 너무 많아서 자신이 불쌍하다고 생각합니다. 그런데 우리가 우리 자신을 불쌍히 여기면 다른 사람이 우리를 불쌍히 여기지 않습니다. 하나님께서도 말씀하십니다.

"하하, 네가 네 자신을 불쌍히 여기느라고 바빠서 나를 필요로 하지 않는구나. 네가 너를 불쌍히 여기는 것을 그만두면 내가 너를 불쌍히 여기겠다. 너를 위하여 둘씩이나 불쌍히 여길 필요는 없다. 하나면 충분하지.”

우리가 자신을 불쌍히 여기는 마음으로 꽉 차 있으면, 다른 사람은 더 이상 필요 없습니다. 하지만 우리가 자기를 불쌍히 여기지 않으면 다른 사람이 우리를 불쌍히 여길 것입니다. 그래서 서로 불쌍히 여긴다는 말이 중요합니다. 상대방의 입장을 보고 불쌍히 여기면 그 사람은 큰 위로를 받을 수 있습니다. 위로받는 것뿐만 아니라 건축될 수도 있습니다. 그러나 자기를 불쌍히 여기는 사람은 자기를 건축하지 못해서 약해질 수밖에 없습니다.

이어서 “악을 악으로, 욕을 욕으로 갚지 말며 도리어 복을 빌라”고 말씀합니다. 이것이야말로 사람을 낚는 어부가 초자연적인 성령의 사랑으로 행하는 것을 말합니다.

“도리어 복을 빌라 이를 위하여 너희가 부르심을 입었으니”(벧전 3 : 9상).

바로 이것이 우리의 사명이며, 우리를 부르신 목적입니다.

“복을 유업으로 받게 하려 하심이라”(벧전 3 : 9하).

이 말씀처럼 나중에 우리도 복을 유업으로 받을 것입니다. 유업이란, 아버지가 세상을 떠나면 자동적으로 아들이 상속받는 것입니다. 그러나 기다려야 합니다. 때가 오기 전에는 유업을 받지 못합니다. 유업은 언제든 내 것이지만 지금 당장 받는 것이 아니라 나중에 받는 것입니다. 그러므로 지금 복을 받지 못하더라도 상관없습니다. 때가 오면 유업으로 복을 받을 것이니까요.

아버지가 큰 부자여서 자기가 유업을 받을 줄 안다면 지금 가난해도 아무 상관이 없습니다. 영원토록 어렵게 살아야 한다면 낙심하기 쉽지만, 때가 오면 유업을 받을 텐데 무얼 걱정하겠습니까? 그러므로 우리는 예수님의 자녀로서 지금 생활에 복이 있든지 없든지 상관하지 않습니다. 유업으로 받을 복이 있으니까 때가 오면 다 이루어질 것입니다.

그 다음 14-15절 말씀에 "소동치 말고 너희 마음에 그리스도를 주로 삼아 거룩하게 하고"라고 하였습니다. 이는 사람이 우리를 위협하든지, 이용하든지, 핍박하든지 간에 소동하지 말고 걱정하지 말라는 말입니다. 그리고 또 "너희 마음에 그리스도를 주로 삼아 거룩하게" 하라고 말씀하십니다. 그리스도께서 우리 마음 안에 주인이 되셔야 한다는 말씀입니다. 우리의 주인은 우리가 아닙니다. 우리는 그리스도의 종이고, 그리스도께서 우리 주인이십니다.

거룩하게 한다는 말이 무슨 뜻입니까? 다른 것을 위하여 쓰지 말고 거룩한 것을 위하여 쓰라는 뜻입니다. 즉 하나님을 위해 쓰는 것을 말합니다. 그리스도께서 우리를 어떤 방법으로 거룩하게 하십니까? 그리스도께서는 이미 거룩하신 분이 아닙니까? 우리가 만일 그리스도를 우리를 위해 이용한다고 하면 그것은 거룩한 것이 아닙니다. 그리스도는 하나님 아버지를 위한 것이므로 그리스도를 우리 마음의 주로 삼는다면, 곧 우리가 하나님의 사업만 생각한다면, 우리 입장을 생각하지 말아야 합니다. 거룩하신 그리스도께서 우리의 주인이 되신다면 우리도 거룩해집니다. 만약 우리가 돈을 위해 살거나 안락을 위해 또는 명예를 위하여 산다면, 우리는 더 이상 거룩한 사람이 아닙니다. 그리스도를 위하여 살 때만 거룩해질 수 있습니다. 그리스도를 마음속에 구주로 삼으라는 것은 바로 이런 뜻입니다.

이것이 기독교 생활의 끝이자 완성입니다. 최종 목적은 그리스도를 마음속에 주로 삼는 것입니다. 그리스도께서 우리 마음속의 주가 되시면 다른 것이 들어올 수 없습니다. 바깥일에서는 이 사람이 주인이 되든 저 사람이 주인이 되든 상관없습니다. 다만, 그리스도께서 마음의 주인이 되셔서 우리 마음이 그리스도께 속하면 그것으로 충분합니다. 주께서 우리 마음속에서 '주인의 말을 들어라, 그에게 복종하라' 고 하시면 기쁜 마음으로 그렇게 할 것입니다. 또 그리스도께서 '복종할 수 없다. 그만두어라'라고 하시면 역시 기쁜 마음으로 그만둘 것입니다.

우리의 원 주인은 그리스도이십니다. 우리 마음속에 있는 주인은 그리스도밖에 없습니다. 우리는 거룩한 사람이 되어야만 주께서 우리를 부르신 부르심을 이룰 수 있다는 것을 알아야 합니다.

새 생명과 성장

성경말씀 로마서 6:3-11; 마태복음 5:20-26

기도 주여, 주를 경애하는 자를 위하여 헤아릴 수 없는 만복을 예비하셨나이다. 비옵나니 사랑과 덕으로 우리 마음을 채우사, 우리가 만유 위에 주를 사랑함으로 우리 소망에 넘치는 주의 허락하신 복락을 누리게 하소서. 이는 성부와 성령과 한 하나님으로 영원히 사시며 다스리시는 성자 우리 주 예수 그리스도를 통하여 기도하나이다. 아멘.

"그러므로 예물을 제단에 드리다가 거기서 네 형제에게 원망 들을 만한 일이 있는 줄 생각나거든 예물을 제단 앞에 두고 먼저 가서 형제와 화목하고 그 후에 와서 예물을 드리라"(마 5:23-24).

예수님 당시에는 개인별로 성전에 예물을 바치는 법이 있었습니다. 지금처럼 일주일에 한 번 제단 앞에 모여 예물을 다 함께 바치는 것이 아니라, 제사장들이 하루 종일 개인을 위하여 제사를 드리곤 했습니다. 오늘날은 성도들이 주일예배를 드린 후에 다음 주일까지 기다려야 합니다. 하지만 서로 간에 문제가 생겼다면 그 순간에 고백하거나 예배를 드린 다음에 찾아가 고백하기도 합니다.

기본적인 뜻은 똑같습니다. 진실로 하나님과 관계를 맺고 싶다면, 형제들과 진실한 관계를 맺어야 하고, 서로 용서하며 용납해야 합니다. 사실 다른 구절을 보면 해지기 전에 모든 문제를 해결하라고 하였습니다(엡 4:26).

하나님의 기본적인 가르침은 '하나님을 사랑하고 이웃을 사랑하라'입니다. 만일 다른 형제에게 원망할 것이 있다면 누구의 입장에서 보아야겠습니까? 자기 입장이 아니고 그 형제의 입장에서 보아야 합니다. 흔히 자기 입장에서 그것을 보면 그 사람은 내게 원망할 것이 하나도 없는 듯이 보입니다. 또 내게 잘못이 전혀 없고 그 형제에게만 잘못이 있다고 생각한다면 형제에게 가서 먼저 화해해야 합니다. 하나님과 올바른 관계를 유지하기 위해 사람들과도 올바른 관계를 유지해야 합니다. 이것은 불가분의 관계입니다.

요한일서에도 이와 동일한 말씀이 나옵니다. 즉 하나님을 사랑한다고 하면서 형제를 사랑하지 않는다면 하나님을 사랑한다고 하는 말은 거짓말이라는 것입니다. 참으로 하나님을 사랑한다면 형제를 사랑해야 합니다.

어떻게 그럴 수 있을까요? 성령의 도우심을 힘입어서 할 수 있습니다. 신자들은 죄사함을 얻자마자 성령을 받고, 그 뒤로는 성령께서 주시는 힘으로 살아갑니다. 그러므로 성령으로 거듭나지 않고, 성령의 도우심이 없다면 진정한 그리스도인이라고 볼 수 없습니다. 물로 거듭나는 것은 내적인 것인데, 이와 함께 성경은 우리에게 성령의 힘 또한 필요하다고 가르치고 있습니다.

이제 로마서 말씀을 봅시다.

"무릇 그리스도 예수와 합하여 세례를 받은 우리는 그의 죽으심과 합하여 세례 받은 줄을 알지 못하느뇨 그러므로 우리가 그의 죽으심과 합하여 세례를 받음으로 그와 함께 장사되었나니 이는 아버지의 영광으로 말미암아 그리스도를 죽은 자 가운데서 살리심과 같이 우리로 또한 새 생명 가운데서 행하게 하려 함이니라"(롬 6:3-4).

세례를 받을 때는 변화가 있어야 합니다. 어디에서 변화가 옵니까? 바로 성령으로 거듭남으로써 변화는 시작됩니다.

우리가 지금 그리스도의 죽음에 참여하고 있다면, 나중에 그리스도의 부활에도 참여할 것입니다. 세례를 받는 가장 중요한 의미는 '내가 나의 뜻에 대하여 완전히 죽었다'고 하는 것입니다. 세례를 받지 않으면 천당에 가지 못한다는 것은, 자기 뜻에 대해 죽은 것이 아니기 때문입니다. 무슨 예식을 행하든지 자기 뜻을 죽이지 않으면 그 어떤 것도 효과가 없습니다. 우리는 그리스도와 함께 장사 지낸 바 되었습니다. 이것은 아버지의 영광으로 말미암아 그리스도를 죽은 자 가운데서 살리심과 같이 우리로 또한 새 생명 가운데서 행하게 하려는 것입니다. 우리가 살고 있는 이 순간에 부활의 삶을 시작하라는 것입니다.

우리의 옛사람은 예수님과 함께 십자가에 못박혔습니다. 우리는 이제 죄의 몸을 장사 지내고 죄로부터 해방된 사람들입니다. 만일 우리가 그리스도와 함께 죽었으면, 또한 그분과 함께 살아날 것도 믿습니다. 우리는 그리스도께서 죽은 사람들 가운데서 살아나셨으므로 다시는 죽으실 수 없고, 죽음이 더 이상 그분을 지배하지 못할 것을 알고 있습니다. 그리스도께서 죄에 대하여 단 한 번 죽으시고, 하나님을 위해 영원히 살아 계시는 것과 같이 우리도 죄에 대해서는 죽고, 그리스도 예수 안에서는 살아 있습니다.

이것이 제일 좋은 소식입니다. 변화를 받아서 성령으로 새사람이 되면 더 이상 죽음과는 관계가 없고 부활의 생명, 부활의 열매를 많이 맺을 것입니다. 우리는 일반 사람이 아닙니다. 부활의 생명이 있는 사람들입니다. 성령을 통하여 부활의 생명에 참여함으로써 부활의 기쁨과 능력을 생활 속에서 더욱더 체험할 것입니다.

예수님을 구주로 영접하자마자 구원을 받습니다. 이것이 참인지 거짓인지는 시간이 지남에 따라 우리의 행위 가운데 열매가 있느냐 없느냐로 분별할 수 있습니다. 열매가 나타나지 않는다면 새 생명이 없는 것이나 마찬가지입니다. 하나님은 우리에게 주님을 영접한 그 순간부터 변화를 주십니다. 진정한 변화가 있다면 그 열매는 오래되지 않아서 나타나기 시작할 것입니다. 물론 태어나서 생명은 있지만, 장애로 인해 성장이 멈춰 버릴 수도 있습니다. 세상의 여러 가지 재앙 가운데 그것은 아마 제일 슬픈 일일 것입니다. 이처럼 하나님께서 보시기에도 영적인 문제를 지닌 자녀들이 많을 수 있습니다. 하나님의 마음이 얼마나 슬플지 말로 다 할 수 없습니다. 성장하지 못하는 자녀들 때문에 하나님의 마음이 심히 아프실 것입니다.

우리에게는 다른 사람이 성장하고 있는지, 혹은 거듭났는지의 여부를 판단할 자격이 없습니다. 그렇지만 각자 자기 스스로는 판단할 수 있습니다. 각자 자신이 오랜 시간이 지나도록 전혀 성장하지 않았다고 생각한다면 빨리 회개하고, "주여, 성령을 통하여 성장할 수 있도록 도와주소서"라고 기도해야 합니다. 이렇게 하면 금방이라도 성장할 수 있습니다. 우리 힘으로는 도무지 할 수 없는 것이지만, 성령의 힘으로는 주 안에서 성장할 수 있습니다. 성부와 성자와 성령의 이름으로 하나이다. 아멘.

죄의 종과 하나님의 종

성경말씀 로마서 6:19-23; 마가복음 8:1-9

기도　전능하신 주님, 만선과 만덕의 근원이로소이다. 비옵나니, 주의 이름을 경애하는 덕을 우리 마음에 배양하사, 진리를 더욱 온전히 지키게 하시고, 모든 선덕으로 우리를 양육하사 인자하심으로 주의 은혜를 잃지 말게 하소서. 성부와 성령과 함께 영원히 사시며 다스리시는 한 하나님 우리 주 예수 그리스도를 통하여 기도하나이다. 아멘.

기도문부터 설명하겠습니다.

"전능하신 주님, 만선과 만덕의 근원이로소이다."

모든 좋은 것과 모든 덕이 하나님께로부터 나온다고 합니다. 이 세상에서 무슨 좋은 일이 있든지 하나님께로부터 나온 것인 줄 알아야 합니다. 그분은 모든 좋은 것의 근원이십니다. 그러므로 기도할 때 무엇을 요구하겠습니까?

"주의 이름을 경애하는 덕을 우리 마음에 배양하사."

주의 이름을 사랑하는 마음을 구하는 것입니다. '배양하다'는 영어로 '접붙인다'입니다. 따라서 "우리 마음속에 주의 이름을 사랑하는 마음을 접붙여 주소서"라고 다시 번역할 수 있습니다. 우리는 우리 이름을 좋아합니다. 친구 이름이나 유명한 사람의 이름도 좋아하죠. 그런데 예수님의 이름에는 별로 관심이 없습니다. 하지만 하나님께서 우리 마음속에 접붙여 주시면 하나님의 이름, 예수님의 이름을 사랑하게 됩니다.

"진리를 더욱 온전히 지키게 하시고."

진리를 알고 믿는 것도 중요하지만 그에 못지않게 진리를 지키는 것 또한 중요합니다. 많은 사람들이 진리를 알고 많은 사람들이 진리를 믿지만, 지키지 않습니다. 그렇지만 진리를 지킬 수 있는 힘이 오직 성령으로부터 나오니까 우리가 하나님의 선덕을 받아 진리를 더욱 온전히 지키게 되기를 구하는 것입니다. '더욱 온전히'라는 기도에는 앞으로 더 나아간다는 뜻이 있습니다. 지금 온전하게 되지 않았습니다. 오늘 할 수 있는 만큼 하고 내일 좀더 잘 할 수 있도록 기도함으로써 날마다 더욱 온전해지는 것입니다. 점점 더 향상되는 것입니다.

"모든 선덕으로 우리를 양육하사."

참 재미있는 말씀입니다. 영어에서도 아이들을 기르고 먹이는 것을 '양육'이라고 합니다. 우리는 하나님의 아이로서 양육을 받아야 하는데, 무엇이 필요합니까? 사람이 떡으로만 사는 것이 아니고 하나님의 말씀으로 삽니다. 따라서 선덕, 즉 하나님의 선하고 덕스러운 말씀으로 우리를 양육하시고 먹이시는 것입니다.

"인자하심으로 주의 은혜를 잃지 말게 하소서."

'주의 은혜'란 '진리를 지키는 은혜'를 말합니다. 오늘 받은 은혜를 내일 또 새롭게 해야 합니다. 하나님께서 우리를 지키지 않으시면 잘 가다가도 다시 죄에 빠지기 쉽습니다. 일생 동안 지켜 나가야 합니다. 밭에 나무를 심었다 해도 나무를 잘 돌보지 않으면 잘 자라지 못합니다. 벌레가 와서 먹고, 물이 부족하거나 가물 때 말라죽을 수도 있고, 거름이 없으면 영양 부족으로 좋은 열매를 맺지 못합니다. 계속 존속시키려면 꼭 지켜야 하는 법이 있습니다. 하나님께서 지키지 않으시면 우리는 쓰러지기 쉽습니다. 따라서 항상 지켜 달라고 기도해야 합니다. 상당히 유익한 기도문이지만 어려운 말이 많아서 무슨 뜻인지 이해하기 조금 어렵습니다. 그렇지만 조금 더 깊이 묵상하며 기도하도록 합시다.

로마서 6장을 보면 '종'에 대한 문제가 나옵니다. 내가 누구의 종입니까? 인간이 하나님으로부터 만드신 바 되었을 때에는 하나님의 친구로서 창조되었습니다. 종이 아니었습니다. 아담과 하와는 100년 동안 에덴 동산에서 하나님과 돌아다니며 친구 생활을 했습니다. 그런데 때가 와서 마귀가 시기하고 하나님과의 친구 관계를 없애려는 속셈으로 아담과 하와를 시험하였습니다. 결국 두 사람은 하나님을 믿지 않았습니다. 그러고는 하나님의 말씀을 듣지 않기로 했습니다. 그들이 하나님의 말씀을 듣는 것은 종이기 때문이 아니라, 친구였기 때문인데 말입니다.

옛날 유교의 가르침에 친구와의 관계를 '신'(信)이라고 하였습니다. 서로 믿는 것입니다. 서로 인정하는 태도입니다. 100년 동안 하나님과 아담과 하와와의 관계가 바로 '신'(信)의 관계, 서로 믿는 관계였습니다. 서로 의지할 수 있었습니다. 서로의 말을 그대로 믿을 수 있었습니다. 그런데 갑자기 불신하게 되었습니다. 하나님은 거짓말쟁이고, 자신들의 자유를 빼앗으려 한다고 생각했습니다. 자신들에게 주어진 '자유'라는 문제에 대해서는 깊이 생각하지 못했던 것입니다. 그런데 마귀가 와서 속삭였습니다.

"흥! 저 선악과 나무 열매를 먹지 못하면 네게 자유가 없는 것이다. 자유를 위해 싸워라."

그래서 자유를 위해 데모를 했습니다. 먹지 말라고 한 것을 일부러 먹은 것이지요.

"우리에게 자유가 있다! 먹을 권리가 있다!"

그렇지만 결론은 자유를 다 잃어버리는 결과를 낳았습니다. 종이 된 것입니다. 죄의 종, 마귀의 종이 되었습니다.

그때부터 지금까지 우리 인간은 종노릇하며 살고 있습니다. 그런데 아직까지도 우리에게는 선택할 기회가 있습니다. 누구의 종이 되겠습니까? 죄의 종이 되겠습니까, 아니면 하나님의 종이 되겠습니까? 하나님의 종이 되기로 결정하면 참된 자유를 다시 찾을 수 있습니다. 예수님이 피로 값을 지불하고 우리 자유를 다시 사셨습니다. 그래서 주의 종이 되면 자유를 다시 찾을 수 있습니다. 하지만 오로지 자유만 생각한다면 이것을 받을 수 없습니다. 자유를 외치는 사람들은 마귀의 종이 될 뿐입니다. 자기 자유를 버리고 하나님의 종이 되기로 결정한 사람만 참된 자유를 얻습니다. 요한복음 말씀처럼 사실입니다(요 8:31-36). 그래서 바울도 같은 이야기를 합니다.

"너희 지체를 부정과 불법에 드려 불법에 이른 것같이"(롬 6:19상).

우리는 이제까지 종이었습니다. 죄의 종이요, 불법의 종, 더러운 것의 종이었습니다. 지금 우리 지체를 하나님께 바쳐서 하나님의 종이 되기로 한다면, 거룩하게 되어 열매를 맺을 것입니다.

우리가 우리 지체들을 죄에 바칠 때에는 의에 대하여 자유가 있었다, 즉 의에 얽매이지 않았다고 합니다. 의에서 자유를 얻었다고 하는 것은, 죄의 종이 되었다는 말입니다. 그러면 열매는 하나도 없고, 오직 죄의 종일 뿐입니다. 그러나 하나님의 종이 되면 의의 열매를 맺고, 기쁨과 사랑이 생기고, 평안을 얻으며, 여러 가지 열매 맺는 사람이 되어 참된 자유를 얻게 됩니다.

선지자의 종류

성경말씀 로마서 8:12-17; 마태복음 7:15-21

기도 주여, 천지의 만사와 만물을 항상 보호하시고 주장하시나이다. 겸손히 비나니, 우리의 모든 해로운 것을 물리치시고, 유익한 것만 내려 주소서. 이는 성부와 성령과 한 하나님으로 영원히 사시며 다스리시는 성자 우리 주 예수 그리스도를 통하여 기도하나이다. 아멘.

오늘 말씀은 선지자에 대한 말씀입니다. 선지자는 대언자, 곧 하나님을 대신하여 말하는 사람입니다. 그런데 대언자에도 여러 종류가 있습니다.

하나는 발람과 같은 사람입니다. 발람은 거짓 선지자였지만, 그가 한 말은 거짓이 아니었습니다. 그가 한 말은 하나님께서 친히 주신 말씀이었습니다. 하나님께서 그에게 권고하셨습니다.

"절대로 내가 준 말 외에 한 마디도 하지 마라."

발람은 두려운 마음에 진리만 말했습니다. 결국 손해를 보았지요. 왜냐하면 왕이 "네가 거짓으로 예언하면 큰 돈을 주겠다"고 제안했기 때문입니다. 하지만 발람은 거짓말하면 하나님께 죽을 줄 알았기 때문에 두려워하며 참말만 했던 것입니다. 하지만 발람의 마음은 악했습니다. 그저 돈만 생각하는 사람이었습니다. 따라서 다른 방법으로 왕의 뜻을 이루려고 애를 썼습니다. 결국 그는 전쟁 중에 죽었습니다.

현대에도 그러한 선지자가 있습니다. 하나님의 말씀을 전하되 하나님의 영광을 위해서가 아니라 돈을 위해서 합니다. 또 개인의 영광을 위해, 교회에서 세력을 잡으려고 하는 사람도 있습니다. 예수님은 말씀하셨습니다.

"한 사람이 두 주인을 섬길 수 없다."

하나를 사랑하고 하나를 미워할 수밖에 없습니다. 그래서 하나님의 말씀을 전하기는 하지만 발람과 같이 하나님을 미워하고 돈만 사랑하는 사람이 되거나 세력이나 영광, 명예를 사랑하는 사람이 되고 맙니다. 그러면 발람과 같은 사람인지 아닌지 어떻게 알아볼 수 있을까요? 기다리면서 그 사람의 생활을 보고 어떤 열매를 맺는지 보면 됩니다.

요사이 미국의 어떤 유명한 부흥사들이 텔레비전 카메라 앞에서 항상 설교합니다. 이단도 아니고 가르침도 틀리지 않습니다. 많은 사람들이 그 사람들을 통해 은혜를 받는 것도 사실입니다. 그런데 개인 생활이 좋지 못했습니다. 마침내 사건이 터졌고, 미국 교회는 큰 충격으로 한동안 소동이 일었습니다. 그 사람은 사생활과 돈을 제대로 다스리지 못했습니다. 다른 유명한 사람이 그 방송 채널을 운영하기 시작했지만, 형편은 나아지지 않았습니다. 돈이 어디 있는지, 어디에서 들어오고 어디로 나갔는지 계산할 수 없었습니다. 너무 복잡해서 해결할 수 있을지조차 난감했습니다. 그런데 수많은 비판을 하는 중에도 그 사람의 가르침이 틀렸다고 하는 말은 없었습니다. 말은 옳았습니다. 하지만 예수님이 보시기에는 거짓 선지자입니다. 왜냐하면 열매가 좋지 못했기 때문입니다.

또 다른 종류의 거짓 선지자가 있습니다. 거짓말하는 선지자입니다. 예레미야 시대 많은 선지자들은 하나님의 말씀에 반대되는 말을 하였습니다. 돈 때문에 거짓말을 했습니다. 하나님께는 조금도 관심이 없었습니다. "평화로다, 평화로다"라고 자꾸 말합니다.

"걱정하지 말라. 전쟁이 일어나지 않겠다. 전쟁이 일어나도 우리가 이기겠다. 바벨론은 우리를 이길 수 없다. 하나님께서 바벨론을 축복하시지 않는다. 우리가 하나님의 나라다. 우리가 하나님을 믿는 백성이니 하나님께서 우리에게 복 주신다."

이렇게 축복, 축복, 축복 이야기만 했고 전쟁의 위험성은 경고하지 않았습니다. 물론 회개하라고도 하지 않았습니다.

예레미야와 우리야라고 하는 두 선지자만이 회개를 촉구했습니다.

"회개하라, 회개하지 않으면 이 나라가 망할 것이다. 겉으로만 하나님을 섬길 것이 아니라 속사람도 그래야 한다. 속사람으로 하나님을 섬기지 않으면 하나님께서 축복하시지 않는다. 하나님께서 싫어하신다. 하나님은 형식주의를 원치 않으신다. 마음을 원하신다. 마음이 변해야 한다.”

　사람들은 이런 말을 무척 듣기 싫어하며 자기 행동을 전혀 고치지 않았습니다. 도리어 예레미야와 우리야를 죽이려고 들었습니다. 그리고 기어이 우리야를 잡아 죽였는데, 예레미야만은 다행히 높은 장관이 보호해 주어 잡히지 않았습니다. 결국 예레미야 역시 나중에는 감옥에 갇혔지만, 죽일 수는 없었습니다. 왕이 허락하지 않았기 때문입니다. 왕도 예레미야의 말을 싫어했지만 하나님의 선지자인 것을 알았기 때문에 죽이지 않았던 것입니다.

　오늘날도 거짓 선지자를 삼가야 합니다. 어떤 경우, 열매에도 별 문제가 없어 보입니다. 하지만 그 예언이 성경말씀에 비춰 볼 때, 안 맞는지는 우리 스스로 판단할 수 있습니다. 성경 말씀과 다르면 믿을 필요가 없습니다.

　현대인과 옛사람들 사이에 다른 것이 하나 있습니다. 그 시대는 개인적으로 성령 받은 사람이 한 명도 없었습니다. 그래서 분별하는 능력이 부족했습니다. 또 인쇄된 성경도 없었습니다. 일반 사람들은 성경을 한 번도 보지 못했습니다. 회당에 나가서 성경 읽는 것을 듣기만 했는데, 예레미야 시대에는 그런 회당도 별로 없었습니다. 성전에 나가서 제사를 드리기만 했지 하나님의 말씀은 거의 알지 못했습니다. 그래서 예레미야나 다른 선지자들이 성전 앞에 나와서 설교할 때 이 사람의 말이 옳은지 저 사람의 말이 옳은지 분별하기 힘들었습니다. 예레미야가 감옥에 들어가고 나자 거짓 선지자들의 거짓말이 이구동성으로 세상에 가득 찼습니다. 결국 많은 사람들이 속고 말았습니다.

그렇지만 현대에는 그리스도인들이 속지 않을 수 있습니다. 누구든지 성령을 받으면 분별할 수 있습니다. 고린도전서 14장 말씀은 대언자들이 둘이나 셋이서 말하되 다른 이들이 분별할 것이라고 합니다.

또 은사 가운데 분별하는 은사가 있습니다. 예수님도 말씀하셨습니다. "사람이 하나님의 뜻을 행하려 하면 이 교훈이 하나님께로서 왔는지 내가 스스로 말함인지 알리라"(요 7:17). 야고보서에서도 "누구든지 지혜가 부족하거든 모든 사람에게 후히 주시고 꾸짖지 아니하시는 하나님께 구하라 그리하면 주시리라"(약 1:5)고 하였습니다. 하나님께 무조건 복종하겠다는 마음만 가지면 지혜를 얻을 수 있고 분별할 수 있습니다. 그래서 선지자라고 하는 사람들에게 속을 필요가 없습니다.

세 번째 종류의 선지자는 하나님의 말씀을 받아서 그대로 전할 뿐 아니라, 그에 맞게 생활하는 사람입니다. 성령의 외적 능력으로 선지자 역할을 하는 동시에 성령의 내적 역사로 말미암아 속사람 가운데 사랑의 열매, 인내의 열매, 희락의 열매와 같은 아홉 가지 성령의 열매를 맺는 사람입니다. 우리가 그런 사람을 보면 하나님을 섬기는 사람인 줄 알 수 있고, 참된 선지자인 줄 확인할 수 있습니다.

한편, 로마서 8장은 우리 모두를 위한 말씀입니다.

"우리가 빚진 자로되"(롬 8:12상).

한 가지 우리 모두 생각해야 하는 것이 있습니다. 우리 모두 다 빚진 자라는 사실입니다. 그런데 그 빚은 육신에게 져서 육신대로 살 것이 아닙니다. 육신대로 살면 죽을 수밖에 없습니다. 영으로서 몸의 행실을 죽이면 살리니 하나님의 영으로 인도함을 받는 그들이 곧 하나님의 아들입니다. 우리는 다시 무서워하는 종의 영을 받지 아니하였고, 양자의 영을 받았으므로 아바, 아버지라 부르짖습니다. 성령이 친히 우리 영으로 더불어 우리가 하나님의 자녀인 것을 증거하시나니 자녀이면 또한 후사, 곧 하나님의 후사요 그리스도와 함께 후사니 우리가 그와 함께 영광을 받기 위하여 고난도 함께 받아야 될 것입니다.

고난도 함께 받아야 한다는 말은, 좀 어렵긴 해도 아주 중요한 사실입니다. 우리는 빚진 사람입니다. 그 빚은 무엇입니까? 예수님이 우리를 대신해 죽으셨고, 우리 대신 당신의 피를 흘리셨기 때문에 예수께 빚진 자가 되었습니다. 예수님의 이름을 부르는 사람들은 예수께 빚진 자들입니다. 과거에는 내 몸에게 빚이 있다고 생각해서 내 몸이 원하는 대로 했지만, 지금은 그렇지 않습니다. 예수님이 우리를 사셨으니까요. 우리는 예수께 속한 사람입니다. 그러니 빚을 갚기 위해 육체가 원하는 대로 살 필요가 없습니다. 한 개인을 위해 살 필요가 없는 것입니다.

내가 빚진 것은 예수께 빚진 것이고, 나는 빚진 사람으로서 예수님의 뜻대로 살아야 합니다. 그러면 그 빚은 어떻게 갚을 수 있습니까? 사랑을 받은 자라면 사랑을 베풀어야 합니다. 빚을 갚기 위해서는 사랑해야 한다는 말입니다. 사랑을 베풀 힘이 없다면 어떻게 해야 합니까? 성령을 받고 성령께서 내 속에 역사하심으로써 성령의 열매를 맺어 사랑으로 생활하면 됩니다.

원망하는 죄

성경말씀 고린도전서 10:1-13; 누가복음 15:11-32

기도 주여, 주의 도우심이 없으면, 우리가 선을 도무지 행치 못하나이다. 구하노니 우리에게 항상 바른 것만 생각하여 행할 마음을 주사, 주의 도우심으로 범사에 주의 뜻을 준행케 하소서. 성부와 성령과 함께 지금과 영원히 사시며 다스리시는 한 하나님 우리 주 예수 그리스도를 통하여 기도하나이다. 아멘.

누가복음 말씀의 두 아들에 대한 비유는 오래도록 열심히 믿는 교인과 죄에 깊이 빠졌다가 회개한 사람을 비교하고 있습니다. 하나님 아버지께서는 둘 다 사랑하십니다.

그런데 이 비유 말씀을 보면, 아버지의 살림은 결국 다 맏아들의 소유가 되었고, 방탕한 아들에게는 살찐 송아지조차도 자기 것이 아니었습니다. 방탕한 아들은 송아지를 먹을 자격조차 없었습니다. 단지 품꾼이 되어 품삯을 받을 생각밖에는 할 수 없었습니다. 아들로 대접받으리라는 기대는 추호도 하지 못했습니다. 그저 품꾼으로라도 써 주면 좋겠다는 생각뿐이었습니다. 한편 맏아들은 송아지조차 주기 싫어했습니다. 자기 동생임에도 불구하고 미워하기까지 했습니다. 아버지께서 동생을 사랑했기 때문에 시기하게 된 것입니다.

무슨 비유인가 하면 교회 안에서 오래된 교인들이 새로 들어온 사람을 멸시하고 이해하려고 노력하지 않는 것을 말합니다. 새로 들어온 사람들이 사랑을 많이 받으면 시기합니다. 이것은 고린도전서 10장 12절 말씀과 연관이 있습니다.

"선 줄로 생각하는 자는 넘어질까 조심하라."

맏아들은 자기가 선 줄로 알았고, 일생 동안 옳은 일만 했다고 생각했습니다. 그렇지만 사랑이 하나도 없었습니다. 그러므로 자신이 섰다고 생각하는 것은 죄와 다를 바가 없습니다. 오래된 신자라고 해서 다 선 줄로 알아서는 안 됩니다.

그 다음에 바울은 비유를 들어 구약 시대 40년 동안 광야에서 있던 이스라엘 백성들이 우리 현대 교회의 신자와 다를 바 없다고 말합니다. 이스라엘 백성이 홍해를 건너면서 세례를 다 받았으며 주의 모든 자녀들이 날마다 영적인 식물을 먹었다고 합니다. 성만찬에 참여하는 특권을 얻은 신자들은 그들과 다름이 없습니다. 그들이 '만나'라고 하는 영적인 식물을 먹은 것은 우리가 예수님의 성체를 먹는 것과 한 가지입니다. 그러나 그들은 실패했습니다. 이 사건을 통해 알 수 있듯이 우리도 실패할 수 있습니다.

현대 교회의 그리스도인들이 광야의 이스라엘 백성보다 더 나은 점이 있는지 생각해 봅시다. 참으로 우리가 그 사람들보다 낫습니까? 그들은 600만 명이나 되었는데 그 가운데 2만 3천 명이 하루 사이에 간음 때문에 죽었습니다. 또 뱀에 물려 죽은 사람들도 많았습니다. 원망하는 사람들도 많이 죽었습니다. 사실 광야에서 지었던 그 모든 죄 가운데 제일 많은 사람이 죽임을 당한 죄는 '원망하는 죄'였습니다.

예수님을 통하여 구원을 얻고 성령을 받은 우리에게 주신 확실한 하나님의 명령이 있습니다. 신약에 나오는 명령입니다. 구약 시대에는 그런 명령이 없었습니다. 무슨 명령이냐 하면 '항상 기뻐하라, 범사에 감사하라'는 것입니다. 원망하는 것과는 정반대입니다. 그런데 현대 교회를 보면 항상 기뻐하고 범사에 감사하는 사람보다 원망하는 사람들이 더 많다고 생각합니다.

어떻게 인간이 항상 기뻐할 수 있을까요? 어떻게 인간이 범사에 감사할 수 있을까요? 간단합니다. 상황을 보지 말고, 우리의 환경을 보지 말고, 하나님을 바라보면 됩니다. 하나님께서 우리 환경보다 커요. 하나님께서 우리의 상황을 충분히 고칠 수 있습니다. 우리 상황과 환경만 보면 믿음이 없는 사람입니다. 그런 사람은 눈으로 사는 사람이지. 믿음으로 사는 사람이 아닙니다.

'신자'라는 말의 '신'(信)이 무슨 뜻입니까? 그것은 곧 '하나님을 믿는다, 하나님을 의지한다, 하나님을 바라본다'는 뜻입니다. 환경과 상황은 아무 상관이 없습니다. 상황을 보면 낙심할 수밖에 없습니다. 자연히 원망할 거리가 줄줄이 이어집니다. 그러나 하나님을 보면 하나님의 능력이 한이 없는 줄 알게 됩니다.

그분은 할 수 없는 일이 없으십니다. 사랑에 다함이 없습니다. 탕자를 그렇게 사랑하는 아버지이신데, 우리에게는 어떠하시겠습니까? 몸도 버리고 자기 재산마저 다 낭비한 아들을 그렇게 사랑하시는 그분이 우리를 사랑하지 않으시겠습니까? 그런데 우리가 무얼 원망하겠습니까?

예수원에서도 제일 어려운 것은 상황이나 환경이 아닙니다. 원망하는 형제자매들이 문제입니다. 필요한 것은 하나님께서 놀라운 기적으로 모두 채워 주셨습니다. 부족함이 하나도 없었지요. 돈이 없어도 음식이 떨어진 적이 없습니다. 그런데도 원망하는 소리가 많습니다. 예수원뿐만 아니라 모든 교회가 똑같아요. 신자들이 하나님을 바라보고 즐거워하기보다 상황을 보고 원망하기를 좋아합니다. 그것은 마귀의 시험입니다.

"그런즉 선 줄로 생각하는 자는 넘어질까 조심하라 사람이 감당할 시험밖에는 너희에게 당한 것이 없나니 오직 하나님은 미쁘사 너희가 감당치 못할 시험 당함을 허락지 아니하시고 시험 당할 즈음에 또한 피할 길을 내사 너희로 능히 감당하게 하시느니라"(고전 10:12-13).

우리가 당하는 여러 가지 시험들은 다 보통에 지나지 않습니다. 모든 사람들이 비슷한 시험을 당합니다. 자신이 당한 시험이 남보다 심하다고 생각하지 마십시오. 하나님은 미쁘셔서 우리가 감당치 못할 시험은 허락지 않으십니다. 모든 시험이 닥칠 때 빠져나가는 길도 함께 주십니다. 그래서 하나님께서 모든 문제를 해결해 주십니다.

문제를 보고 원망하는 태도는 무엇을 의미합니까? '아버지가 나를 사랑하지 않는다'고 의심하는 태도지요. 아버지께서는 우리를 사랑하시기 때문에 모든 시험에 빠져나갈 수 있는 길을 벌써 마련해 두셨습니다. 그래서 '항상 기뻐하라, 범사에 감사하라'고 하신 것입니다. 범사에 감사하라는 말은, 이해할 수 없고 어려운 일인 것 같더라도 하나님께서 이미 알고 허락하신 것인 줄 깨닫고, 나아가 거기서 좋은 결과가 나올 것임을 알아 감사하라는 것입니다.

감사하면 승리를 얻을 수 있습니다. 원망하면 마귀 앞으로 떨어지기만 하고 하나님의 승리는 맛볼 수 없습니다. 원망했던 사람들은 가나안 땅에 들어가지 못하고 광야에서 다 죽지 않았습니까? 모세도 120년 동안 딱 한 번 원망했습니다. 그것도 하나님을 원망한 것이 아니고 백성을 원망했는데, 하나님께서 "네가 가나안 땅에 들어갈 수 없다. 광야에서 죽어라" 하고 말씀하셨습니다. 지도자들의 책임이 더 무겁기 때문입니다. 교회 안에서 오래된 사람일수록 책임이 무겁습니다. 교회 안에서 더 많은 지도력을 가진 사람일수록 책임도 무겁고, 조그만 잘못에도 심한 벌을 받는 법입니다. 일반 신자가 죄를 많이 짓는 것은 쉽게 용서받습니다. 그러나 교회 지도자가 똑같은 죄를 지으면 무거운 벌을 받습니다.

성경의 가르침은 처음부터 끝까지 그렇습니다. 위치가 높으면 높을수록 져야 할 책임이 많고 벌도 무겁습니다. 야고보서에 그런 말씀이 있지 않습니까?

"선생 된 우리가 더 큰 심판 받을 줄을 알고 많이 선생이 되지 말라”(약 3:1).

그래서 우리가 오늘 다시 한 번 교회 지도자들을 기억하고 그들이 죄에 빠지지 않도록 기도해야 합니다. 우리 자신뿐만 아니라, 교회 지도자들을 위해 열심으로 기도합시다.

8   하나님을 닮은 **새사람**

말하는 은사

성경말씀 고린도전서 12:1-11; 누가복음 19:41-46

기도 주 하나님, 비천한 종의 기도를 인자로이 들으시나이다. 비오니, 우리가 주의 기뻐하시는 것만 구하게 하사, 주의 약속을 얻게 하소서. 성부와 성령과 함께 영원히 사시며 다스리시는 성자 예수 그리스도를 인하여 기도하나이다. 아멘.

우리에게 성령을 나타내 보이시는 것은 공동의 유익을 위해서입니다. 오랫동안 성직자만 말씀을 전하고 성직자만 모든 일을 해야 한다고 생각했습니다. 그런데 지금은 성령 운동을 통하여 각 사람이 받은 은사가 있음을 알게 되었습니다.

고린도전서 12장의 은사 이야기는 주로 '말하는 은사'입니다. 물론 다른 은사들도 있습니다. 섬기는 은사도 있고 여러 가지 일하는 은사도 있습니다. 그런데 여기에 '말하는 은사'는 성령께서 말하는 것을 통해 나타난다는 것입니다. 남 앞에 자랑하기 위해 나타내는 것이 아닙니다. 공동의 유익을 위해 말씀을 나눕니다.

물론 우리 가운데 특별히 공부하고, 특별히 연구한 사람이 있습니다. 또 어떤 사람은 별로 배경도 없고 깊이 연구하지 않았더라도 성령께서 그에게 말씀을 주시면 모두에게 큰 유익이 됩니다. 부끄러움이 너무 지나쳐 자기와 같은 사람은 하나님께서 쓰시지 않는다고 하면 교회에 큰 손해가 됩니다. 하나님께서 각 사람에게 은사를 주신 것은 공동 유익을 위해서입니다. 그 은사가 작은지 큰지 스스로 판단할 필요는 없습니다. 다만 무엇을 말해야 하는지, 언제 그 말을 해야 하는지, 그 두 가지만 하나님께 여쭤 보면 됩니다. 혹시 자기가 보기에는 별로 필요 없고 특별한 말이 아니라고 생각해도 다른 사람을 위해 꼭 해야 하는 말일 수도 있습니다.

성령께서 주신 말씀이라면 화살같이 그 사람의 마음속에 들어가 큰일을 할 때도 있습니다. 우리가 판단할 것이 아니라, 머릿속에 생각난 말씀이 성경과 모순이 없으면 하나님께서 주신 말씀인 줄 알고 언제 말하는 것이 좋을지 하나님께 여쭤 보면 하나님께서 때를 보여 주실 것입니다. 어떤 때는 금방 말해야 하고, 어떤 때는 시간이 지난 후에 할 수도 있습니다. 복잡한 말이든지 간단한 말이든지 상관없습니다. 아주 간단해서 누구든지 알 수 있는 말이라도 하나님은 어떤 한 사람을 위해 꼭 필요하다고 생각해 하실 수 있습니다. 또 여러 번 들은 말씀이지만 오늘 다시 그 말씀을 나눈다면, 그것은 그 사람의 문제와 관련이 있어서 하나님께서 주시는 해결책일 수도 있습니다. 바로 여기에 우상숭배하는 사람과 성령의 사람

사이의 차이점이 있습니다. 우상들은 말을 못하기 때문에 사람에게 말씀을 주지 않습니다. 하지만 성령께서는 공동 유익을 위해 각 사람에게 유익한 말씀을 주십니다.

병 고치는 은사의 경우, 말 없이 안수만 하면 병을 고치는 때도 있습니다. 하지만 자기와 같은 사람은 안수하지 못한다고 하면 다른 사람이 병 고침을 받지 못할 수도 있습니다. 성경에서는 누가 안수할 수 있고 할 수 없는지 말하지 않습니다. 다만 축복을 전하기 위해 손을 내미는 때가 있습니다. 공동 유익을 위해 안수하는 것뿐입니다.

예수님이 성전에 들어가서 설교하실 때, 그분은 어떤 분이셨습니까? 그냥 목수 아저씨였습니다. 신학 공부도 하지 않았어요. 일찍이 부친인 요셉이 돌아가셨기 때문에 가족 생계를 위해 노동자 생활을 하셨습니다. 글자를 알고 성경을 읽은 적은 있지만 집에서 성경을 읽은 적은 없습니다. 당시에는 성경 한 권 값이 무척 비쌌습니다. 가죽에 처음부터 끝까지 손으로 쓴 것이기 때문입니다. 그러니 성경을 읽고 싶으면 회당에 가야 하고 책임자에게 성경을 좀 열어 달라고 부탁하여 열쇠로 열고, 어느 부분을 읽고 싶은지 이야기한 뒤 읽을 수 있었습니다. 그것도 노는 날에만 회당 안에서 읽어야 했습니다. 예수님은 우리보다 더 못한 상황에 계셨습니다. 우리야 글자도 다 알고, 각 사람마다 성경이 한 권씩 있는 데다, 집이나 공동 모임에서 언제나 읽을 수 있지만, 예수님은 가족의 생계를 위해 아침 일찍 나가 하루 종일 목공일을 하고 피곤한 몸으로 집에 와서 집안일까지 했을 것입니다. 예수님의 배경은 우리보다 정말 못했습니다. 이러한 예수님이 성전에 들어가서 가르치기 시작하셨으니 공부를 많이 한 사람들은 기분이 나빴을 것입니다.

그 시대에는 성전 마당에서 누구든지 가르칠 수 있었습니다. 거짓말을 한다거나 이단이라면 쫓아낼 수 있었지만, 그렇지 않으면 막을 수 없었습니다. 예수님은 성령을 받아서 지혜의 말씀과 지식의 말씀으로 말할 수 있었습니다. 예루살렘의 멸망에 대한 말씀은 자신이 공부해서 안 것이 아니었습니다. 성령께서 친히 주신 말씀이었습니다. 예수님이 말씀을 하신 지 40년 후에 그 말씀이 이루어졌습니다. 돌 위에 돌이 하나도 남지 않았습니다. 기초 돌만 조금 있을 뿐 나머지는 자취도 찾지 못할 정도로 없어져 지금도 그 위치가 정확히 어디인지 알 수 없습니다. 그처럼 완전히 멸망을 당했습니다.

현대에 와서 하나님의 법을 지키는 사회가 어디 있습니까? 성경의 법을 지키는 사회가 어디 있습니까? 없습니다. 말로는 예수 믿는 나라라고 하고 기독교가 국교인 나라도 있지만, 그런 나라가 초등학교에서 성경을 가르치지 말라고 합니다. 미국은 처음 시작할 때 하나님을 의지한다는 표어로 시작했고, 돈에도 그 말을 새겼습니다. 하지만 지금은 학교에서 하나님을 의지하는 것을 가르치지 못하게 합니다. 다른 신을 믿는 사람들의 마음을 상하게 하니까 민주주의 사회에 적합하지 않다는 것입니다. 민주주의를 핑계 삼아 진리를 가르치지 않고 있습니다. 국민이 원하는 대로 가르쳐야 하기 때문에 이제는 하나님의 말씀을 학교에서 가르칠 수 없습니다. 또 캠퍼스에 십자가가 있으면 이슬람 사람들이 그 십자가를 보고서 마음이 상하니 캠퍼스에 십자가를 세우지 말라고 합니다. 이처럼 오늘날은 하나님의 법대로 사는 나라가 없습니다.

예수님이 멸망을 선언하신 말씀은 오늘날 온 세상에도 해당됩니다. 유대인만 잘못한 것이 아닙니다. 유대인들이 하나님의 택하신 백성임에도 하나님의 법대로 살기를 거절하고 듣기를 싫어해서 멸망을 당했다면, 하물며 하나님을 믿고 예수님을 믿는다고 하는 우리가 그의 법을 지키지 않고 하나님께서 허락하지 않은 것을 하고, 교회를 강도의 소굴로 만든다면 하나님의 화를 당하지 않겠습니까? 성전 시대에만 강도의 소굴로 만든 것이 아닙니다. 지금도 그런 문제가 있습니다.

우리나라에서도 교회가 잘되면 교회를 이용해서 부자가 되려고 하고, 돈을 벌기 위해 갖가지 종교적인 사업을 하고 매매를 합니다. 물론 그 시대에는 양이나 소를 매매하였지만, 지금은 책을 판매하거나 헌금을 많이 하게 해 돈을 모읍니다. 돈에 아주 관심이 많습니다. 만약 그 돈을 복음 전파를 위해 잘 쓰면 모르지만 많은 부분이 운영비나 건물 유지비, 교회 직원들을 위해 쓰입니다. 많은 교회들이 해외 선교를 위해서는 아주 조금 쓰고, 대부분 교회 내부 일을 진행하는 데 씁니다. 그 가운데 십일조만이라도 밖으로 내보낸다면 좋을 텐데 말입니다.

돈을 위해 사는 것은 우상 숭배하는 것과 다를 바 없습니다. 많은 교인들이 비교적 깨끗한 생활을 합니다. 큰 죄를 짓지도 않습니다. 그런데 그렇게 생활하는 목적이 돈입니다. 그것은 우상숭배이지 그리스도를 믿는 것이 아닙니다. 교회 안에 이익을 위해 사는 사람들이 있기 때문에 세상에 나가서 복음을 전파하는 일이 어려움에 부딪힙니다. 안 믿는 사람들이 그런 신자들을 보면 예수 믿지 않겠다고 하기 때문입니다. 하나님의 성전이 강도의 소굴이 되고 만 것입니다.

하나님은 우리 각 사람을 쓰기 원하십니다. 우리가 말을 못하겠다는 태도로 일관하면 성령 받은 것을 인정하지 않는 것입니다. 또는 성령은 받았지만 공동 유익보다는 자기의 이익을 위해 받은 줄로 생각하기 때문에 교회가 부패한 것인지도 모릅니다. 월급 받는 사람, 큰돈을 가지고 어려운 공부를 많이 한 사람에게만 말할 기회를 준다면 부패할 수밖에 없지 않겠습니까? 작은 모임이나 길거리나 시장이나 교회에서 하나님께서 주신 말씀을 하지 않는다면 하나님의 뜻을 이루기란 어렵습니다.

언제, 무슨 말을 해야 하는지 알고 싶다면 하나님께서 알려 주실 것입니다. 각 사람에게 주어지는 것이 아니라, 특별한 몇몇 사람에게만 주어지는 것이라고 생각해서 자신은 하지 않아도 된다고 생각하다 보면 귀한 기회를 놓칠 수 있습니다. 무조건 복종하는 마음을 갖게 해 달라고 기도합시다. 나의 이익을 위한 것이 아니라 공동 유익을 위해, 하나님께서 나에게 주신 말씀을 주께서 보여 주시는 때와 장소에서 말하겠다고 하는, 복종하는 마음을 갖도록 기도합시다.

몸의 부활과 겸손

성경말씀 고린도전서 15:1-11; 누가복음 18:9-14

기도 주여, 자비하심과 긍휼하심을 보이심으로 특별히 전능하심을 나타내시나이다. 구하오니, 거룩한 은총을 풍성히 베푸사, 우리가 주의 명하신 길로 행하여 주의 약속하신 하늘의 복을 누리게 하소서. 성부와 성령과 한 하나님으로 영원히 사시며 다스리시는 성자 우리 주 예수 그리스도를 통하여 기도하나이다. 아멘.

고린도전서 15장 1-11절은 예수님의 부활에 대한 말씀입니다. 예수님이 부활하지 않으셨다면 우리에게는 아무런 소망도 없습니다. 몸이 죽으면 모든 것이 끝이기 때문입니다. 다시 말해 몸이 부활하지 못한다면 인간에게는 아무런 소망도 없는 것입니다. 그런데 예수님 당시 헬라인들은 몸이 죽는다 해도 영혼은 그냥 사는 줄로 알았습니다. 헬라 사상이나 불교 사상, 그리고 고대 인도 및 유럽인들의 사상으로는 영혼은 몸과 관계없이 따로 사는 것이었습니다. 그래서 영혼이 몸을 떠나면 다른 몸으로 들어갈 수 있다고 생각했지요. 그들은 몸은 별로 중요한 것이 아니라고 생각했습니다.

이런 생각은 귀신에게는 해당될 수 있지만 사람의 영이나 혼에는 해당되지 않습니다. 영혼은 반드시 몸과 함께 존재합니다. 그러므로 몸이 죽으면 영혼도 죽습니다. 영혼이 영원토록 살기 위해서는 몸도 살아야 합니다. 그렇기 때문에 부활이 없으면 소망이 없고, 영생도 없는 것입니다. 그런데 우리에게는 부활이라는 좋은 소식이 있습니다.

간단한 비유를 들자면, 종이에다 삼각형을 그렸다고 가정해 봅시다. 혹은 나무나 쇠로 무언가를 만들었다고 칩시다. 그런데 일단 만들려면 반드시 물질을 재료로 사용해야 합니다. 그렇지 않으면 생각에만 머물 뿐 실제로는 존재하지 않는 것이 됩니다. 그런데 나무 토막 세 개로 삼각형을 만들었다가 불로 태워 버린다거나 종이에다 삼각형을 그렸다가 종이를 불살라 버리면 그 삼각형도 없어져 버립니다. 그 삼각형에 대한 생각은 있을 수 있지만 삼각형 그 자체는 없어진 것입니다.

사상과 이념만 중요하고 물질적인 것이 중요하지 않다는 것은 완전히 틀린 생각입니다. 물질적인 세상도 하나님께서 창조하신 것입니다. 우리의 몸도 하나님께서 창조하신 것이고, "하나님 보시기에 좋았더라"고 말씀하신 세상에 속합니다. 한 번만 아니고 일곱 번이나 좋았다고 하셨으며, 일곱 번째는 "심히 좋았다"고 하셨습니다. 그러므로 물질은 상관없고 원래 나쁜 것이며, 영만 거룩하고 중요하다는 생각은 좋지 않습니다. 영만 거룩하다는 사상은 성경과 아무런 관계가 없을 뿐만 아니라 성경과 반대가 됩니다.

그러므로 영생을 얻기 위해서는 몸의 부활도 있어야 합니다. 예수님 당시에 사두개인들은 부활은 없으며 죽으면 그것으로 끝이라고 생각하였습니다. 바리새인들은 부활이 있다고 이론적으로는 인정하면서도 확신하지는 않았습니다. 예수님은 일찍부터 부활이 있음을 강조하셨습니다. 또한 구약에도 부활에 대해 간접적으로 언급했습니다. 비록 간접적이기는 하지만 분명히 있습니다. 부활에 대한 구약의 말씀을 어떻게 올바로 해석할 수 있습니까? 어떻게 그 구절이 부활에 대한 말씀이라고 확인할 수 있습니까?

예수님이 확인시켜 주셨습니다. 완전히 죽으신 후에, 모든 사람이 보는 앞에서 무덤에 묻히셨고, 3일 만에 부활하셨습니다. 부활하신 예수님을 500명도 넘는 사람들이 눈으로 보고, 손으로 만졌습니다. 한 번만 보이신 것이 아니라 40일 동안 여러 번 나타나 보이셨습니다. 그러므로 우리에게는 소망이 있습니다.

그런데 예수님이 부활하실 때 물질적인 육체를 가지고 계셨지만, 그 몸은 이미 변화된 몸이었습니다. 그 변화는 모양의 변화도 포함하고 있어서 예수님을 알던 사람들도 처음에는 누군지 몰라보았습니다. 그분의 상처 자국(외상)을 보고 그분의 음성과 가르침을 듣고서야 예수님이신 줄 알았습니다. 뿐만 아니라 사차원적인 몸이 되었기 때문에 마음대로 움직일 수 있고, 문 닫은 방 안에 갑자기 나타날 수도, 사라질 수도 있었습니다. 우리도 역시 그러한 몸으로 변화될 줄 알기 때문에 그것을 소망할 수 있습니다.

또한 변화된 부활의 몸은 깨끗하기 때문에 하나님을 직접 바라볼 수 있습니다. 우리는 영원토록 하나님을 사귈 수 있는 깨끗한 영, 깨끗한 몸이 될 것입니다. 구원이라는 것은 바로 이처럼 하나님과 영원토록 사귈 수 있고, 서로 조금의 유감도 없이 아름답고 사랑스럽게 사귀는 상태를 말합니다.

온전한 사랑과 온전한 교제가 이루어지는 이러한 특권, 이 소망은 누구를 위한 것입니까? 자기를 낮추는 사람을 위한 것이지 교만한 사람을 위한 것이 아닙니다. 자기 자신을 믿는 사람에게는 아무것도 돌아갈 것이 없습니다. 누가복음 18장에 나오는 바리새인은 자기를 의롭다고 여기며 자기를 높이는 사람이었습니다. 몇 가지 좋은 일을 하고 몇 가지 율법을 지킨다고 해서 자기가 의인인 줄 알았는데, 실제로는 사랑과 자비가 전혀 없고 남을 멸시하는 사람이었습니다. 그리고 '따로 기도했다'는 것은 영어로 'prayed about himself'인데, '스스로 기도했다'는 뜻으로, 자기와 기도했다는 것입니다. 하나님과 대화한 것이 아니라 자기 자신과 대화하였다는 것이지요.

따로 있다고 하는 말에는 두 가지 뜻이 있습니다. 높은 위치에 있기 때문에 따로인 것과 다른 사람과 사귀지 않으려고 따로인 경우가 있습니다. 그런데 실제로 너무나 지나치게 따로 있기만 해서 자기 자신 외에는 이야기하지 않습니다. 하나님은 그러한 기도를 듣지 않으십니다.

그런데 세리는 죄가 많음을 깨달아 고개를 들지도 못하고 그저 "내가 죄인이로소이다. 나를 불쌍히 여기소서"라는 기도밖에 하지 못했습니다. 그러나 바로 그 사람이 하나님께 의롭다 하심을 받았습니다. 그 사람이야말로 부활에 참여하는 사람입니다.

바울이 고린도전서에서 자신에 대해 한 말을 생각해 봅시다. 원래 그는 바리새인이었습니다. 스스로 의로운 사람으로 생각하여 얼마나 교만했는지 모릅니다. 그래서 예수와 예수의 제자들을 멸시하고 심히 박해했습니다. 그러나 때가 되어 자기가 얼마나 큰 죄인인지 깨달았습니다. 교만보다 더 큰 죄가 없는데 자기가 교만한 사람이라는 것을 깨달은 것입니다. 이상하게도 어떤 사람들은 이런 성경의 가르침을 빙자해 죄가 많을수록 큰 죄를 용서받기 때문에 자신에게 더 큰 은혜가 있다고 자기 죄를 자랑하기도 합니다.

이런 이야기가 있습니다. 어느 선원이 죽음에 임박해서 신부님께 고해성사를 드렸습니다. 그가 자기가 지은 많은 죄를 고백하기 시작했는데, 얼마 지나지 않아 신부님이 고백을 중지시켰습니다.

"잠깐, 기다려 보시오. 당신은 지금 죄를 고백하고 있는 것입니까? 내가 보기에는 자랑하는 것 같습니다."

자기 죄를 고백하되 자랑삼아 했기 때문입니다. 그런 것은 참된 고백이 아닙니다.

교만은 어떤 모양이든 큰 적이며 죄를 고백한다고 하면서도 교만한 태도로 자랑하듯이 하면 죄를 짓는 것입니다. 이유를 설명하려는 것도 죄입니다. 자기는 책임이 없다는 말이 되고, 자기를 정당화하려는 의도가 있기 때문입니다. 하나님 앞에 우리는 할 말이 하나도 없습니다. 다만 "나는 죄인이로소이다"라고 할 수밖에 없지요. 그렇게 하였기 때문에 바울도 하나님 앞에서 크게 쓰임을 받았습니다. 진심으로 회개하였기 때문에 다른 모든 사도, 모든 성도보다 심지어는 교회의 기초로 크게 쓰임을 받은 베드로보다도 더 크게 사용하셨습니다.

그래도 바울은 그것이 자기가 한 일이 아니라, 하나님께서 거저 자기를 택하시고 쓰시기로 결정하셨기 때문에 은혜일 뿐이라고 생각했습니다. 바울에게는 하나님께 자신을 드리겠다는 복종하는 마음밖에 없었습니다. 그렇게 할 때 하나님께서 그를 도구로 쓰셨습니다. 물론 이 말씀은 우리 모두에게 해당하는 말씀입니다. 자신에게 무슨 능력이 있다고, 무슨 자격이 있다고 생각하는 사람은 하나님이 사용하시지 않습니다. 우리가 자격도 없고 아무 능력도 없는 줄 알고, 하나님께서 쓰시려고 할 때에도 겸손하게 자기를 낮추면 하나님은 우리를 들어 사용하십니다.

'자기를 낮추는 사람이 높임을 받는다'는 것은 자기가 아무것도 아니라는 것을 깨닫고 인정하는 사람을 하나님께서 쓰시겠다는 말씀입니다. 이제 주께서 우리의 교만한 마음을 용서하셔서 없애 주시고, 우리가 아무것도 아닌 줄 알게 해 주시도록 기도합시다. 그리고 우리를 써 달라고 구해야 합니다.

초막절과 마지막 추수

성경말씀 레위기 23:33-44; 고린도후서 3:4-9; 마가복음 7:31-38

기도　전능하시고 영원히 살아 계시는 주여, 우리가 구하는 것보다 더욱 많이 주시나이다. 비옵나니, 인자하심을 풍성히 내리사, 우리 양심이 두려워하는 죄를 사하시고, 감히 구하지 못할 은혜를 주소서. 이는 성부와 성령과 영원히 사시며 다스리시는 한 하나님 성자 우리 주 예수 그리스도를 통하여 기도하나이다. 아멘.

마가복음 7장 38절에 "그가 다 잘하였도다"라는 말이 나옵니다. 특별히 추석을 맞이하여 이 구절을 '하나님께서 모든 일을 잘 이루셨다'는 감사의 말로 고백하고자 합니다.

레위기 말씀에 의하면 유대인들의 세 번째 큰 절기는 초막절로, 우리나라 추석과 같습니다. 유대인의 초막절은 음력 7월 15일이고, 우리의 추석은 음력 8월 15일로 한 달 차이가 납니다.

유대인들에게는 큰 절기가 1년에 세 번 있습니다. 첫째로 유월절은 애굽에서 나온 것을 기념하는 해방절이고, 둘째로 오순절은 그로부터 50일 후에 십계명 받은 것을 기념하는 날이며, 마지막 초막절은 일종의 추수감사절, 곧 추석과 같은 의미입니다. 그런데 그리스도께서 오신 이후로 신자들은 유월절 대신 부활절을 지킵니다. 유월절에 예수님이 십자가에 못박혀 죽으시고 사흘 만에 부활하셨기 때문에 우리는 유월절 대신 부활절을 지킵니다. 또 오순절을 성령강림절로 지키는데, 십계명을 주신 오순절에 성령께서 강림하셔서 마음속에 하나님의 법을 새겨 주셨기 때문입니다.

그런데 이상하게도 교회에서는 추석 명절과도 같은 초막절을 지키지 않습니다. 왜 그런 걸까요? 대개 성경에서 특별한 명절 이름을 적지 않고 그냥 '명절'이라고 하면 초막절, 즉 추석을 가리킵니다. 초막절은 가장 많이 언급되는 절기로 구약 시대에는 이 명절을 8일 동안 지켰습니다. 첫째 날과 마지막 날을 안식일로 삼았고, 그 기간 안에 일반적으로 지키는 안식일이 끼어 있으면 그날도 안식일로 지켰기 때문에 보통 8일 동안 안식일이 세 번씩 있었습니다. 신약성경을 보면 예수님이 성전에 올라가서 "목마른 자들아 내게 와서 마시라", "내가 주는 물을 마시는 자들은 그 배에서 생수의 강이 흐를 것이다"라고 하셨는데, 이처럼 중요한 예언 말씀을 예수님은 바로 추석날 하셨습니다. 그렇기 때문에 초막절은 우리에게 대단히 뜻 깊은 명절입니다.

초막절의 비유적 의미를 살펴보면, 이는 종말에 대한 것임을 알 수 있습니다. 부활절은 과거에 있었던 것을 기념하는 명절이고, 오순절은 오늘날에 해당하는 것으로 옛날의 유대인들이 계명을 기준으로 하여 살았듯이 우리는 마음속에 계시는 성령을 기준으로 살고 있음을 나타냅니다. 그리고 초막절은 마지막 때의 추수, 마지막 심판, 마지막 때의 천국을 표시하는 미래의 명절입니다. 초막절을 지키면서 마지막 추수 때를 생각하고, 아울러 별세한 신자들을 기념하면서 주님 앞에 나아가야 합니다. 지금 종말이 가까웠으므로 어쩌면 죽지 않고 들림을 받아 죽음에서 부활한 성도들과 함께 공중에서 만나 변화를 받고 예수님과 영원히 살게 될지도 모르겠습니다.

추석 잔치는 영원한 잔치를 뜻하며 하나님 나라에 대한 소망을 의미합니다. 따라서 특별히 지금 생각해야 할 것은, 종말이 가까운 지금 과연 우리는 기쁨으로 주님을 만날 마음의 준비가 되었는가 하는 것입니다. 만약 말세에 이르러 대환난이 닥쳐와 우리가 그 환난의 시대에 살게 되었다면 끝까지 견딜 수 있을까요? 성령의 도우심이 없이는 결국 세속과 타협할 수밖에 없으며, 구원받은 것을 다시 잃게 되지 않을까 염려스럽습니다.

부활절이 구원 얻은 것을 의미하고, 오순절은 성령을 받아서 날마다 구원을 완성해 나가는 것을 뜻한다면, 초막절은 구원받은 것 안에서 끝까지 충성하여 마침내 예수님이 "착하고 충성된 종아!"라고 부르시게 될 것을 기념하는 것입니다. 이처럼 과거의 모든 좋은 일에 대하여 감사를 드리고, 금년에 거둬들인 수확을 인하여 감사하며, 아울러 영적인 마지막 추석이 되어 하나님께서 우리에게 감사할 것을 물으실 때 성령을 힘입어 감사의 제목을 드릴 수 있게 되기를 바랍니다.

추수한 것을 볼 때 우리의 마음에는 감사가 넘쳐납니다. 이처럼 하나님께서도 마지막 추수하실 때에 충성된 모든 종들로 인하여 기뻐하실 것입니다. 그러므로 이제 다시 한 번 성령의 도우심을 힘입어 주를 기쁘시게 하는 사람이 되기 위해, 또 추수 때가 되어 우리를 보고 잘되었다고 하시는 하나님의 음성을 듣는 사람이 되기 위하여 기도합시다.

손님 대접

성경말씀 히브리서 13:1–6; 누가복음 10:23–37

기도 전능하시고 인자하신 하나님, 다만 주의 은혜로 말미암아 하나님의 백성들이 주를 진실히 섬기나이다. 비오니, 우리가 금세에서 정성으로 주를 섬겨, 마침내 약속하신 천국 영복(永福)을 잃지 말게 하소서. 성부와 성령과 함께 영원히 사시며 다스리시는 한 하나님 우리 주 예수 그리스도를 통하여 기도하나이다. 아멘.

히브리서 13장 말씀의 처음입니다.

"형제 사랑하기를 계속하고 손님 대접하기를 잊지 말라."

예수원에 손님이 찾아오면 사랑으로 맞이하는 것이 원칙입니다. 물론 우리 집에 같이 사는 형제자매들도 변함없이 사랑해야 합니다. 한 집에 사는 사람들을 사랑하기란 비교적 쉽습니다. 물론 어떤 때는 형제들이 제 마음을 괴롭게 하는 때도 있습니다. 특별히 한 집에서 수십 명이나 되는 형제자매들이 함께 살면 마음이 맞지 않는 사람이 있게 마련이고, 그런 사람은 사랑하기가 그리 쉽지 않습니다.

한편 손님 대접은 또 다른 이야기입니다. 히브리서 말씀의 '손님'이라는 말은 여러 가지로 번역할 수 있습니다. '나그네' 혹은 '집 없는 사람', 또는 '외국에서 온 사람', '이방 사람', '딴 지방에서 온 사람', '이상한 사람' 등 아주 다양합니다.

누가복음 6장 32절에서 예수님은 "너희가 만일 너희를 사랑하는 자를 사랑하면 칭찬받을 것이 무엇이뇨 죄인들도 사랑하는 자를 사랑하느니라"라고 하시면서 손님 대접에 관해 언급하십니다. 누가복음 14장 13-14절에도 손님 대접에 대한 예수님의 가르침이 나옵니다.

"잔치를 배설하거든 차라리 가난한 자들과 저는 자들과 소경을 청하라 그리하면 저희가 갚을 것이 없는 고로 네게 복이 되리니."

여기에서 손님이란 이방인과 나그네를 말합니다. 다시 갚지 못하는 사람을 대접하라는 것입니다. 비유 말씀의 사마리아인은 같은 나라 사람도 아니고 같은 종교도 아니지만, 그냥 한 인간이 고통당하는 것을 보았을 때 누군지도 모르는 사람을 책임졌습니다. 그 사람을 대접했습니다. 자기 나귀에 태우고 주막으로 가서 주인에게 돈을 낼 테니까 이 사람을 잘 돌봐 주라고 부탁했습니다. 그것이 손님 대접, 나그네 대접하는 것입니다.

성경에서 나그네와 손님은 똑같은 단어를 사용합니다. 구별이 없습니다. 우리 한국말에서는 구별합니다. 그렇지만 예수님의 가르침을 보면 가난한 사람, 갚지 못하는 사람, 전혀 모르는 사람을 대접하라는 것이 모두 손님 대접히라는 뜻입니다. 예수님은 잔치를 베풀면, 나가서 갚지 못하는 사람, 친구가 없는 사람들을 초대하고 청하라고 말씀하십니다.

그리스도인들은 이 말씀을 2,000년 동안 들었습니다. 하지만 혼인 잔치에 낯모르는 사람을 초대한다는 소리를 들어 본 적이 없습니다. 혹 있었는지도 모르지요. 하지만 제가 들은 바로는 아직 없습니다. 흔히 혼인 잔치를 하면 잘 아는 사람들을 초대하고 축의금을 낼 만한 사람을 초대합니다. 그리고 나중에 그 사람들 잔치에도 찾아가지요.

그런데 예수님은 그렇게 하지 말고 가난한 사람, 갚지 못하는 사람, 나그네를 초대하라고 하십니다.

사실 하나님께서 예수원에 특별한 기회를 주셨습니다. 찾아오는 손님 가운데는 잘 아는 분도 계시고 우리에게 혜택을 베푼 분들도 계시지만, 우리에게 아무 혜택을 주지 않은 사람들, 전혀 모르는 사람들이 더 많습니다. 그러나 우리는 그들은 대접함으로 예수님을 대접하게 됩니다. 예수님은 "지극히 작은 자에게 한 것이 곧 나에게 한 것이라"(마 25:40)고 말씀하십니다. 잘생긴 손님은 물론 낯모르는 손님, 형편없는 손님 등 모든 손님을 예수님과 똑같이 대접하는 것입니다.

예수원에서는 그것을 실습할 수 있는 기회가 많아서 참 감사합니다. 일반 신자들은 우리만큼 그렇게 좋은 기회가 없을 테니까요. 그런데 손님을 대접할 때는 억지로 하고 있는지 사랑하는 마음으로 하고 있는지 스스로 돌아봐야 합니다. 손님을 대접할 때는, 손님이 곧 주인이라고 생각해야 합니다. 형제 사랑을 계속하면서 형제라고 볼 수 없는 사람들까지도 잘 대접하면, 천사를 대접할 수 있고 예수님도 대접할 수 있습니다.

성경에는 '형제 사랑'이라는 말을 가리키는 특별한 단어가 있습니다. 앞서 말한 바 있는 '필레오'라는 말입니다. 형제 사랑은 서로서로 사랑하는 것입니다. '아가페'는 일방통행하듯이 저 사람이 나에게 사랑을 주든 안 주든 상관없이 내가 그를 사랑하겠다고 하는 하나님의 사랑을 말합니다. 그래서 원수를 사랑하라고 할 때 그 사랑이 아가페입니다. 나를 미워해도 내가 사랑하겠다는 것입니다.

'필레오'는 나의 친구, 나의 형제를 서로서로 사랑한다는 뜻입니다. 모든 교우들이 다 같은 형제들이니까요! 그러므로 서로 사랑하는 것이 원칙입니다. 이것은 수평적 관계, 형제끼리 나누는 사랑입니다. 예수님은 이것을 강조하셨습니다. 아무도 아버지라고 하지 말고, 아무도 선생님이라고 하지 말고, 아무도 주인이라고 하지 말라고 하십니다. 우리가 다 형제이기 때문입니다. 우리 아버지는 하나님밖에 없고, 우리 선생은 성령님밖에 없습니다. 우리는 서로 형제입니다. 그러나 일반 사회에서는 그런 형제 관계를 찾아보기 어렵습니다.

그런데 사회의 좋지 않은 영향이 교회 안까지 들어와서 자꾸 차별하곤 합니다. 순서라는 말은 있을 수 있지만 이것이 변질되어 차별이 될 수 있습니다. 오륜(五倫) 가운데 유별(有別) 사상이 있습니다. 부부 사이에도 유별하다는 것입니다. 그렇지만 가만 보면 유별이 아니고 차별합니다. 차별과 유별은 다릅니다. 사회적으로 동등한 관계인데도 우리는 자주 그 관계를 수직적인 관계로 바꿔서 이 사람은 높고 저 사람은 아래라고 하기가 쉽습니다.

오륜 가운데 다섯 번째는 친구와 친구 사이에 '신'(信)이 있다는 것입니다. 이것은 교회에도 해당하는 말입니다. 서로 믿어야 합니다. 우리는 믿는 신자들입니다. 그래서 서로 믿는 법이 있습니다. 형제끼리 친구끼리 서로 믿는 법입니다.

그렇다면 누가 친구입니까? 예수님은 "이제부터 너희를 종이라 하지 않고 친구라 하였다"고 하셨습니다(요 15:15). 그래서 우리 모든 예수 믿는 사람들은 예수님의 친구입니다. 그러니 서로 친구가 되는 것입니다. 따라서 친구와 친구 사이에 신의(信義) 관계가 있습니다. 서로 믿을 수 있는 것입니다. 그래서 믿을 수 없는 태도는 사랑의 태도가 아닙니다. 형제 사랑과 친구를 믿는 것은 상당히 비슷한 것입니다. 우리 서로 사랑하는 형제라면 진실한 말을 해야 하지 않습니까? 솔직하고 서로 책임져야 하지 않습니까? 신(信)이라는 말은 바로 그런 뜻입니다. 서로를 위해 책임진다는 말입니다. 그래서 우리가 형제도 되고, 친구도 되고, 서로 사랑하기도 하고, 서로 믿기도 하는 것입니다.

또 한편으로 형제나 친구가 되지 못한 사람이 들어올 때, 그 사람도 차별 없이 대접해서 예수님과 똑같이 취급한다면 그 사람이 우리 안에 들어올 수 있을 것입니다. 이런 일이 가능합니까? 물론 하기 참 힘듭니다.

예수님은 그 시대 제자들에게 "너희 눈은 봄으로, 너희 귀는 들음으로 복이 있도다 내가 진실로 너희에게 이르노니 많은 선지자와 의인이 너희 보는 것들을 보고자 하여도 보지 못하였고 너희 듣는 것들을 듣고자 하여도 듣지 못하였느니라"(마 13:16-17)고 말씀하셨습니다.

옛날에는 하나님의 초자연적인 능력, 성령의 능력을 보지 못했다는 것입니다. 우리는 성령 시대에 사는 사람으로서 특별한 능력이 있으므로 이런 일을 다 할 수 있습니다. 자연적으로는 모든 사람을 똑같이 취급할 수 없고, 모든 신자라도 믿을 만한 친구로 대하기 힘들고, 나그네를 사랑하거나 대접하기가 어렵습니다. 또 모든 형제들을 똑같이 사랑하기도 어렵습니다. 그러나 우리는 성령 시대에 사는 사람이므로 구하기만 하면, 주께서 우리 마음속에 성령을 주심으로써 우리가 변화되면 그렇게 할 수 있습니다. 성령께서 힘을 주셔서 우리도 이와 같은 일을 할 수 있습니다. 사마리아인과 같이 나그네를 대접하는 것, 우리 집에 찾아오는 손님을 대접하는 것, 형제끼리 서로 사랑하고 서로 똑같이 대하는 것, 이런 일은 성령의 힘이 없으면 할 수 없습니다. 기도문 내용대로 해야 합니다.

"전능하시고 인자하신 하나님, 다만 주의 은혜로 말미암아 하나님의 백성들이 주를 진실히 섬기나이다."

우리는 주를 섬기는 사람들입니다. 가까이 형제들을 통해 주를 섬길 수도 있고, 나그네를 통해 주를 섬길 수도 있습니다. 물론 이 모든 것이 주의 은혜 없이는 불가능한 일입니다. 그분의 은혜로 말미암아 섬길 수 있습니다. 그래서 주께서 우리에게 은혜를 주시는 것입니다.

“비오니, 우리가 금세에서 정성으로 주를 섬겨 마침내 약속하신
천국 영복을 잃지 말게 하소서.”
　오늘도 하나님의 은혜를 받아 올바르게 살 수 있기를 기도합니
다.

육체의 일과 성령의 열매

성경말씀 갈라디아서 5:16-24; 누가복음 17:11-19

기도 전능하시고 영원토록 살아 계신 하나님, 비오니 우리에게 신(信), 망(望), 애(愛) 삼덕을 더하시고, 주의 분부하신 말씀을 갈급하게 하사, 약속하신 바를 얻게 하소서. 이는 성부와 성신과 한 하나님으로 영원히 사시며 다스리시는 성자 우리 주 예수 그리스도를 통하여 기도하나이다. 아멘.

갈라디아서 5장 16-24절에서는 육체의 일과 성령의 열매를 뚜렷하게 비교합니다. 육체의 소욕은 성령을 거스르고 성령의 소욕은 육체를 거스른다는 말과 함께 성령에서 나온 것과 육체에서 나온 것을 현저하게 대별시켜 쉽게 비교할 수 있습니다.

그런데 재미있는 사실은 성령에서 나온 것은 '일'이라고 하지 않고 '열매'라고 했으며, 또 육체에서 나온 것은 '열매'라고 하지 않고

'일'이라고 표현한 것입니다. 물론 육체에서 나온 열매도 있기는 합니다. 다른 성경 구절에서는 육체의 열매를 '사망'이라고 하였습니다. 육체는 '일'하며 '노력'하기를 좋아합니다. 그러나 성령께서는 우리 마음속에 거하시면서 아주 자연스럽게 열매를 맺게 하십니다.

'육체'가 뜻하는 바에 대해서는 좀더 깊이 생각해 보아야 합니다. 우리는 육체를 보통 '정욕'이라고 생각합니다. 음행이나 술 취하는 것이나 담배 피우는 것 등을 '육체의 일'이라고 생각하고, 이런 것들은 교회 안에서 금하고 있습니다. 여기 말씀에는 육체의 일을 열다섯 가지로 표현하였는데 그 가운데 열 가지 정도는 교회에서 대단치 않게 생각하는 경향이 있습니다. 분명히 옳지 않은 것임을 다 알지만 일반 교회에서는 그러한 일을 봐도 별로 놀라지 않는 것 같습니다.

'육체의 일' 가운데 첫 번째는 '우상숭배'입니다. 이 우상숭배에 대한 말이 나올 때 "우리 교회 안에는 우상숭배가 전혀 없다"고 말하는데, 에베소서와 골로새서 말씀을 보면 '탐심이 곧 우상숭배'라고 하였습니다. 일반 교회 안에는 탐심이 상당히 많습니다. 이것은 지도자에서부터 평신도에게까지 널리 퍼져 있는 문제입니다. 사실 우리 사회 자체가 '탐심의 사회'입니다.

오늘날 우리 모든 사람이 제일 강한 영향을 받는 것은 학교 교육이나 종교가 아닙니다. 현대 사회에서 사람들에게 탐심을 가장 많이 일으키게 하는 것은 매스컴, 즉 대중매체입니다. 신문, 잡지, 텔레비전, 라디오 등이 우리 사회에 제일 많은 영향을 끼치고 있습니다. 그런데 이 모든 것을 운영하는 이유는 돈을 벌기 위한 것입니다. 돈을 벌기 위해서는 광고를 해야 하는데, 광고의 목적은 보는 사람들로 하여금 탐심을 일으키게 하는 것입니다. 사람들에게 탐심을 불러일으키지 못하면 물건을 팔지 못하고, 물건을 팔지 못하면 광고를 내는 회사가 망할 것이고, 그러면 현대 경제 제도도 무너질 것입니다.

이와 같이 현대 경제 제도의 기초는 ‘탐심’(貪心)입니다. 우리 사회에서 가장 강한 영향을 끼치는 것은 탐심에서 비롯되었습니다. 그러므로 ‘우상숭배’가 없다고 볼 수 없습니다. 현대 사회는 ‘우상숭배하는 사회’입니다. 하나님뿐만 아니라 진리에도 관심이 없습니다. 돈, 권력, 안락, 이 세 가지에 관심이 집중되어 있어 오늘날 사회에서는 이것이 삼위일체가 되어 버린 것 같습니다.

또 교회 안에 ‘술수’와 ‘미움’이 별로 없다고 하지만, 정말 그렇습니까? 이 교파와 저 교파가 서로 미워하는데, 특별히 새 교파가 생길 때마다 미움이 얼마나 심한지 모르겠습니다. 몇 세대가 지나가면서 조금씩 약해지기는 하지만, 지금까지도 많은 신교파에서 ‘가톨릭에는 구원이 없다’고 하고, 가톨릭은 ‘신교파에 구원이 없다’고 합니다. 그것이 술수와 미움이 아니고 무엇이겠습니까?

또 ‘당 짓는 것’이 있는데, 요즈음 교회 안에 ‘당 짓는 일’이 너무나 많습니다. 그리고 ‘분내는 것’도 있습니다. 화를 내는 것은 좋지 않다고 생각하지만 그것이 큰 죄라고 느끼지 않는 것 같습니다. 또 목사나 신부가 화를 내면 평신도들에게 약간 미안한 마음을 가지지만 대수롭지 않게 생각하고, 평신도가 화를 내는 것은 그다지 큰 일이라고 생각하지 않습니다. 여기 말씀에는 화를 내는 것이 술 취한 것과 다름이 없다고 했습니다.

그 다음에 '시기'라는 말이 있는데, 교파끼리 서로 시기할 뿐만 아니라, 이 교회가 저 교회보다 크다거나 우리 예배당이 저 성당보다 아름답다고 하여 서로 시기하곤 합니다.

또 '분리함'과 '이단'이 있습니다. '이단'이라는 말은, '다른 단체'라는 의미를 지닌 특별한 말입니다. 다른 교회나 단체들은 모두 잘못되었으며 자기만 옳다고 생각하여 새로운 단체를 만들게 되는 경우를 말합니다. 어느 단체든지 자기만 옳다고 하는 것이 이단입니다. 현대에는 자기만 옳다고 주장하는 교회가 많은데, 어느 단체나 무슨 교리든지 자기만 옳다고 하는 것이 곧 이단입니다.

옛날에 어떤 사람들이 성령과 교회의 가르침을 벗어난 교리를 가르칠 때, 교회에서 '그것은 안 된다'고 금하자 '그렇다면 우리가 다른 단체를 만들겠다'고 대항해서 교회가 그것을 '이단 교회'라고 이름 붙였습니다. 그래서 현대 교회들이 옛날의 몇 가지 이단들의 교리를 따라가지만 않는다면 이단이 아니라고 생각하기 쉬운데 그것은 잘못입니다. 언제든지 나만 옳다고 고집하고 분리하는 자들은 하나님의 나라를 유업으로 받을 수 없습니다.

그렇다면 왜 이러한 모든 일을 '육체의 일'이라고 합니까? 이 모든 것이 몸으로 지은 죄가 아니고 모두 머리로 지은 죄요, 마음으로 지은 죄인데 왜 '육체의 일'이라고 합니까? 육체와 육체는 각자 분리되어 있기 때문에 육체를 섬기는 사람은 결국 자기만 섬기는 사람이 됩니다.

육체와 반대되는 것은 사랑입니다. 사랑은 사람을 서로 연결시켜

줍니다. 몸(육체)은 다르지만 주 안에서 하나라는 마음으로 머리로
도 하나가 되는 것이 사랑입니다. 그런데 머리로도 하나가 되지 못
하고 마음으로도 하나가 되지 못하는 이유는 몸만 생각하기 때문
입니다. 현대 용어로 이것을 '이기주의' 혹은 '자아 중심주의'라고
합니다.

몸으로 지은 죄든, 머리로 지은 죄든, 또는 마음으로 지은 죄든
나와 너, 혹은 형제 간에 분리하게 되면 그것을 육체의 일이라고 합
니다. '육체적인 것'은 자기 몸, 자기 욕심을 위해 노력하는 것입니
다. 자신의 힘으로 노력하기 때문에 '육체의 일'이라고 합니다. 그
러나 '성령의 열매'는 노력이 없어도 맺힙니다. 성령이 우리 마음속
에 거하실 때에는 자연히 사랑을 하게 되니까요. 저절로 상대방과
하나가 되고 싶은 마음이 생깁니다. 그 결과 자연적인 사람, 육체
에 속한 사람이 되지 않습니다.

초자연적인 사람은 누구이겠습니까? 마음속에 성령을 모시고 있
는 사람입니다. 성령께서 마음속에 거하시면 시기하는 마음이 없
어지고 사랑을 갖게 되고 상대방의 모든 것을 인정하고 싶어집니
다. 상대방과 하나가 되고자 하는 마음이 절로 나오고, 그러한 사
랑이 마음속에 있으면 오해를 당할지라도 이길 수 있는 힘이 나옵
니다. 또 오해를 극복하고 난 후에는 기쁨이 생깁니다. 물론 상대
방이 나를 사랑하지 않기 때문에 슬픈 마음이 들기는 합니다. 또 상
대방이 하나님을 알지 못해서 덧없고 의미 없는 생활을 한다는 것
이 슬프기는 하지만 하나님께서 나에게 새로운 진리를 보여 주시
고, 그 진리를 심어 주셨기 때문에 내게는 기쁨이 있습니다.

‘화평’은 서로 하나가 되도록 하는 것으로, 초자연적으로 서로를 인정하는 것입니다. 또한 ‘오래 참음’으로 사랑하는 마음이 있으면 상대방이 잘못해도 참고 또 참으면서 때가 오기 전까지는 아무 말도 하지 않습니다. 그리고 때가 되면 사랑하는 마음으로 비로소 부드럽게 권면합니다.

‘자비’는 상대방의 입장을 알고 싶어 하는 정신을 말합니다. 흔히 나의 입장을 알아주기 원하고 이해해 주기를 바라지만 마음속에 성령이 거하는 사람은 나의 입장을 이해받기보다 상대편의 입장을 알고 싶어 합니다. 그리고 상대방의 모든 입장을 다 듣고 난 후에는 나의 입장을 말할 필요가 없을 때가 많습니다.

‘양선’은 ‘어질 량(良)’과 ‘착할 선(善)’으로, 좋은 것을 줄줄 안다는 말입니다. 다시 말해서 나의 재산을 형제들과 나누는 정신을 말합니다. 실제적인 것으로 서로 섬기는 마음이며 아무도 부족함이 없기를 바라는 마음입니다. 사람의 힘이 부족해서 해결하기 어려운 문제가 있을 때, 그 문제를 해결하기 위해 힘쓰는 정신을 ‘양선’이라고 합니다.

그 다음에 친구를 위한 ‘충성’이라는 말이 있습니다. 그것은 옛날 오륜에 나오는 친구와 친구 사이의 ‘신’(信), 즉 ‘믿는다’는 말과 같은 뜻을 지닙니다. 성령께서 마음속에 거하시면 서로 믿고 충성할 수 있게 됩니다.

‘온유’라는 말은, 자기 입장을 얘기하지 않고 하나님의 입장에 서는 것, 또 이용을 당한 사람의 입장에 들어가는 것입니다. 모세는 가장 온유한 자였지만 왕과 싸울 때는 무서운 사람이었습니다. 하나님을 위해서, 그리고 눌림을 받은 사람을 위해서는 무섭게 싸울 수 있었지만 자신을 위해서는 결코 싸우지 않았습니다. 진정으로 온유한 자는 자신의 영광과는 상관없이 남을 위하여, 그리고 하나님의 영광을 위하여 싸울 수 있는 사람입니다.

그 다음으로 '절제'라는 열매가 나오는데 이것은 몸과의 관계에서 나온 것입니다. 육체의 일 열다섯 가지 가운데 열 가지는 머리로 지은 죄이며, 나머지는 몸으로 지은 죄입니다. 그렇지만 여기에 절제만 있으면 몸으로 짓는 죄를 막을 수 있습니다.

몸이란 것은 도구입니다. '영'이 하나님의 일을 하기 위하여 몸을 도구로 사용합니다. 그러니 몸을 위하여 산다면 하나님을 위하여 사는 것이 아닙니다. 몸을 하나님보다 더 사랑할 수 없습니다. 하나님을 위하여 사는 사람이라면 몸을 올바르게 사용할 것입니다. 올바르게 사용하는 것을 '절제'라고 합니다. 영어로 '셀프 컨트롤' (self-control), 즉 '자기를 다스린다'는 뜻입니다. 나의 몸을 다스려야 합니다. 나의 몸은 내 명령대로 움직이는 나의 종이 되어야 합니다. 몸이 몸을 필요로 한다고 아무리 외쳐도 듣지 않습니다. 우리는 성령의 인도하심을 받아서 몸의 어느 부분에 필요가 있는지 잘 판단해서 결정해야 합니다. 몸이 필요한 것이면 주고 불필요한 것이라면 주지 않도록 다스려야 합니다.

그런데 몸에 속한 지체이면서도 뒤에 숨어서 좋지 않은 마음과 관련되어 일하는 지체가 있습니다. 바로 '혀'입니다. 혀는 제일 작은 지체이면서도 제일 큰 일을 초래하고, 복잡한 문제를 많이 만듭니다. 제일 많은 피해를 줄 수 있는 지체가 바로 '혀'입니다. '절제'

에는 혀를 절제하는 것도 포함됩니다. 생각 없이 쉽게 말하지 말고, 깊이 생각하고 결정해서 말하는 혀의 절제가 가장 중요합니다. 물론 술이나 담배나 정욕도 절제해야 하지만, 혀를 절제하지 못한다면 다른 모든 절제가 소용없게 되고 말 것입니다.

갈라디아서 5장 24절에 "그리스도 예수의 사람들은 육체와 함께 그 정과 욕심을 십자가에 못박았느니라"고 하였습니다. 예수님이 자신의 육체를 십자가에 못박으신 것처럼 우리가 예수님께 속했다면 우리의 육체도, 우리의 이기주의적인 정신도 십자가에 못박아야 합니다. 우리의 '이기주의'나 '자아 중심주의' 모두를 십자가에 못박아야 합니다.

열 명의 문둥병자가 병 고침을 받은 것은 외적인 성령의 능력으로 된 것입니다. 이와 같이 외적 능력은 있지만 성령이 그 안에 내주하지 않는다면 문제가 생깁니다. 우리가 하나님의 은혜를 받고 나서 어느 정도 감사할 줄 아는 마음이 있는지가 문제입니다.

지금은 돌아가셨지만, 하나님께서 크게 사용하셨던 사모님이 한 분 계셨습니다. 성공회에 좋은 영향을 주신 아그네스 샌포드(Agnes Sandford) 여사입니다. 그분이 한번은 어떤 교회에서 병 고치는 사역에 대해 가르치는데, 밤늦게 집회가 끝나서 상당히 피곤한 상태에 있었습니다. 그때 어떤 부부가 와서 간청하더랍니다.

"꼭 우리 집에 가셔서 우리 딸을 위하여 기도해 주십시오."

그래서 여사님이 "믿음만 있다면 하나님께서 직접 치료하시도록 여기에서 기도하겠습니다" 하고 제안하자, "아닙니다. 꼭 우리 집에 오셔서 안수기도를 해 주셔야 합니다" 하고 고집을 부렸습니다.

아그네스 샌포오드 여사는 어쩔 수 없이 무척 피곤한 몸을 이끌고 그 집에 가서 딸을 위하여 안수기도를 한 후 돌아갔습니다. 그 후 오랫동안 그 아이 소식을 듣지 못했는데, 1년 정도 지나 다시 그 마을에 방문했다가 그 아이 어머니를 만났습니다. 반갑고 궁금한 마음에 "그 아이가 어떻게 되었습니까?" 하고 물으니 그 어머니가 한참 동안 생각하다가 "아! 그 아이요? 다 나았지요!" 하고는 한마디 감사의 말도 없이 가더랍니다.

문둥병자 열 명이 병 고침을 받았지만 그 가운데 한 명만 감사하러 돌아온 것처럼, 이런 일은 아주 흔합니다. 왜 그렇습니까? 그것은 이기주의적으로 자기 입장만 생각하고 상대방의 입장을 전혀 생각하지 않기 때문입니다. 성령이 마음속에 있다면 상대방의 입장에서 마땅히 "수고 많이 하셨습니다" 하고 감사의 말을 해야 할 것입니다.

기도만 하면 거저 받을 수 있는데, 받은 다음에는 십자가에 나를 못박아야 합니다. 물론 십자가를 지기 싫다고 한다면 성령의 열매를 위해 기도할 필요가 없고, 속사람이 성령을 받으려고 기도할 필요도 없습니다. 그러나 예수님이 십자가에 달리심으로써 성령께서 우리에게 임하셨고 우리는 속사람이 변화되어 열매 맺는 삶을 누리게 되었습니다. 따라서 우리도 예수님의 제자로서 마땅히 십자가까지 나아가야 하겠습니다. 성부와 성자와 성신의 이름으로 하나이다. 아멘.

새 피조물

성경말씀 갈라디아서 6:1-18; 마태복음 6:24-34

기도　주여, 자비하심으로 주의 교회를 항상 보호하시나이다. 우리가 인성이 연약하여 주의 도우심이 없으면 죄에 빠질 수밖에 없사오니, 빌건대 우리를 도우사 해로운 것을 면케 하시고 항상 구원의 길로 인도하소서. 성부와 성령과 함께 영원히 사시며 다스리시는 한 하나님 우리 주 예수 그리스도를 통하여 기도하나이다. 아멘.

코이노니아에는 두 가지 관계가 있습니다. 하나는 서로서로 사귀는 '서로를 위한 코이노니아'이고, 또 하나는 '하나님과 사귀는 코이노니아'입니다.

"너희로 우리와 사귐이 있게 하려 함이니 우리의 사귐은 아버지와 그 아들 예수 그리스도와 함께함이라"(요일 1:3).

복음을 전할 때는 우리와 사귀는 사랑의 이야기를 하는 것입니다. 우리의 사귐은 그저 인간과 인간만의 사귐이 아닙니다. 하나님과 더불어 사귀는 것입니다. 예배에는 두 가지 모양이 있는데, 하나는 서로 마주 보면서 서로 사귀는 것을 강조합니다. 시편 133편에는 "형제가 연합하여 동거함이 어찌 선하고 아름다운고"(시 133:1)라고 했습니다. 다만 어떤 때는 하나님의 위엄과 영광을 잊어버리고 사람만 보기가 쉽습니다. 그래서 제단을 향하도록 함으로써 하나님께 다같이 영광을 돌리도록 합니다. 이런 모양 저런 모양으로 서로 다른 뜻을 강조함으로써 서로를 보완합니다.

갈라디아서 6장 1-18절 말씀은, 한 형제가 어떻게 교회가 하나 될 수 있느냐고 물어왔기에 준비했습니다. 바울 시대에 벌써 교회에 파가 생겼습니다. 할례파와 무할례파였습니다. 할례파 신자들은 다 할례를 받은 유대인들이었습니다. 예수님의 열두 제자는 모두 유대인이었고 또 여러 해 동안 유대인들 외에는 복음을 전파한 일이 없었습니다. 그래서 먼저 유대교를 믿고 그 다음에 예수님을 믿어서 예수 믿는 사람들은 유대교의 한 부분인 줄 알았습니다. 그런데 빌립이 사마리아인에게 복음을 전파한 다음에는 문제가 달라졌습니다. 사마리아인들은 유대인들이 아닌, 이단자들이었습니다. 그러나 하나님께서 그들에게 성령을 부어 주심으로써 변화가 있자 교회가 그들도 신자로 인정하였습니다.

그 다음 얼마 후에, 아마도 예수님이 승천하신 후 10년이 지난 다음이었을 겁니다. 하나님께서 베드로의 마음을 준비시키셔서 베드로가 고넬료 집에 가서 복음을 전파하게 되었습니다. 그때 베드로는 고민이 많이 되었습니다. 고넬료와 그 친척들은 유대 교회에 오랫동안 다녔습니다. 회당도 지어 주고 관심을 쏟았지만 할례를 받지 않았고, 유대교에 입교하지 않았습니다. '이 사람은 우리나라와 우리 교회에 관심도 많은데, 어째서 입교하지 않았을까? 왜 할례를 받지 않았지?' 하는 의문이 베드로에게 있었을 것입니다.

그런데 갑자기 설교 중간에 성령께서 내려오셔서 거기에 앉은 이 방인들이 성령 충만하여 방언도 하고 찬미도 하며 주께 영광 돌리는 것을 보았습니다. 그래서 베드로는 우리와 똑같은 성령을 받았는데 어떻게 세례를 주지 않을 수 있겠는가 생각하였습니다. 마침 베드로는 이곳에 올 때 하나님께서 무슨 이상한 일을 하실 것 같아서 유대인 형제 여섯 명을 함께 데리고 왔습니다. 그들도 이 장면을 보고 세례를 주지 못할 이유가 없다고 생각하였습니다. 자신들과 똑같았던 것입니다. 하나님께서 구별하지 않으셨습니다. 그래서 즉시 세례를 주었습니다. 세례를 준 다음, 계속해서 2-3일간 그 집에서 같이 먹고 자면서 예수님에 관한 교리를 더 가르치고 예루살렘으로 돌아갔습니다.

예루살렘에 도착하자마자 큰일이 났습니다. 이방인의 집에 들어가서 이방인들과 같이 앉아서 밥을 먹었기 때문입니다.

"어떻게 유대인이 이방인과 사귈 수 있는가? 도저히 그럴 수 없다. 시장이나 시청에서는 대면할 수밖에 없지만 일부러 집까지 들어가서 같이 앉아 밥까지 먹는 일이 어디 있는가?"

저마다 크게 화를 내었습니다. 그래서 베드로가 당시 사건을 설명하였습니다. 먼저 하나님께서 환상을 보여 주신 것과 그 다음에 설교하는 중에 성령께서 그들에게 내려오신 일을 이야기하였습니다

다. 그리고 여섯 명의 형제들이 함께 목격하였고 베드로 혼자 한 것이 아니라 서로 의논하고 결정한 일이라고 말하였습니다. 그러자 모두 하나님께서 이방인들에게도 구원을 허락하셨다는 것을 알고 감사드리며 하나님을 찬미하였습니다.

그 후 몇 년이 지나도록 베드로가 또다시 이방인에게 가서 복음을 전했다는 기록은 없습니다. 당시 예루살렘에는 로마 군인 외에는 이방인이 없었습니다. 그런데 교인들에 대한 핍박이 심해지자 이방인 지역으로 피했는데, 안디옥으로 옮겨 갔을 때 문제가 생겼습니다. 안디옥에는 이방인들이 상당히 많았습니다. 그래도 예수 믿고 싶은 사람들은 세례를 받고 성령 충만도 받아 한참 동안 별 문제 없이 지냈습니다. 그런데 예루살렘에서 몇몇 신자들이 올라와서 할례 받지 않은 신자들을 보게 되면서 이 사람들은 이방인이니까 먼저 유대교에 입교해야 한다고 주장했습니다. 그러나 바울과 바나바가 하나님께서 있는 그대로 받으신다고 하자, 그럴 수는 없다며 큰 다툼이 생겼습니다. 그리하여 바울과 바나바가 예루살렘에 올라가 이 일을 보고했습니다.

하나님께서 그들을 통해 하신 일을 간증하며 사람들이 완전히 변화되어 새사람이 되었다고 보고하자, 예루살렘 교회 사람들은 대부분 그 말을 믿을 수 없다며 웅성거렸습니다. 그러자 베드로가 일어나서 말하였습니다.

"내게 할 말이 있습니다."

그러자 조용해졌습니다.

"여러분이 잊은 것 같습니다. 하나님께서 나를 통하여 이방인에게 복음 전도를 하셨습니다. 바울도 아니고 바나바도 아닌 교회의 기초요 으뜸 제자인 나 베드로를 통해 하셨습니다. 하나님은 구별하지 않으시고 성령을 부어 주셔서 그 이방 사람들이 변화를 받았습니다. 그러니 이제부터 이방인으로서 예수님을 믿는 사람들을 괴롭게 하지 맙시다.”

그리고 예루살렘 교회의 주교요 감독인 야고보가 부탁의 말씀을 한 후에 교회가 만장일치로 결정하였습니다.

그런데도 문제는 계속 생겼습니다. 마을마다 도시마다 유대인 회당이 있었는데, 예수님을 믿어도 유대인들과 같이 있을 때에는 별 문제가 없었습니다. 하지만 이방인 그리스도인들과 사귀면 같은 유대교인들에게 심한 핍박을 받았습니다. 그뿐 아니라 돈 문제까지 생겼습니다. 유대인들은 다 장사를 하는데 유대교에서 출교를 당하면 유대인 상점에서도 쫓겨나게 되어 경제적으로 어려움이 생겼습니다. 그래서 바울과 바나바는 “예수 그리스도와 십자가를 위해 핍박을 받을 수 없겠습니까? 돈만 생각합니까?”라고 말하였습니다. 그렇지만 사람들은 이방인 그리스도인들이 할례를 받으면 문제가 해결된다고 하였습니다. 하지만 할례를 받으면 율법을 처음부터 끝까지 다 지켜야 하는데, 자신도 지킬 수 없는 것을 어떻게 그 사람들 보고 지키라고 하겠느냐며 다툼이 생겼습니다.

바울의 입장은 예루살렘 교회 입장과 같았습니다. 그런데 다른 한 파가 생겼습니다. 교회 지도자들과는 상관없이 베드로파, 야고보파를 만든 것입니다. 베드로와 야고보는 이것을 지지한 적이 없습니다. 로마에 있는 사람들과 고린도에 있는 사람들은 이런 사실을 알 도리가 없었습니다. 갈라디아 신자들도 마찬가지였습니다. 그래서 그 파의 말을 믿고 혼동을 일으키게 되었습니다. 바울은 힘주어 말했습니다.

"이 파 저 파 아무 상관이 없습니다. 중요한 것은 새 창조입니다. 여러분이 새롭게 되었습니까? 아니면 옛사람 그대로 있습니까? 성령으로 거듭난 사람입니까? 할례도 무할례도 아무것도 아니고 오직 새 창조, 새 피조물뿐입니다."

한국은 모르겠지만 미국에서는 많은 사람들이 거듭났다고 합니다. 그런데 변화가 없습니다. 돈만 위해 삽니다. 마태복음에서는 아무도 두 주인을 섬길 수 없다고 말합니다.

"한 사람이 두 주인을 섬기지 못할 것이니 혹 이를 미워하며 저를 사랑하거나 혹 이를 중히 여기며 저를 경히 여김이라 너희가 하나님과 재물을 겸하여 섬기지 못하느니라"(마 6:24).

사람이 거듭났는지 거듭나지 않았는지 알려면, 그가 재물을 섬기는 사람인지 보아야 합니다. 재물을 섬기는 사람은 하나님을 섬기는 사람이 아닙니다. 거듭난 사람이 아닌 것입니다. 눈으로 볼 수 있습니다. 누구든지 알 수 있습니다.

현대 교회는 서로 많이 다툽니다. 침례냐 약식 세례냐, 견진(堅振)을 받느냐 받지 않느냐 하는 것 때문입니다. 어떤 사람이 견진은 받지 않았지만 성령의 열매와 능력이 많다면, 어떻게 견진을 받지 않았으니 같이 성찬을 나눌 수 없다고 할 수 있겠습니까? 마귀는 성경 시대부터 지금까지 1900년 동안이나 교회를 분열시키려고 노력하고 있습니다. 현대 교회가 하나 되지 못하도록 애를 씁니다. 지금도 쉬지 않고 그렇게 하고 있습니다. 그런데 어떻게 우리 교회가 하나가 될 수 있습니까? 우리는 새 피조물이 되었고 거듭난 사람입니다. 이전의 인간이 아니라 하나님의 자녀입니다. 오직 새 피조물은 하나밖에 없습니다. 우리는 다 그리스도의 몸에 속한 자들이고 거듭난 사람으로서 한 형제요 한 자매입니다. 하나가 되는 것을 마귀는 제일 싫어합니다.

마태복음 6장 24-34절 말씀에도 우리의 주인은 한 분뿐이라고 합니다. 예수 그리스도를 통하여 우리는 하나님의 자녀가 되었습니다. 그분만 주인으로 섬기고 다른 주인은 원치 않습니다. 하나님의 자녀라면 돈 문제도 걱정이 없습니다.

어린아이들이 시장에 나가 돈을 벌어야 한다고 걱정합니까? 어린아이들은 부모님이 다 줄 줄 알기 때문에 걱정이 하나도 없습니다. 옷에 대해 걱정합니까? 음식에 대해 걱정합니까? 없습니다. 부모님이 필요를 다 채워 주기 때문입니다. 우리가 하나님의 자녀라면 하나님께서 이 모든 것을 채워 주십니다. 우리는 걱정할 것이 하나도 없습니다.

돈을 위해 살면 안 됩니다. 돈을 위해 사는 사람은 하나님을 위해 사는 사람이 아닙니다. 사실 교회사를 보면 교회가 갈라질 때마다 경제 문제가 있었습니다. 경제 문제가 없으면 교회가 갈라지지 않습니다. 그러면 언제든지 서로 이해하는 법을 찾을 수 있습니다. 그렇지만 돈을 위해 살고 하나님을 위해 살지 않을 때는 입으로는 하나님의 말씀을 말하지만 실제로는 하나님을 무시하고 경제 문제를 위해 살기 때문에 교회가 갈라지게 되는 것입니다.

예수원에서 주를 의지하는 믿음을 가지고 이 말씀대로 생활하였습니다. 하나님께서 지금까지 먹여 살리셨습니다. 건물도 허락하셨습니다. 언젠가 한 번 나가서 돈을 빌렸다가 큰 어려움을 당한 적이 있습니다. 그 뒤로는 빌린 적도 없고, 빚에 빠진 적도 없이 하나님께서 다 채워 주셨습니다. 우리에게 돈을 약속한 사람들이 서너 명 있지만 그 액수는 무척 적었습니다. 나머지는 하나님이 여기저기에서 다 해결해 주셨습니다. 물론 열심히 밭에서, 목각실에 일하면서 경제 문제를 해결하기 위해 노력하지만 그렇지 못할 때도 걱정하지 않습니다. 하나님께서 일하실 줄 믿기 때문입니다. 그러면 참으로 그렇게 하십니다.

교회가 저지른 역사상 제일 큰 잘못은, 가난한 사람들에게 관심을 갖지 않은 것입니다. 교회가 가난한 사람들을 무시하자 결국은 사람들이 교회를 등지고 회교로 들어가든지 공산당에 가입해서 예수님을 배반하게 되었습니다. 교회가 예수님보다 돈을 더 귀히 여겨 다른 사람들이 무신론자가 되거나 이슬람교도가 된 것은 우리의 잘못입니다. 그런데 교회가 그런 일을 봐도 회개하지 않습니다. 예수원에서 회개 기도를 하는 것은 다른 사람과 교회를 위해서입니다 교회가 돈을 위해 살지 않고 예수님을 위해 살면서 새 피조물로서 참된 회개의 열매를 맺게 하기 위한 것입니다.

"세상이 나를 대하여 십자가에 못박히고 내가 또한 세상을 대하여 그러하니라 할례나 무할례가 아무것도 아니로되 오직 새로 지으심을 받은 자뿐이니라"(갈 6:14하 -15).

우리 모두 새로 지으심을 받은 자가 되기 위해 기도합시다.

사랑의 사차원

성경말씀 에베소서 3:13-21; 누가복음 7:11-17

기도 주 하나님, 항상 인자를 베푸사, 주의 교회를 정결케 하시고 보호하시나이다. 주의 도우심이 없으면 교회가 평안히 지낼 수 없사오니, 빌건대 은혜를 베푸사 항상 보존케 하소서. 성부와 성령과 함께 영원히 사시며 다스리시는 성자 예수 그리스도를 통하여 기도하나이다. 아멘.

에베소서 말씀은 하나님 사랑의 사차원에 대해 이야기하고 있습니다. 사차원이라고 하면 넓이와 길이와 높이와 깊이, 네 가지입니다. 오늘 우리가 이것을 깨닫기를 원합니다. 오늘 읽은 복음 말씀에서도 사차원 중에서 몇 가지 차원을 볼 수 있습니다.

첫째는 그 넓이입니다. 많은 사람들이 모여들었습니다. 나인 성에 들어가기 직전에 가버나움에서 이방인을 위해 기적을 행하셨기 때문입니다. 유대인들이 제일 미워했던 로마인, 그것도 백부장의 아들을 낫게 해 주셨던 것입니다. 여기에서 하나님 사랑의 넓이를 생각할 수 있습니다. 많은 사람들을 사랑하시고 온 세계 사람들을 사랑하시는 하나님의 넓은 사랑을 볼 수 있습니다.

또 나인 성의 과부는 아주 가난한 사람이었습니다. 하나님의 사랑은 제일 낮은 사람, 제일 가난한 사람들을 포함하는 사랑입니다. 그런데 이 여자는 친구는 있지만 가족은 없는 불쌍한 사람이었습니다. 그래서 하나님의 사랑은 어려운 사람, 불쌍한 사람들을 포함합니다.

누구든지 형편이 어려운 사람을 보면, 하나님께서 그 어려운 사람을 사랑하시는 줄을 알아야 합니다. 하나님의 사랑의 넓이를 믿는다면 우리가 교회 밖으로 나가서 알려 주어야 합니다. 교회 안에서 사귀기만 하고, 예배당이나 성당 안에서 모이기만 하면 족하다고 하는 태도는, 하나님 사랑의 넓이를 도무지 알지 못하는 사람들의 태도입니다.

또 다른 차원인 하나님 사랑의 길이가 있습니다. 이것은 시간 관계를 말합니다. '길이'라는 말은 옛날부터 먼 미래까지 다 포함합니다. 하나님께서 이 세상을 창조하셨을 때 사랑으로 창조하셨습니다. 인간을 창조하셨을 때 흙으로 창조하신 것은 그분의 사랑을 보여 주기 위함이었습니다. 처음부터 하나님은 사랑을 가지고 계셨습니다. 그 사랑이 끊어지지 않습니다. 사람이 하나님을 버린다 해도, 사람이 하나님을 배반해도, 사람이 하나님의 뜻에 어긋나게 행동해도, 하나님은 쉬지 않고 인내를 가지고 계속해서 역사하십

니다. 그리고 마침내 부분적이라도 그분의 사랑을 깨닫고 영원토
록 사랑 가운데 같이 살기를 바라시는 것이 하나님의 목적입니다.

영원부터 영원까지 하나님의 사랑이 있습니다. 물론 예수님을 통
하여 이것을 확인할 수 있었습니다. 예수님을 통하여 하나님 아버
지께서 누구신 줄 알게 되었습니다. 예수님을 통하여 성령이 누구
신 줄 알게 되었습니다. 하나님의 사랑이 영원부터 영원까지라는
것을 예수님을 통하여 알게 되었습니다.

그 다음에 높이의 차원을 생각해 볼 수 있습니다. 미국에서는 사
람이 기뻐서 견딜 수 없으면 '아홉 번째 구름을 탔다'고 말합니다.
너무 기쁜 나머지 그 높이가 구름까지 올라가는데, 제일 높은 구름
인 아홉 번째 구름까지 올라갔다는 말입니다. 그래서 아홉 번째 구
름을 탔다고 하면 기쁨으로 꽉 찼다는 뜻입니다.

누가복음 말씀의 과부를 생각해 보세요. 얼마나 슬펐을까요? 그
런데 갑자기 아들이 살았으니 아홉 번째 구름을 탈 수밖에 없지 않
겠습니까? 아주 높임을 받았습니다. 우리 신자들은 항상 아홉 번째
구름을 타야 합니다. 왜냐하면 하나님의 사랑을 알았으니 기쁠 수
밖에 없기 때문입니다. 단, 한 발은 아홉 번째 구름을 타고 한 발은
땅에 있어야 합니다. 이 세상 사람과 같이 있어야 합니다. 책 제목
가운데 《발 하나 천당에 있다》라는 것이 있었습니다. 사실 우리 그
리스도인들은 항상 한 발은 아홉 번째 구름을 타고 있으면서 다른
발은 이 땅에, 아직 하나님을 모르는 사람 곁에 두고 그 사람들을
도와야 합니다.

다시 말하자면, 어떤 사람이 물에 빠졌을 때, 그 사람을 끌어올리

려면 내가 먼저 잡을 것이 있어야 합니다. 내가 잡을 것이 없으면 나도 물에 빠질 수밖에 없습니다. 한 손은 나무를 잡고 다른 한 손은 물에 빠진 사람을 구하면 그를 안전하게 구할 수 있습니다. 마찬가지로 세상 사람들 가운데는 아직도 하나님을 모르는 사람이 많습니다. 우리가 하나님의 기쁨, 천당의 기쁨, 영원한 하나님께서 주신 성령의 기쁨을 잡고서 슬퍼하는 사람을 끌어올릴 수 있습니다.

그 다음 깊이의 차원이 있습니다. 얼마나 깊이 있는 것이냐 하면, 상한 마음을 치료하기까지입니다. 사람의 제일 깊은 것은 개인의 깊은 문제, 깊이 감췄던 문제, 너무 깊어서 잊어버렸던 문제들입니다. 하나님은 그렇게 깊은 속사람의 문제를 치료하실 수 있는 능력이 있으십니다.

나인 성 과부의 슬픔은 깊은 슬픔이었습니다. 그런데 치유받았습니다. 각 사람마다 마음속에 견딜 수 없는 과거의 슬픔이 있습니다. 생각하기조차 너무 힘들어 없애기 위해 누르고 눌러 잊어버리기도 했지만, 없어진 것이 아닙니다. 자꾸만 그 상처들이 올라와서 우리에게 이상한 행동을 유발합니다. 하지만 그리스도의 능력으로 그것을 치유받을 수 있습니다. 슬픔이 없어지고 대신 기쁨으로 변화 받을 수 있습니다.

하나님은 그 깊은 곳에 무엇이 있는지 보여 주실 수 있습니다. 그리고 친히 치료해 주실 수 있습니다. 우리 마음 깊숙이 존재하는 모든 상처를 치료하실 수 있는 능력을 통해 그리스도의 사랑, 하나님의 사랑의 깊이를 깨닫게 됩니다.

나인 성 과부가 하나님 사랑의 사차원을 경험한 것같이 우리도 하나님 사랑의 사차원을 경험할 수 있습니다. 그리고 이것을 경험했다면 나가서 다른 이들에게 전해야 합니다.

성공회에서는 미사를 마칠 때 축복식으로 끝을 맺지 않습니다. 미사 끝에 축복식을 한 다음에 꼭 "나가서 복음을 전하라"고 합니다. 미사가 끝난 것이 아닙니다. 나가서 전도하라는 말은, 미사가 끝나지 않고 계속된다는 뜻입니다.

'미사'라는 말은 라틴어에서 왔는데, 그 뜻은 '보냄을 받았다'입니다. 그래서 "미사 에스트"(missa est)라고 말할 때는 '나가라. 끝났다'(Go. It is ended)라는 뜻이 있습니다. 미사에 무슨 뜻이 담겨 있습니까? 교회가 보냄을 받았다는 것입니다.

'미사 에스트!', 즉 '가라! 교회는 보냄을 받았다'는 것입니다. 우리가 교회로서 나가서 하나님의 사랑의 사차원을 온 세계에 보여 주어야 합니다. 성부와 성자와 성신의 이름으로 하나이다. 아멘.

참 겸손의 옷을 입자

성경말씀 에베소서 4:1-6; 누가복음 14:1-11

기도　주 하나님, 비오니 항상 주의 은혜로 우리 앞과 뒤를 보호하사 평생에 모든 착한 일을 행케 하소서. 성부와 성령과 함께 영원히 사시며 다스리시는 성자 예수 그리스도를 통하여 기도하나이다. 아멘.

성경에서 추석에 해당하는 초막절로, 8일 동안 지키는 명절입니다. 여러 가지 뜻이 있는 절기로서 감사와 주의 재림을 나타내기도 합니다. 초막절에 감사하는 것은 우리가 가진 모든 것이 자신이 마련한 것이 아니라 하나님께 받은 것이기 때문입니다.

고린도전서 4장 7절을 보면 자랑하지 말라고 합니다. 받기만 했는데 왜 자랑하느냐는 말입니다. 감사를 드리면서 우리가 고백해야 할 것은 자랑할 거리가 없다는 것입니다. 나에게 있는 것은 모두

다 주께서 주신 것뿐입니다. 내가 한 일이 없습니다.

또 고린도전서 4장 3-5절을 보면, 예수님이 재림하실 때 모든 것을 판단하실 것이므로 서로 판단하지 말라고 말씀합니다. 재림 때 모든 사람의 생각과 마음이 나타날 것이므로 그 이전에는 판단하지 말라는 것입니다. 우리가 생각해야 할 것은 감사를 드릴 때는 겸손한 마음으로 하고, 예수님의 재림을 기다릴 때는 감사와 겸손한 마음이어야 한다는 것입니다. 에베소서 4장 1-6절 말씀에 바로 그런 말씀이 나옵니다. 오래 참고 하나가 되어야 합니다. 예수님이 재림하실 때, 모든 생각과 마음이 드러날 것이므로 미리 판단하지 말고 서로 하나가 되기 위해 노력하고 서로 겸손해져야 합니다.

물론 누가복음 14장 1-11절 말씀도 똑같습니다. 윗자리에 앉지 말고, 자랑하지 말고, 말석에서부터 시작하라고 합니다. 만약 올라갈 일이 있으면 하나님께서 친히 올리우실 것입니다. 특히 오늘 읽은 에베소서 말씀에는 우리가 하나 되어야 한다고 강조합니다. 만약 내가 교만하다면 우리는 하나 될 수 없을 것입니다. 하나 되면 우리 모두가 서로에게 속하게 됨으로 아무도 어느 누구보다 높아질 수 없습니다.

에베소서 4장 4절 말씀대로 우리는 모두 그리스도의 몸에 속하므로 한 몸입니다. 그런데 마귀가 하나 되지 못하게 합니다. 이 교파, 저 교파가 자기만 옳다고 주장합니다. 자기만 그리스도의 몸이라고 주장합니다. 그러면 저 교파는 누구입니까? 마귀는 자꾸 몸이 하나 되지 못하도록 파괴하려 듭니다. 사람이 성령 안에서 하나 되지 못하도록 성령 대신 거짓 신을 보낼 때도 있습니다. 사람이 머리로, 교리로, 조직으로 하나가 되려고 하면 아무것도 할 수 없습니다. 그러나 성령을 받으면 저절로 하나가 됩니다.

"성령이 하나이니 이와 같이 너희가 부르심의 한 소망 안에서 부르심을 입었노라"(엡 4:4하).

한 가지 소망이란 무엇입니까? 바로 예수님의 재림입니다. 마귀가 이것 또한 없애려고 노력합니다. 그래서 교회에서 예수님의 재림에 대하여 다툼이 많습니다. 마귀가 우리로 한 소망을 갖지 못하게 하는 것입니다.

"주도 하나이요"(엡 4:5상).

마귀가 "주는 여호와지 예수가 아니다. 주는 예수지 여호와가 아니다"라고 속삭입니다. 주도 하나 되지 못하게 합니다.

"믿음도 하나이요"(엡 4:5하).

여기서 믿음도 하나라는 것은 무슨 뜻입니까? 이 사람의 믿음, 저 사람의 믿음, 이 교파 믿음, 저 교파 믿음이 모두 다릅니다. 믿음이라는 말을 틀리게 해석해서 벌어진 일입니다. '믿음'이란 자신이나 세상 것을 의지하지 않고, 하나님만 의지하는 것입니다. 우리는 교리를 믿는 것이 아니라 하나님을 믿습니다. 바로 예수 그리스도를 통하여 나타나신 하나님을 믿는 것입니다. 모든 교인이 무슨 교파에 속하든지 예수 그리스도를 하나님으로 인정하면 한 믿음인 것입니다. 머리로 믿는 것이 아니고 의지하는 마음으로 믿는 것입니다. 흔히 우리는 믿는다고 하면서도 하나님을 신뢰하지 못합니다. 의지하는 마음이 없습니다. 그래서 믿음이 없는 자가 될 뿐입니다.

“세례도 하나이요”(엡 4:5하).

마귀가 이것도 장난을 칩니다. “세례를 이렇게 받으면 틀립니다”, “약식으로 해야 합니다”, “아닙니다, 침례로 해야 합니다”라고 하면서 세례도 하나가 되지 못하게 합니다. 바보 같은 소리입니다. 세례는 오직 하나입니다. 모양이나 예식은 중요하지 않습니다. 세례를 받기 원하면 받아야 합니다.

“하나님도 하나이시니 곧 만유의 아버지시라”(엡 4:6상).

어떤 교파는 “우리만 주를 아빠라고 한다. 아버지라는 것은 아빠라는 뜻이므로 아빠라 부르지 않으면 교회에 속하는 것이 아니다. 하나님 아버지밖에 없다. 예수님이 외아들인 것이 아니라 우리 모두가 다 하나님의 아들이다”라고 합니다. 그런데 다른 교파는 “하나님 아버지라는 말을 쓰면 안 된다”고 합니다. 마귀가 하나님을 한 아버지로 인정하지 못하게 하는 것입니다.

성경말씀에 하나님 아버지는 한 분밖에 없다고 했습니다. 만유 위에 계시고 만유를 통해 일하시며 만유 안에 계신다고 했습니다. 이 하나님은 모든 것 위에 계실 뿐만 아니라 모든 것을 통해 역사하십니다. 먼 곳에 계시는 것이 아니라 우리 가까이에 계시는 하나님인 것입니다. 우리에게 눈이 있으면 그분께서 하시는 일을 볼 수 있습니다. 예수님이 말씀하시기를 두세 사람이 내 이름으로 모이면 내가 그 중에 있겠다고 하였습니다. 하나님께서 우리 가운데 예수님을 통하여 계시고 성령을 통해서도 계십니다. 그래서 우리가 하나 되는 것을 인하여 감사를 드리고 서로 분리되지 맙시다.

“평안의 매는 줄로 성령의 하나 되게 하신 것을 힘써 지키라”

(엡 4:3).

예수님이 다시 오셨을 때 우리가 서로 싸웠다는 사실이 나타나면 얼마나 부끄럽겠습니까? 그러므로 성령의 도우심을 힘입어 하나가 되고, 평안의 매는 줄로 서로 화합하고, 평안 가운데 산다면 그것이 바로 성령의 역사입니다. 풍성한 수확을 주셔서 추석을 잘 지내게 해 주신 하나님은, 만유 위에 계시고 만유를 통하여 만유 가운데 계시는 바로 그 하나님이십니다. 또 병 고치는 능력을 주신 하나님입니다. 복음서를 보면 예수님이 병든 자를 고치셨다는 말이 나오지 않습니까?

그리고 겸손하라, 낮은 자리로 내려가라고 말씀하십니다. 일부러 내려가면 나중에 높아질 것입니다. 물론 이 말씀은 교회를 위한 것이지만 특별히 우리 예수원을 위한 말씀이기도 합니다. 평안의 매는 줄로 성령 안에서 하나 되는 것은 우리의 사명입니다. 예수원에는 때때로 오해가 생기는 일이 있습니다. 예수원에는 일반 교회에는 없는 구별이 있습니다. 지원자, 1년 수련자, 2년 수련자, 준회원, 정회원 등 다섯 가지 단계가 있습니다. 다섯 가지이지만 결국은 '하나'입니다. 또 높은 위치가 없습니다. 제일 높은 위치에 있는 사람이 제일 겸손하고 남을 섬기며, 남의 발을 씻겨 줄 줄 알아야 합니다. 누구든지 정회원이 되면 다른 모든 사람보다 더욱 겸손해야 합니다. 누구보다 더욱 열심히 남을 섬기는 사람이 되어야 합니다. 모든 사람의 종이 되어야 합니다.

"내가 정회원이다. 흠! 하고 말하는 것은 있을 수 없습니다. 이런 태도는 바리새인 집에서나 있는 것입니다. 이 집에서 오래오래 살았다면 더욱 조용하고, 더욱더 겸손하고, 더욱더 말석으로 내려가야 합니다. 만약 어떤 형제가 권면을 하면 "너는 나에게 말할 자격이 없어!"라고 할 것이 아니라 "아! 그랬습니까? 잘못했습니다. 미안합니다. '주여! 내가 바르게 살 수 있도록 힘을 주십시오'"라고 말할 수 있어야 합니다. 이것이야말로 이곳에 오래 머문 사람의 표시입니다. 이곳에 오래 있었거나 조금 머물렀거나 누구를 막론하고 잘못을 했을 때는 미안하다고 말할 줄 알아야 합니다.

오늘 이런 이야기를 하는 이유는 한 형제가 수련 기간이 모두 끝나고 곧 정회원이 되기 때문입니다. 모두 겸손의 옷을 입어야 합니다. 그런데 겸손은 유대 사회와 동양 사회에 서로 차이가 있습니다. 동양 사회는 일찍부터 겸손한 척하고 말석에 내려가길 잘하지만 마음은 그렇지 않습니다. 그것을 겸손하다고 말할 수 없습니다. 그것은 모양일 뿐입니다. 성령께서만 참된 겸손을 주십니다. 참된 겸손은 '내게 있는 것 중에 내 것은 하나도 없고 다만 주께서 주신 것뿐이다'라는 자세에서 나옵니다.

내게 은혜로 주신 것 외에는 내게 아무것도 없기 때문에 감사하는 마음으로, 내가 맡은 것에 대하여 자랑할 것이 없는 줄 알아야 합니다. 또한 모두 다 같은 주인 밑에 있으므로 남의 종을 핍박하지도 말아야 하고, 예수님이 오실 때까지 남을 판단하지도 말아야 합니다. 참된 겸손은 거기에서 비롯됩니다. 예수님의 재림을 항상 바라보고 예수님이 주신 모든 은혜를 감사하는 마음으로 받아들여야 합니다. 그러한 태도를 성령께서 사용하셔서 겸손하게 하실 것입니다. 성부와 성자의 이름으로 하나이다. 아멘.

견고한 믿음

성경말씀 고린도전서 1:4-8: 마태복음 22:34-46

기도   주여, 비오니 은혜를 베푸사, 주의 백성으로 세속과 마귀와 정욕을 대적케 하시고, 정결한 마음과 뜻으로 홀로 하나이신 하나님을 순종케 하소서. 성부와 성령과 함께 영원히 사시며 다스리시는 한 하나님 우리 주 예수 그리스도를 통하여 기도하나이다. 아멘.

고린도전서 1장을 보면 '견고케'라는 말이 두 번 나옵니다. 먼저 6절 말씀에는 "모든 구변과 모든 지식에 풍족하므로 그리스도의 증거가 너희 중에 견고케 되어" 감사한다는 말이 있습니다. 그리스도의 증거가 너희 안에서 견고케 되었다는 말씀은 신자들의 생활을 통하여 누구든지 그들이 증거하는 말이 확실하고 옳은 말인지 알 수 있었다는 뜻입니다.

'견고케'라는 말은 든든하게 된다, 확실하게 된다는 뜻이 있습니다. 우리가 전하는 복음이 말뿐입니까? 우리의 말이 참된 진리임을 어떻게 알 수 있습니까? 바로 그 사람의 생활을 보고 알 수 있습니다. 증거가 있는 것입니다. 성경에 증거라는 말이 많이 나옵니다. 증거를 통해 견고케 된다고 하는데, 이는 증거를 통해 확인이 가능하다는 말입니다. 무슨 법적인 송사가 있을 때 증인이 없으면 확인할 수 없습니다. 확인할 수 없으면 그만두어야 합니다. 확인이 되면 재판장이 결정할 수 있습니다. 성경에서는 처음부터 끝까지 확인에 대해 관심이 많습니다. 진리를 말하는 것은 좋지만 확인할 수 있는지가 문제입니다. 견고케 될 수 있느냐 하는 것입니다. 바울은 고린도 교인들을 통하여 하나님의 증거가 견고케 되었다, 확인되었다고 말합니다.

그런데 바울은 이어서 기도하기를 그리스도의 나타나심을 기다리는 그날까지 견고케 되기를 바란다고 합니다. 우리 신자들은 그리스도께서 다시 오시기를 항상 기다리고 있습니다. 언제인지는 모르지만 그리스도께서는 분명히 다시 오십니다. 교회 역사를 보면 어떤 시대에는 그리스도께서 다시 오시지 않는다고 생각하고 우리가 죽으면 천당에 가는 것으로 끝이라고 여겼습니다. 또 어떤 사람이 그리스도를 영접하고 예수님을 믿으면 그리스도께서 그 사람에게 오셨다고 생각하고, 그 이상의 다른 의미는 없다고 말하기도 합니다. 그렇지만 그리스도께서 이 땅에 오시지 않으면 큰일입니다. 이 땅에 있는 문제는 그리스도 외에는 해결할 수 없기 때문입니다.

그리스도께서 다시 오신다는 이야기는 비유가 아니고 실제로 믿을 수 있는 사실입니다. 현대 교회는 옛날과는 달리 그리스도의 재림을 굳게 믿습니다. 2천여 년에 걸친 교회 역사 가운데 수백 년 전만 해도 그리스도의 재림을 별로 믿지 않았습니다. 그저 비유라고만 생각했습니다. 그런데 130년 전부터 다시금 비유 말씀이 아닌 사실로 믿기 시작했습니다. 세기가 끝나갈수록 그리스도께서 다시 오신다는 사실을 더 강하게 느낄 수 있습니다.

그리스도께서 오실 때까지 우리는 어떻게 해야 합니까? 어떤 사람들은 예수 믿으면 구원받고 그러면 끝이라고 말합니다. 예수님이 오실 때 인정받고 천당에 가는 것을 구원이라고 합니다. 구원이라는 말은 원래 '문제를 해결한다'는 뜻입니다.

"네 마음을 다하고 목숨을 다하고 뜻을 다하여 주 너의 하나님을 사랑하라"(마 22:37).

이것이 하나님이 바라시는 것입니다. 그렇지만 그렇게 할 수 있는 사람이 어디 있습니까? 그렇다면 이 문제를 어떻게 해결해야 할까요? 하나님의 뜻대로 살지 못한다면 어떻게 해야 합니까? 주 뜻대로 살지 않으면 주께서 재림하실 때 부끄러워 어쩔 줄 몰라 할 것입니다. 그렇지만 그리스도를 믿으면 하나님의 뜻을 이룰 수 있다고 하는 좋은 소식이 우리에게 있습니다.

"주께서 너희를 우리 주 예수 그리스도의 날에 책망할 것이 없는 자로 끝까지 견고케 하시리라"(고전 1:8).

이 말은 우리가 전하는 말을 견고케 하실 뿐만 아니라 우리 자신도 견고케 하신다는 것입니다. 우리가 든든하고 굳은 신자가 되어 흔들리지 않게 될 것입니다. 우리가 하는 말도 확실하게 믿을 수 있을 뿐만 아니라 우리 자신도 믿을 만한 사람이 될 것입니다. 우리가 굳은 믿음을 가지고 생활이 든든하게 되어서 사람들이 우리를 보면 예수님을 믿을 수 있고 "이 사람은 끝까지 흔들리지 않겠다"는 신뢰를 받을 것입니다. 핍박을 받고 낙심할 일이 생겨도 낙심하지 않고 끝까지 든든한 사람이 될 것입니다.

바울은 고린도 교회에 편지를 쓸 때 그렇게 될 줄 믿었습니다. 고린도 교회에 대해 자신이 있던 것 같은데, 사실상 고린도전서를 읽어 보면 고린도 교회에 많은 문제가 있었음을 알 수 있습니다. 그래도 바울은 하나님께서 끝까지 견고케 하실 줄을 믿었습니다.

오늘 읽은 마태복음 말씀을 보면 바리새인들이 율법에 관심이 많았던 것을 알 수 있습니다. 물론 사람은 하나님의 법, 율법을 따라 살아야 합니다. 율법은 길고 복잡한데, 얼마나 복잡한지 바리새인들도 그 율법의 핵심을 잊곤 했습니다. 안식일을 지키되 어떤 것은 할 수 있고 어떤 것은 할 수 없는지, 그리고 제사법, 농사법, 사회법과 경제법, 여러 가지 법들이 자세하게 나와 있습니다.

어느 사회든지 법이 없으면 사회가 든든할 수 없습니다. 한국에도 법이 많습니다. 법을 탓하기보다는 법대로 살아야 합니다. 그런데 어떤 법은 현실에 잘 맞지 않아서 그 법을 지키기가 어렵습니다. 바리새인들이 하나님의 법을 너무 복잡하게 해석해서 낙심하게 된 사람들이 상당히 많았던 것과 같은 경우입니다. 또 법을 다 지킬 수 없으니까 법 가운데 어느 법이 제일 중요한지, 어느 것을 지켜야 하는지 다툼이 있었습니다. 안식일법이 더 중요하다, 제사법이 더 중요하다, 사회복지법이 더 중요하다, 경제법이 더 중요하다, 토지법이 더 중요하다 등 다툼이 많았습니다. 그래서 바리새인들은 예수님을 이 다툼에 끌어들여 당황하게 만들려고 예수님 앞에 나와서 물어보았습니다.

"선생님, 모든 법 가운데 제일 중요한 법이 무엇입니까?"

예수님은 전혀 당황하지 않으시고 하나님을 사랑하는 법보다 중심이 되는 법은 없다고 말씀하셨습니다.

"네 마음을 다하고 목숨을 다하고 뜻을 다하여 주 너의 하나님을 사랑하라"(마 22:37).

그냥 주를 사랑하라고 하면 실제적인 말이 아니고 사상일 뿐입니다. 누구든지 그렇게 말할 수 있습니다. 우리 사회를 보면 불의가 많고 복잡한데, 이 사회 문제를 어떻게 해결할 수 있겠습니까? 하나님을 사랑한다는 말은 좋지만 사회 문제, 인간의 문제는 어떻게 해결합니까?

"네 마음을 다하고 목숨을 다하고 뜻을 다하여 주 너의 하나님을 사랑하라."

내게 있는 모든 것을 하나님께 바쳐서 하나님의 뜻대로 살기로 결정해야 합니다. 아낌없이 하나님을 위해 살라는 말입니다. 내 뜻, 내 마음, 내 몸은 다 하나님의 것입니다. 하나님을 위해 써야 합니다. 그렇게 하면 사회 문제를 해결할 수 있습니다. 물론 하나님을 위해 살고 하나님을 사랑한다고 하면 하나님의 뜻이 무엇인지 물어봐야 합니다.

하나님의 뜻에 관심이 없으면서 어떻게 그분을 사랑한다고 할 수 있습니까? 남자가 여자를 사랑하면 어떻게 합니까? 여자가 무엇을 좋아하는지 알려고 노력하지 않습니까? 무슨 음식을 좋아하는지, 무슨 꽃을 좋아하는지, 무슨 색깔을 좋아하는지, 무슨 음악을 좋아하는지, 아주 세밀한 것이라도 알고 싶어 하지요. 여자가 남자를 사랑할 때도 마찬가지입니다. 사랑이 있으면 상대방의 뜻이 무엇인지 알려고 노력할 것입니다.

이와 같이 하나님을 사랑한다면 하나님의 뜻이 무엇인지 알려고 노력할 것입니다. 하나님의 법을 왜 연구합니까? 주님의 뜻을 알 뿐만 아니라 주님의 뜻을 알려 주기 위해서입니다. 마음과 뜻과 몸을 다해 주를 사랑한다면 하나님의 뜻을 지키는 일은 비교적 쉽습니다. 또 해석하기도 쉽습니다. 시대가 변해서 법을 실제적으로 적용하기가 어렵다면, 주의 뜻을 알고 주를 사랑하는 사람이 그 법을 실질적으로 적용할 수 있도록 만들 것입니다.

두 번째 율법의 핵심은 '네 이웃을 네 몸과 같이 사랑하라'는 것입니다. 바로 사회 문제로 들어갑니다. 북아프리카에 계셨던 유명한 주교님인 히포의 아우구스티누스는 이것을 중요하게 여겼습니다. 그가 말하기를 "하나님을 사랑하고 네 나름대로 하라"고 하였습니다. 참으로 하나님을 사랑하는 사람이라면 하나님의 뜻이 무엇인지 알아보고, 이웃에 대한 하나님의 뜻이 분명히 있는 줄 알아 나름대로 실행할 것입니다. 그 마음에 사랑이 꽉 차 있다면 나름대로 하는 일은 다 좋은 것이 됩니다. 그런 사람은 나쁜 것을 나름대로 하지 않습니다. 좋은 것만 할 것입니다.

그런데 사람이 부족해서 한 가지 보지 못한 점이 있었습니다. 아우구스티누스는 개인 생활이 아름답고 깨끗했으며 개인적으로 하나님을 사랑했지만, 그 시대의 사회 문제는 보지 못했습니다. 눈먼 사람처럼 자기가 사는 사회가 하나님의 법에 어긋나 있음을 깨닫지 못했습니다. 이웃에 관한 법의 중요성을 깨닫지 못한 것입니다. 문제를 해결하려고 노력하지 않았습니다. 그가 죽은 뒤에 한 100년쯤 지나서 사회 문제가 더 악화되어 마침내 북아프리카 온 지방이 하나님을 버리고 알라를 믿기 시작해서 아우구스티누스 시대 이후 1,500년이 지난 지금까지 아직도 예수님께로 돌아오지 않고 있습니다. 예수님을 믿는다고 하는 사람들이 하나님의 법을 어기고, 이웃을 사랑하지 않고, 도리어 이웃을 심하게 이용함으로써 북아프리카 사람들에게 예수 믿는 사람들을 죽이고 쫓아 버리자는 생각을 하게 만들었습니다.

우리가 율법을 연구하는 이유는 하나님을 어떻게 실질적으로 사랑할 수 있는지를 알기 위함입니다. 하나님의 뜻이 무엇인지 이해하기 위해서입니다. 그 다음엔 실행하는 힘을 받아야 합니다. 복잡한 사회 문제를 해결할 수 있는 힘이 어디에서 나오겠습니까? 예수님을 믿기만 하면 성령을 받습니다. 성령을 받으면 거듭나고 새사람이 되어 주를 사랑할 수 있습니다. 또 갈수록 성령의 힘을 더 많이 받아서 더욱더 주를 사랑하고 온전케 될 수 있습니다. 예수님을 의지하면 예수님의 피로 말미암아 죄사함을 얻을 뿐만 아니라 성령을 받고 문제를 해결할 수 있는 힘을 얻습니다. 그래서 예수님을 강조하게 되었습니다.

그렇지만 이 소리를 마귀가 싫어해서 조금씩 조금씩 변질시키려고 노력했습니다. 마침내 머리로만 예수님이 계신 줄 알면 다 된다는 풍조가 생겼습니다. 변화가 없어도 상관없고, 사랑이 없어도 상관없고, 예수를 믿는다고 말만 하면 된다는 것입니다. 예수님을 믿기만 하면 구원 얻는다는 원 뜻도 값싼 복음으로 바꿔서 뜻이 없게 만들어 버렸습니다.

그러나 예수님을 믿는다는 것은 무슨 뜻입니까? 예수님을 의지하고 예수님께 충성을 바친다는 것입니다. 예수님을 의지하면, 예수님이 성령을 보내 주셔서 우리 마음을 다하고 우리 뜻을 다하고 우리 목숨을 다해 주 하나님을 사랑할 수 있게 하십니다. 나아가 성령의 도우심으로 이웃을 사랑할 수 있게 하십니다. 그리하여 하나님의 뜻을 다 이룰 수 있고, 갈수록 믿음에 대한 증거를 갖게 됩니다. 우리 자신도 견고케 되어 사람들이 우리를 보면서 자기도 믿을 수 있겠다고 생각합니다. 그러므로 우리 예수님이 오시기까지 견고케 된 믿음으로 견고케 된 사람이 되기를 바라는 것이 우리의 기도 제목입니다.

하나님을 닮은 새사람

성경말씀 에베소서 4:17-32; 마태복음 9:1-8

기도　하나님, 주의 도우심이 없으면 우리가 능히 주를 기쁘시게 못하오니, 빌건대 우리를 긍휼히 여기사 성신으로 범사에 우리 마음을 인도하시고 주장하소서. 이는 성부와 성신과 한 하나님이신 우리 주 예수 그리스도의 이름으로 구하옵나이다. 아멘.

　오늘 설교 본문인 마태복음 말씀을 보면 '권세'라는 말이 나옵니다. 이는 두 가지 권세가 하나가 된 것입니다. 즉 '죄사하는 권세'와 '병 고치는 권세'입니다. 중풍병자를 보았을 때 예수님은 병을 먼저 생각하지 않으셨습니다. 누구든지 중풍병자를 보면 단지 불쌍히 여기는 마음으로 먼저 몸부터 고쳐야 한다는 생각을 하기 쉽습니다. 그런데 예수님은 몸에 대해 전혀 언급하지 않으시고 다만 "네 죄사함을 받았다"는 말씀부터 하셨습니다. 그 사람에게 제일 시급

한 것이 죄 문제인 줄 예수님이 어떻게 아셨는지 우리로서는 알 수 없지만, 분명히 성령께서 지혜의 말씀으로 주신 것 같습니다.

예수님이 배를 타고 건너가 가버나움에 들어가셔서 하신 일이었는데, 신학자들이 그분의 말씀을 듣고 화를 냈습니다.

"그럴 수 없다. 사람이 어떻게 죄사함을 줄 수 있는가!"

그러자 예수님은 자신에게 이와 같은 권세가 주어졌다는 사실을 사람들에게 보여 주기 위해 그들에게 반문하셨습니다.

"죄사함을 받았느니라 하는 말과 일어나 걸어가라 하는 말 중에 어느 것이 쉽겠느냐?"

물론 누가 죄사함을 받았다고 말하면 "어떻게 알 수 있느냐? 죄사함 받았는지 받지 못했는지 확인할 수 없다"고 할 것입니다. 말은 쉽지만 확인하기는 어렵다는 말이지요. 그런데 "일어나 걸어가라"고 하면 금방 눈으로 확인할 수 있기 때문에 위험한 말이 될 수도 있습니다. 말한 대로 되지 않으면 큰일나니까요. 예수님이 "일어나 걸어가라"고 하신 말씀은 "죄사함을 받았다"는 말을 확인시키시기 위한 것이었습니다. 그러자 신학자들은 대답할 말이 없었습니다. 그분의 권세가 나타난 것을 눈으로 볼 수 있었기 때문에 '권세가 없다'고 부인할 수 없었던 것입니다.

6절의 인자(人子)라는 말은 '사람의 아들'이라는 뜻입니다. 예수님이 이 일은 인자로서 하신 것이지 하나님의 아들로서 하신 것이 아닙니다. 나중에 제자들에게도 그러한 권세를 주시며 "너희가 뉘 죄든지 사하면 사하여진 것이요 뉘 죄든지 그대로 두면 그대로 있으리라"(요 20:23)고 말씀하셨습니다. 그런데 교회가 병 고치는 능력을 버리고 과학적인 치료로만 병을 고칠 수 있다고 생각해서 교회에 죄를 사하는 권세가 없다고 생각하게 되었습니다. 죄 가운데 그대로 살면서 아무런 도전도 받지 못하게 된 것입니다.

실제로 보면 병 고치는 능력을 강조하고 병 고치는 능력을 많이 보여 주는 교회에 회개가 많았고, 죄에서 해방된 사람들도 많았습니다. 이 두 가지는 서로 밀접한 관계가 있습니다. 병 고치는 능력이 부족하면 회개도 없습니다. 병든 자에 대해 관심이 없는 교회는 전도가 어렵습니다. 나가서 "네 죄사함을 받았다"고 하면, "홍, 누가 그걸 믿어!" 하면서 의심만 받게 됩니다. 그렇지만 병 고치는 역사가 나타나면 죄사함을 얻는다는 말을 참으로 믿을 수 있습니다.

그러면 죄사함 받은 사람들은 어떻게 살아야 하겠습니까? 죄사함을 얻은 사람은 하나님을 기쁘시게 해 드리고 싶은 마음을 가지고 시작합니다. '하나님께서 나를 고쳐 주시고 내 죄를 사해 주셨으니 내가 하나님을 기쁘게 해 드려야겠다'는 마음이 생기는 것입니다.

오늘 기도문에는 중요한 신학 내용을 압축해서 표현하는 대목이 나옵니다.

"주의 도우심이 없으면 우리가 능히 주를 기쁘시게 못하오니!"

죄사함을 받았기 때문에, 병 고침을 받았기 때문에 이제부터 참으로 하나님을 기쁘시게 하고 싶은데, 실행해 보니 인간의 힘으로는 주를 기쁘시게 해 드릴 수 없음을 깨닫습니다. 주의 도우심이 없이는 안 됩니다. 그러면 어떤 도움을 받을 수 있습니까?

"우리를 긍휼히 여기사 성신으로 범사에 우리 마음을 인도하시고 주장하소서."

바로 여기에 필요한 말씀이 나옵니다. 성령께서 우리 마음을 인도하시고 주관하십니다. 성령께서 앞장서 가시며 인도하시고 길을 보여 주십니다. 그런데 그 방향으로 가고자 하는 마음이 없다면 어떻게 합니까? 내 마음이 완악하여 따라가기를 싫어한다면 어떻게 합니까? 그럴 때 성령께서 내 마음을 주관하실 수 있습니다. 내가 허락하기만 하면 성령께서는 내 길을 인도하실 뿐만 아니라, 내 마음 안에 계시면서 내 마음을 주관하시고 따라가고 싶은 마음을 허락하실 것입니다. 이것이 바로 '좋은 소식'(복음)의 핵심입니다.

성령께서 오심으로 죄사함을 얻은 우리가 성령의 인도하심을 받게 될뿐만 아니라 따라가고 싶어 하는 마음도 얻었습니다. 우리 마음을 주관하게 된 것입니다. 바로 여기에 성령의 외적, 내적 역사가 다 나옵니다. 인도하는 것은 성령의 외적 역사입니다. 마음을 주관하는 것은 성령의 내적 역사입니다.

에베소서 4장 17-32절 말씀에서는 같은 문제를 좀더 자세하게 다루고 있습니다. 세상 사람들의 마음에는 헛된 생각들이 많습니다. 허망한 생각들이지요. 그들은 하나님의 빛을 받기를 거절했기 때문에, 혹은 받지 못하기 때문에, 또 받을 수 있는 줄 몰랐기 때문에 깨달음이 없습니다. 그래서 저희 총명이 어두워졌다고 합니다. 그들은 하나님의 생명과 관계가 없습니다. 하나님의 생명에 대해서 아무것도 모릅니다. 성령의 도우심이 없이는 아무것도 알 수 없습니다. 왜냐하면 마음이 완악했기 때문입니다. 딱딱하게 굳어졌습니다. 우리도 예수님을 알기 전에는 마음이 딱딱하게 굳어 있었습니다. 또 그렇게 계속해서 살아가면 갈수록 점점 더 딱딱하게 굳어져 예민한 정신이 사라지고 감각 없는 자가 되어 여러 가지 더러운 일을 하고도 별로 깊이 생각하지 않습니다.

미국을 개척할 당시 그들은 모두 다 하나님을 믿는다고 했습니다. 또 미국 돈에도 '우리는 하나님을 의지한다' 는 말을 새겨 넣었습니다. 그런데 교파가 많아서 정부가 한 교파만을 국교로 인정할 수 없다는 법이 제정되었습니다. 영국에는 국교가 있는 관계로 다른 교파가 정부로부터 심한 핍박을 받았기 때문에 미국에서는 그러한 일을 막기 위하여 국교를 인정하지 않았습니다. 그런데 몇 년 전부터 국교가 아니라는 핑계로 무신론자들과 자유주의자들이 학교에서 기도할 수 없다고 항의하기 시작했습니다. 기도는 하나님이 계신다는 것을 주장하는 행위라는 것이지요. 이러면 기독교를 국교로 인정하는 것과 같기 때문에 학교에서 기도를 하면 안 된다는 논리인데, 아주 어리석은 생각입니다.

그렇지만 60년대에 실제로 그러한 분위기가 있었습니다. 종교에 자유가 있어서 무신론자가 되어도 좋고 유신론자가 되어도 좋다는 풍조가 만연했습니다. 진리가 없습니다. 인본주의가 워낙 강해져서 대법원은 학교에서 기도할 수 없다고 결정하기에 이르렀습니다. 기도하는 것이 죄가 되었습니다. 하나님을 믿는 것이 죄가 된 것입니다.

결국 마음이 완악한 사람들이 이겼습니다. 그때부터 지금까지 미국이 놀랍게 타락하는 것을 볼 수 있습니다. 이것도 믿지 않고 저것도 믿지 않고 아무도 하나님을 믿지 않게 되어 그 어떠한 윤리적인 기준도 사라져 버렸습니다. 모든 방탕한 것과 더러운 것과 탐심에 깊이 빠진 상태입니다.

그런데 우리는 이런 식으로 그리스도를 배우지 않았습니다. 그리스도를 올바로 배운 사람이라면 세상 사람들과 같이 방탕한 생활을 하고 더러운 짓을 하며 탐욕으로 살지 않을 것입니다. 우리는 옛사람을 버렸습니다. 그 옛사람은 부패한 사람입니다. 속임을 당하고 욕심 가운데 사는 사람입니다. 그것을 버리고 우리의 머리, 우리의 영이 새롭게 되어야 합니다. 새사람을 입어야 합니다. 하나님께서 각 사람을 위하여 만드신 새사람이 있습니다. 하나님의 형상대로 지어진 사람이며 의와 거룩함과 진리의 새사람입니다. 새사람을 입은 우리가 거짓을 버리고 각각 그 이웃으로 더불어 참된 것만 행해야 한다고 에베소서에 나와 있습니다.

예수님을 믿고 새사람이 되었다는 사람들이 모여 사는데도 서로 진실된 말을 하기가 얼마나 어려운지 모릅니다. 여러 가지 이유로 진실을 말하지 못할 때가 너무 많습니다. 그렇지만 우리는 서로 지체이므로 서로에게 참말을 하는 것이 얼마나 중요한지 깨달아야 합니다.

에베소서 4장 26절에 "화를 내어도 죄를 짓지 말고"라고 쓰여 있습니다. 불의를 보고서 무관심하면 안 됩니다. 어떤 사람이 옆 사람에게 피해를 주는데도 화를 내지 않고 가만히 있으면 안 됩니다. 화를 낼 만한 정당한 이유가 있으니 화를 내야 합니다. 모세는 자기를 위하여 한 번도 화를 내지 않았습니다. 그러나 하나님이나 억압을 받는 사람을 위해서는 크게 화를 낼 수 있는 사람이었습니다. 모세가 온유한 사람이라고 한 것은 자기를 위해 화를 내는 사람이 아니었기 때문입니다. "화를 내어도 죄를 짓지 말라"는 말이 의미하는 바가 이것입니다.

다음은 "해가 지도록 분을 품지 말고"(엡 4:16)라는 말씀입니다. 해가 지기 전에 상대방에게 가서 문제를 해결해야 한다는 뜻입니다. 계속해서 마음속에 화를 품고 있으면서 해결하지 않으면 안 됩니다. 어떤 사람이 잘못을 범했다면 당사자에게 가서 '네가 잘못했다'고 말해야 합니다. 해지기 전에 서로 쌓여 있는 모든 문제를 해결해야 하는 것은 대단히 중요합니다.

말을 하지 않고 계속해서 마음속에 화를 품고 있으면 어떻게 되는 줄 아십니까? 다음 구절을 봅시다.

"마귀로 틈을 타지 못하게 하라."

'틈'이 무엇입니까? 바로 우리의 '화'(火)입니다. 마음속에 화가 있으면 마귀가 그 틈을 비집고 들어옵니다. 차를 타려고 할 때 사람들로 꽉 차 있으면 틈이 없기 때문에 탈 수 없습니다. 그러나 빈자리가 있으면 태워 달라고 세울 수 있고 함께 타고 갈 수 있습니다. 우리 마음에 화가 있으면 그것은 예수님을 위한 자리가 아닙니다. 마귀를 위한 자리입니다. 계속해서 마음에 화를 품고 있으면 마귀에게 자리를 내어주는 것과 같습니다.

길에 서서 버스를 기다리는데 기다리는 버스는 오지 않고 다른 차가 와서 "신부님, 타십시오"라고 말하면 얼마나 기분이 좋은지 모릅니다. 마음속에 화가 계속 남아 있으면 마귀에게 "마귀야, 타거라" 하고 말하는 것과 다를 바 없습니다. 그래서 틈타지 못하게 하는 것과 계속해서 분을 품지 말아야 하는 것은 서로 관계가 있습니다.

"도적질하는 사람은 도적질하지 말고 빈궁한 자에게 나누어 줄 것이 있게 하기 위하여 제 손으로 수고하여 선한 일을 하라"(엡 4:28).

도적질에도 두 가지가 있습니다. 돈이나 남의 물건을 훔쳐 나를 위해 쓰는 것도 도적질이요, 일하지 않고 먹는 것도 도적질입니다. 남의 땅을 이용하면서 돈을 내지 않으면 그것도 도적질입니다. 우리 사회에서 가장 큰 문제는 바로 토지 도적질입니다. 많은 사람들이 "이것은 내 땅이다"라고 주장하는데 실상은 자기 땅이 아닙니다. 도적질한 것입니다. 또 자기는 일하지 않고 다른 사람이 일을 대신합니다. 이것이 사회에서 제일 큰 문제입니다.

예수원이라는 조그만 공동체에서도 그러한 문제가 있을 수 있습니다. "내 발로 여기 왔으니까 내가 알아서 나름대로 쉬고, 먹기만 하고, 일은 안 해도 돼!"라고 말할 수 있습니다. 그러나 이 공동체는 나누어 주는 공동체입니다. 내가 일하면 나누어 줄 것이 생깁니다. 그러나 일을 안 하면 나누어 줄 것이 아무것도 없습니다. 그래서 일하지 않고 공동체생활에 참여하는 사람은 결과적으로 도적질한 셈이 됩니다.

물론 힘이 있는 대로 공동 작업에 참여한 다음, 힘이 다 빠져서 쉰다고 하면 문제가 될 수 없습니다. 왜냐하면 내가 할 수 있는 만큼 최선을 다했기 때문입니다. 그런데 힘이 자꾸 빠질 때는 질문해 보아야 합니다. 기분이 나빠서 힘이 빠지는지, 아니면 남이 자기

분깃을 감당하지 않으므로 내가 남의 일까지 했기 때문인지 살펴보아야 합니다.

요사이 영국 성공회의 마이클 하퍼(Michael Harper) 신부님이 성령 쇄신 운동을 지도하고 계십니다. 이분은 세계적으로 유명해서 많은 곳에서 초대합니다. 얼마 전 유고슬라비아에서 집회를 인도하고 있었습니다. '하나님의 치료법'을 강의하다가 갑자기 온몸의 힘이 쭉 빠져 도중에 강의를 중단하고 말았습니다. 진단 결과 중풍이었습니다. 많은 사람들이 이 소식을 듣고 열심히 기도했습니다. 영국으로 돌아와서 다시 진찰을 받아 보니 뇌에는 아무런 이상이 없다고 했습니다. 다만 한 달 동안만 쉬라고 했습니다. "네가 남의 일을 하느라고 너무 바빠서 네 몸이 견딜 수 없으니 좀 쉬도록 하라"는 말씀이었던 것 같습니다.

본래 하나님의 계획은 각 사람에게 한 가지 일만 시키는 것입니다. 그런데 어떤 사람이 자기 일을 하지 않아서 내가 그 일까지 하다 보면 결국 자신은 지쳐 쓰러질 수도 있습니다. 현대 교회에서는 책임감이 강한 사람들이 자꾸 쓰러집니다. 마이클 하퍼 신부님도 남의 일을 하느라고 바빠서 쓰러지셨는데 이것은 하나님의 법이 아닙니다. 어떤 사람이 일을 안 해서 내가 해야 한다면, 그 사람은 결국 나의 힘을 도적질한 셈이 됩니다.

도적질은 돈이나 토지에만 국한된 것이 아닙니다. 남의 힘을 빼앗는 것도 도적질입니다. 물론 서로의 짐을 나누어지는 법이 있긴 하지만, 먼저 각 사람이 자기의 짐을 지는 것이 원칙이고 만약 자기의 짐이 무거워서 스스로 할 수 없으면 옆 사람이 도와줄 수 있습니다. 그런 일은 하나님께서 시키시는 일이라고 믿어야 합니다. 그러나 원칙은 한 사람에게 한 가지 일입니다. 각자 자기가 해야 할 일을 다하면 대개 모든 문제를 해결할 수 있습니다.

얼마 전에 우리 정회원 모임에서 출판에 관한 문제를 깊이 살펴보았습니다. 예수원에 사는 사람들만으로도 출판 일을 할 수는 있지만, 출판 일을 하다 보면 다른 일을 못하게 되기 때문에 그만두기로 했습니다. 그런데 하나님께서 자본을 보내 주셔서 우리가 하는 일이 그분의 뜻인 줄 알게 되었습니다. 또 예수원 밖에 있는 형제자매들이 도움을 주어서 여기 있는 사람들이 그다지 피해를 입지 않고 하던 일을 계속했습니다. 도와주는 분들이 많아서 얼마나 고마운지 모릅니다.

모든 일을 하나님께서 주신 힘이 미치는 범위 안에서 하는 것이 원칙입니다. 자기 손으로 유익한 일을 할 뿐 아니라 필요가 있는 사람에게 나누어 주기 위해 일하는 것입니다. 예수원 생활은 나누어 주는 삶이므로 내가 나눌 수 있는 것이 무엇인지 살펴보아야 합니다. 나누어 줄 돈이 없어도 상관이 없습니다. 대신 내 힘을 나누어 줄 수도 있습니다. 내 힘으로 남의 짐을 가볍게 해 주는 것 역시 나누어 주는 생활입니다.

그 다음에 무슨 말을 하든지 유익한 말만 해야 합니다. 쓸데없는 소리는 하지 말라는 것입니다. 성령께서 우리 마음을 주관하시고 우리의 입도 주관하십니다. 쓸데없는 소리는 금하고 은혜로운 말만 해야 합니다.

또 "성령을 근심하게 하지 말라"고 했습니다. 우리가 성령께서 우리 마음을 주관하시도록 허락하면 그분이 기뻐하십니다. 그런데 내가 내 나름대로 하겠다고 하면 성령께서 근심하십니다. 성령님은 우리를 사랑하십니다. 또 우리를 도와주고 싶어 하십니다. 바로 이것을 위하여 하나님께서 성령을 주신 것입니다. 그런데 홀로 있겠다, '나 스스로 하겠다, 나를 주관하지 말'라고 한다면 성령께서 얼마나 근심하시겠습니까? 우리는 성령 안에서 구속의 날까지 인치심을 받았습니다.

내가 땅을 팔았다가 다시 무르기를 하는데, 능력이 부족하여 돈을 다 내지 못하고 계약금만 낸 후 도장을 찍었다고 합시다. 그러면 나머지 돈을 다 낸 후에야 비로소 그 땅을 얻을 수 있습니다. 마찬가지로 성령께서 인쳐 주셔서 때가 되면 값을 다 내고 자유를 얻고, 기업(유업)을 다시 찾을 수 있습니다. 성령께서 우리를 위하여 도장을 찍어 주셨으니 그분께 감사하고, 그분을 근심하시게 해서는 안 됩니다.

그리고 모든 악독과 모든 분, 모든 화, 모든 소리치는 것과 모든 수군수군하는 말을 다 버리고 마음속에 남에 대해 좋지 않은 생각을 하지 말아야 합니다. 서로 불쌍히 여기고, 서로 착한 일만 하고, 서로 인자하고, 서로 용서해야 합니다. 우리가 성령의 인도하심을 받고 우리 마음을 주관하신다 하더라도 이따금씩 서로의 마음을 아프게 하는 때가 있습니다. 그러나 용서하면 언제나 문제는 끝납니다. 용서하지 않으면 마귀에게 틈을 주는 것입니다. 그래서 예수 그리스도께 금방 용서를 받은 것과 같이 우리도 금방 용서하라고 하신 것입니다.

오늘 기도문은 간단한 말씀이지만 참으로 의미 깊은 내용을 담고
있습니다.

"성령의 인도하심을 믿고 성령이 우리 마음을 주관하시도
록……."

성부와 성자와 성령의 이름으로 하나이다. 아멘.

9 천국 **시민권**

기뻐하며 서로 복종하라

성경말씀 에베소서 5:15-21; 마태복음 22:1-14

기도 전능하시고 지극히 자비하신 주여, 비오니 풍부하신 은총으로 모든 해로운 것을 막으사, 우리가 육신과 영혼을 예비하여, 주의 원하시는 일을 기쁜 마음으로 이루게 하소서. 성부와 성령과 함께 영원히 사시며 다스리시는 성자 예수 그리스도를 통하여 기도하나이다. 아멘.

오늘 설교 본문인 마태복음 말씀을 이상한 이야기라고 생각할 수도 있습니다. 물론 이야기가 너무 간결하게 요약되다 보니 그럴 수도 있습니다. 그럼 한번 살펴보겠습니다.

한 도시 이야기를 하고 있습니다. 그 도시를 태워 버렸다고 했으니, 등장하는 사람들이 다 같은 도시에 사는 사람들인 것 같습니다. 그런데 초대한 임금은 다른 도시에 살고 있습니다. 말하자면

서울에 사는 왕이 아들을 위해 혼인 잔치를 준비했는데, 멀리 전라도 광주 사람을 초대했다고 보면 될 것입니다. 한편, 초대받은 사람들은 초대에 무관심했습니다. 갈 마음이 전혀 없었고, 아무도 가지 않았습니다. 살찐 송아지도 잡는 등 준비는 다 되었으니 빨리 오라고 다시 연락했는데도, 한 사람은 그냥 밭으로 가고 한 사람은 장사하러 갔습니다. 심지어 어떤 사람들은 보낸 종들을 죽였습니다. 살인을 한 것입니다. 이 일로 화가 난 임금은 군대를 보내어 그 사람들을 죽이고, 그 사람들이 사는 도시를 태워 버렸습니다.

그러면 왕은 왜 그런 사람들을 초대했을까요? 왕은 먼저 한 도시 내의 사람들을 초대하였습니다. 그렇지만 그들이 다 초대를 거절하자 왕은 자기 도시의 거리로 사람들을 보내어 누구든지 보는 대로 들어오게 하라고 하였습니다. 들어올 때 어떤 사람들은 좋은 옷을 입고, 어떤 사람들은 나쁜 옷을 입었겠지요. 예복을 입은 사람은 하나도 없었을 겁니다. 그들은 왕의 잔치에 참석할 준비를 미처 하지 못했으니까요. 우연히 만나서 들어온 것입니다. 그래서 들어올 때마다 왕이 각 사람에게 예복을 선물로 주었습니다. 아주 멋진 옷이었죠. 다 좋은 옷을 입고 잔치에 들어왔습니다.

왕은 잔치 석상을 꽉 차게 하라고 명령했습니다. 다른 사람들을 들어올 수 없게 한 것입니다. 원래 초대받았던 사람들이 마음이 변해 들어오고 싶어도 앉을 자리가 없게끔 말입니다. 잔치는 사람들로 가득 찼습니다. 그런데 들어온 사람들 가운데 한 사람이 예복을 입지 않았습니다. 예복은 받았지만 입지 않았습니다. 자기가 입은 옷으로 충분하다고 생각했기 때문입니다. 아마 그 근처에 사는 큰 부자로 왕이 준비해 준 예복이 없어도 괜찮다고 생각하고 그냥 들어온 모양입니다. 왕이 돌아다니며 모든 사람과 인사하는데 그 한 사람만 예복을 입지 않아서 "왜 예복 없이 들어왔느냐"고 물어보았습니다. 그 사람은 입은 있어도 할 말이 없었습니다. 결국 결박당해 바깥으로 던져졌습니다.

물론 우리는 이 말씀이 바리새인들과 서기관들을 가리키는 내용인 줄 압니다. 초대를 받았지만 거절한 사람들은 유대교인들을 말합니다. 예수님이 인간의 대표자로서 오시기 전에 선지자들을 보내서 "하나님께로 오라. 하나님께서 너희를 위하여 준비하신 잔치다"라고 전했습니다. 하지만 사람들이 거절했습니다. 그 가운데 많은 선지자들이 죽임을 당했습니다. 그 결과 하나님께서 유대인들을 완전히 거절하셨고 하나도 들어오지 못하게 하겠다고 하셔서 원래 초대받지 못한 이방인들을 초대했습니다. 바로 우리입니다. 우리가 길거리에 지나다니는 사람들이었습니다.

그런데 오늘날 교회 안에 "예수의 피로 말미암아 깨끗함을 얻는다는 이야기는 그만둡시다"라고 하는 사람들이 더러 있습니다. 인간이 원래 착하니까 하나님께서 모든 인간을 그대로 용납하신다는 것입니다. 이것은 바로 예복이 필요 없다는 소리와 같습니다.

우리의 예복은 예수님의 '의'입니다. 나의 의가 아닙니다. 내가 의인이라고 할 수 없습니다. 내가 예수님의 의를 예복으로 입고 잔치에 들어가는 것입니다. 원래 나에게는 잔치에 들어갈 자격이 없습니다. 처음부터 초대받은 사람이 아닙니다. 그런데 예수님이 내 대신 죽으시고 피 흘려서 깨끗함을 얻었고, 의의 예복을 입고 하나님의 잔치에 들어갈 수 있게 되었습니다.

그런데 만약 우리 가운데 "나는 착한 사람이고 괜찮은 사람이니 하나님께서 나를 받아들이신다"든가 "공부를 많이 했으니 하나님께서 나를 받아들이실 것이다"라고 주장한다면, 이는 틀린 소리입니다. 개인적으로 우리는 아무 자격도 없는 사람입니다. 다만 겸손하게 감사한 마음으로 잔치에 참여할 뿐입니다.

다만 초대받은 우리가 예복을 입고 들어갔다고 해서 다른 아무것도 안 해도 된다는 말은 아닙니다. 에베소서 5장 15-21절 말씀을 보면, 그리스도의 의를 입은 우리가 어떻게 살겠냐는 말씀이 나옵니다. 바보처럼 살지 말고 지혜로운 사람으로 다니되, 때가 악하니까 조심하고 시간 낭비하지 말라는 말씀입니다. 그 시대에 그랬다면 하물며 이 시대는 더욱 그렇지 않겠습니까? 로마가 이미 타락했다고 하지만, 현대 미국이나 영국, 유럽에 비하면 오히려 덜 타락한 것일 겁니다. 로마는 야만인이 침범해서 완전히 멸망했습니다. 바울이 편지를 쓰고 몇 백 년이 지난 다음에 멸망당했습니다. 오늘날 서양 문화는 로마 시대보다도 훨씬 더 부패해졌습니다. 무너질 때가 가까이 온 것 같습니다. 그래서 "이때가 악하니 때를 아끼라"는 말은 그 시대보다 우리에게 더욱 필요한 말입니다. 따라서 이 악한 시대에 사는 우리는 지혜 없는 사람이 되지 말고 오직 하나님의 뜻이 무엇인지 알아야 합니다.

많은 사람들이 지혜가 많다고 생각하지만, 실상은 지혜가 없습니다. 어떻게 우리가 지혜 있는 사람이 될 수 있습니까? 하나님은 성령을 통하여 지혜를 주시기로 약속하셨습니다. "누구든지 지혜가 부족하거든 구하라 그러면 주시겠다"고 하셨습니다. 지혜를 거저 주시는 것입니다. 의를 거저 주시는 것처럼 지혜도 거저 받을 수 있습니다. 다만 조건이 하나 있습니다. 주의 뜻을 행하고자 하는 마음이 있어야 합니다. 주의 뜻대로 살지 않으면 하나님께서 지혜를 주시지 않습니다. 그러나 복종하기로 결정했다면 지혜를 거저 주실 것입니다. 우리는 주의 뜻을 알고 주의 뜻대로 살기 위해 지혜가 필요합니다.

거기에서 끝나지 않습니다. 이어서 에베소서 말씀은 술 취하지 말라고 하십니다. 사람이 왜 술 취합니까? 기쁨이 부족하고, 마음이 아프고, 슬픔이 많아서 가짜 기쁨을 얻으려고 하기 때문입니다. 물론 술이 주는 기쁨이 있습니다. 그렇지만 술의 기쁨은 오래가지 않습니다. 하루 뒤에 두통만 생길 뿐 고민하던 문제는 그대로 있습니다. 아니 오히려 문제가 더 악화됩니다. 작은 문제 때문에 슬퍼서 술을 먹으면 깨어났을 때 문제만 더 복잡하게 되어 있곤 합니다.

하지만 우리는 성령의 충만함을 받을 수 있습니다. 여기서 '성령 충만함'이란 성령의 능력에 대한 말이 아니고, 성령의 열매 맺는 것을 말합니다. 속사람에게 역사하는 성령, 장기적인 성령을 말합니다. 술 취하는 것은 몇 시간이면 다 끝납니다. 그 기쁨은 일시적인데 불과합니다. 그러나 속사람이 성령을 받으면, 다시 말해 성령으로 충분하게 되면 우리는 갈수록 더 기뻐집니다. 갈수록 더 열매 맺는 사람이 됩니다. 그 열매 가운데는 사랑과 기쁨이 있습니다. 이 기쁨은 모든 어려움을 이길 수 있는 기쁨이지요. 세상 사람들은 도저히 깨달을 수 없는 기쁨입니다.

어떤 사람들은 하나님의 뜻을 행하는 데 기쁨은 전혀 없이 "아! 해야죠. 해야죠" 하고 의무감으로 말합니다. 아주 책임감 있게 열심히 노력은 하지만 기쁨이 없습니다. 그런데 오늘 기도문을 보면, "주의 원하신 일을 기쁜 마음으로 이루게 하소서"라고 합니다. 주께서 원하시는 일을 할 때, 주의 뜻을 행할 때 기쁜 마음으로 해야 합니다. 그런데 성령을 받으면 기쁨이 생깁니다. 그 기쁨은 이길 수 없는 기쁨입니다. 마귀가 와서 여러 복잡한 일을 만들어도 속사람은 언제나 기쁨으로 충만합니다. 그래서 성령의 충만함을 받아 기쁨이 있고 서로 찬미하고 노래하고 화답하는 마음이 생기는 것입니다.

"오직 성령의 충만을 받으라 시와 찬미와 신령한 노래들로 서로 화답하며 너희의 마음으로 주께 노래하며 찬송하며 범사에 우리 주 예수 그리스도의 이름으로 항상 아버지 하나님께 감사하며 그리스도를 경외함으로 피차 복종하라"(엡 5:18-21).

오늘은 우리 성가대를 위해 특별히 기도하는 날입니다. 기쁜 마음으로 화답하고 주께 아름다운 노래를 드리는 것이 성가대의 본분입니다. 성령의 기쁨을 마음에 가지고 함께 노래하는 것은 우리 하나님과 형제자매들과 함께 서로 사귀는 사귐의 표현입니다. 하나님과 형제자매들이 서로 사귀는 것은 얼마나 기쁜 일인지요. 성령 충만함을 받은 사람들이 항상 기뻐하는 이유는 하나님과 사귀는 중이기 때문입니다. 성령을 통하여 기쁨이 계속 흘러나오고, 거기서 멈추지 않고 서로서로 사귀는 아름다운 사귐이 생겨납니다.

친구가 없으면 얼마나 슬픈지 모릅니다. 쓸쓸하고 고독합니다.

그런데 믿을 수 있는 친구, 의지할 수 있는 친구, 나의 모든 문제를 도와줄 친구가 많으면, 그것을 '코이노니아'라고 합니다. '사귐'이라는 뜻입니다. 성령의 사귐은 하나님뿐만 아니라 형제자매들과 서로 사귀는 것을 말합니다. 재미있는 것은, 헬라어에 코이노니아 하자는 말을 더 강조하기 위해 '쒼'(συν)이라는 접두사를 붙입니다. 그래서 '쒼코이노니아'가 되는데 실제로 헬라어를 사용할 때에는 '쒕'으로 발음해 '쑹코이노니아'라고 합니다. '씽코이노니아'라고 하면 영어로 '씽코이노니아'와 같은 소리가 됩니다. '씽코이노니아.' '노래 코이노니아'라는 것이지요. 그래서 우리 예수원 성가대를 '씽코이노니아 성가대'라고 합니다.

이사야 52장 8-9절을 보면 "합하여 같이 찬미하라 노래하라"는 말씀이 있습니다. 또 바울은 자기가 아주 사랑하는 빌립보 교회에 편지할 때 '코이노니아'라는 말을 여러 차례 썼습니다. '나와 같이 참여하자', '나와 같이 나눠 주자', '같이 하자'. 그래서 우리 성가대도 같이 하는 성가대, '씽코이노니아 성가대'라고 부르며 주께 감사를 드립니다. 우리 성가대를 위해 기도할 때 주께서 원하시는 일을 기쁜 마음으로 이루기 위해 기도합시다. 그리고 우리 모두를 위해 함께 기도합시다. 우리가 다 같이 주의 뜻이 무엇인지 알고, 주께서 원하시는 것을 하되 기쁜 마음으로 할 수 있도록 기도합시다.

그리고 또한 범사에 감사하는 일은 매우 중요합니다. 주일마다 감사 제사를 주께 드릴 때 얼마나 감사할 것이 많은지 모릅니다.

마지막으로 노래와 찬미, 감사와 기쁨과는 별로 관계없는 것처럼 보이는 말씀이 갑자기 나옵니다. '서로 복종하라'는 말씀입니다.

이 말씀도 중요합니다. 하나님의 뜻을 알고 복종할 때 거기에서 우리의 기쁨이 나옵니다. 하나님의 뜻이 얼마나 아름답고 좋은지 압니다. 하지만 어떤 식으로 하나님께 복종할 수 있습니까? 또 어떻게 하나님의 뜻을 알 수 있습니까?

우리는 공동체생활을 통해, 서로와의 관계 속에서 하나님의 뜻을 알고 피차 복종하는 법을 배워 나갑니다. 예수원이 피차 복종하는 집이 되도록 합시다. 계급 사회를 만들자는 이야기가 아닙니다. 일반 사회에는 항상 계급이 있어서 아랫사람이 윗사람에게 복종해야 합니다. 그런데 하나님의 교회에는 계급이 없습니다. 피차 복종하는 것 외에는 없습니다.

사실 어떤 경우 부득이하게 몇몇 계급이 있기는 하지만, 철저히 서로 복종하는 것이 원칙이고 그렇게 하면 계급은 필요 없습니다. 다만 우리에게 부족한 점이 있기 때문에 책임자를 세워, 철저하게 피차 복종하지 못하는 경우 문제를 해결할 수 있습니다. 그래서 약간의 계급 관계가 형성될 수 있습니다. 의회나 남편, 선생이 등장하는 것은 바로 그런 이유입니다. 그렇지만 본래 서로 복종하는 관계가 아름답기 때문에 계급 같은 것은 사실 전혀 필요 없습니다.

우리는 "하나님의 코이노니아, 코이노니아" 하면서 피차 노래, 피차 감사, 피차 재미있게 지내고 피차 복종함으로써 기쁜 마음으로 주의 뜻, 주께서 원하시는 일을 하도록 합시다. 또 이렇게 할 수 있도록 성령께서 힘을 주실 줄 믿고 감사드립시다. 성부와 성자와 성신의 이름으로 하나이다. 아멘.

우리의 싸움

성경말씀 에베소서 6:10-20; 요한복음 4:46-54

기도　자비하신 하나님, 비오니 사죄하심과 평화를 주의 백성에게 베푸사 저희가 정결함을 얻어 평안한 마음으로 주를 섬기게 하소서. 이는 성부와 성신과 한 하나님으로 영생하시고, 영원히 주관하시는 성자 우리 주 예수 그리스도를 통하여 기도하나이다. 아멘.

요한복음은 두 번째 표적 이야기를 시작하면서 먼저 가나에서 있었던 첫 번째 표적과 비교합니다. 46절 말씀대로, 예수님은 물로 포도주를 만드셨던 가나로 다시 오셨습니다. 그 다음 이어질 사건은 예수님이 유대에서 갈릴리로 돌아오셨을 때 행하신 두 번째 표적입니다. 아마도 요한은 이 사건과 그전에 있었던 사건을 비교하고 싶었던 모양입니다.

예수님이 행하신 첫 번째 표적은 창조의 표적이었습니다. 예수님이 세상에 오셨을 때 창조주로 오셨습니다. 그리고 문제를 해결하셨습니다. 마귀 문제나 죄 문제가 아니었습니다. 물질적인 어려움, 즉 사는 문제를 해결해 주셨습니다. 병을 고쳐 주신 것도 아니고, 귀신을 쫓아내신 것도 아니었습니다. 우리 인간에게 기쁨을 주셨습니다. 그것도 혼인 잔치 자리에서 말입니다.

예수님이 그렇게 하신 이유는, 예수님이 신랑 되시고 교회가 신부라는 것을 보여 주기 위해서였습니다. 하나님께서는 창조주로서 우리 인간에게 기쁨을 주시기 위하여 오셨습니다. 인간이 아는 제일 큰 기쁨은 결혼의 기쁨입니다. 곧 천국을 의미하는 것이지요. 천국은 복잡한 문제를 해결하기만 하는 것이 아니라, 하나님의 사랑 가운데서 아름답게 살아가기 위한 것입니다.

가나의 혼인 잔치는 가난한 사람들을 위한 것이었습니다. 잔치에 친구가 많이 찾아왔고 한창 분위기가 무르익는데 포도주가 모자랐습니다. 그때 예수님이 그곳의 가난 문제를 해결하셨습니다. 누가복음 4장을 보면 예수님이 가나에서 멀지 않은 당신의 고향 나사렛에서 첫 번째 설교를 하신 것을 기록하고 있습니다. 그때 세상에 오신 목적을 가난한 사람들을 위해서라고 말씀하셨습니다.

그리고 두 번째 표적에서는 큰 부자인 신하의 문제를 해결하셨습니다. 왕의 신하는 많은 부를 쌓았고, 세상 세력도 가진 사람이었습니다. 왕의 신하의 문제는 가나의 혼인 잔치 자리에 모인 사람들이 겪고 있던 문제와는 성격이 아주 달랐습니다. 왕의 신하로서 세력도 크고, 알아주는 재력가이기 때문에 세상에서 돈으로 살 수 없는 것이 없는 사람이었습니다. 하지만 자기 아들의 문제는 해결할 수 없었습니다. 인간으로서 마귀의 침범을 이길 수는 없으니까요. 그 문제는 자연의 문제가 아니었습니다. 이 사건에서 예수님은 약을 먹으라고 하거나 병원에 가라고 말씀하시지 않고, 분명히 마귀를 대적하셨습니다.

그런데 그 신하가 처음 예수님의 말씀을 들을 때는 마치 거절하시는 듯 들렸습니다. 가나의 혼인 잔치에서도 이와 비슷한 일이 있었습니다. 예수님의 어머니께서 포도주가 모자란다고 하자, 처음에는 예수님이 나와 무슨 상관이냐고 대답하셨던 걸 기억하실 겁니다. 거기에는 특별한 이유가 있었지요. 그런데 이번에도 "너희는 표적을 보지 않고서는 믿지 않는다" 하시며 그들을 탐탁하게 여기지 않는 소리를 하셨습니다. 이번에는 그 신하를 시험하기 위한 것이었습니다.

그때 신하가 마음에 상처를 입고 그냥 갔더라면, 그는 아마 자기 아들보다 자신을 더 사랑하는 사람이었을 겁니다. 그러나 그 신하는 예수님의 첫 말씀에 대해 아무런 반응도 보이지 않았습니다. 다만 "빨리 오십시오. 제 아들이 죽기 전에 오십시오"라고 다시 말씀드렸습니다. 신하에게는 오직 한 가지 생각, 하나님께서 자신의 아들을 빨리 도와주셔야 한다는 그 생각뿐이었습니다. 아들을 살려야 하기 때문에 누가 무슨 말을 하든 무슨 태도로 대하든 아무 상관이 없었습니다. 그래서 "주여, 아들이 죽기 전에 빨리 오십시오"라고 말한 것입니다. 그러자 마침내 예수님이 말씀하셨습니다. "가라. 네 아들이 살았다"고 예수님은 성령으로부터 계시를 받고 하나님께서 친히 역사하실 것을 알고 명령만 하였습니다. 신하 또한 그 말씀을 그대로 믿었습니다. "아닙니다. 친히 오셔서 안수해 주셔야 합니다"라고 말하지 않고 그냥 갔습니다. 믿음이 있었던 것입니다. 표적을 본 후에 믿은 것이 아니고, 표적을 보기 전에 아무런 증거 없이 믿었습니다. 상당히 훌륭한 믿음입니다. 도마가 증거가 없으면 믿지 않겠다고 하였을 때, 예수님은 "보지 못하고 믿는 사람들이 복되다"고 말씀하셨습니다. 오늘 본문에 나오는 신하가 바로 그런 사람이었습니다. 보지 못해도 믿었습니다.

집에 가는 길에 자신의 집 하인들과 마주쳤습니다. 그런데 그들이 말하기를 아들이 살아났다는 것입니다. 신하는 몇 시부터 낫기 시작했는지 물었습니다. 확인해 봐야 했던 것입니다.

"어제 일곱시에 열이 떨어졌습니다."

"아, 그럼 예수님이 말씀하신 바로 그 시간이었구나."

이후 그 신하뿐만 아니라 그의 온 집안이 다 예수님을 믿었습니다. 온 집안이라는 말은, 자기 부인과 아들뿐만 아니라 부하들과 하인들, 그 사람을 위해 일하는 모든 사람을 가리킵니다.

그들 모두 예수님은 단지 말씀으로 모든 일을 해결하실 수 있는 분임을 알았고 또 믿었습니다. 예수님이 하나님의 말씀으로 세상을 창조하신 분이라는 사실이 나타났습니다. 말씀으로 병을 이기신 것입니다. 병을 이긴 것은 곧 마귀를 이긴 것입니다. 에베소서 6장 10-20절 말씀을 보면 마귀에 대한 말씀이 나옵니다. 우리가 하는 씨름은 육체와의 씨름이 아니요, 세상 어둠의 권세들과 싸우는 것(엡 6:11)이라고 하십니다.

오늘날 많은 사람들은 이것을 깨닫지 못하고 서로 싸우기만 합니다. 정치적인 싸움, 국가간의 분쟁을 일삼습니다. 신문지면 가득 이와 같은 싸움 이야기가 끊이질 않습니다.

어제 한 형제가 신문을 보면서 우리나라가 너무 위험한 상황에 처해 있다고 말했습니다. 그러나 정치적인 싸움이나 국가 간의 분쟁은 그리 중요한 싸움이 아닙니다. 중요한 것은 마귀와의 싸움입니다. 이 나라를 망하게 하려는 어둠의 권세자는 따로 있습니다. 북한을 가리키는 말이 아닙니다. 바로 하늘에 있는 악의 신들을 말합니다.

지금 우리가 하는 씨름은 하늘에 있는 악의 영들과의 씨름입니다. 아직까지 마귀가 하나님 앞에 신자들을 참소(讒訴)하고 있습니다. 마귀가 하나님 앞에 가서 무슨 말을 하는지 아십니까?

"예수원 원장, 아주 나쁜 사람입니다. 그 사람이 이런저런 잘못을 저질렀습니다. 그 사람 무관심하고 사랑이 부족합니다."

이렇게 원장을 다 참소한 다음에는 "아! 부원장에 대한 말도 있습니다. 예수원 부원장, 아주 질이 나쁩니다"라고 말합니다. 그 다음에 형제자매 한 사람씩을 하나님 앞에서 참소합니다. 마귀는 똑똑합니다. 그래서 참소하는 중에 만약 우리에게 잘못이 있을 때는 그 점을 여지없이 지적합니다.

하지만 하나님께서는 듣지 않습니다. 예수님의 피로 말미암아 우리는 이미 덮임을 받았기 때문입니다. 우리는 용서를 받았습니다. 하나님께서 원하시는 것은, 회개하는 마음과 서로를 위하여 기도하는 마음입니다. 이 땅에서 많은 사람들이 서로에 대해 나쁜 말을 많이 합니다. 서로 비판합니다. 서로에 대해 수군수군 말이 많습니다. 그런 일은 바로 마귀의 일입니다. 마귀를 도와주는 것이고, 마귀의 역할을 하는 것입니다.

그리스도의 법은, 사람이 잘못을 하면 사랑하는 마음을 안고 그 사람을 찾아가서 행동을 고치고 태도를 고치도록 권면하는 것입니다. 그런데 그렇게 하지는 않고, 그 사람 앞에서는 "예, 예" 하고 웃으면서 듣기 좋은 말만 하고, 등 뒤에서는 이 사람 저 사람에게 가자꾸 수군거립니다. 그것은 마귀의 일입니다. 신자가 해서는 안 될 일입니다. 그런데도 신자들이 그러한 일을 많이 합니다. 그러면 영락없이 마귀 앞으로 떨어지고 맙니다. 하지만 우리는 마귀와 씨름할 처지가 못 됩니다.

마귀와 씨름하기 위하여 우리는 '구원의 투구'를 써야 합니다. 건강한 정신과 올바른 지식이 있어야 한다는 말입니다. 성령께서 주실 것입니다. 그 두 가지는 성령의 갑주이므로 하나님께서 주실 것입니다.

또 '진리의 띠'가 있어야 합니다. 거짓말을 하면 부끄러움을 당하기 쉽습니다. 띠가 없으면 바지가 흘러내립니다. 진리가 우리의 띠가 되어서 항상 부끄럼 없이 남 앞에 설 수 있습니다.

그 다음에 '의의 흉배'를 차야 합니다. 의는 깨끗한 행동, 항상 깨끗한 마음을 말합니다. 남을 위한 의에 관심을 갖는 사람, 정의와 공의에 관심을 갖는 사람입니다. 그런 것에 관심을 갖는 마음이 흉배가 될 때 마귀가 우리를 감히 대적할 수 없습니다.

우리 일만 돌보는 생활이 아니라 주를 위한 심부름꾼이 되어야 합니다. 내가 사는 것은 항상 하나님의 심부름을 하기 위해서라고 생각하고 늘 준비하고 있어야 합니다. 자신의 일에만 얽매여 신발 신을 준비도 하지 않은 채 꼼짝 않고 집 안에만 있으면 되겠습니까? 신발을 신는다는 것은 심부름하기 위해 나가는 것입니다. 우리는 항상 ‘평안의 복음이라는 신발’을 신고 나갑니다. 평안의 복음이 무엇입니까? 예수님을 통하여 하나님과 화평할 뿐만 아니라, 서로서로 화평할 수 있다고 하는 좋은 소식입니다. 우리는 이 소식을 전하기 위해 항상 나가는 사람이 되어야 합니다.

마귀와 싸우기 위해 무장할 때에는 ‘믿음의 방패’가 필요합니다. 하나님만 의지하고 사람을 의지하지 않으며, 나 자신을 의지하지 않고 항상 하나님을 의지하면서 마귀의 모든 화살을 막는 것입니다. 내 힘으로 하려고 하면 실패합니다. 남을 의지하면 실패하고 맙니다. 예수원장을 의지하면 실패하고, 부원장을 의지해도 실패합니다. 이 사람 저 사람 의지하면 실패하고 맙니다. 하나님만 의지하는 믿음이 우리의 방패입니다. 그렇게 할 때 악한 자의 모든 불화살을 소멸시킬 수 있습니다.

그 다음에 ‘검’을 가져야 합니다. 검이 무엇입니까? 하나님의 말씀입니다. 내 말만 늘어놓습니까, 아니면 하나님의 말씀을 강조합니까? 성경을 읽을 때 우리는 나에게 해당하는 말이 무엇인지 알게 됩니다. 또 이런저런 상태에 해당하는 말씀이 무엇인지 알 수 있습니다. 여기에 ‘말씀’이라고 할 때에는 ‘로고스’가 아닙니다. ‘로고스’라는 말은 전체적인 하나님의 말씀을 뜻하지만 ‘레마’는 지금 이 시간에 해당하는 말씀이 무엇인지 아는 것입니다.

예를 들면, 마귀가 예수님을 시험하기 위하여 성경 말씀을 인용하며 "네가 여기서 뛰어내리면 천사들이 와서 너를 건질 것이다. 그것이 성경말씀 아니냐?"고 물었습니다. 이것은 하나님의 로고스에 해당하는 말씀입니다. 그에 대해 예수님이 대답하셨습니다.

"아니라. 또 다른 말씀이 있다. 너의 하나님을 시험하지 말라."

그것도 성경에 나온 말씀으로 예수님이 직접 들어온 말씀입니다. 성령께서 예수님에게 친히 하신 말씀이었습니다.

"그 성경 말씀은 너에게 해당하는 성경말씀이 아니고 이 성경말씀이 너에게 해당하는 말씀이다."

이처럼 어떤 특별한 상황에 대한 말씀보다는 전체적인 말씀을 로고스라고 하며, 로고스는 하나님의 말씀이지만 직접 나에게 적용되는 말씀은 아닙니다. 그렇지만 레마는 나와 직접 상관이 있는 말씀입니다. 나에게 해당되는 말씀인 것이지요. 그래서 성경을 읽을 때 그날의 성경 구절 가운데 어느 것이 나에게 해당하는 말씀인지 깨닫고 그 말씀을 묵상할 수 있습니다. 그리고 그 말씀을 가지고 마귀와 싸울 수 있습니다.

마귀와 싸우는 또 다른 방법에는 기도가 있습니다. 기도할 때 성경말씀대로 기도합니다. 여러 가지 기도 가운데 '도고'라는 것이 있습니다. 도고는 두 사람 사이에 들어가는 것을 뜻합니다. 중보기도, 곧 남을 위하여 기도하는 것이지요. 어떤 사람들은 기도를 참 많이 하는데, 오직 자신만을 위해 기도합니다. 그런데 오늘 읽은 에베소서 말씀에서는 남을 위한 기도를 강조합니다. 우리는 모든 성도를 위해 기도해야 합니다. 어떻게 성도들이 마귀를 이길 수 있습니까? 우리가 성도를 위해 기도하면 이길 수 있습니다.

예수원에서는 형제자매들의 명단을 만들어서 날마다 그들을 위하여 기도하는데, 저마다 책임감을 가지고 합니다. 뿐만 아니라 자신의 가족부터 시작해서 다른 아는 사람들까지 그들을 위해 하나님께서 시키신 대로 기도합니다.

바울은 "나를 위하여 기도하라"고 부탁하셨습니다. 바울은 제일 유명한 전도자요, 제일 유명한 선교사인데 자기도 기도가 없으면 안 된다고 하였습니다. 기도가 없으면 올바르게 하나님을 전할 수 없으니 하나님의 말씀을 올바르게 전하되 담대히 전하고, 자신의 모든 어려움을 개의치 않도록 기도해 달라고 하였습니다.

여러분도 예수원을 위해 기도할 때 누구보다도 원장을 위해 기도하고 그 다음에 부원장, 그 다음은 의회 책임자, 그 다음은 모든 부서의 책임자, 모든 형제자매들을 위해 기도하고, 그리고 세상에서 일하는 하나님의 말씀의 책임을 가진 모든 목사님들과 신부님들, 주교님들을 위해 열심히 기도하기를 부탁드립니다. 그렇지 않으면 마귀가 그들을 이기려고 할 것입니다. 마귀는 평신도들에게는 그다지 관심이 많지 않습니다. 마귀의 제일 큰 관심은 교회 지도자들입니다. 그래서 우리가 교회 지도자들을 위해 열심히 기도해야 합니다.

하나님의 말씀, 하나님의 검을 가지고 기도로써 마귀와 싸워야 합니다. 예수께서 마귀를 이기는 힘이 충분하셨던 것을 우리는 신하의 아들이 고침 받은 것을 통하여 알 수 있습니다. 예수님이 세상에 들어오신 이유는 기쁨을 주시고 아름다운 사랑을 주시기 위해서입니다. 또한 마귀를 이기기 위해 오셨습니다. 마귀가 하는 모든 일을 파하러 오셨습니다.

지금은 우리를 통하여, 우리의 기도를 통하여 마귀를 이기는 일을 하십니다. 신하가 자기 아들을 위하여 간구했을 때 예수님이 친히 역사하신 것처럼 우리가 기도할 때 예수님이 우리를 통하여 역사하실 것입니다. 성부와 성자와 성신의 이름으로 기도하나이다. 아멘.

용서

성경말씀 빌립보서 1:3–11; 마태복음 18:21–35

기도 지존하신 하나님, 비옵나니, 주의 가족이 된 교회로 항상 경건한 마음을 두게 하사, 주의 보호하심으로 모든 환난을 면하여, 착한 일로 주를 진실히 섬겨, 주의 이름을 영화롭게 하소서. 이는 성부와 성신과 한 하나님으로 영생하시고, 영원히 주관하시는 성자 우리 주 예수 그리스도를 통하여 기도하나이다. 아멘.

빌립보서 1장 3–11절 말씀에서 바울은 '교제'라는 말을 사용합니다. 빌립보 교회 성도들에게 첫머리부터 복음 안에 있는 교제라는 말을 사용하며 감사하는 내용이 나옵니다.

성경에 나오는 '교제'라는 말은 아주 실질적인 단어입니다. 우선 경제적인 것과 관련이 있습니다. 초대 교회가 성령을 받자마자 서로 교제하였는데, 그것은 사도와의 교제, 서로와의 교제로서 모든 물건을 서로 나누어 사용한다는 말이었습니다. 우리말 성경에서 사용하는 '통용'이라는 말과 '교제'라는 말은 다 같이 헬라어로 '코이노니아'라는 단어입니다.

빌립보 교회는 바울을 경제적으로 도와준 교회입니다. 바울이 빌립보 교회에 있을 때 모든 경제 문제를 해결하였고, 바울이 다른 곳으로 나가서 전할 때도 두 번씩이나 사람을 보내어 바울을 도와준 적이 있습니다. 바울이 로마 감옥에 있을 때에도 빌립보 교회 사람들은 사람을 로마까지 보내어 바울을 뒷바라지했습니다. 당시로서는 아주 먼 여행이었고, 더구나 요즈음같이 우편으로 돈을 부칠 수 없었기 때문에 직접 현금을 가지고 가야 하는 대단히 위험한 여행이었습니다. 이런 실질적인 내용이 교제, 즉 '코이노니아'라는 말에 포함되어 있기 때문에 복음 안에 있는 교제라는 말을 할 때는 아주 실질적인 이야기를 하는 것입니다.

그런데 그 말씀 다음에는 "주께서 너희 속에 착한 일을 시작하였으니 예수의 날까지 이루실 것을 믿는다"는 말씀이 나옵니다. 그러므로 그 교회는 아직까지 온전한 교회가 아닙니다. 시작한 것을 하나님께서 끝까지 이루셔야 한다는 것과, 예수님이 오실 때까지 다 이룰 줄 믿는다는 것이 빌립보서의 중요한 주제입니다. 계속해서 이 주제를 중심으로 성장에 대한 내용이 나옵니다.

'예수의 날까지'라는 말과 '그리스도의 날까지'라는 말이 두 번 나오는데, 중요한 의미가 있습니다. 때가 되면 예수님이 다시 이 세상에 오시겠다고 하시는데, 그때까지 우리가 어떤 사람이 될지, 과연 성장할 수 있을지 하는 데 초점이 있습니다.

"허물없이 그리스도의 날까지 이르고 예수 그리스도로 말미암아 의의 열매가 가득하여"(빌 1:10-11).

열매를 가득 맺는 사람이 되기를 바라고 있습니다. 그 열매는 성령의 열매로, 여기에서는 의의 열매로 표현하고 있습니다.

과일 나무를 심을 때 나무가 계속 성장하기를 바랍니다. 해마다 더 많은 열매가 맺히기를 바랍니다. 그런데 만약 나무에 열매가 몇 개밖에 열리지 않는다고 생각해 보세요. 얼마나 답답하겠습니까? 마찬가지로 하나님께서도 우리에게 의의 열매가 가득하기를 원하십니다. 그리고 성령에 의해 의의 열매를 맺을 때 그 첫 열매가 바로 사랑임을 우리는 잘 알고 있습니다. 그리고 사랑이라는 열매를 맺으려면 용서가 따라서 나오게 됩니다. 남이 우리에게 잘못했을 때 그를 용서해야 하지 않습니까? 요즈음 교회를 보면 많은 사람들이 너무 가볍게 "죄사함을 얻었다. 할렐루야! 하나님께서 나의 죄를 다 용서하셨다" 하면서도 자신들에게 잘못한 사람을 용서하지 않고 있습니다. 그렇게 하면 우리가 하나님으로부터 용서받은 것도 무효가 되고 맙니다.

마태복음에 그 이야기가 나옵니다. 큰 빚을 진 사람이 그 빚을 다 탕감받았는데, 자기에게 조금 빚진 사람에 대해서는 탕감하기를 거절하였다가 자기가 탕감받았던 것이 무효가 되고 그 빚을 다 갚을 때까지 감옥에 들어가게 되었다는 말씀입니다. 많은 교인들이 그것을 깨닫지 못합니다. 우리가 예수님의 피로 거저 죄사함을 받은 것은 사실입니다. 그러나 우리가 남 용서하기를 거절하면 자신이 받은 용서도 다 무효가 되며 모든 것을 잃어버리게 됩니다. 예수님이 말씀하셨습니다.

"너희가 각각 중심으로 형제를 용서하지 아니하면 내 천부께서도 너희에게 이와 같이 하시리라"(마 18:35).

요즈음 교회에서는 이것을 너무 가볍게 생각하고 무시하는 경향이 있습니다. 주기도문을 노래로 부르는 유명한 곡이 있는데 우리말로 옮길 때 "우리가 우리에게 죄지은 자를 사하여 준 것같이"라는 부분을 빠뜨렸습니다. 많은 교회들이 주일마다 주기도문을 노래로 부르는데 그 부분이 빠진 것을 아는 사람이 거의 없는 것 같습니다. 관심이 없어서 미처 생각하지 못한 것 같습니다. 매주 한 번씩 1년에 54번을 노래했어도 그 말이 빠진 것을 전혀 모릅니다.

이웃을 용서해야 한다는 문제를 소홀히 취급하기 때문에 승리하지 못하고 실패하는 그리스도인들이 많습니다. 현대 교회가 성장하지 못하는 이유는 바로 용서하지 못하는 데 있습니다. 그러므로 이제 우리는 성령께서 우리에게 열매를 맺게 하시고 특히 용서하는 사랑, 복종하는 사랑, 충성을 다하는 사랑으로 다른 사람을 용서할 수 있도록 힘을 주시기를 기도해야겠습니다.

천국 시민권

성경말씀 빌립보서 3:17-21; 마태복음 22:15-22

기도　　주여, 우리의 피난처와 능력이시요, 경건한 마음의 근원이로소이다. 비옵나니, 교회의 간구함을 굽어 들으사, 믿는 마음으로 구하는 것을 실상으로 얻게 하소서. 이는 성부와 성령과 한 하나님으로 영원히 사시고 다스리시는 성자 우리 주 예수 그리스도를 통하여 기도하나이다. 아멘.

빌립보서 3장 17절 이하 말씀에서 바울은 모든 교인에게 자기를 본으로 삼으라고 합니다.

"형제들아 너희는 함께 나를 본받으라."

교회 지도자로서 이런 말을 하기는 참으로 힘듭니다. 아마 제가 당시 사도 바울과 비슷한 나이가 아닐까 생각하는데, 아직까지도 나를 본받으라고 말하기에는 부끄럽기만 합니다. 바울은 성령의 도우심을 힘입어 아름다운 모본이 된 줄 알고 있었습니다. 그래서 자기를 통해 일어나는 모든 일이 자기가 한 것이 아니라, 성령께서 그 안에 역사하신 결과라는 것을 잘 알았습니다. 그러므로 담대하게 나를 본받으라고 할 수 있었던 것입니다.

이것과 반대되는 본도 있습니다. 그것은 다른 교회 지도자들에 대한 것입니다. 바울은 이들에 대해 다음과 같이 말하였습니다.

"내가 여러 번 너희에게 말하였거니와 이제도 눈물을 흘리며 말하노니 여러 사람들이 그리스도의 십자가의 원수로 행하느니라 저희의 마침은 멸망이요 저희의 신은 배요 그 영광은 저희의 부끄러움에 있고 땅의 일을 생각하는 자라"(빌 3:18).

교회 안에 있는 부패한 지도자들에 대해 말을 일삼는 것은 좋지 않습니다. 하지만 꼭 말을 해야 할 때는 눈물을 흘리며 해야겠습니다. 그런 사람들은 자기의 배가 자기의 신이 되었으며, 자기들이 생각하는 것은 땅에 있는 것에 대한 것뿐이라고 하였습니다.

요즈음 교회에서도 똑같은 문제가 많이 있습니다. 돈을 위하여 살고, 세상의 영광을 위하여 살고, 먹는 것만 생각하고, 땅의 것만 생각하는 지도자들이 있습니다. 그러한 사람들의 끝은 무엇이라고 하였습니까? 멸망입니다. 교회 안에서 이러한 부정과 부패 속에 불의를 저지르는 지도자를 볼 때 우리는 놀라지 말아야 합니다. 성경을 보면 2천 년 전부터 그러한 사람이 있을 것이라는 말이 이미 기록되어 있습니다. 그런데 하나님의 거룩한 교회 안에 그런 사람들이 있을 때마다 우리가 그것을 인정하고 그를 위해 눈물로써 기도하되 그들을 본받지 않도록 기도해야 합니다. 그런 옳지 않은 사람을 본받지 말고 사도 바울과 같은 성인을 본받도록 교회를 위하여 기도해야 합니다. 사도 바울은 돈이나 영광을 위해서는 아무것도 하지 않았습니다. 오직 주의 뜻이 무엇인지 알고 그대로 행하기만 하였습니다.

빌립보서 3장 18절에서 '십자가의 원수로 행한다'는 말에 대하여 생각해 봅시다. 한자어 '행(行)한다'는 우리나라 말로 '돌아다닌다'는 뜻인데, 이것에 해당하는 헬라어도 똑같이 '돌아다닌다'는 뜻이 있습니다. 그러므로 십자가의 원수로 행한다는 것은, 십자가의 원수로 돌아다닌다는 의미입니다.

그 다음을 보면, 땅에 있는 것이 우리의 관심거리가 아니요, 오직 우리의 시민권은 하늘에 있다고 하였습니다. 특별히 시민권이라는 말을 사용한 데는 이유가 있습니다. 바울이 세운 여러 교회 가운데 빌립보 교회만 로마의 식민지였습니다. 즉 빌립보 사람은 로마 시민권을 가지고 있었던 것입니다. 당시 로마 시민권을 가졌다는 것은 큰 자랑이었습니다. 데살로니가나 아테네, 고린도 사람들은 로마 시민권을 가진 사람으로 행세할 수 없었습니다. 단지 빌립보에서 태어난 사람들 가운데에도 자유인으로 태어난 사람들만 로마 시민권을 가졌습니다. 가난한 집에서 태어났다 하더라도 로마 시민권을 가질 수 있었습니다. 그저 로마 시민권만 있으면 되었습니다. 그만큼 로마 시민권은 대단히 중요한 것으로 여겨졌습니다. 요즈음 많은 사람들이 미국 시민권이 있으면 좋겠다고 하는 것과 마찬가지입니다.

로마가 온 세계를 다스리고 있었으므로 로마 시민권은 아주 값진 것이었습니다. 그렇지만 빌립보 교인들이 로마 시민권을 가졌다 해도 그것은 땅에 속한 것일 뿐입니다. 이에 비해 신자들의 시민권은 빌립보 사람이든지, 데살로니가 사람이든지, 고린도 사람이든지, 에베소 사람이든지, 다 똑같이 천국에 속하였습니다. 오늘날에도 한국 시민권을 가졌든, 미국 시민권을 가졌든, 영국 시민권을 가졌든 상관없이 오직 천국 시민권만이 중요합니다.

또 이 천국에서 우리의 구원자가 오시는데, 우리를 구원하는 자 곧 예수 그리스도를 기다린다고 하였습니다. 로마 시대에 시민권을 가진 사람들의 지역에 적들이 쳐들어와서 도시를 에워싸면, 로마 황제가 군대를 이끌고 와서 자기 시민들을 구원해야 하는 책임이 있었습니다. 이렇게 그 나라의 시민권을 가진 사람들을 그 왕이 구원하듯이, 예수님은 자기의 모든 천사와 성도들과 함께 오셔서 우리를 건지시겠다고 합니다. 세상에 아무리 어려움이 많고, 위험이 많아도, 아무리 고생스럽고 아무런 인정도 받지 못한다 해도 때가 오면 구원자가 오실 것입니다. 그리고 우리는 모든 만물을 자기에게 복종시킬 수 있는 구원자인 그분을 기다리고 있는 것입니다.

마태복음 22장 15-22절 말씀을 보면, 예루살렘 사람들은 로마 시민이 아니며, 로마의 통치 아래 있다 하더라도 자기들은 하나님의 택하신 백성이므로 로마에 세금을 낼 필요가 없다고 주장하는 사람들이 있었습니다. 그런가 하면 정치적인 문제만 생각하여 하나님 나라에 대해 전혀 관심이 없는 사람들도 있었습니다. 그래서 한 무리는 하나님에 대해 말만 일삼을 뿐 실제 생활에서는 전혀 하나님을 찾아볼 수 없는 사람들이었습니다. 또 다른 무리는 실제 생활만 생각하고 신령한 것에 대해서는 전혀 관심이 없는 사람들이 었습니다.

이렇게 서로 반대되는 입장의 사람들 사이에서 예수님은 가이사의 것은 가이사에게 주고, 하나님의 것은 하나님께 드리라고 하심으로써 어느 한쪽도 무시하지 말라고 하셨습니다. 즉 실제적인 것을 생각하면서도 영적인 것을 잊지 말고, 영적인 것을 생각하면서도 실제적인 것을 소홀히 하지 말라고 하셨습니다. 다시 말하면, 이 세상에 살면서도 천국의 시민으로 살고, 천국의 시민으로 살면서도 이 세상에서 살고 있는 것을 인정해야 한다는 뜻입니다.

사실, 두 가지 생활을 한꺼번에 할 수밖에 없습니다. 그러므로 성령의 도우심이 없으면 이 상반되는 양쪽 생활을 어떻게 조화롭게 이끌어 가야 할지 우리로서는 막막하기만 합니다. 우리가 바라는 것에는 복음을 전하는 일뿐만 아니라 기다림도 포함됩니다. 때가 되면 이 물질적인 세상을 떠나서 영광스러운 새 몸을 입을 것입니다. 하나님께서 자신의 그 크신 창조의 능력으로 만물을 복종케 하시고 다스릴 것입니다. 또 그러한 놀라운 능력으로 우리의 몸도 고치셔서 영광스러운 몸으로 변화시켜 주실 것입니다. 그래서 지금은 이 몸 안에서, 또 이 몸 때문에 일어나는 문제를 피할 수 없지만, 항상 앞을 내다보며 하늘에서 오시는 예수님을 바라보아야 합니다. 그리고 나중에 우리가 영적인 몸을 얻게 되리라는 기대를 품고 주님의 입장에서 장기적인 계획을 세워 나가야 합니다.

마침내 하나님의 나라 외에는 존재하지 않을 것입니다. 하나님께서 만물을 친히 다스리시므로 세상의 나라들이 다 사라지고 하나

님의 나라만 남을 것입니다. 그러니 우리는 이제 그 나라 시민으로
서 그렇게 될 때까지 기대를 품고 돌아다닙시다. 세상을 돌아다니
며 항상 그러한 기대를 가진 사람으로 삽시다.

참된 지혜와 능력

성경말씀 골로새서 1:3-12; 마태복음 9:18-26

기도　　주여, 비옵나니 신자들의 모든 죄를 용서하사, 우리가 연약하므로 지은 모든 죄의 사슬을 인자하시므로 벗어나게 하소서. 이는 성부와 성령과 한 하나님으로 영원히 사시고 다스리시는 성자 우리 주 예수 그리스도를 통하여 기도하나이다. 아멘.

골로새 교회와 바울의 관계를 살펴보면, 바울이 직접 골로새 교회를 세운 것이 아니며 바울은 한 번도 가 본 적이 없다는 것을 알 수 있습니다. 그런데 그의 제자인 에바브로 디도가 가서 교회를 세우고 돌아와서 보고하였을 때, 바울은 "너희의 믿음과 모든 성도에 대한 사랑을 들으며 너희를 위하여 하늘에 쌓아 둔 소망을 인하여 감사한다"고 하면서 이것은 그들이 이미 이전에 진리인 복음의 말씀을 들었기 때문이라고 하였습니다.

그때부터 그는 골로새 교회를 위하여 기도하기 시작하였습니다. 한 번도 방문한 적이 없는 교회를 위해 기도하였습니다. 그러면 단지 그 교회를 세운 사람만 아는 상황에서 바울이 어떻게 기도했는지 그 내용을 살펴보겠습니다.

먼저 "너희로 하여금 모든 신령한 지혜와 총명에 하나님의 뜻을 아는 것으로 채우게 하시고"(골 1:9)라고 하였습니다. 여기에서 '총명'이라는 말은 '깨달음'이라고 번역할 수 있습니다. 세상의 지혜가 아니고, 하나님께서 친히 성령을 통하여 주신 지혜와 총명이 있기를 원하는 것입니다.

그 시대 사람들은 지혜에 대해 깊이 생각했습니다. 우리가 사용하는 '철학'이라는 말은 당시 헬라어로 '필로소포스'(philosophos)라고 하는데 '지혜를 사랑한다'는 뜻입니다. 그러므로 철학은 공부를 제일 많이 하는 사람들이 관심을 가졌던 학문입니다. 그런데 철학이 무엇입니까? 지혜를 사랑하는 것이 아닙니까?

헬라 문화를 받아들인 사람들은 지혜를 사랑하는 사람들이었습니다. 이런 배경 속에서 바울은 사람들이 지혜를 사랑하는 것은 좋은 일이지만 성령께서 주시는 신령한 지혜를 구하라고 가르쳤습니다. 그것은 아주 다른 것입니다. 철학자들이 구하는 지혜는 자기 머리로 이리저리 생각하여 얻은 지혜이고, 결국 남의 책을 통해 남의 사상을 깨달은 지혜에 불과합니다. 바울은 그런 지혜에는 관심이 없었습니다. 세상의 것이기 때문에 잘못되기가 너무 쉽습니다. 마귀에 속할 위험이 있는 것이지요. 우리에게 정말 필요한 지혜는 성령께서만 주실 수 있습니다. 바로 하나님의 뜻을 아는 것입니다.

참된 지혜란 궁극적으로 하나님의 뜻을 아는 것입니다. 하나님에 대한 지식, 즉 하나님께서 어디에 계신지, 어떻게 생기셨는지에 대한 것은 별로 관계가 없습니다. 하나님의 뜻을 깨닫는 것, 그것이 중요합니다. 바울의 중심이 여기에 있기 때문에 기독교 생활을 하나님의 뜻대로 사는 것이라고 말합니다. '행한다'는 말과 '뜻'이라는 말을 합쳐서 주의 뜻대로 행하라고 합니다.

지혜는 행동과 관계가 있습니다. 그래서 예수님은 누구든지 주의 뜻을 행하려고 하면 주의 뜻을 알게 될 것이라고 말씀하셨습니다. 성령께서 보여 주실 것이라고 하신 것입니다. 그렇기 때문에 반대로 주의 뜻에 관심이 없는 사람들에게는 성령님께 아무것도 배울 수 없습니다. 이처럼 하나님의 뜻에는 관심이 없고, 하나님의 뜻을 알아도 행하려는 마음이 없으면, 참된 지혜를 받을 수 없습니다. 단지 세상의 지혜밖에 얻을 수 없습니다.

또 "하나님의 뜻을 아는 것으로 채우게 하시고"(골 1:9)라는 내용이 이어집니다. 때때로 주의 뜻을 아는 것 말고도 '채우게 한다'라는 말이 나옵니다. 성령 충만이라는 말과 연결해서 생각해 보면, 이것은 하나님의 뜻을 아는 것으로 충만케 되기를 원한다는 의미입니다.

그 다음에 "주께 합당히 행하여"(골 1:10)라고 하였는데 바울의 관심은 항상 여기에 있었습니다. 어떻게 믿느냐가 아니라 어떻게 행하느냐가 중요합니다. 물론 행함은 믿음 다음에 따라오는 것이지만, 행함을 통하여 믿음이 나타납니다.

어떤 사람은 행함을 통하여 믿음이 나타난다고 하는 것은 야고보의 가르침이라고 생각합니다. 또 일부 신학자들은 바울의 가르침을 잘 이해하지 못해서 바울과 야고보의 가르침이 다르다고 주장하기도 합니다. 그러나 잘 살펴보면 바울의 모든 편지에 똑같은 가르침이 들어 있습니다. 그러므로 야고보와 바울의 가르침이 대립된다고는 볼 수 없습니다.

그런 다음 "범사에 기쁘시게 하라"(골 1:10)라고 하는데, 누구를 기쁘시게 해야 합니까? 하나님을 기쁘시게 하는 것이지요. 그러면 어떻게 하나님을 기쁘시게 해야 합니까? 하나님은 어두운 세상, 죄에 빠진 이 더러운 세상을 보며 슬퍼하십니다. 그런데 우리가 그 문제를 위하여 기도하고, 그것을 위하여 회개하고, 하나님의 마음을 위로하면 하나님을 기쁘시게 하는 것입니다. 내가 하는 모든 일, 깨어나서 잠들 때까지의 모든 일, 모든 것을 통해 주를 기쁘시게 하고자 하는 마음이 있어야 합니다. 우리의 모든 생활의 목적은 주를 기쁘시게 하는 것입니다. 그런데 간혹 어린아이들이 부모의 뜻을 잘 몰라서 기껏 부모를 즐겁게 하겠다고 하면서도 이상한 행동을 할 때가 있습니다.

미국에서 이런 이야기를 들은 적이 있습니다. 어떤 사람이 볼일이 있어서 오랫동안 집을 떠나 있었습니다. 오랜만에 집에 와서 차고에 자동차를 넣어 두고 집 안에 들어가 가족과 만나 기쁨을 나누었습니다. 그런데 막내가 보이지 않았습니다. 보고 싶고 안아 주고 싶은데 아무리 찾아보아도 막내 아들이 안 보였어요. 그러다가 볼일이 생각나서 차고에 나가 보니 그 어린 아들이 잡지에서 그림이란 그림을 모조리 골라 자동차에 온통 붙여 놓은 것입니다. 자기 딴에는 자동차를 예쁘게 꾸며 보겠다고 한 일이지만 아버지는 얼마나 난처했는지 모릅니다. 아들은 아버지의 차를 예쁘게 꾸미고 싶어서 그렇게 했는데, 아버지 보기에는 자동차가 엉망이 된 것입니다. 그 그림들을 깨끗이 닦아내기 전에는 차를 사용할 수 없었습니다. 어린아이는 예쁘다고 생각했지만 아버지를 몹시 난처하게 만들고 만 것입니다.

흔히 신자들이 하나님을 기쁘시게 했다고 생각하는데 오히려 하나님을 슬프게 하는 일이 많습니다. 하나님께서는 우리와 함께 계시면서 조용히 깊은 교제를 나누고 싶어 하시는데, 우리는 주의 일을 한답시고 이리저리 바쁘게 돌아다닌다면 오히려 하나님께서 섭섭해하실 것입니다. 그러면 어떻게 하나님을 기쁘시게 하겠습니까? 먼저 그분의 뜻을 알아야만 합니다. 그리고 그 뜻을 행하면 하나님께서 기뻐하십니다.

바울은 계속해서 "모든 선한 일에 열매를 맺게 하시며"(골 1:10)라고 말함으로써 성령의 열매를 강조합니다. 이 선한 일의 열매는 곧 행하는 것으로, 우리가 노력해서 맺는 것이 아니라 성령께서 우리 안에 역사하셔서 맺는 것입니다. 나무가 스스로 일하여 열매 맺는 것이 아니라 자라기만 하면 열매가 생기는 법입니다. 그래서 곧바로 자라게 한다는 말이 뒤따라 나옵니다.

"하나님을 아는 것에 자라게 하시고"(골 1:10).

하나님을 안다는 것은 무슨 말입니까? 성경에서 안다는 말은 아주 깊은 관계를 맺는 것을 의미합니다. 남자와 여자가 결혼했을 때도 안다는 말을 씁니다. 하나님을 안다는 것은 하나님과 깊은 관계를 맺는다는 뜻입니다.

부부가 결혼하고 여행하며 신혼 생활을 할 때에는 기쁨이 넘쳐나서 서로 문제가 별로 없습니다. 그런데 함께 살고 세월이 흐르면서 관계가 자라나지 못하면 사랑이 식어 버립니다. 부부 관계는 계속 자라야 합니다. 사랑은 제자리에 머물러 있는 것이 아닙니다. 사랑은 살아 있는 것이기 때문에 자라나야 합니다. 건강한 나무는 계속해서 자라지 않습니까? 마찬가지로 사랑도 자라야 하고, 부부 관계도 자라야 합니다. 하나님을 알게 된 뒤로 우리와 하나님과의 관계가 자라야 하는 것은, 하나님께서 만드신 자연계의 자연법에 따라 모든 것이 자라나는 것과 비슷한 논리입니다. 우리의 생활에 어려움이 생기고 문제가 일어나서 갈수록 그 문제가 복잡해지는 경우가 많은데, 우리가 주를 아는 것 안에서 자라 나가면 우리 삶은 완전히 달라집니다.

"그 영광의 힘을 좇아 모든 능력으로 능하게 하시며"(골 1:11).

이 능력은 어떤 능력입니까? 재미있는 것은 성령의 능력보다 성령의 열매가 먼저 나온다는 것입니다. 사랑이 먼저 등장합니다. 주를 아는 것, 주의 뜻을 행하는 것, 그를 통해 교회 생활에 능력이 나타나는 것을 말하고 있지만(아마 골로새 교회에 이미 능력이 많았을 것입니다), 능력이 가장 좋은 것이라고 하지 않습니다. 가장 좋고 으뜸가는 것은 사랑이라고 합니다. 그 다음에 능력이 있기를 바라는 것입니다. 사랑하는 교회가 좋은 교회입니다. 그러나 전도하기 위해서는 능력도 있어야 합니다. 병든 자를 고치는 것뿐만 아니라 죽은 자를 살리기도 하는 그 복음의 능력 말입니다.

얼마 전에 이런 이야기를 들었습니다. 인도네시아에서 한 무리의 청년들이 어느 숲속 마을로 전도하러 갔는데, 마을이 아주 떠들썩했습니다. 가까이 가서 보니 그 마을의 유지가 죽어서 장례를 치르느라고 여러 마을 사람들이 와 있었습니다. 청년들은 설교하기 위해 사람들을 모을 생각이었는데, 마침 사람들이 모여 있어 다행이다 싶었습니다. 하지만 하필 장례식 중이었습니다. 그래서 청년들은 '안 되겠다. 이런 분위기에서는 복음을 전할 수 없다'고 생각했습니다. 그러나 그 순간, 이것은 마귀가 방해하는 것이라고 생각하며 떨쳐 버렸습니다. 그러고는 시체 앞으로 나가서 "예수 이름으로 일어나라"고 말했습니다. 정말 시체가 일어났습니다. 죽은 사람이 살아난 것입니다. 이어서 복음을 전했습니다. 그 효과가 얼마나 컸겠습니까? 온 마을이 예수님을 믿었고 나아가서 온 지방이 예수님을 믿었습니다. 하나님의 능력을 통하여 여러 마을이 믿게 된 것이지요.

지금도 그런 일이 일어납니다. 우리는 흔히 말로 전도해야 한다고 생각하는데, 그보다 능력이 중요합니다. 하나님은 교회에게 능력을 주고 싶어 하십니다. 또 우리도 능력 쓰는 것을 두려워하지 말아야 합니다. 교회가 발전하는 것을 잘 연구해 보면 대부분 능력이 나타나는 것과 관계가 있습니다.

미국의 풀러 신학교는 세계 선교 사업에 대한 선교 신학을 특별히 강조합니다. 대부분의 신학교는 목회학을 주로 가르치는데, 풀러 신학교는 선교학을 중점적으로 가르칩니다. 풀러 신학교에서 연구를 해 보니 세상 어디에서든지 선교가 잘되어 교회가 확장될 때는, 분명히 능력이 나타나는 일이 있었습니다. 그래서 선교학에 대해서 잘 가르치려면 능력에 대해 배우는 학과가 있어야 한다고 생각해서 어느 학생이 광고를 했습니다. 무슨 요일 몇째 시간에 몇 호 강의실에서 능력에 대한 학과를 개설하는데, 공개강좌이니 원하는 학생들은 참석하라고 했습니다.

드디어 강의 시간이 되었습니다. 그런데 학생들이 너무 많이 모여 적당한 교실이 없었습니다. 할 수 없이 근처에 있는 큰 교회 예배당을 빌려 강의를 했습니다. 또 하나, 그 학교 교수 가운데 능력이 나타나는 것을 경험하신 분이 없었습니다. 연구를 통하여 능력이 나타나는 일에 대해서는 알고 있었지만, 교수 자신이 직접 그런 경험을 하지는 않았던 것입니다. 그래서 그러한 경험이 있는 목사님을 찾아서 가르쳐 달라고 청하였습니다. 강의가 시작될 때 강사 목사님이 말하였습니다.

"성경을 가지고 공부하겠지만 강의를 듣는 모든 사람이 각기 한 가지씩 직접 기적을 체험해야 합니다."

그리고 그 강의가 끝나기까지 어떤 기적이 필요한지 생각하여 기도로 하나님께 구하라고 하였습니다. 그래서 나중에 그 강의가 끝날 때쯤 거의 모든 학생이 각자 기적을 체험하였다고 합니다.

복음서를 읽으면서 때때로 예수님이 병든 자를 고치신 것이나 특별히 죽은 자를 일으키신 것을 봅니다. 어떻게 이럴 수 있을까 하고 생각하는 사람들이 많을 텐데, 그럴 때는 요한복음 14장 12절이 크게 도움이 됩니다.

"나를 믿는 자는 나의 하는 일을 저도 할 것이요 또한 이보다 큰 것도 하리니 이는 내가 아버지께로 감이니라."

예수님이 아버지께로 가시면서 성령을 보내 주시겠다고 하였으므로, 성령의 도우심으로 우리도 능력을 행할 수 있습니다. 그리고 그 능력으로 복음을 효과적으로 전할 수 있습니다. 우리는 성령께서 주시는 능력을 힘입어 복음을 전하게 해 달라고 주께 구해야 합니다.

의롭게 살 수 있는 능력

성경말씀 예레미야 23:5-8; 요한복음 6:5-14

기도 주여, 비옵나니, 하나님의 백성들의 마음을 움직이사, 선행의 과실을 많이 맺어 나중에 주의 후하신 상을 받게 하소서. 이는 우리 주 예수 그리스도의 이름으로 구하옵나이다. 아멘.

두 성경말씀을 비교해 봅시다. 구약 말씀에서는 주님이 우리의 의라고 하셨고, 신약 말씀에서는 주님이 우리의 충분함이기 때문에 우리의 모든 것을 충분히 마련하실 수 있다고 합니다.

주님이 우리의 의라고 예레미야가 예언할 당시, 왕의 이름은 시드기야였습니다. 그는 악한 데다가 무력했기 때문에 그 시대에 예루살렘 성이 멸망당하고 말았습니다. '시드기야'라는 이름의 뜻은 '주님의 의'입니다. 예레미야의 예언 말씀에 '시드기야 에누', 즉 '우리의 의'는 그냥 의가 아니고 '우리의 의'라는 이름으로 불리는 왕이 온다는 것입니다. 그런데 지금의 왕은 그 왕이 아니라고 합니다. 우리의 의라는 말이 무엇을 의미하는지 생각해 봅시다. 우리는 본래 의인이 아닙니다. 우리는 본래 악하고 연약한 사람으로 시드기야 왕과 다를 바 없습니다. 우리 힘으로 모든 문제를 해결하려고 하면 악한 행동밖에 나오지 않습니다. 왜냐하면 우리 힘이 너무 부족하기 때문입니다. 그러나 예수님이 오셔서 우리 대신 죄인의 벌을 받아 십자가 위에서 죽으셨다가 부활하시고 승천하심으로 대제사장이 되셔서 우리는 의인이 되었습니다.

법적인 면에서는 예수님의 피로 의인이 되었고, 실제적인 면에서도 성령으로 말미암아 의인이 될 수 있습니다. 성령을 받아서 의인이 될 수 있지만 그 성령도 예수 그리스도를 통하여 우리에게 선물로 주신 것이므로, 우리가 실제적인 면의 의인이라 할 때에는 예수님이 우리의 의가 되셨다고 할 수밖에 없습니다.

'의'라는 것은 한 가지만 국한된 것이 아닙니다. 우리는 입어야 하고 먹어야 하는 등 날마다 여러 가지 실제적인 문제와 부딪칩니다. 그래서 하나님께서 영적인 문제를 해결하시지만 과연 실제적인 문제도 해결하실 수 있는지 의심하는 사람들이 많습니다. 하지만 이 세상을 창조하신 분이 실제주의자가 아니십니까? 그렇기 때문에 예수님은 자신의 창조력을 보여 주시기 위해 오천 명의 남자를 먹였습니다. 여자는 포함하지 않은 숫자이니 실제로는 더 많았을 것입니다. 이로써 실질적인 문제를 해결할 수 있는 능력이 그분께 있다는 것을 보여 주셨습니다.

떡 다섯 덩어리와 작은 물고기 두 마리로 5천 명 이상을 먹이신 것은 주께서 우리의 충분함이 되신다는 것을 보여 주시기 위해서입니다. 아브라함이 여호와 이레라는 말을 사용했는데, 그것은 여호와께서 보시고 부담하셨다는 말입니다.

우리 예수원에 문제가 있었지만 하나님께서 부담해 주셔서 해결했습니다. 사실 예수원을 시작할 때 우리에게는 빵 다섯 개와 물고기 두 마리밖에 없었습니다. 지금 매일 80명 정도 식사를 하니까 세 끼를 따지자면 240명분, 이틀이면 약 500명분, 20일이면 5,000명분으로 20일마다 5천 명을 먹이는 셈입니다. 하나님은 이 집에 충분함을 주심으로 역사하시는데, 이것은 오늘 성경말씀의 기적보다 훨씬 더 큰 것입니다. 물론 조금 시간을 두고 이루어지는 것이기는 하지만, 더 큰 기적임에는 틀림이 없습니다. 이것으로도 하나님은 우리의 충분함이 되시는 것을 잘 알 수 있습니다.

무슨 일이든지 두려워할 필요가 없습니다. 그러므로 세속과 타협할 필요가 없습니다. 불의한 일이나 부정부패를 저지르지 않아도 됩니다. 많은 사람들이 부정부패를 저지르는 이유는 그렇게 하지 않고는 살 수 없다고 생각하기 때문입니다. 그렇지 않으면 문제를 해결할 수 없다고 생각합니다. 그러나 불의한 일을 하지 않아도 하나님은 우리 문제를 해결하실 수 있습니다. 실제적인 문제도 해결하시는 예수님이 의로운 생활을 할 수 있는 기회를 우리에게 충분히 주십니다. 많은 사람들이 불의를 행하는 이유는 악해서가 아니라 달리 어떻게 할 수 없다고 생각하기 때문입니다. 시드기야 왕의 연약한 점이 바로 이것이었습니다.

시드기야 왕이 왜 그런 악한 일을 했습니까? 도무지 어떻게 할 수 없다고 생각했기 때문입니다. 자꾸 악한 사람들과 타협했습니다. 하나님의 능력을 믿지 않았습니다. 비밀리에 예레미야 선지자를 불러서 어떻게 하면 좋을지 물어보았습니다. 예레미야가 이렇게 하면 된다고 하였지만, 그는 못 한다고 대답하였습니다. 시드기야 왕은 하나님의 능력이 충분함을 믿지 않았기 때문에 악한 사람들과 타협했고, 결국 삶을 처참하게 마무리하고 말았습니다.

며칠 전에 이런 이야기를 들었습니다. 영국에서 제일 비싼 자동차가 롤스로이스입니다. 유명한 차지요. 어느 날 어떤 부자가 자동차 판매장에 가서 제일 좋은 차가 무엇이냐고 물었답니다. 판매원은 이렇게 대답했습니다.

"롤스로이스지요. 튼튼합니다. 50년 전에 만든 자동차가 지금까지도 잘 다닙니다."

계속 이어지는 여러 좋은 평을 듣고 부자는 그 차를 샀습니다. 집에 가서 생각해 보니 물어보지 않은 것이 하나 있었습니다. 몇 마력이나 되는지 물어보지 않았던 것입니다. 그래서 다시 전화를 했더니 '충분하다'는 것이었습니다. 힘이 있다는 것입니다.

하나님의 마력은 충분합니다. 우리의 모든 요구와 필요를 다 채우실 수 있습니다. 따라서 우리는 안심할 수 있고, 안심하면서 의인으로 살 수 있습니다. 또 하나님께서도 우리에게 의인으로 살 수 있도록 영적인 힘을 충분히 공급해 주십니다.

성경구절 찾아보기